Georg Daniel Teutsch

Geschichte der Siebenbürger Sachsen für das sächsische Volk

Georg Daniel Teutsch

Geschichte der Siebenbürger Sachsen für das sächsische Volk

ISBN/EAN: 9783743662223

Hergestellt in Europa, USA, Kanada, Australien, Japan

Cover: Foto ©ninafisch / pixelio.de

Weitere Bücher finden Sie auf **www.hansebooks.com**

Geschichte

der

Siebenbürger Sachsen

für

das sächsische Volk.

Von

G. D. Teutsch.

Zweite Auflage.

Erster Band.

Leipzig
Verlag von S. Hirzel.
1874.

Druck von Metzger & Wittig in Leipzig.

Vorwort.

Die „Geschichte der Siebenbürger Sachsen für das
sächsische Volk" sollte in ihrer ersten, 1852—1858 erschienenen
Auflage ein seit Jahrzehnten von den Besten dieses Volks
sehnsüchtig gefühltes Bedürfniß befriedigen. Die stürmische
Bewegung, die insbesondere seit dem Jahr 1830 auch in
diesen Ländern die Geister erregte, mahnte ebenso ernst, dem
von den verschiedensten Seiten bedrängten deutschen Stamm
eine auf mannigfachen Lebensgebieten nicht unrühmliche Vergangenheit zu vollerem Bewußtsein zu bringen, als der
Geist der deutschen Wissenschaft, der durch den dem Gesetz
gemäß endlich wieder freigewordenen Besuch deutscher Hochschulen hier mit frischem Leben die Seelen hob, zu einer
tiefern Durchforschung der reichen Quellen, zu einer ent-
sprechenden Darstellung ihrer Ergebnisse drängte. So schrieb
der Verein für siebenbürgische Landeskunde sofort nach seiner
Constituirung im Jahr 1842 eine „Geschichte der Siebenbürger Sachsen für das sächsische Volk" als Preisaufgabe
aus und erkannte 1851 dem vorliegenden Buch, zunächst in
den beiden ersten Heften, den Preis zu.

Dasselbe erscheint hier in zweiter, mannigfach um-
gearbeiteter und erweiterter Auflage. Wie es in der ersten
wesentlich aus unmittelbaren Quellenstudien, aus den Per-
gamenten und Urkundenschätzen unserer zahlreichen werthvollen Archive, aus den kritisch gesichteten zeitgenössischen

Aufzeichnungen schöpfte, so hat es die zweite gethan. Es ist mir dabei eine große Freude, den fröhlichen Fortschritt bezeugen zu können, den unsre vaterländisch-geschichtliche Wissenschaft in der Zeit seit der ersten Auflage gemacht hat. Dem immer volleren Zuge der Geschichtsforschung und Geschichtsschreibung des Mutterlandes folgend fließt ihr Strom breiter und tiefer dahin; eine Fülle von Ergebnissen neuer Forschung ist seither zu Tage getreten und namentlich das so rüstig und einsichtsvoll bearbeitete Feld der kunstgeschichtlichen und germanistischen Studien hat ungeahnte Schätze zum Verständniß des alten Volkslebens aus lang verborgenem Grunde gehoben. Unsere grauen Burgen und Kirchen sprechen wieder und die alte Sitte und Sage erhebt das lebendige Wort zum staunenden Geschlecht der Gegenwart. Wie viel klarer und lebensvoller vermag das Bild unserer an Ehren und Leiden so reichen Vorzeit heute vor die Seele desselben zu treten!

Gleich der ersten enthält sich auch die neue Auflage schon im Sinn ihrer nächsten Bestimmung des schweren Beiwerks von Quellenangaben und Anführung der benützten Hülfsmittel, der Nachweis derselben findet sich übrigens mindestens bis zum Jahr 1526 in des Verfassers „Abriß der Geschichte Siebenbürgens. Zunächst zum Gebrauch für Studirende. Zweite Auflage. Kronstadt 1865." Eine demnächst erscheinende dritte Auflage soll das Werk und jene Nachweise bis in die neuere Zeit führen.

So möge denn das Buch in neuer sturmvoller Zeit des alten Weges wandeln: der Wahrheit zu dienen!

Hermannstadt am 2. März 1874.

Der Verfasser.

Inhalt des erſten Bandes.

Erſtes Buch.

Zweites Buch.

Drittes Buch.

Viertes Buch.

(Fortsetzung und Schluß im zweiten Bande.)

Erstes Buch.

1.

Von dem Lande Siebenbürgen und seinen ältesten Zeiten.

Völker verrauschen,
Namen verklingen,
Finstre Vergessenheit
Breitet die dunkelnachtenden Schwingen
Ueber ganzen Geschlechtern aus.

Schiller.

Im Osten der österreichisch-ungarischen Monarchie erhebt sich aus den unabsehbaren Tiefebenen der Theiß und der untern Donau ein Hochland, gering an Größe, doch reich an Schönheiten und Schätzen der Natur. Sein Flächenraum beträgt nicht voll 955 Geviertmeilen. Im Anschluß an Ungarns nördlichen Bergwall umgeben es von allen Seiten mächtige Gebirgsketten, die Karpaten. Weithin ins Land hinein siehst Du die vielgestaltigen Felsenkuppen und Zinnen bis 8000 Fuß hoch und darüber, den größten Theil des Jahres mit leuchtendem Schnee bedeckt, in die blauen Lüfte ragen. Mit seinem größten Theil dacht es sich gegen Westen und Südwesten ab; dahin weisen seine bedeutendsten Flußgebiete und führen seine breitesten Thäler, während der Gebirgswall nur wenige und meist schwer gangbare Pässe gegen Mittag in das Tiefland der untern Donau, gegen Morgen zu den weiten Slavenebenen Rußlands öffnet,

also daß der Herr selber das Land auf die Gränze abend-
ländisch-europäischer Bildung hingestellt hat wie ein natürliches Bollwerk zu einer starken Wehr gegen nordische Barbarei und der Türken früher so gewaltigen Christenhaß.

Von den hohen Gränzgebirgen ausgehend durchziehen
meist waldgekrönte Bergreihen das Land nach allen Richtungen. In überraschender Fülle birgt dieses Salz und kostbare Erze jeder Art, von dem Eisen, womit man das Leben
schirmt, bis zu dem Gold, das es so oft verbirbt. Zahllose Heil-
quellen entströmen dem Schooße der Erde; Bäche und Flüsse
verschönern und bewässern, vom riesigen Ringgebirg in schäu-
menbem Sturz den tiefern Thälern zueilend, das Land. An
sonnigen Berghalden glüht die Rebe und blüht der edle
Obstbaum; in den Thälern wogt das Weizenfeld; hoch oben
zwischen den Felsenklippen des Gebirges, über welchen der
Adler seine stillen Kreise zieht, weidet die Gemse; der tiefere
Wald, in dessen Dunkel noch der Bär haust, birgt das
scheue Reh; an zahmen Hausthieren ist nirgends Mangel.
Das ist das Land Siebenbürgen, und wo zum Glück
seiner Bewohner etwas fehlt, da tragen diese meist selber
die Schuld.

Im Süden und Nordosten des Landes auf weiter Strecke
mitten zwischen Völkern fremder Zunge und Art wohnen
bereits seit mehr als 700 Jahren Deutsche oder Sachsen. Und wenn das Land reich ist an Wundern der Natur, so ist es gewiß kein kleineres Wunder, daß fern vom
Mutterlande hier deutsche Stämme sich angesiedelt, Sprache
und Volksthum bewahrt und in Freiheit und Gleichheit ein
Gemeinwesen sich gegründet, das seines Gleichen wenig hatte,
so weit die Sonne scheint.

Wie unsere Väter das vermocht und von ihrem Hel-
densinn im Thun und Leiden, in guten und bösen Tagen
will ich Euch erzählen, theure Volksgenossen, was unsere

Weisen hinterlassen haben und in den Briefen und Handvesten der Altvordern geschrieben steht. Vielleicht daß dadurch das Wachsen i h r e s Geistes unter uns gefördert wird!
Möchte sie darum nicht ungehört an Eurem Ohr vorüber-
rauschen diese Rede! Wer für die Gegenwart und Zukunft wirken will, muß die Vergangenheit kennen und einem
Volk, dem diese groß gewesen, ist's zwiefache Schande klein
zu sein.

Wie aber Jeder gern hört, wie es geliebten Menschen
ergangen, ehe er sie gekannt, so ist es anziehend, kurz des
Vaterlandes Geschicke zu erfahren, ehe unsere Väter es betreten. Es ist nicht nur anziehend, es ist auch lehrreich.

In den nächsten Jahrhunderten vor unseres Herrn Geburt wohnte in Siebenbürgen ein zahlreiches Volk, die Daken, deren Herkunft noch nicht zweifellos erforscht ist, die
aber wahrscheinlich zum keltischen Volksstamm gehören. Ihr
Reich erstreckte sich bis an die untere Donau und das Land
war von ihnen Dakia geheißen. Sie drangen sogar häufig
raubend und plündernd über den Strom; daher sowie durch
friedlichen Verkehr derselben kommt es, ·daß so viele griechische und altrömische Münzen in Siebenbürgen gefunden
werden bis auf den heutigen Tag. Am mächtigsten war
das dakische Reich am Ende des ersten Jahrhunderts nach
Christo. Dekebalus, der König desselben schreckte eine
Zeitlang selbst die Römer, das gewaltige Weltvolk. Da
geschah es, daß Trajanus, ein muthiger, streitbarer Mann,
den römischen Kaiserthron bestieg; der zog mit großer Heeresmacht, darunter auch deutsche Schaaren, gegen den Daken-
könig und überwand ihn in zwei Feldzügen also, daß Dekebalus verzweifelnd sich selbst das Leben nahm. Dakien
wurde eine Provinz des großen Römerreichs (im Jahr 106
nach Christo) und der Name der Daken verschwindet aus
der Geschichte. Noch stehen aber im Muntscheler Gebirg

1 *

in der Nähe des Hazeger Thales, in rauher fast undurch-
bringlicher Wildniß, auf hohen Bergspitzen an jähen Ab-
hängen gewaltige Burgtrümmer, dakischer Hände Werk, und
fast alljährlich geben geheimnißvolle Hügelgräber, ja selbst
die Furchen des Ackers unter der Arbeit des Pflugs oder
wie es sonst der Zufall fügt, bronzene Streitärte, Speer-
spitzen, Messer, Sicheln und mannigfaches anderes Geräthe
für Krieg und Frieden ans Tageslicht, dessen Verfertigung
oder Gebrauch die Forscher jenem Volk zuschreiben.

Die Römer bemächtigten sich nun des eroberten Landes
und riefen zahlreiche Ansiedler aus ihrem ganzen Reich in
dasselbe, auf daß römische Bildung die Barbaren zähme.
Auch germanische Stämme wurden später auf dem eroberten Boden angesiedelt. Römische Beamte verwalteten das
Land, römisches Kriegsvolk beschützte es, römisches Gesetz
galt in demselben. Die neuen Herren, die eifrig die Schätze
des Bodens, Salz und Metalle gewannen — 280 Pfund
reines Gold floß wöchentlich in die kaiserliche Schatzkam-
mer — legten viele neue Pflanzstädte an und verbanden sie
durch starke Kunststraßen, deren Spuren man noch findet.
Die Hauptstadt war Ulpia Trajana, an der Stelle der da-
kischen Königsstadt Zarmizegethusa, im Hazeger Thal, wo
jetzt das arme walachische Dorf Grebischtje liegt. Weit
verbreitete Trümmer von bemoosten Mauern und Ge-
wölben, Ueberreste von Tempeln und Schauplätzen, Spuren von Wasserleitungen, zahlreiche Inschriftsteine und
Bildsäulen sprechen noch jetzt von dem alten Glanz der
Hauptstadt.

Länger als anderthalbhundert Jahre blieb Dakien in
harter römischer Knechtschaft. Kaiser Aurelian endlich räumte
das von allen Seiten durch Barbaren bedrohte Land (im
Jahre 274), führte die Römer, die Truppen sowohl als die
Provinzialen hinweg und siedelte sie am rechten Donauufer

im obern Mösien an, das von da an den Namen Dakia
führte. Die römische Bevölkerung und römische Bildung
im alten Dakien hörte vollständig auf; nur Trümmer blieben zurück, nicht einmal ein römischer Städtename hat sich
im Volksmund erhalten.

Zu derselben Zeit geschah es, daß der alte Weltherrn-
thron zu Rom in Italien zu wanken anfing. Aus den
Völkern, die er beherrschte, war alle sittliche Kraft verschwunden und darum mußte er fallen. Schon hatte das Christenthum angefangen, seine belebenden Strahlen zu verbreiten;
das Alte verging, Alles sollte neu werden. Also erschienen
von Mitternacht her und von Sonnenaufgang gewaltige
zum Theil nicht gekannte Völker und nahmen alles Land
ein, das vor ihnen lag. Man nennt diese Zeit die Zeit
der Völkerwanderung. In 500 Jahren wechselte Siebenbürgen unaufhörlich seine Herren und Bewohner. In dem
Getümmel der rohen Horden konnte kein Staats- und Rechtsleben sich entwickeln, keine Cultur Wurzeln schlagen. Viele
Menschenalter hindurch ist das Land fortan Tummelplatz
und wechselndes Besitzthum deutscher, insbesondere gothischer Stämme; was von der alten Bevölkerung zurückgeblieben, ist wol fast durchweg spurlos in ihnen unter-
gegangen. Als im fünften Jahrhundert die wilden Hunnen
in der weiten Theiß- und Donauebene den Hauptsitz ihrer
Macht hatten, saßen in Siebenbürgen die Gepiden und
das Land führt geradezu von ihnen den Namen Gepidia.
Doch klingt in der Volkssage bis auf den heutigen Tag der
Name des wildesten hunnischen Führers, Attilas, der „Got-
tesgeißel", seltsam in Thal- und Bergbezeichnungen wider.
Als das Gepidenreich um 566 dem Ansturm der vereinigten Longobarden und Avaren erlegen, herrschten diese fast
zweihundert Jahre von der Ens bis an die untere Donau;
was für Völkerwellen aber über die Bergwälle Sieben-

bürgens geschlagen, in welcher Mischung oder Eigenart sie sich hier erhalten, darüber findet sich in zuverlässigen Geschichtsquellen nichts. Gegen das Ende des neunten Jahrhunderts fällt der größte Theil Siebenbürgens dem Reich der Petschenegen zu, in den östlichen Gebirgen siedeln sich gleichzeitig die Sekler an, bis im elften Jahrhundert endlich die Magyaren an der Westgränze des Landes Fuß zu fassen anfangen.

Das geschah also.

Dem turanischen Völkergeschlecht angehörig, selbst finnisch-tartarischen Stammes, auch sprachlich mit Finnen und Türken nahe verwandt, war das Volk der Magyaren aus seiner ursprünglichen Heimat am Altaigebirg in Asien in sieben Stämme getheilt ausgewandert und im Gedränge der Völkerwanderung allmälig nach „Atelkusu", d. i. in das Land zwischen dem Dniepr oder Bug und dem Sereth bis an die südöstlichen Karpatenhänge gekommen. Da standen ihre Zeltlager um die Mitte des neunten Jahrhunderts; auf Raubzügen in die Nachbarländer lernten sie diese, darunter auch Pannonien, das heutige Ungarn, kennen. Und als im Jahr 895 die Petschenegen, von den Bulgaren gerufen die magyarischen Wohnsitze in Atelkusu überfielen, eben als der größere Theil des Volkes wieder auf einem auswärtigen Zug abwesend war, da floh ein Theil der Daheimgebliebenen in das nahe Gebirge — es sind die Stammväter der Sekler — die andern gaben das Land verloren, zogen nach kurzem Aufenthalt im Gebiet westlich vom untern Alt an der Donau aufwärts und fanden eine neue Heimat im Tiefland zwischen dem Bihargebirge und der Theiß, bald auch auf der weiten Ebene zwischen der Theiß und der Donau. Kein festgegliedertes Staatswesen, keine streitbare Bevölkerung stellte sich ihnen da feindlich entgegen; die friedlichen Bewohner, slavische Hirten, wichen scheu zu bei-

ben Seiten vor ihnen. Denn die Magyaren waren ein un-
gestümmes Reitervolk, wilder Sitte und ungeschlachten Aus-
sehens; sie aßen rohes Fleisch und tranken Blut, wußten
übrigens das flinke Roß rüstig zu tummeln und schossen
fernhin den sicher treffenden Pfeil. Dabei waren sie beute-
gierig, wandelbaren Sinnes und treulos, auch kämpften sie
lieber in schnellem Ueberfall und aus dem Hinterhalt, als
in offener Feldschlacht.

Das siebenbürgische Hochland erscheint von da an unter
der Botmäßigkeit der Petschenegen. Eine walachische Bevölkerung des Landes zu dieser Zeit finden wir in keiner
einzigen beglaubigten Geschichtsquelle erwähnt. Dafür „treffen wir auf die Thatsache, daß alle Geschichte des walachischen Volkes im Norden der Donau vom dritten bis zum
zwölften Jahrhundert fehlt"; neun Jahrhunderte hindurch
weiß sie von einem Dasein und Wirken desselben in diesen
Landen nichts.

In der neuen Heimat lebten die Magyaren von Jagd
und Fischfang unter Herzogen, von deren erstem, Arpad, das
erste ungarische Königsgeschlecht den Namen des arpadischen
führt. Bald begannen sie Einfälle in die Nachbarländer,
namentlich nach Deutschland. Dieses war wegen innern
Unfriedens fast schutzlos ihren Verwüstungen preisgegeben;
Schrecken ging vor ihnen her. Als aber König Heinrich I.
das Reich innerlich gekräftigt, setzte er ihren Räubereien ein
blutiges Ziel und erschlug ihrer 36,000 bei Riade auf der
goldnen Aue (bei Merseburg 933). Als sie dessen ungeachtet nach 20 Jahren den Einfall erneuerten, wiederholte
Otto I. des Vaters That. Bei Augsburg auf dem Lech-
feld (955) warf er in siegreicher Schlacht den Einbruch der
Magyaren zurück. Von 60,000 derselben blieben nach der
Sage nur sieben übrig, die der Kaiser mit abgeschnittenen
Ohren heimschickte, den Ihrigen die Begebenheit zu er-

zählen. Da entsetzten sich diese und schirmten schnell die Gränze durch Verhaue und Petschenegenansiedlungen, auf daß nicht die wüthigen Deutschen kämen und sie alle erschlügen.

Durch so schwere Niederlagen neigte sich der Sinn des Volkes zum Frieden. Herzog Geisa insbesondere (seit 972) war dem Krieg abhold. Seine Gemahlin Sarolta war eine Christin und bekehrte auch ihn. Da erhielten die zahlreichen christlichen Kriegsgefangenen die Erlaubniß, sich Bethäuser zu bauen und kamen aus Deutschland gerufen Geistliche, den Heiden das Himmelreich zu predigen und den Gekreuzigten zu verkünden. Von Bischof Adalbert von Prag ließ Geisa seinen eigenen Sohn Stephan taufen und vermählte ihn mit Gisela, der Tochter des Baiernherzogs Heinrich. Zugleich wanderten, eingeladen oder begünstigt von Geisa, viele deutsche Herren nach Ungarn ein und wurden da die Stammväter berühmter Geschlechter. Einwanderer, die im Gefolge Giselas gekommen, gründeten die erste größere deutsche Ansiedlung in Ungarn, Szathmar-Nemethi am Samosch.

Als aber Stephan seinem Vater auf dem Herzogsstuhl (995) folgte, erhoben die Anhänger des Heidenthums Aufstand gegen ihn. Er schlug sie mit Hülfe seiner deutschen Ritter, zwang darauf das ganze Volk zur Taufe, gründete Bisthümer und baute Kirchen. Papst Silvester II. gab ihm die Königskrone, im J. 1000 nach Christo.

Die neuen Einrichtungen in Staat und Kirche fanden in zwei Stammhäuptlingen und Großwürdenträgern, die sie mit den Amtsnamen den Gylas und den Karchan hießen und die im östlichen Ungarn walteten, gefährliche Feinde. König Stephan besiegte sie (um das Jahr 1003), später (1021) auch die durch Siebenbürgen hereinbrechenden Petschenegen. Das war der erste Anlaß, daß das neue Reich

seine Aufmerksamkeit diesem Land zuwandte. Doch gehören
die Erzählungen, schon König Stephan habe Siebenbürgen
erobert und dauernd mit Ungarn vereinigt, sowie, bereits
unter Arpad sei ein magyarischer Führer Tuhutum ins Land
gebrochen und habe sich desselben bemächtigt, nicht der beglaubigten Geschichte, sondern bloß der spätern, oft geradezu
gefälschten Sage an. Nach jener erscheint Siebenbürgen
noch lange nach Stephan als ein Weide- und Tummelplatz
petschenegischer und später gleich wilder kumanischer Horden.
Zu einem gesicherten Besitzthum der ungarischen Krone ist Siebenbürgen nur am Schluß des elften Jahrhunderts und in seinem jetzigen Umfang erst durch deutsche Ansiedler geworden.
. König Stephan starb 1038. Er wurde 1081 heilig
gesprochen.

2.
Wie von König Geisa II. gerufen deutsche Ansiedler nach Siebenbürgen kamen.
1141—1161.

Als an des Rheines Felsenstrand
 Der Ritter Burgen baute,
Und vor des Eisenmannes Hand
 Dem frommen Bürger graute,
Da beugte vor gewalt'gem Streich
 Geknechtet sich die Menge;
Da ward's im heil'gen deutschen Reich
 Dem freien Mann zu enge.

Da zogen viele Männer aus
 Ein neues Land zu finden:
Wir wollen uns ein neues Haus,
 Ein Haus der Freiheit gründen!
Uns winkt des Urwalds freier Schooß
 Im fernen Ungarlande;
D'rum reißen wir uns weinend los
 Vom heimischen Verbande!

    Fr. Marienburg.

Länger denn ein Jahrhundert nach Stephans Tod wurde
das ungarische Reich fast fortwährend von Zwietracht und
Bürgerkrieg heimgesucht. Weil kein Gesetz da war, das die

Thronfolge ordnete, begehrte nach dem Tode eines Königs
immer mehr als Einer die Krone. Daraus Haber und
Streit ohne Ende. Die Unzufriedenen fanden am griechischen Kaiserhof, im deutschen Reich, in Polen stets Hülfe.
Den Frieden zu erhalten gaben die Könige gern den Thron-
werbern und Brüdern Theile des Reiches als Herzogthümer,
vergrößerten aber durch diese Theilung der Gewalt nur das
Uebel. Solcher Wirren freute sich der ungarische Adel und
die hohe Geistlichkeit. In den innern Kriegen erkauften die
streitenden Fürsten ihre Hülfe theuer mit Gütern und Rechten. So wurden die beiden Stände immer gewaltiger und
trotzten bald dem König und schalteten eigenmächtig. Das
Christenthum aber hatte so wenig wahren Boden gewonnen,
daß das fast nur im Aeußern verdrängte Heidenthum sich
zweimal erhob und nur mit Mühe besiegt wurde. Es gänzlich zu erdrücken verordnete das Gesetz Schläge für den, der
Sonntags nicht die Kirche besuchte, und wer den Feiertag
nicht hielt oder den Todten nicht christlich zur Erde bestat-
tete, mußte zwölf Tage bei Wasser und Brot fasten.

Unter den Königen aus dieser Zeit ragt vor allen
Ladislaus I. (1078—1095) hervor, den die Kirche später
wie Stephan I. heilig gesprochen. Zwei Einfälle der Kumanen, die an der untern Donau hausten und über Siebenbürgen nach Ungarn brachen, wies er in glücklichen Feldzügen zurück (1084, 1089) und begründete dadurch die
dauernde Ausdehnung des ungarischen Reichs auch über Siebenbürgen, das bis dahin nur in seinen nördlichen und
westlichen Theilen in seinem Besitz war. Geht doch fast
das älteste urkundliche Zeugniß, daß der ungarische König
hier Gewalt hatte, nur drei Jahre vor König Ladislaus hinauf,
da König Geisa I. 1075 der Benedictinerabtei im Granthal
im „Land jenseits des Waldes" „bei der Burg die Turba
genannt wird" an einer Stelle „die ungarisch Aranyosch

heißt", die Hälfte des königlichen Salzzolles verleiht. Hand in Hand mit der Befestigung der ungarischen Reichsmacht in Siebenbürgen ging die Gründung eines römisch-katholischen Bisthums für dasselbe; König Ladislaus errichtete es in Weißenburg am Miereſch; der Bau der erſten Domkirche, wie die von ihr noch erhaltenen Theile und die Nachrichten über sie in Urkunden des 13. Jahrhunderts bezeugen, fällt in das Ende des 11., ja vielleicht erst in die Mitte des 12. Jahrhunderts. Der erste siebenbürgische Bischof kommt vor dem Jahr 1103 (vielleicht gar nur 1113) nicht vor; erst in der zweiten Hälfte des 12. Jahrhunderts finden·wir Obergespäne von Comitaten genannt. Mit dieser Ausdehnung des ungarischen Reiches nach Osten war naturgemäß eine magyarische Einwanderung ins Land verbunden; ein Blick auf die Karte und selbst die heutige Völkerschichtung noch lehrt, daß diese wesentlich im Thal des vereinigten Samosch gegangen. Ueber die Comitate, die in Folge dieser Besitznahme hier entstanden, waltete im Namen des Königs der von ihm ernannte Woiwode, dessen Würde anfangs, gleichfalls bezeichnend, wiederholt mit der des Obergespans von Solnok verbunden ist; die Oſtgränze der Comitate ist lange Zeit wesentlich und im Ganzen gewiß nur bis an den Miereſch gegangen. Wie das, damals schon im Land ansässige Seklervolk sich zu dieser magyarischen Besitznahme verhalten, darüber haben wir keine geschichtlichen Zeugnisse; nur in den Stammsagen ist erwähnt, wie die Sekler die heranziehenden Magyaren freudig begrüßt und in treuer Waffengenossenschaft sich ihnen angeschlossen hätten.

Sechsundvierzig Jahre nach Ladislaus I., im Jahr 1141, bestieg Geiſa II. den Thron. Er war erst zwölfjährig; aber seine Mutter, die serbische Fürstentochter Helena, führte mit dem Rath ihrer Verwandten und des weisen Erlauer Bischofs Lukas Banfi die Regierung klug und umsichtig. Doch litt das Reich unter mancherlei Unglück schon unter den zwei Vorgängern Geisa's, von welchen der letzte Bela (1131—1141) blind war, von Krieg nach außen und innern Wirren schwer heimgesucht. Nun erregten Geisa's eigene Brüder und der angebliche Sohn eines frühern Königs vielfältig Krieg und Unruhe. Eine schwere Hungersnoth suchte das Land heim. Auch die Kreuzfahrer, die durch Ungarn zogen, übten mancherlei Ungebühr. Zu jener Zeit nämlich ward das gesammte Abendland von heiligem Eifer ergriffen, das Grab unseres Heilandes und die Stätte, wo er gewandelt, den Händen der Ungläubigen zu entreißen. Viele Tausende mit dem Kreuz bezeichnet strömten in das Morgenland und der zweite große Heerzug ging unter König Geisa's II. Regierung eben dahin durch Ungarn.

Dieses bot damals einen traurigen Anblick dar. Der Segnungen seiner reichen Natur waren die Menschen fast unwerth. Städte hatte das Reich nicht; gemauerte Wohnungen gab es beinahe keine, auch hölzerne Häuser waren selten, die meisten nur aus Rohr. Im Sommer und Herbst wohnte man unter Zelten. Noch trauriger sah es im „Land jenseits des Waldes" aus. Ein sprechendes Zeugniß seiner Cultur ist eine Schenkung König Bela's des Blinden, der 1138 der neugegründeten Propstei von Demesch auch Besitz in Siebenbürgen verlieh. Ein Theil der Höfe lieferte Salzsteine an das ferne Kloster; andere Hörige waren jährlich zu zwanzig Marderfellen, hundert Lederriemen, einer Bärenhaut und einem Auerochsenhorn verpflichtet. Im Süden hatte das Land geradezu keine bleibende seßhafte Bevölkerung; es war eine Oede (desertum), reich nur an Wald und Wild, von Pflug und Spaten unberührt, ein unsicheres Besitzthum der ungarischen Krone. Bedenkt man zu alle diesem den Uebermuth der Herren vom Adel wider den König

und wie derselbe dagegen im eigenen Reiche nirgends Hülfe
fand, weil es neben dem Adel keinen freien Stand gab, so
leuchtet ein, warum Geisa seinen Sinn auf Einberufung
fremder Volksgenossen richtete.

Sollten diese aber dem Lande höhere Bildung bringen,
mit Kraft und Treue die ferne Gränze schützen, des Thrones
Rechte wahren und mehren helfen, so konnte sie der König
nur aus Deutschland rufen. Denn schon damals und seit
den ältesten Zeiten war das Volk der Deutschen ausgezeich=
net von der Vorsehung vor vielen und zu großen Dingen
berufen. Stark an Körper, gewandten Geistes und zahl=
reich wie der Sand am Meere hatte es die alte Römer=
herrschaft in Trümmer geschlagen und durch frühe Annahme
der Christuslehre die ursprüngliche Kraft veredelnd sich ein
Reich gegründet, welches das mächtigste war auf der Erde.
Der deutsche König war zugleich römischer Kaiser und von
den zwei Schwertern, die der Herr nach dem Glauben der
Völker auf der Erde gelassen, führte er das eine. Die Deut=
schen selber trieben Land- und Bergbau, Gewerbe und Handel
und hatten zahlreiche Städte, die schon oft die Kaiser ge=
schirmt. Deutsche Krieger waren in ganz Europa gesucht
und deutsche Tapferkeit geehrt. War doch sogar in Ungarn
Christenthum und Königthum nur durch ihre Hülfe gegrün=
det worden! Geisa selbst vertraute den Schirm seines
Lebens im Kriege deutschen Männern an.

Also geschah es zur Zeit da die großen Hohenstaufen
Konrad III. und Friedrich I. die deutsche Krone trugen, daß
König Geisa den Ruf ergehen ließ in die deutschen Lande,
der seinem Reich gebildete Bewohner, der Gränze tapfere
Vertheidiger, dem Königthum treue Anhänger bringen sollte.
Sein Wort verhallte nicht wirkungslos. Seit Menschen=
altern hatten in Ungarn deutsche Einwanderer willige Auf=
nahme gefunden. Die Kreuzzüge hatten die Bekanntschaft

mit dem Lande vermehrt, sein König durch Gründung eines
Krankenhauses für Pilgrimme in Jerusalem sich auch in
weitern Kreisen guten Namen erworben. So fanden sich
zahlreiche deutsche Ansiedler zur Niederlassung im fernen Ungarlande bereit. In diese Zeit geht wahrscheinlich die
Gründung der deutschen Bergstädte, der Anfang der deutschen Bevölkerung in der Zips zurück. Auch Siebenbürgen
hat damals den Hauptstamm seiner deutschen Bewohner erhalten. In jenem weiten Landstrich zwischen dem Mieresch,
dem Alt und den beiden Kokeln, der jetzt die sächsischen
Stühle umfaßt und wie ein Garten anzuschauen ist, damals aber eine Oede war, schlugen unter König Geisa's
Regierung, von ihm gerufen deutsche Ansiedler ihre Wohnung auf. So steht es geschrieben in den Freibriefen unseres Volkes. „Die deutschen Ansiedler jenseits des Waldes," sagt König Andreas II. 1224 von den Obenerwähnten,
„sind gerufen worden vom frommen König Geisa unserm
Großvater" und wenige Jahre nach ihrer Einwanderung
nennt der päpstliche Gesandte Gregorius das Land, das
ihnen Geisa verliehen, ausdrücklich eine Oede oder eine
Wüste (desertum).

Doch die Regierung König Geisa's II. umfaßt beinahe
ein Menschenalter und gern möchte man wissen, in welchem Jahr derselbe die Väter ins Land gerufen. Darüber aber schweigt die Vergangenheit. Was über einzelner
Orte Erbauung in Zeitbüchern und sonstwo gelesen wird,
ist später entstanden und ermangelt, zum Theil offenbar
falsch, aller Glaubwürdigkeit. Nur so viel ist gewiß, daß
die Ansiedlungen in jenem Gebiete nicht gleichzeitig, sondern
nur allmälig erfolgt sind. Kurze Zeit nach der Einwanderung in jenem großen Prozeß, den der siebenbürgische Bischof über den Umfang der Hermannstädter Propstei führte,
unterscheidet (um 1195) der päpstliche Cardinallegat Gregorius

in Uebereinstimmung mit König Bela III. ausdrücklich zwi=
schen frühern und spätern deutschen Ansiedlungen aus der
Zeit von Geisa's II. Regierung. Und zwar kamen die
ersten am Altfluß herauf und setzten sich zuerst an der Gränze
fest, ihr zum Schirm, da wo die Gewässer des Alt den
schützenden Bergzug durchbrechend den Zugang in das Land
öffnen und weiter hinauf, wo der Fluß vor dem Gebirge
strömt, wie der Graben vor dem Wall. Das sind die Ca=
pitel — denn die kirchliche Eintheilung hat die ursprüng=
liche Lagerung am treuesten erhalten — Hermannstadt, Lesch=
kirch, Schenk und das Gebiet derselben heißt im Munde des
Volks das alte Land bis auf den heutigen Tag. Daran
schlossen sich weiter hinauf nach Osten den Gränzfluß ent=
lang — denn vom Mieresch an den Alt verlegte die deutsche
Einwanderung die gesicherten Marken des ungarischen
Reichs — die spätern Zuzüge unter König Geisa bis da=
hin, wo die Sekler Niederlassung weiteres Vordringen un=
möglich machte. Das ist der alte Kern des Kosder Capi=
tels, der in stattlichen Gemeinden sich um den, gewiß frühe
schon befestigten schwarzen Basaltfelsen von Reps im Kosdthale
und in den Hamorodthälern lagerte. Rückflutung des Ein=
wandererstroms nach Westen war es, die die Gemeinden
des Keisder Capitels, wesentlich des spätern Schäßburger
Stuhls, und jene Gemeinden des Kosder Capitels gründete,
die in dem langen schmalen Berg= und Thalgewirr von
Osten nach Westen zwischen dem Keisder und Schenker Ca=
pitel eingeengt, die Schenker und Magaraier Abtheilung
des Kosder Capitels bildeten und bilden. Dagegen ist es
wahrscheinlich, daß, als die Altlinie besetzt und gesichert war,
andere Einwandererzüge, wol aus dem Samoschthal den
Mieresch herabziehend, von Mühlbach aus den Unterwald
besiedelten und aus dem Thal des Zeckesch ins Kokelland
hinübersteigend hier die Gemeinden des Schelker und Me=

biaſcher Capitels gründeten. Wann das Nösnerland seine
deutſche Bevölkerung erhalten habe, darüber gibt kein ge-
ſchichtliches Zeugniß uns unmittelbare Kunde. Doch ſpäter
als unter Geiſa II. geſchah es wohl kaum, nicht nur weil
wir bereits 1222 einen Königsgrafen von Biſtritz (Emrich
von Salzburg) genannt finden, ſondern auch weil zwei
Menſchenalter ſchon nach Geiſa's Tode Robna ſo reich und
menſchenſtark war, daß es Widerſtand gegen die Mongolen
wagen konnte. Ja es iſt ſehr wahrſcheinlich, daß die deutſche
Anſiedlung im Nösnerland, in der wir gleichfalls zwei
Gruppen, die des Nösner und des ſpäter mit dieſem vereinigten Kiralyer Capitels unterſcheiden, in die Zeit vor
Geiſa hinaufreicht. Denn die deutſche Maſſeneinwanderung,
die unter dieſem in den Süden Siebenbürgens erfolgte, ſetzt
nothwendig frühere voraus, die die Möglichkeit und Nütz-
lichkeit ſolcher Anſiedlungen für Krone und Anſiedler bereits
gezeigt hatten. Dieſe aber konnten anfangs nur auf jener
natürlichen Heerſtraße im Samoſchthal erfolgen, die auch den
Weg für die alte magyariſche Beſitznahme jener Theile bot.
Die in dem Samoſchgebiet befindlichen Gemeinden, welche
magyariſch geradezu „die Deutſchen" (nemethi) heißen, wei-
ſen in der That auf eine Zeit zurück, wo deutſche Gemeinden noch vereinzelt im Lande ſtanden und als ſolche natürlich nach ihrem Volksthum benannt wurden, was nur vor
Geiſa der Fall ſein konnte. Und daß die deutſchen Anſiedler in Deeſch (deutſch Burgles) noch im 13. Jahrhundert
nach dem Freibrief König Bela's IV. von 1236 im Rechts-
verfahren ſich an das Freithum der Deutſchen von Sathmar
in Ungarn halten, deutet wieder darauf hin, daß die Gründung der Anſiedlung in eine Zeit fällt, wo das Freithum
von Hermannſtadt noch nicht beſtand.

Die Gründung der Burzenländer Anſiedlung dagegen
gehört dem erſten Viertel des 13. Jahrhunderts an.

Zu welchem Zweck König Geisa II. deutsche Ansiedler an die wüste ferne Gränze jenseits des Waldes berufen,
geht aus dem hervor, was oben über die Innerzustände des
ungarischen Reichs in jener Zeit gesagt ist. Sie kamen den
Boden urbar zu machen, die Schätze desselben zu gewinnen
und der Cultur eine Stätte zu bereiten; sie kamen zur Vertheidigung des Landes, zur Erhaltung der Krone, d. i.
zum Schirm ihrer Rechte gegen innere und äußere Feinde.
Auch in der Volkssitte hat sich davon ein bedeutungsvolles
Zeugniß erhalten. Wenn die „Knechte" in Nådesch alljährlich ihren „Reigen" halten und in ernstem Umzug, gegür-
tet, die Tasche an der Seite, den Streitkolben in der Hand,
um die Fahne geschaart, an der Spitze ein Alter, der die
Trommel schlägt, durch die Gassen gehen, da antworten sie,
nach der Bedeutung des Umzugs gefragt: „Also sind einst
unsere Vorfahren, freie Leute, hinter der Fahne und der
Trommel, die Waffen in der Hand in dieses Land gekommen
und haben Kriegsdienste gethan." So steht auch auf ihrem
uralten Siegel geschrieben: ad retinendam coronam und so
zeugt ihre ganze Geschichte. Daher kamen sie als freie
Männer mit vollem Eigenthumsrecht auf Grund und Boden, den sie einer wilden Natur und noch wilderen Menschen erst abringen sollten. Ja

> „Wir haben diesen Boden uns erschaffen
> Durch uns'rer Hände Fleiß, den alten Wald,
> Der sonst der Bären wilde Wohnung war,
> Zu einem Sitz für Menschen umgewandelt;
> Die Brut des Drachen haben wir getödtet,
> Die aus den Sümpfen giftgeschwollen stieg;
> Die Nebeldecke haben wir zerrissen,
> Die ewig grau um diese Wildniß hing,
> Den harten Fels gesprengt, über den Abgrund
> Dem Wandersmann den sichern Steg geleitet;
> Unser ist durch tausendjährigen Besitz
> Der Boden."

Die Rechte aber, die die Väter haben wollten in der neuen Heimat, ließen sie sich vertragsmäßig zusichern vom König, damit sie darin den festen Grund hätten, auf dem sie ihr und ihrer Kinder Wohl bauen könnten in selbstständiger volksthümlicher Fortbauer. Zwar sind diese Briefe Geisa's verloren gegangen im Sturm der Zeiten, aber König Andreas erwähnt ausdrücklich das „Freithum, auf welches die deutschen Ansiedler gerufen worden vom frommen König Geisa."

Aus welchen Theilen des deutschen Mutterlandes aber kamen denn die kühnen Männer, und was bewog sie, aus angebauten Gegenden in Wüsten und aus dem Kreis gebildeter Volksgenossen an die ferne Gränze der Christenheit zum Kampf gegen wilde Horden zu ziehen? Ueber die frühere Heimat unserer Väter ist uns keine gleichzeitige Kunde erhalten. Nur die einsame Sage erzählt in der stillen Dorfgemeinde des neuen Vaterlandes, daß unsere Vorfahren einst am Meere gewohnt, in das vier Flüsse einmünden, die aber alle nur aus einem kommen; ob wol der Rhein da in dunkler Erinnerung nachklingt? Auch in den deutschen Zeitbüchern findet sich nichts darüber. Denn die Heerfahrten ins heilige Land nahmen damals alle Aufmerksamkeit in Anspruch und in der allgemeinen Völkerbewegung wurden jene Auswanderungen nicht beachtet. Der päpstliche Abgeordnete Gregorius nennt um 1195 die Eingewanderten Flanderer. Also kam ein Theil der Ansiedler aus Flandern; so hieß der Küstenstrich südwestlich von den Rheinmündungen und tief ins Land hinein. Auch das schon im 14. Jahrhundert nachweisbare Siegel des Hermannstädter Gaues mit den drei Seeblumenblättern weist auf ein deutsches Küstenland hin. Daß Andere vom Mittel- und Niederrhein gekommen, aus den Gegenden zwischen der Mosel und der Maaß, der Lahn und der Lippe und nördlich derselben, wo seit alter Zeit auf zahlreichen Puncten sich der sächsische und fränkische Stamm berührte, doch wesentlich diesem angehörig, darauf deuten zahlreiche Ortsnamen und Rechtsgewohnheiten, Sitten und Gebräuche, Sagen und Märchen und jene merkwürdigen Mythenreste, die in diesen und in Anderm erhalten fast ohne Ausnahme dahin weisen, davon zeugt vor Allem die Sprache. Die Mundarten jener Theile Deutschlands stimmen mit den des siebenbürgischen Sachsenlandes so wesentlich und vielfach überein, daß wer aus diesem jene hört, fast meint, sich im lieben Vaterland zu finden. Ebenso zeugt die Sprache, daß die Bistritzer Ansiedler, in deren Ortsnamen und Mundart manche Aehnlichkeit mit den der Zipser Deutschen anklingt, im Mutterlande nicht dieselbe Heimat mit den Brüdern am Alt hatten.

So sind unsere Väter hieher gekommen, aus fernem Land über Ströme und Gebirge. Kühne Wanderlust ist von uralten Zeiten dem deutschen Volke eigen gewesen. Damals aber trug viel dazu bei, sie rege zu machen. In ältester Zeit war jeder Deutsche ein freier Mann und fast unumschränkter Herr auf seinem Gute. In der Volksgemeinde entschied er über Krieg und Frieden, wählte Heerführer und Richter und wies das Recht. Das aber hatte sich im Lauf der Zeiten traurig geändert. Durch Krieg und Eroberung hatte sich ein Adel gebildet, der mehr gelten wollte als der freie Mann und alles Recht für sich nahm. Bald wurde das Volk für nichts mehr geachtet. Steuern mußte es nur und der Herren Schlachten schlagen, die ihm seine Freiheit stets verringerten. Man rief es nicht mehr zur Landgemeinde. Den Richter setzte der König oder der Bischof, oder der Graf. Feld und Wald und Fluß und Fisch war nicht mehr des Volkes. Darum wanderten aus, wer

2*

das Recht liebte. Edle Menschen haben von jeher die Freiheit dem Vaterland vorgezogen.

Zu diesem kam in Flandern noch mancherlei anderes
Unglück. Das Land ist niedrig gelegen und kann nur müh-
sam durch Dämme gegen den Einbruch des Meeres geschützt
werden. Oft aber spottet dieses der Menschenkraft, zerstört
ihre Werke und überschwemmt weithin das Land. So ver-
sank im Jahr 1135 ein großer Theil von Flandern, Holland und Seeland in den Abgrund; viele Tausende ertran-
ken; Andere verloren Haus und Hof und Alles. Das und
viele innere Kriege schwächten ebenfalls die Anhänglichkeit
an das Vaterland. So folgte um das Jahr 1140 zahlreiches Volk aus Holland und Flandern, auch aus Westfalen und Friesland dem Ruf des Grafen Adolf von Holstein in die wüsten Flächen Wagriens. Und wenn man in
der Urkunde des ungarischen Königs Stephan V. von 1171
liest, wie die adeligen Männer Gottfried und Albert,
deutsche Ansiedler, ihr Vaterland verlassend unter der Regierung des glorreichen Königs Geisa seinem Rufe folgend
in das Reich Ungarn ehrenvoll hereingekommen und König
Geisa, weil sie tapfere Krieger gewesen, sie ehrenvoll empfangen und ihnen Landbesitz verliehen: so meint man ein Bild
aus Ungarn und Siebenbürgen vor Augen zu haben, wenn
der gleichzeitige Chronist Helmold in seiner Wendenchronik
erzählt, „weil aber das Land Wagrien öde (desertum) war,
sandte Graf Adolf von Holstein Boten in alle Gegenden,
nach Flandern und Holland, nach Utrecht, nach Westfalen,
nach Friesland, damit wer immer dort Mangel an Weide
oder Ackerland habe, käme mit seinem Hausgesinde, um das
beste Land zu empfangen, geräumiges Land, reich an Früchten, mit Ueberfluß an Fisch und Fleisch und geeignet zur
Zucht der Heerden. Auf diese Rede erhob sich eine zahllose
Menge von verschiedenen Stämmen und sie nahmen ihr

Hausgesinde mit ihrem Vermögen mit sich und kamen in das Land Wagrien zum Grafen Adolf und nahmen das Land in Besitz, das er ihnen versprochen hatte." Aus dem Boden dieser Ansiedlung erwuchs, gegründet 1143, das bürgerstarke meergewaltige Lübeck. Auch Heinrich der Löwe, Herzog in Sachsen, berief aus denselben Gegenden um 1160 Ansiedler in das eroberte Wendenland. Heute noch klingt das uralte Auswandererlied aus dem 12. Jahrhundert in den flämischen Bauernschaften Brabants wider:

Naer Oostland willen wy rejden
Naer Oostland willen wy mŏe
Al over die groene heiden
 Frisch over die heiden
 Daer ist een betere stêe.

Als wy binnen Oostland kommen
 Al onder dat hooge huis
 Daer worden wy binnen geladen
 Frisch over die heiden:
 Zy heeten ons willekom zyn.*)

Dieser deutsche Auswandererstrom, der sich, die größte, folgenreichste nationale That des spätern deutschen Mittelalters, vom 12. bis zum 14. Jahrhundert unerschöpflich über die östlichen Länder ergoß, hat in die Küstenlande der Ostsee bis hinauf an den finnischen Meerbusen deutsche Gesit-

---

 *) Ins Ostland wollen wir reiten,
  Hingehn ins östliche Land,
  All' über die grüne Haide,
  Frisch über die Haide,
  Da ist ein besserer Stand.

  Als wir ins Ostland kamen
  All' unter das hohe Haus,
  Da wurden wir eingelassen
  Frisch über die Haide,
  Sie hießen uns willkommen sein.

tung getragen und die weiten Slavengebiete, die vom Ostrand
Deutschlands fast in sein Herz hineinragten, deutscher Sprache
und deutschem Leben gewonnen. Selbst tief hinein nach
Polen hat er in Hunderten von deutschen Städten und Dörfern die Anfänge freien Bürgerthums und höherer Bildung
geführt. Wellen jenes gewaltigen Stromes waren es —
und in diesem Zusammenhang erst erscheint jenes Ereigniß
in seinem rechten und vollen geschichtlichen Licht — die auch
über die Gränzen des ungarischen Reichs befruchtend her-
einschlugen, die die Staatsweisheit eines seiner Könige in
die öden Thäler des siebenbürgischen Hochlands leitete. Wurden doch sogar nach England jene kühnen Auswanderer im
12. Jahrhundert berufen als Gränzwächter und Wüsten-
bebauer; dort schirmten sie das Land gegen Wälsche und
Schotten, wie ihre Brüder an den Karpaten das ungarische
Reich gegen Petschenegen und Kumanen.

Daß die deutschen Ansiedlungen in Siebenbürgen zahlreich gewesen, lehrt der Erfolg. Aus ur-
kundlichen Andeutungen dürfen wir schließen, daß im Jahr
1224 von Broos bis Draas wol 50,000 ihrer Höfe standen.
Wie hätten sie auch sonst sich behauptet in der feindum-
schwärmten „Wüste?" Aus ihnen ist die dritte ständische
Nation des Vaterlandes erwachsen. Von ihnen hat das
Land seinen deutschen Namen Siebenbürgen. Die sieben
ersten Burgen, so erklärte man es, die sie — ungewiß
welche, doch zum Schutz des Landes gewiß in kurzer Zeit
— erbauten (denn darin schirmten sie Weib und Kind),
mochten mit Recht Staunen erregen weit über die Gränze
des Reichs, das nicht einmal gemauerte Wohnungen kannte.
Und wer da meinte, der deutsche Name komme von den
sieben Burgen, die einst ungarische Heerführer hier erbaut
hätten — was nie der Fall gewesen ist, — oder von den
ältesten sieben ungarischen Comitaten, dem mußte man mit

Recht erwidern, daß der Name unmöglich hievon kommen
könne, weil er ursprünglich die ungarischen Comitate gar
nicht in sich begreift, da die Geschichtsquellen mit dem deutschen Namen „Siebenbürgen" bis ins 15. Jahrhundert herunter fast ausschließlich das Sachsenland, ja vorzugsweise
nur den Hermannstädter Gau bezeichnen. Reste dieses
Sprachgebrauchs finden sich heute noch im Burzenland. Die
tiefer strebende Forschung der jüngsten Zeit weist darauf
hin, der Name könne eher aus Cibinburg entstanden sein.
Eine solche erhob sich gewiß in den ersten Jahren der Ansiedlung im Cibinsthal. Das Land der „Cibinsbürge" —
so würde das Wort in der damaligen Sprachform gelautet
haben — habe ursprünglich nur die ältere Colonie umfaßt;
später auf die ganze Hermannstädter Provinz und endlich
auf das ganze Land übertragen, habe der Name durch den
Gleichklang mit dem Zahlwort im ersten Theil seiner Zu-
sammensetzung zu jenem Mißverständniß geführt.

In dem neuen Vaterland waren übrigens die deutschen
Ansiedler anfangs noch nicht zu e i n e r bürgerlichen Gesammtheit, zu einer N a t i o n im spätern siebenbürgisch-staats-
rechtlichen Sinn des Wortes vereinigt. Sie lebten, sowie
sie allmälig hereingewandert, in einzelne Gaue oder Graf-
schaften getrennt, deren jede eine eigene, selbstständige, von
der andern unabhängige Volksgemeinde ausmachte. Auch
hatten sie nicht alle die gleiche vertragsmäßige Freiheit. Die
Ansiedler im „Cibinsland", die Hermannstädter erfreuten sich
viel schönerer Rechte als die im Nösserland, die Bistritzer.
Alle aber waren sie erfüllt von ächtem deutschem Sinn und
darum hat der Herr ihr Gemeinwesen erhalten und „gemehrt"
in der „Wüste", wohin er sie geführt, auf daß die wilden
umwohnenden Völker von ihnen lernten, was wahre Freiheit sei und annähmen mildere Sitten und edle Bildung.

3.

Von dem Tode Geisa's II. bis zum goldenen Freibrief der Sachsen. Die deutschen Ritter im Burzenland.

1161—1224.

Wir wollen trauen auf den höchsten Gott
Und uns nicht fürchten vor der Macht der Menschen.
Schiller.

Von den ersten Jahren, die unsere Väter in der neuen Heimat lebten, schweigt die Geschichte. Zeitbücher, die so weit hinaufreichten, hat unser Volk nicht. So können wir denn nirgends lesen — und es wäre doch lehrreich und kräftigend zu erfahren, wie die Altvordern es angefangen, die Wildniß zu einem Sitz für Menschen umzuwandeln und welche Gefühle ihr Gemüth durchschauert haben in der Todtenstille der Einöde. Die war damals gewiß, soweit das Auge reichte, bedeckt von dunkelm Urwald und fast nirgends eine Spur von Menschenarbeit, als hie und da auf einsamem Feld der hohe Grabeshügel, den die Vorzeit über ihre Recken gehäuft oder auf steiler Bergeshöhe unscheinbar gewordene Wallkreise und zerfallenes Mauerwerk, das die Ankömmlinge staunend ob der Kraft, die der Aufbau gekostet, Hünnenburgen nannten und wir nennen die Höhen so bis auf den heutigen Tag. Und manche seltsame Mähr geht davon unter Jung und Alt an dem langen Winterabend, wenn es draußen stürmt und in der Stube das Feuer lobert, und wer sie hört, dem geht sie durch Mark und Bein. Aber die Väter hatten Herzen, denen vor nichts bangte und halfen sich frisch aus jeder Fahr und Noth. Wie klangen da die Artschläge an den vielhundertjährigen Stämmen, bis sie den Wald mit den weitverschlungenen Wurzeln robeten! Wo seit unvordenklichen Zeiten der Sumpf die bösen Dünste in die Luft gehaucht, da leiteten sie das Wasser ab, und ge

wannen fruchtbares Land und erbauten an gelegenen Plätzen
das Wohnhaus und das Gotteshaus und die schützende
Burg. Und der Väter Arm, der ihnen die harte Erde
unterwarf, bezwang ebenso auch den Feind. Die Hand, die
den Pflug und den Hammer führte, verstand sich auch auf
des Schwertes Wucht, und der Bogen, der den Wolf vor
der Heerde tödtete und den Bären, traf nicht weniger sicher
die feindliche Brust.

Ueber die Fülle dieses frischen Lebens in der neuen
Ansiedlerwelt der fernen, nun deutsch gewordenen Karpaten-
thäler hat es gewiß wenn auch nur an dürftigen gleichzeitigen Aufzeichnungen nicht gefehlt, wiewol die harte Arbeit in Krieg und Frieden nur wenig Muße zum Schreiben
lassen mochte. Aber die Schwere jener ersten Jahrhunderte
hat nichts davon auf bessere Zeiten kommen lassen; kaum
daß in der Chronik eines verwandten Klosters im deutschen
Mutterland sich einmal eine Nachricht erhielt, die Schrift
oder Wort des fernen Ordensbruders dahin gebracht. So
tritt aus dem Dunkel der Geschichte die Sage in ihr Recht
und behauptet mit ihrem zauber- und stimmungsvollen Licht
die klaffende Lücke, die jene gelassen. Wie die deutschen
Schaaren, also erzählt sie, zuerst in die Cibinsebene gekommen und das Land einladend fanden zu dauernder Niederlassung, da stießen auf der Stelle, wo jetzt Hermannstadt
steht, die zwei Führer, deren einen sie Hermann nennt, ihre
Schwerter kreuzweise in den Boden, nahmen damit Besitz
von diesem und schworen, ihn sowie die Treue gegen den
König nur mit dem Leben zu lassen. Darum sind die zwei
gekreuzten Schwerter eingerahmt in das Dreieck mit den
Seeblumenblättern das Wappen von Hermannstadt bis
auf diesen Tag. Von jenen beiden Schwertern aber trugen
sie eins nach Broos, das andere nach Draas, an die West-
und Ostmarken des eingenommenen Gebietes, „wo das säch-

fische Vaterunſer ein Ende hat", damit ſie daſelbſt treue
Gränzwache hielten.   Und heute noch zeigen ſie mit gerech-
tem Stolz das Rieſenſchwert in Draas und bewahren es
ſorgſam in der altehrwürdigen Kirche, deren gekuppelte
Rundbogenfenſter nun ſchon die Sonne in ſieben Jahrhunderten geſehen.

In ähnlicher Weiſe berichtet die Sage noch über die
Gründung manches andern Ortes, oder erzählt aus ſeinen
Anfängen, wie im Streit mit dem Nachbar um die Feldmark die jungen Männer die ſchlanke Eiche zum Rieſen-
bogen geſpannt und weithin über den begränzenden Fluß
den entſcheidenden Pfeil abgeſchoſſen.   Nur über Eines gibt
auch ſie keine Kunde, darüber, welcher geheimnißvolle Zu-
ſammenhang mit einer räthſelhaften Vorzeit in der neuen
deutſchen Anſiedlung einzelne Orts-, Berg-, Feld- und
Flußnamen in ſlaviſchen Lauten wol vorgefunden und erhalten habe.

Denn ſonſt brachte dieſe die ganze Fülle deutſchen Ge-
müths- und Geiſteslebens in die neugewonnene Heimat mit
und zahlreiche Oertlichkeitsbezeichnungen tragen den oft über-
raſchenden Ausdruck deſſelben.   Im „Wonsbäſch" bei Martinsberg, in der „Wonslenk", dem ſtattlichen Eichenwald bei
Mühlbach, im „Wodeſch" bei Häzeldorf lebt der Name des
höchſten deutſchen Gottes aus der Heidenzeit (Woban).   Im
„Huldegrowen" bei Kleinſcheuern, im „Huljebränen" bei
Trapold, im „Fra-Holte-Bränen" bei Nádeſch waltet unzweifelhaft Frau Holda.   Auch viele andere Lebensäußerungen
zeugen, mit welcher Treue die Seele der Einwanderer die
altdeutſche Götterwelt, vom Chriſtenthum nicht verdrängt
oder wenig umgebildet, auch im neuen Vaterland feſtgehal-
ten.   Lebt doch jene Götterwelt, wenn auch von den Wenigſten
noch erkannt und verſtanden in Sitten, Sagen, Märchen,
Liedern, Heilsformeln, Sprüchen und Bräuchen des ſächſiſchen

Volkes bis zur Gegenwart! Bis in unsere Tage herab haben sie
bei der Einführung des Sachsengrafen in sein Amt den Schwert-
tanz getanzt, der ursprünglich den Gott des Schwertes Zio
oder Jro ehren sollte. Im Rößchentanz der sächsischen Bauern-
hochzeit führen sie heute noch eine Fahrt Thors des Don-
nergottes, wenn auch mit geänderten Namen, auf und kein
einziger Zug, wie ihn die Edda enthält, fehlt in der Ueber-
lieferung. Auch gegenwärtig verkürzt die altdeutsche Thier-
sage die langen Abende der Rockenstube und lebt dort in
einzelnen Theilen fast in reicherer Vollständigkeit als im
Mutterland. Wie vor vielen Jahrhunderten an der westlichen Seite des Niederrheins und an der Niedermosel wird
im Hermannstädter Gau heute noch der erwählte Ortsvor-
stand der Landgemeinde mit „Herr der Hänn" geehrt, während im Nösnerland wie in Friesland der „ehrbare Mann
Gräf" desselben stattlichen Amtes waltet.

Also erhielten sich die Väter und gediehen in der neuen
Heimat. Und die Kunde davon flog hinüber ins deutsche
Mutterland, in dessen Sänger- und Heldensagen von da an
plötzlich der Name Siebenbürgen auftaucht, wie Trümmer
jener im sächsischen Volkslied sich finden. Und die ungarischen Könige sahen es freudig, wie die deutschen Ansiedlungen der Reichsgränze zu fester Wehr wurden und mehrten darum ihrerseits gern deren Wohl. So auch Bela III.
Geisa's II. Sohn, am griechischen Kaiserhof erzogen, ein
Mann von tiefer Einsicht, den wegen seiner ruhmvollen
Thaten im Innern und nach Außen die ungarische Geschichte
den Glorreichsten nennt. Die deutschen Ansiedler hatten sich
bei ihrer Einwanderung kirchliche Selbstständigkeit ausbedungen, daß sie sich die Pfarrer selber wählen könnten und
ihnen den Zehnten gäben. Schon waren nämlich die Bischöfe in der christlichen Kirche so mächtig geworden, daß
sie die meisten Kirchenämter besetzten und ihre Einkünfte

bezogen, während der Arbeiter darbte. Auch der siebenbürgische Bischof erhob Ansprüche auf Zehnten und Gerichtsbarkeit der neuen Pflanzung in seiner Nähe. Bela, ihre
geistliche Unabhängigkeit zu retten und zu sichern, stiftete im
J. 1191 die freie Hermannstädter Propstei, die in weltlichen Dingen unmittelbar ihm, in geistlichen unmittelbar
dem Papst untergeordnet sein sollte. Sie war dem heiligen
König Ladislaus geweiht. Die deutschen Ansiedler wurden
dadurch in kirchlicher Beziehung fremdem, ihrem Innerleben
gefährlichen Einfluß entzogen. Der siebenbürgische Bischof
war jedoch unzufrieden damit. Er erhob Streit gegen den
Propst über die Ausdehnung seines Sprengels. Dieser behauptete, alle unter Geisa einberufenen Ansiedler seien darin
begriffen; der Bischof wollte nur die ersten Einwanderer
ihm untergeordnet wissen; König und Papst entschieden zu
seinen Gunsten. So wurde der Sprengel der Propstei auf
die Capitel Hermannstadt, Leschkirch, Schenk beschränkt, die
wie das später entstandene Burzenländer unter dem Erzbischof von Gran standen, während die übrigen Capitel
dem siebenbürgischen Bischof untergeordnet wurden, ein Unterschied, der in den Rechten und Leistungen der Capitel
kenntlich gewesen ist bis in unsere Zeit herab.

Auch die Stiftung der Cistercienser Abtei Kerz
geht in Bela's III. Zeiten zurück. Von allen Mönchsorden
begünstigte Bela III. keinen so sehr, als den der Cistercienser, den strenge Zucht, Arbeitsamkeit und Verwerfung aller
Pracht auszeichnete. Darum gründete der König für Brüder des Ordens die Abtei zu Egresch in Ungarn, woher
zur Ehre der heiligen Jungfrau Maria an dem linken Altufer an der Gränze des Hermannstädter Gaues nahe dem
bald wlachendurchstreiften Karpatengebirge die Abtei Kerz
gegründet wurde. So stand vor Arm und Schwert der
deutschen Ansiedler die Kirche mit Kreuz und Gebet. Das

neue Kloster aber scheint den Zwecken seiner Gründung: durch des Herrn Lehre die wilden Gemüther sänftigen zu helfen, glücklich nachgestrebt zu haben. Denn König. Andreas II. schenkte ihm ein Stück Wlachenland vom Alt bis zum Gebirge und bestätigte es 1223 in dem Besitz von Michelsberg, das der Priester Meister Gocelinus ihm zum Heil seiner Seele vergabt hatte.

König Bela III. starb im J. 1196. Die deutschen Ansiedlungen in Siebenbürgen waren unter seiner dreiundzwanzigjährigen Regierung fröhlich aufgeblüht. An dem französischen Hofe, woher Bela 1186 seine zweite Gemahlin holte, rühmte — doch wohl übertrieben — des Königs Brief, wie er jährlich 15,000 Mark Silbers Abgaben von ihnen beziehe.

Nach Bela's Tod kämpfte der jüngere Sohn Andreas mit dem ältern, Emrich, um die Krone. Die Sachsen standen auf des rechtmäßigen Königs Seite und Andreas wurde besiegt. Erst nach des Bruders und des Neffen, Ladislaus, Tod (11. Mai 1205) konnte er sich die Krone aufsetzen. Doch zählt er seine Regierungsjahre gewöhnlich von Emrichs Tod, d. i. vom 30. Nov. 1204.

Andreas II. regierte dreißig Jahre. Er war ein Mann meist schwachen, wankelmüthigen Sinnes und oft blindes Werkzeug seiner Günstlinge. Durch sinnlose Verschenkung der Krongüter an Kirche und Adel sank die Königsmacht, die in den frühern Thronkriegen bereits so sehr gelitten, noch mehr. Da unternahm der König 1217 einen Kreuzzug ins heilige Land. Eine bedeutende Zahl von Sachsen bildete den Vortrab, durch Ordnungsliebe und Bildung vor den übrigen Schaaren ausgezeichnet. Doch war der Zug vergeblich. Nachdem der König baarfuß das Kreuz des Herrn geküßt, im Jordan gebadet und in den Fußtapfen des Heilandes am galiläischen Meer gewandelt, kehrte er in sein Reich zurück. Aus diesem war alle Ordnung gewichen. Der mächtige Adel hatte Alles an sich gerissen. In fünfzehn Jahren werde er das Reich nicht aufrichten können, so klagte Andreas. Selbst zwischen Vater und Sohn entspann sich Streit; kaum daß die Schwerter in der Scheide blieben. Nach langem Haber erzwang der Adel vom König einen Freiheitsbrief (1222), den man von dem goldenen Siegel die goldene Bulle nennt. Auf dieser hat die Verfassung des ungarischen Reiches beruht bis auf unsere Tage. Der Adel wurde darin fast von allen Pflichten befreit und erhielt große Rechte, selbst das Recht des Aufstandes gegen den König, wenn dieser den Freibrief verletzten sollte. Doch war darin auch festgesetzt, daß Ansiedler bei der ihnen von Anfang ertheilten Freiheit geschützt werden sollten.

In so großer Gefahr, als der Adel ein Recht der Krone nach dem andern an sich riß, mußte sich das Königthum um andere Stützen umsehen. Die Weisheit früherer Könige hatte dafür gesorgt, daß dieselben nicht fehlten. Die freien deutschen Ansiedler des Landes waren die naturgemäßen Verbündeten der Krone. Darum schirmte sie Andreas, hier das Richtige erkennend und treu übend, mit seiner ganzen Kraft und wandte ihnen stets schützende Gunst zu. So auch in Siebenbürgen.

Was König Geisa II. begonnen, die Sicherung der Gränze des fernen Waldlandes durch Verleihung wüster Gebietsstrecken an Deutsche, setzte er hier muthig und einsichtsvoll fort. Die früheren Ansiedlungen reichten nicht bis in den Südosten des Landes. Die Verhaue, die auf dem Höhenzug jenseits des Altflusses die Gränzen schirmen sollten, waren unwirksam gegen die wilden Kumanerhorden. Die brachen häufig über die Gebirge und machten der Krone den Besitz des Landes streitig. Dasselbe zu sichern, das Reich vor den Einfällen des rohen Feindes zu wahren, vergabte Andreas dem Orden der deutschen Ritter das Burzenland.

Der war so entstanden. Zur Zeit da Bela III. König in Ungarn war, zog der deutsche Kaiser Friedrich I., der größte Fürst seines Jahrhunderts, mit vielem Volk gen Palästina, das heilige Land den ungläubigen Feinden zu entreißen. Tiefbetrauert von Allen starb aber plötzlich der neunzigjährige Held auf dem Zuge in Klein-Asien. Die Trümmer des Heeres führte sein Sohn Herzog Friedrich von Schwaben vor die Veste Akkon, welche der Christen Kriegsmacht belagerte. Bald brach unter den Belagerern Mangel aus und wütheten Seuchen in entsetzlicher Art, am schrecklichsten unter den Deutschen. Da spannten einige milbthätige Bürger von Bremen und Lübeck ihre Schiffssegel zu Zelten aus, auf daß man in ihnen die Kranken pflege und erquicke. Tief ergriffen von dem Gefühl des Mitleids beschloß Herzog Friedrich einen deutschen Ritterorden zu gründen, der neben dem Kampf gegen die Ungläubigen sich auch die Pflege der Armen und Kranken zur Pflicht mache. Die Oberhäupter der Christenheit, Papst Clemens III. und Kaiser Heinrich VI. gewährten die erbetene Bestätigung. Also empfingen im J. 1191 vierzig deutsche Männer den weihenden Ritterschlag und legten das Ordensgelübde ab, das Mönchs- und Ritterthum vereinigte. Nur Deutsche von adeliger oder wenigstens freier Geburt sollten aufgenommen werden. Ein weißer Mantel mit schwarzem Kreuz über dem Harnisch war ihre Tracht, ein Strohsack ihr Lager, schlechte Kost ihre Nahrung; wenn der Feind ihre Schwerter unbeschäftigt ließ, füllten Uebungen der Andacht zu festgesetzten Stunden des Tages und der Nacht ihre Zeit aus.

Bald wurde der Name der Ritter viel gerühmt und in weiten Kreisen genannt. Auch an Vergabungen und

Schenkungen fehlte es nicht. Dem Orden stand eine große Zukunft bevor, als der zum Werk geeignete Mann erschien. Das war Hermann von Salza, der im Jahr 1210 Hoch= meister wurde, klug im Rath, tapfer im Felde, des Kaisers und des Papstes Liebling. Ein Jahr später (1211) verlieh König Andreas II. den Rittern das Burzenland, auf daß durch ihr Gebet seine Barmherzigkeit zu seinem und seiner Vorfahren Seelenheil vor Gott komme und das Reich durch ihre Tapferkeit gegen die Kumanen geschützt werde. Darum erhielten sie die Erlaubniß, hölzerne Burgen und Städte zu erbauen und von aufzufindendem Gold und Silber die Hälfte für sich zu behalten. Auch waren sie nicht verpflich= tet, den Woiwoden zu bewirthen, zahlten keine Abgaben, durften zollfreie Märkte einrichten und standen bloß unter des Königs Gerichtsbarkeit. Das Land aber, das ihnen der König schenkte, war nach den ausdrücklichen Worten des Königs und Papstes wüst und öde und von Bewohnern entblößt. Seine Gränzen gingen von Halmagy in die Ge= gend des Dorfes Galt, von da über die Berge nach Mik= loschwar, den Altfluß entlang bis zur Mündung des Tart= lauer Baches, darauf ins Gebirge zu den Quellen des Tömösch und der Burzen und über den felsigen Höhenzug an des Landes Gränzen bis wieder gen Halmagy.

Der Orden nahm die Schenkung an und wurde in den Besitz des wilden aber schönen Ländchens eingeführt. Das Gelübde steten Kampfes gegen die Ungläubigen konnte er am Altfluß eben so gut erfüllen, als im Thal des Jordan. Denn die Kumanen waren ein rohes Heidenvolk, ohne Kenntniß Gottes und von entsetzlichen Sitten. Also pflanzte der Orden seine Banner auf in der schönen bergumkränz= ten Fläche des Burzenlandes, um die wenigen zugänglichen Pässe des Karpatengebirges mit starkem Arm gegen der Kumanen Mordeinfälle zu schirmen. Und er berief Deutsche

in das Land, auf daß sie ihm hülfen in dem schweren
Werk. Aus welchen Theilen des deutschen Mutterlandes
diese gekommen und mit welchen Rechten und Pflichten sie
sich angesiedelt, weiß man leider nicht; daß sie aber aus andern Gegenden gekommen, als die Hermannstädter und Bistritzer, lehrt die Eigenthümlichkeit ihrer Mundart.

Bald erhoben sich schützende Burgen an der Gränze der
neuen Ansiedlung: gegen Mitternacht auf mäßigem Hügel
die Marienburg, vielleicht der Hauptsitz der Ritter, jenseits
des Tartlauerbaches die Kreuzburg, weiter das Castell auf
dem Gesprengberg bei Kronstadt, gegen Mittag das Ro-
senauer Bergschloß und die Schwarzburg bei Zeiden. Von
hier aus führten die Ritter zugleich die bürgerliche Verwaltung, daher die hervorragende Stellung jener Orte in dem
Rechtsleben des Gaues bis in unsere Tage herab. Neben
diesen entstanden auch andere Burgen zu dem bloßen Zweck
der Vertheidigung, so die Heldenburg, die Törzburg. Die
meisten sind noch in ihren Trümmern vorhanden und schmücken
die grünen Höhen des schönen Burzenlandes als sprechende
Zeugen einer gewaltigen Vorzeit.

Dem König gefiel die Weise des Ordens im Lande;
denn an dem festen Burgenkranz und dem Schwert der Ritter brachen sich die Wogen kumanischer Raubsucht. Darum
vergrößerte er seine Schenkung 1212 durch Verleihung der
Kreuzburg an den Orden, die dieser außerhalb des Burzenlandes errichtet und mehrte seine Rechte, indem er seinen
Münzwechslern verbot, das Ordensland zu betreten und seine
Bevölkerung zu belästigen, weil der Orden, wie der König
rühmt, eine neue Pflanzung, auf der fernen Gränze den be-
ständigen Angriffen der Kumanen ausgesetzt und dem Reiche
ein festes Bollwerk täglich dem drohenden Tod entgegen-
zustehen sich nicht scheue. Also erwarben die Ritter, wie
Bischof Wilhelm von Siebenbürgen 1213 sagt, durch eignes

Blut das Land, das sie öde und menschenleer durch königliche Schenkung erhalten, und vertheidigten es muthvoll
gegen die täglichen Angriffe der Heiden. Darum überließ
er den Rittern zugleich die Einsetzung der Pfarrer und gestattete ihnen den Zehnten von allen Bewohnern des Burzenlandes zu nehmen, ausgenommen von Ungarn und Seklern, falls solche sich dort niederlassen würden. Diese sollten
dem Bischof zehntpflichtig sein.

Aber der Orden vom glücklichen Erfolg kühner gemacht,
vergaß die Bedingungen, unter welchen ihm der König das
Land geschenkt. Er dehnte die Gränzen aus weit über das
ursprüngliche Gebiet, prägte Münzen, baute steinerne Burgen und that bald Vieles, was dem König übel gefiel.
Darum entbrannte sein Zorn und er gebot, den Rittern
das Land zu nehmen. Noch war aber der Befehl nicht
vollzogen, als er im J. 1222 dem Orden das Land aufs
neue verlieh, dasselbe mit den kumanischen Eroberungen bis
gegen die Donau hin vergrößerte und die Rechte der Ritter vermehrte. Sie durften fortan Steinburgen bauen,
jährlich je sechs Schiffsladungen Salz auf dem Mieresch
und Alt ausführen und auf der Rückfahrt Waaren mit-
bringen; die Ritter und die Bevölkerung des Burzenlandes
waren zollfrei, wenn sie durch das Sekler- oder Wlachenland
zogen. So in dem Besitz befestigt gedachte Hermann von
Salza des königlichen Wankelmuths und wie der Orden
mächtige Feinde am Hofe habe und daß auf diese Art seine
Macht nie sicher stehen werde. Darum bewog er den Papst
Honorius III., das Burzenland ins Eigenthum des aposto-
lischen Stuhles aufzunehmen. Der Papst that es 1224
und stellte das Land unter seine ausschließliche Hoheit,
damit die Bevölkerung der weiten, aber noch immer men-
schenarmen Landstrecke sich mehre zum Schrecken der Heiden,
zur Sicherheit der Gläubigen und zum großen Gewinn für

das heilige Land. Als Zeichen der Anerkennung der päpstlichen Oberherrlichkeit solle der Orden jährlich zwei Mark
Gold entrichten.

Damit zerrissen die Ritter das Band, das sie an die
ungarische Krone knüpfte. Ein selbstständiger Ordensstaat
stand plötzlich drohend an der Gränze. Andreas erkannte
die Gefahr. Mit ungewohnter Beharrlichkeit widerrief er
Alles, was er mit dem Orden verhandelt und nahm die
Schenkung zurück. Vergebens versuchte der Papst zu unterhandeln und des Königs Sinn zu ändern. Andreas rückte
ins Burzenland ein, verjagte die Ritter im Frühling 1225
aus einer Ordensburg mit gewaffneter Hand und vertrieb
sie in demselben Jahr aus dem ganzen Gebiete. Als Hermann von Salza den unbeugsamen Sinn des Königs sah,
verließ er das Reich mit seinen Rittern und folgte dem
Ruf des Herzogs Konrad von Masovien. Der bat den
Orden im J. 1226 an die Weichsel zu kommen und dort
die Kirche Christi vor dem wilden Grimm des heidnischen
Preußenvolks zu schützen. Dafür solle er das Kulmerland
und noch ein anderes Gebiet erhalten zu ewigem freiem
Eigenthum. Also zogen die Ritter hin, nahmen das Land
ein, das der Anfang und Grund des heutigen Königreichs
Preußen geworden ist und vergaßen bald den kurzen Besitz
von Burzenland. Die deutschen Ansiedler aber, die sie in
dieses gesetzt hatten, erstarkten zu einem glücklichen und freien
Gemeinwesen, Jahrhunderte hindurch eine feste Wehr der
Gränze und eine Zierde des ungarischen Reiches.

Zur Zeit da die deutschen Ritter sich im Burzenland
niederließen, erscheint (1213) zum erstenmal in gleichzeitigen
Nachrichten das Volk der Sekler in Siebenbürgen. Ueber
die Herkunft desselben hört man verschiedene Ansichten. Sie
halten sich gern für Nachkommen der Hunnen, die um die
Mitte des vierten Jahrhunderts in Ungarn hausten. Als

3 *

diese nach dem Tode ihres Führers Attila aus Europa vertrieben worden, hätten ihre Väter sich in diese Gebirge geflüchtet und seien da zurückgeblieben. Sicherere Forschung
sieht in ihnen, wie bereits oben dargelegt worden ist, die
Nachkommen jener Magyaren, welche die Petschenegen im
Jahr 895 aus Atelkusu in die transsilvanischen Ostgebirge
geworfen. Den Namen erhielten sie von der Verpflichtung,
die Gränze zu bewachen; denn Sekely bedeutet ursprünglich
einen Gränzwächter', ist also ein Berufs- nicht Volksname.
Sie waren anfangs alle freie Männer, gaben der Kirche
den Zehnten, zahlten dem Staat außer der Ochsensteuer bei
der Geburt von Prinzen, Vermählung und Krönung des
Königs keine Abgaben, wofür sie aber im Krieg auf eigene
Kosten dienten.

Auch ein anderes neues Volk taucht zu dieser Zeit in
Siebenbürgen auf. In der Urkunde, durch die Andreas II. im
Jahr 1222 die Verleihung des Burzenlandes an die deutschen Ritter erneuert, geschieht zum erstenmal der Walachen
im Lande urkundliche Erwähnung. Die nationale Ansicht
in diesem Volk. behauptet heißblütig die römische Abkunft
desselben; mit Trajan seien ihre Väter ins Land gekommen
und diese römische Bevölkerung sei hier geblieben rein und
ununterbrochen bis zur Gegenwart; alle andern Nationen
seien nur Eindringlinge; nach dem Rechte gehöre das Land
der walachischen Nation. Doch oben schon ist nachgewiesen,
wie Kaiser Aurelian die römischen Legionen und Provinzialen aus dem Lande gezogen und im Sturm der spätern
Völkerwanderung die alte Bevölkerung vollständig verschwindet. Neun Jahrhunderte hindurch hatten nur die Hufe
reitender Nomadenhorden abwechselnd seinen Boden zer-
stampft. So kam es, daß als die ungarische Krone ihre
Herrschaft allmälig über den Süden des Landes ausdehnte,
sie um die Mitte des 12. Jahrhunderts von den Nieder-

landen und vom Rhein her Ansiedler rufen, daß sie noch
im zweiten Jahrzehent des 13. Jahrhunderts das Burzenland an die deutschen Ritter verleihen mußte, weil es eine
einheimische alt-ansässige Bevölkerung nicht gab. Dafür
dauert jenes im dritten Jahrhundert aus Dakien auf das
rechte Donauufer gerettete Volkselement nachweisbar von
Jahrhundert zu Jahrhundert dort fort und erscheint in
Mösien, in den Thälern und auf den Höhen des Hämus
bei den byzantinischen Geschichtschreibern unter dem Namen
der Walachen. Die immer wiederkehrenden Ueberflutungen
der Balkanhalbinsel durch slavische und bulgarische Stämme,
die von der Mitte des sechsten Jahrhunderts dort alles
Völkerleben erschüttern und zersetzen, haben diese Wirkungen
auch am walachischen Volksthum geäußert und in seiner
Sprache unvertilgbare Spuren hinterlassen. Gegen das
Ende des 12. Jahrhunderts erhoben sich die mösischen Walachen wider die Bedrückung des griechischen Kaisers Isaak
Angelus; geschlagen flohen Schaaren derselben hinüber auf
das linke Donauufer. Das ist der Anfang der walachischen
Ansiedlung in der großen Ebene im Süden von Siebenbürgen; von hier zogen sie sich, insbesondere als die Macht
der Kumanen in der Walachei gebrochen wurde und endlich
aufhörte, in unmerklicher Einwanderung hinauf in das Hochland und über die trennenden Gebirgsjoche hinüber nach
Siebenbürgen. So erscheinen sie dort vom dritten Jahrzehent des 13. Jahrhunderts an als nomadische oder seßhafte Bevölkerung zuerst in den Nordhängen des Fogarascher Gebirgs, bald darauf auch sonst in dem damals so
dünnbevölkerten Lande, die jüngste Schichte der im Mittelalter eingewanderten Ansiedler. Von ihrem langen Aufenthalt im griechischen Kaiserthum brachten sie das griechische
Christenthum mit; Rumunen nannten (und nennen) sie sich,
weil sie Unterthanen des (ost-)römischen Reiches waren

wie sich Neugriechen und Bulgaren in demselben Sinn und aus demselben Grund Romäer nennen.

———

4.

Von dem goldenen Freibrief, den König Andreas II. den deutschen Ansiedlern im Süden des Landes ertheilt.

1224.

Ad retinendam coronam!

Die wirrvollen Zeiten unter König Andreas II. lasteten schwer, wie auf dem übrigen Reich, so auch auf jenen deutschen Einwanderern, die König Geisa II. an der Südgränze des Landes angesiedelt. Den wilden Boden hatten sie bezwungen und die kumanischen Horden streiften nicht mehr durch das Land. Die Wiederherstellung der Innerruhe im Reich hing nicht von ihnen ab. Um so mehr litten sie in dem großen Sturm. Denn es erhoben sich die Gewaltigen um sie und die Mächtigen in ihrer eigenen Mitte und drückten sie und zerrten an ihren Rechten und beraubten sie jener Freiheit, auf welche sie König Geisa in die Oede gerufen hatte. Und Manche, deren Väter mit Mühe den Boden urbar gemacht, ließen die neue Heimat und zogen hinüber in das Burzenland und hofften unter dem Schutz der deutschen Ritter ein günstigeres Loos zu finden. Denn es kann der deutsche Mann nicht bleiben, wo das Recht trauert und die Unordnung herrscht und die Willkür. Die Andern aber traten vor den König und klagten, wie sie die alte Freiheit, die die Väter vom frommen König Geisa erhalten hätten, verloren, und zeigten, wie sie aus großer Armuth der Krone ihre Rechtsschuldigkeit nicht

leisten könnten. Und der König hörte die gerechten Klagen
seiner Getreuen und stellte ihnen im Jahre 1224 jenen
wichtigen Freibrief aus, den unsere Väter den goldenen
geheißen haben, weil die Rechte und der Bestand unseres Volkes
wie auf einem festen Grunde auf ihm ruhten Jahrhunderte
lang. Auf ihm und des Volkes eigenem Sinn und Geist!
Denn vergesset es nicht: der Pergamentbrief ist nur so lange
stark, als es die sind, denen er gilt. Und wo ein Volk
sich selbst nicht mehr hält, da brechen auch die äußeren
Stützen schnell zusammen und seine Todtenglocke hat ge-
läutet.

Der goldene Freibrief lautet:

Im Namen der heiligen Dreieinigkeit und der untheil-
baren Einheit. Andreas von Gottes Gnaden, König von
Ungarn, Dalmatien, Kroatien, Rama, Servien, Gallizien
und Lobomerien für alle Zukunft. Sowie es der königlichen Hoheit zusteht, der Uebermüthigen Trotz mit Gewalt
zu unterdrücken, so ziemt es auch der königlichen Milde, der
Demüthigen Bedrückungen barmherzig zu erleichtern, der
Getreuen Leistungen zu erwägen und Jedem nach eigenem
Verdienst der Vergeltung Lohn zuzumessen. Da nun unsere
gesammten deutschen Ansiedler jenseits des Waldes her
fußfällig und demüthig klagend vor unserer Majestät erschienen sind und in ihrer Klage uns flehentlich vorgestellt
haben, daß sie ihres Freithums, auf welches sie von
dem frommen König Geisa, unserm Großvater gerufen worden, gänzlich verlustig gingen, wenn nicht unsere
königliche Majestät sich ihrer in gewohntem Pflichtgefühl
annähme, weswegen sie aus übergroßer Armuth der königlichen Hoheit keine Rechtsschuldigkeiten zu leisten vermocht;
so wollen wir, die gerechten Klagen derselben in gewohntem Pflichtgefühl gütig anhörend, daß es zu der Jetztleben-
ben und Zukünftigen Kenntniß komme, daß wir unserer

Vorfahren frommem Beispiel folgend, von väterlichem Mit-
leid im Innersten bewegt (I) ihnen das frühere Freithum zurückgegeben haben, (II) so jedoch, daß (1) das
gesammte Volk anfangend von Varos bis Voralt mit Inbegriff des Seklerlandstrichs im Gebiet Sebus und des
Gebietes Daraus Ein Volk sei und (2) unter einem —
obersten — Richter stehe mit gänzlicher Aufhebung aller
Gaue außer dem Hermannstädter. (3). Wer aber immerhin
Hermannstädter Graf sein mag, der soll es sich nicht her-
ausnehmen, Jemanden in den vorhergenannten Gauen zum
Richter einzusetzen, außer er sei unter ihnen ansäßig, (4) und
das Volk soll den dazu wählen, der der Tüchtigste
scheint. (III) Auch soll sich Niemand unterstehen, in dem
Hermannstädter Gau zu des neuen Geldes Wechsel zu erscheinen; (IV. 1) zum Nutzen unserer Kammer jedoch sollen
sie 500 Mark Silber jährlich zu geben verpflichtet sein. (2) Wir
wollen, daß kein Großgutsbesitzer (kein Prädiale), oder ein
Anderer wer immer, der innerhalb ihrer Gränzen wohnt,
sich von dieser Abgabe ausschließe, außer wer sich darüber
eines besondern Freibriefs erfreut. (3) Auch das bewilligen
wir ihnen, daß sie das Geld, welches sie uns zu zahlen verpflichtet sind, nach keinem andern Gewicht zu erlegen gehalten sein sollen, als nach jener Silbermark, welche unser
Vater Bela, frommen Gedächtnisses, für sie festgesetzt hat,
nämlich vier und ein halbes Viertel Hermannstädter Gewichts in Kölner Pfennigen, damit keine Verschiedenheit
zwischen ihnen Statt finde. (4) Den Boten aber, welche
des Königs Majestät zur Sammlung des genannten Geldes
abgeordnet haben wird, sollen sie auf die einzelnen Tage,
die sie daselbst weilen, drei Lothe für ihre Ausgaben zu
zahlen sich nicht weigern. (V. 1) Krieger aber sollen
fünfhundert innerhalb des Reichs zum Dienst in des Königs
Feldzug von ihnen geschickt werden, (2) außerhalb des Reichs

hundert, wenn der König in eigener Person zu Felde zieht;
(3) wenn er aber außerhalb des Reichs einen Großen schickt,
sei es zur Unterstützung seines Freundes, sei es in eigenen
Angelegenheiten, sollen sie bloß fünfzig Krieger zu schicken
gehalten (4) und weder dem König über die genannte Zahl
zu fordern erlaubt, noch sie zu schicken verpflichtet sein.
(VI. 1) Ihre Pfarrer aber sollen sie frei wählen;
(2) die Erwählten vorstellen, (3) ihnen den Zehnten geben
(4) und in aller kirchlichen Gerichtsbarkeit nach alter Gewohnheit ihnen Rede stehen. (VII. 1) Wir wollen auch
und befehlen ernstlich, daß Niemand ihr oberster Richter sei
außer wir oder der Hermannstädter Graf, (2) den wir ihnen
an seinem Ort und zu seiner Zeit setzen werden. (3) Vor
was für einem Richter sie aber immerhin stehen mögen, so
sollen diese nur nach dem Gewohnheitsrecht ·richten dürfen;
(4) auch soll sich Niemand unterstehen, sie in unsere Gegenwart vorzuladen, außer wenn der Rechtsstreit vor ihrem
Richter nicht geendigt werden kann. (VIII) Außer dem
Obengenannten haben wir ihnen noch den Wald der Wlachen
und Bissener mit den Gewässern zu gemeinschaftlichem Gebrauch mit den vorhergenannten Wlachen und Bissenern
nämlich verliehen, damit sie der obigen Freiheit sich erfreuend
Niemandem hievon zu Dienstleistungen verpflichtet seien.
(IX) Außerdem haben wir ihnen bewilligt ein einziges
Siegel zu führen, das bei uns und unsern Großen unzweifelhaft erkannt werde. (X) Wenn aber Jemand Einen derselben in einer Geldangelegenheit belangen wollte, so soll er
vor dem Richter keine Zeugen gebrauchen können, außer
solche, die innerhalb ihrer Gränzen leben, indem wir sie von
jeder fremden Gerichtsbarkeit gänzlich befreien. (XI) Auch
Kleinsalz nach alter Freiheit, um das Fest des h. Georg
acht Tage hindurch, um das Fest des h. Königs Stephan .
acht Tage hindurch und um das Fest des h. Martin eben-

falls acht Tage hindurch frei holen zu dürfen bewilligen
wir Allen. (XII) Dazu bewilligen wir ihnen außer dem
Gesagten, daß kein Zöllner weder in der Hin- noch in der
Rückfahrt sie zu beläſtigen ſich unterfange. (XIII) Die Waldung aber mit allem dahin Gehörigen und die Benützung
der Gewäſſer mit ihren Beeten, was bloß von des Königs
Schenkung abhängig iſt, überlaſſen wir zu freiem Gebrauch
Allen ſowohl Reichen als Armen. (XIV) Auch wollen wir
und befehlen kraft unſerer k. Vollmacht, daß Keiner von
unſern Großen irgend ein Dorf oder ein Stück Landes (ein
Prädium) von des Königs Majeſtät zu fordern wage; wenn
es aber Jemand fordert, ſo ſollen ſie nach der, ihnen von
uns ertheilten Freiheit Widerſpruch einlegen. (XV. 1) Dazu
beſchließen wir für die genannten Getreuen, daß ſie, wenn
es ſich träfe, daß wir behufs eines Feldzugs zu ihnen kämen,
uns nur zu drei Bewirthungen verpflichtet ſein ſollen.
(2) Wenn aber der Woiwode im Dienſt des Königs zu
ihnen oder durch ihr Gebiet geſchickt wird, ſollen ſie zwei
Bewirthungen, die eine bei dem Eintritt, die andere bei dem
Austritt zu leiſten ſich nicht weigern. (XVI. 1) Auch fügen
wir den obenerwähnten Freiheiten der Vorgenannten hinzu,
daß ihre Kaufleute, wohin ſie immer wollen in unſerm Reich
frei und ohne Zölle reiſen und zurückreiſen und dieſes ihr
Recht in Bezug auf die königlichen Gefälle immer wirkſam
ausüben mögen. (2) Auch die Märkte unter ihnen befehlen
wir ohne alle Zölle zu halten.

Damit aber alles Dieſes, was früher geſagt worden,
feſt und unwandelbar bleibe für die Zukunft, haben wir den
gegenwärtigen Freibrief mit unſers doppelten Siegels Schutz
bekräftigen laſſen. (Gegeben in dem Jahr von der Menſch-
werdung des Herrn 1224, unſerer Regierung aber im
21. Jahr.

Alſo der Freibrief. Die Urſchrift deſſelben iſt leider

nicht mehr vorhanden. Sie fehlte schon 1546 im National-
archiv; doch ist mit ihrem Verlust wenig, ja nichts ver-
loren. Denn eine große Reihe inländischer Könige und
Fürsten hat die Handveste bestätigt und sie jedesmal ganz
der Bestätigungsurkunde einverleibt, so Karl Robert 1317,
Ludwig I. 1366, Maria 1383, Sigmund 1387 und 1406,
Matthias 1486, Wladislaus II. 1493, Ferdinand I. 1552,
Steph. Bathori 1583, Gabriel Bethlen 1627.

Die deutschen Ansiedler, welchen der Freibrief ertheilt
wird, heißen in der lat. Urschrift hospites, das heißt Gäste.
Darüber haben des Volkes Feinde gespottet und es geschieht
wol auch heute noch: wir seien nur Gäste im Lande und
es wolle sich schlecht ziemen, daß wir eigenen Willen hätten
und uns als vollberechtigte Bürger betrügen. Doch wer
also redet, weiß nicht was er spricht. Der Ausdruck hat
in der Sprache des ungarischen Mittelalters eine Bedeutung, die den damit Bezeichneten ehrt. Ursprünglich hießen
alle Ausländer so, später bloß oder vorzugsweise die Deutschen, die sich im Lande ansiedelten und der Name war stets
ein Ehren- und Liebeswort, gleichbedeutend mit frei, sogar
mit adelig. Sind doch auch die ständischen Mitnationen
ursprünglich bloß „Gäste" im Lande gewesen, nur mit dem
Unterschied, daß sie in Gewaltthat hereinbrachen, die deutschen aber kamen geladen. Der Name „Ansiedler", „hospites" kommt übrigens allmälig aus dem Gebrauch und sie
heißen bleibend von dem vierten Jahrzehent (1238) des
13. Jahrh. an in der Könige Briefen und Handvesten
Sachsen. Der Ursprung des Namens ist noch immer nicht
ganz aufgeklärt. Nannten die Magyaren sie — und andere
deutsche Ansieblungen in Ungarn — so, weil sie vielleicht
diesen Stammnamen als Volksnamen gebrauchten, seit sie
bei Merseburg und Augsburg das Schwert der großen
Kaiser aus dem sächsischen Haus gefühlt? Bedeutsam ist,

daß auch bei den Finnen, den Stammverwandten der Magyaren, die Deutschen Sachsen heißen. Doch wäre auch das
nicht unglaublich, daß sie den Namen sich selber gegeben.
In Flandern nicht nur, sondern auch unter den Franken
des Mittelrheins hatte sich seit alter Zeit viel sächsisches
Wesen, zum Theil gewaltsam dahin verpflanzt, erhalten;
vielleicht gab die Erinnerung hieran den Ansiedlern in der
neuen Heimat den Namen. Noch jetzt aber ist im Volk
Sachse und Deutscher gleichbedeutend, ja der letzte Name
fast häufiger als der erste, namentlich in den Kreisen des
Landmanns, wenn du nach der Herkunft fragst. „Wir sind
Deutsche" ist die ruhige selbstbewußte Antwort und liegt
eine ernste Mahnung auch darin, festzuhalten an dem Volksthum, das als der Väter heiliges Erbe auf uns gekommen.

In der Einleitung des Freibriefs sagt König Andreas
ausdrücklich, daß die Ansiedler ihrer Klage nach jenes Freithums verlustig gingen, auf welches sie von König Geisa
gerufen worden. Darum stellt ihnen der König das frühere Freithum wieder her. Weil aber in den Wirren der
Zeit das Königswort oft wirkungslos verhallte und das
Gesetz in der allgemeinen Zerrüttung häufig die Kraft verlor, suchte Andreas seine Ansiedler innerlich zu stärken, auf
daß sie im Nothfall sich selbst schützen könnten. Bis dahin
waren die einzelnen Ansiedlungen vereinzelte, bloß für sich
bestehende Gemeinwesen, in keinem Verband mit einander;
Vereinigung mußte Kraft geben. Darum änderte der König
das frühere Freithum, das er den deutschen Ansiedlern
zurückstellte, dahin ab, daß er alle einzelnen Ansiedlergruppen von Broos im Westen des Landes bis Draas im Osten
zu einem staatsbürgerlichen Ganzen vereinigte. „Und das
gesammte Volk (d. h. der deutschen Ansiedler, denen der Freibrief ertheilt wird) angefangen von Broos bis Boralt mit
Inbegriff des Seklerlandstrichs im Gebiet Sebus und des

Gebietes Draas soll Ein Volk sein und alle Gaue, außer
dem Hermannstädter sollen gänzlich aufhören." Voralt ist
das heutige Barot im Seklerland; unter Sebus ist Mühlbach zu verstehen, das in frühern Jahrhunderten urkundlich unter dem Namen Sebus vorkömmt und wo merkwürdige Zeugnisse sich erhalten haben, daß dort einst eine
Seklerniederlassung bestanden, die jedoch im Lauf der Zeit
im Sachsenthum aufgegangen ist.

„Das gesammte Volk soll Ein Volk sein." Hört da
die ernste Mahnung für alle Zeiten! Da ist aber nicht
Ein Volk, wo Jeder das Ansehen seines Ortes höher stellt,
als den gemeinsamen Willen der Uebrigen, oder über seines
Hauses und Standes scheinbarem und vergänglichem Vortheil das Gesammtwohl vergißt! Oder was die Brüder im
Nachbarkreis beschließen, erfährt Niemand, und wer zwei
Wegstunden weiter wohnt, ist ein Fremder und Neid
herrscht und Zwietracht, wohin Du siehst. Darum: das
gesammte Volk soll Ein Volk sein! „Wir wollen sein ein
einzig Volk von Brüdern, in keiner Noth uns trennen und
Gefahr."

Außer dem alten Gebiet verleiht Andreas den deutschen
Ansiedlern den Wald der Wlachen und Petschenegen mit
seinen Gewässern. Daß dieser Wald außerhalb des von
Geisa ursprünglich den deutschen Ansiedlern verliehenen Gebietes lag, geht nicht nur aus des Königs die neue Schenkung einleitenden Worten, sondern ebenso aus der Schluß-
bestimmung hervor, daß die Pflichten der Ansiedler aus
dieser Landvergrößerung eine Mehrung nicht erhalten sollten. Auch wo dieser zum Gebiet der deutschen Ansiedler
neu hinzugefügte Landstrich gelegen, darüber lassen die Urkunden jener Zeit keinen Zweifel zu. Nach ihnen finden
wir Walachen im Lande, damals nur an den Ausläufern
des Südgebirges dem Altthal zu, wohin sie auf jener stillen

unmerklichen Wanderung aus dem Süden der Donau, deren oben Erwähnung geschehen, gekommen waren. Unzweifelhafte Theile des heutigen Fogarascher Districts erscheinen geradezu unter dem Namen Wlachenland. So kann „das Waldgebiet der Wlachen und Bissener", das die neue Schenkung Andreas II. dem alten Ansiedlerland der Deutschen hinzufügt, zunächst nur hier gesucht werden. Auch der Zweck der Schenkung liegt am Tage. Wie die deutsche Einwanderung die gesicherte Reichsgränze vom Mieresch an den Alt verlegt hatte, so sollte sie nun über den Fluß hinaus, wohin schon Bela III. die Abtei Kerz gesetzt hatte, ihre starken streitbaren Gemeinden bis zum natürlichen Gränzwall des Gebirges vorschieben und so das wlachisch-bissenische Wald- und Jagdgebiet mit seiner damals gewiß dünnen und unstäten Bevölkerung dem Reich und der Cultur erobern.

Daß daher aus dieser Stelle des Andreanischen Freibriefs nicht gefolgert werden kann, die Walachen seien auf dem Sachsenboden — wo es damals keine gab — mit den Sachsen von jeher gleichberechtigt gewesen, ist schon daraus klar, daß jenes wlachische Waldgebiet zum eigentlichen alten Sachsenland, zum Land „von Broos bis Draas" nicht gehörte. Und wenn das Wort des Königs „wir haben ihnen (unsern deutschen Ansiedlern) noch das Waldgebiet der Wlachen und Bissener mit den Gewässern darin zu gemeinschaftlichem Gebrauch mit den vorhergenannten Wlachen und Bissenern nämlich verliehen", allerdings für dieses Waldgebiet die Zusicherung gemeinschaftlicher Nutzung für Deutsche und Walachen enthalten kann, so wird andrerseits der Stelle nicht Gewalt angethan, wenn sie dahin erklärt wird, der König schirme in ihr, wie im XIII. Artikel bloß das freie Nutzungsrecht der armen Deutschen und verleihe den Ansiedlern den Wald zusammt seinen Bewohnern. Gewiß ist, daß in jenen Jahrhunderten in Sieben-

bürgen Sachsen und Walachen nie und nirgends als gleich-
berechtigte Nationen erscheinen, sondern die Könige haben
die letztern häufig verschenkt, wie wenn sie nicht Menschen
wären, sondern Sachen. Also vergabte Ludwig I. der sächsischen Stadt Klausenburg 1377 das walachische Dorf Felek,
Matthias den Bistritzern 1472 das Rodnaer Thal und in
demselben Jahr dem Hermannstädter Gau den Fogarascher
Kreis sammt allen darin wohnenden Walachen. Damit
will die Geschichte nicht sagen, daß man dem walachischen
Volk nicht Menschen- und Bürgerrechte zugestehen solle,
sondern nur daß von einem geschichtlichen Recht der Walachen als Sondervolk auf Sachsenboden nicht die Rede
sein könne.

Das Land von Broos bis Draas, auf dem Andreas
alle deutschen Ansiedler zu Einem Volk vereinigt, heißt
der Hermannstädter Gau oder die Hermannstädter Provinz. Das sind die heutigen Stühle. Am Anfang des
14. Jahrhunderts aber wurde der jetzige Mediascher Stuhl
davon losgerissen und darum versteht man unter der Hermannstädter Provinz von dieser Zeit an bloß die übrigen
Stühle. Der Andreanische Freibrief umfaßte also weder
das Rösner- noch das Burzenland. Doch wurde später
sein Freithum auch auf diese ausgedehnt, wodurch es, wie
wir sehen werden, allmälig kam, daß diese anfangs getrennt
für sich bestehenden Gaue sich zu Einem staatsbürgerlichen
Ganzen vereinigten. Das geschah aber erst gegen das
16. Jahrhundert.

Den deutschen Ansiedlern des Hermannstädter Gaues
verleiht, wie schon Geisa gethan, König Andreas das Land
zu vollem, echtem, unbeschränktem Eigenthum. So
hatten die Väter es sich ausbedungen. Wer wäre auch
hunderte von Meilen weit gezogen und hätte das Vaterland verlassen, um auf bloß zeitweilig verliehenem Grund

eines auswärtigen Volkes Knecht zu sein und seine Gränze
gegen die Kumanen zu schirmen? Und der Boden, den sie
selbst sich erschaffen, wessen Eigenthum sollte er sein, wenn
nicht das ihre? Darum nennt König Andreas denselben
„ihr Land“ und befiehlt kraft seiner königlichen Vollmacht,
daß Keiner von seinen Großen es je wage, Theile ihres
Gebietes zu fordern; wenn es aber geschehe, so sollten die
Ansiedler kraft ihrer Freiheit Widerspruch einlegen. Wo
soll wahres Eigenthum sein, wenn es da nicht ist? Auch
hat kein ungarischer König je anders gewußt. Nicht einmal
die k. Majestät, sagt Wladislaus I. 1441, viel weniger
irgend ein anderer Mann kann Dorf oder Land, oder Gerichtsbarkeit, oder was sonst noch von Rechtswegen den
Sachsen gehört, von ihnen trennen und einem Andern zu-
eignen. Darum besitzen die Sachsen den „Sachsenboden“,
wie ihn oft die Könige heißen, mit vollem Eigenthumsrecht
bis auf den heutigen Tag und nur Unverstand oder Bös-
willigkeit läugnen es. Stets besaßen und heute noch besitzen
wir, was immer nur Ausfluß des echten Eigenthums ist,
das freie Kauf- und Verkaufsrecht unseres Bodens, das
Recht der Mühle, der Schenke, der Fleischbank, des Fisch-
fangs und der Jagd und immer, bis zur Einführung des
österreichischen bürgerlichen Gesetzbuches (1853) sind im Sachsenland die Güter erbenloser Verstorbener nicht an den
König, wie bei den Adeligen, sondern an die Gemeinde
gefallen.

„Das gesammte Volk soll Ein Volk sein“ und „Niemand darf es wagen, ein Dorf oder einen Theil ihres Gebietes zu fordern“: hiernach und ebensosehr nach der Natur
der Sache, dem ungarischen Ansiedlerrecht und dem Zweck
ihrer Berufung haben die Sachsen das ausschließliche
Bürgerrecht auf ihrem Boden in Anspruch genommen
und behauptet Jahrhunderte lang. Alle Könige haben sie

darin geschützt zum Heil des Landes. Denn als die Väter
vor 700 Jahren in dieses kamen, standen sie in Bildung
und Sitte weit höher als die Bewohner Siebenbürgens.
Eben durch ihre Bildung vermochten sie die Wüste umzu-
schaffen zu einem Sitz für Menschen und zu schirmen gegen
Feindes Drang und, wie König Matthias rühmt, mit
Städten und Dörfern zu schmücken. Ihre Bildung aber
lag in ihrem Volksthum und sie wahrten dasselbe durch
ihr ausschließliches Bürgerrecht. Hätten sie den fremden
Völkern, die in Sprache und Recht und Sitte so weit abstanden von ihnen, die Ansiedlung unter sich gestattet, da
hätte sie die Menge erdrückt. Ihre Sprache wäre ver-
stummt und damit des Landes heilvolle Verbindung mit
Deutschland gelöst worden. Und es wäre, wie unter jenen,
ein Adel auch unter ihnen entstanden und hätte Freiheit
und Volksthum vernichtet; deutscher Fleiß und deutsche Tüchtigkeit wäre verschwunden und der Städte Mauern wären
gesunken und Trägheit und Rohheit und Mangel hätten
sich verbreitet über die Fluren, die jetzt deutsche Rührigkeit
und Bildung schmückt und des Herrn Segen. Und darfst
nicht weit sehen, du erblickst bald jenes Bild. Darum
schlossen die Väter ihr Gemeinwesen und nahmen Niemanden
zum Bürger auf unter sich, als den deutschen Mann. Denn
sie wollten, die Söhne sollten nicht schlechter sein als sie und
in der lieben Muttersprache zum Herrn beten und das Recht
weisen nach deutscher Art. Sie hatten nur den Boden,
nicht das Volksthum verlassen, als sie fortgezogen aus
Deutschland. Und die Könige schützten sie dabei, wie geschrieben steht in dem goldenen Freibrief und in vielen andern
Handvesten.

Dieselbe Ausschließung fremden Wesens aus deutschen
Gemeinden zeigt uns das ungarische Ansiedlerrecht oft und
oft. Den Sachsen von Schmegen in der Zips verbot König

Bela Grund und Boden an Andere zu verkaufen, als an Deutsche. Ein Haus auf dem Ring (dem Marktplatz) durfte nach den Worten desselben Königs in Neusohl nur ein Sachse besitzen. Selbst den Einwohnern von Spalatro, und das waren nicht Einwanderer, hatte König Geisa II. gelobt: ich will nicht gestatten, daß irgend ein Ungar oder ein anderer Fremder in euerer Stadt wohne, außer ihr williget selbst ein.

Auf ihrem freien Boden gewährleistet der goldne Freibrief den Ansiedlern vollkommene Rechtsgleichheit. Und damit stimmt er überein mit dem Recht in des Menschen Brust und dem Willen des Herrn. Denn wie er die Gaben seiner Milde ausgießt über alle Menschenkinder, so will er nicht, daß Einer der Herr sei und der Andere der Leibeigene. Und wie die deutschen Ansiedler alle derselben Mühe bei der Urbarmachung des Bodens ausgesetzt waren und derselben Gefahr gegen den heidnischen Feind: so sollten sie auch den Lohn jener Anstrengung gleichmäßig genießen und gleich sein in ihrem Recht. In den Wirren aber unter König Andreas II. Regierung, wo die Macht galt und nicht das Gesetz, hatte es nicht gefehlt an schwerem Druck in der eigenen Mitte. Das will der Freibrief für die Zukunft verhindern, wenn er an zwei Stellen Reichen und Armen das Nutzungsrecht von Wald und Wasser zuspricht und ausdrücklich festsetzt, daß von dem Beitrag zur Reichssteuer Keiner ausgenommen sei, außer er habe darüber einen besondern Freibrief. Und dann zahlte nicht die Volksgemeinde seinen Antheil, sondern der König verlor ihn. Gestützt auf diese Grundlagen und das ewige Recht, das in jedes Menschen Brust lebt, haben unsere Väter am Ende der Christenheit und rings umgeben von Völkern, die nur Knechte kannten und Herren, ein freies Gemeinwesen gegründet und trotz vieler Anfechtung erhalten in einer

Reinheit, wie sie die Sonne nur selten sieht in ihrem ewigen Laufe. Da war kein Adel, keine Leibeigenschaft, kein Deutscher auf Sachsenboden weder mehr noch weniger als ein Bürger. Gott zum Gruß du freier Sachse!

Das Oberhaupt des Hermannstädter Gaues ist nach dem Andreanischen Freibrief der König und der von ihm ernannte Stellvertreter oder Graf. „Wir wollen und befehlen ernstlich, daß Niemand ihr oberster Richter sei außer wir oder der Hermannstädter Graf, den wir ihnen an seinem Ort und zu seiner Zeit setzen werden." Und es bezeichnete damals das Wort Graf nicht wie heute einen leeren Titel, sondern eine obrigkeitliche Würde, die Richterthum und Heerführerthum vereinte. Also war der Hermannstädter Graf des Volkes Oberrichter im Frieden und Führer im Krieg. Darauf deuten auch die Zeichen und Sinnbilder seiner Würde: die Fahne, der Streitkolben, das Schwert. Das letztere ist Sinnbild der Gerichtsbarkeit, namentlich der peinlichen über Leben und Tod. Streitsachen, die vor ihm und der Volksgemeinde nicht entschieden werden konnten, gingen unmittelbar vor den König. Nicht der Woiwode, nicht sein Stellvertreter, nicht einmal der Palatin, der zweite Mann im Reiche, hatten einige Gewalt über sie. „Niemand soll ihr oberster Richter sein außer wir oder der Hermannstädter Graf", so hatte Andreas verordnet. Darum nannten die Könige die Väter gern „unsere Sachsen" und hieß ihr Land, doch erst später bisweilen Königsboden, weil nur der König im Namen des Gesetzes da gebot und nicht seine Leute wie sonstwo. Und wer daraus schlechte Folgerungen herleiten möchte fürs Sachsenrecht, weiß nicht was er redet.

Setzte der König den obersten Richter und Grafen, so wählte das Volk sich die übrigen Richter selber. Der mußte ansässig sein unter ihnen und wer der Tüchtigste schien, den machte es dazu. Nur der Volksgenosse konnte

4*

den Volksgenossen richten. Keine fremde Gerichtsbarkeit hatte Gewalt über die Ansiedler; selbst vor den König durften sie nicht gefordert werden, außer wenn der Rechtsstreit vor ihrem Richter nicht entschieden werden konnte; wo es sich um Erb und Eigen handelte, konnte nur der Volksgenosse Zeugniß ablegen; in jedem Fall aber und vor jedem Richterstuhl galt bloß das alte Gewohnheitsrecht. Das war natürlicherweise das deutsche, das sie aus dem Mutterland mitgebracht und in gar vieler Beziehung anders, als was man Recht nennt heutzutag. Denn im Sinn jener Zeit lag die richterliche Gewalt wesentlich in der Volksgemeinde und war kein einzelner Stand da, der um Bezahlung wachte über Recht und Gerechtigkeit. Sondern die freien Männer versammelten sich an bestimmten Tagen auf der Malstätte, d. i. auf dem Gerichtsplatz, der war gewöhnlich ein Hügel, unter dem Dach der Eiche oder der Linde, und darüber wölbte sich Gottes freier Himmel. Da wurde das Gericht eröffnet mit den Worten, die schon die Väter an dieser Stelle gesprochen, da wurde die Klage gehört und die Antwort darauf und das Recht gewiesen, das man nicht im geschriebenen Gesetzbuch suchte, sondern es lebte in den Herzen Aller. Und Alle gaben ihre Stimme dazu und der Richter hatte bloß den Vorsitz und die Vollziehung des Urtheils. In der Folge aber als das Volk sich mehrte, kamen nicht mehr alle Freien zum Gerichtstag, sondern die einzelnen Gemeinden sandten ihre Abgeordneten und ihre Versammlung wies das Recht bis in späte Zeiten herab.

Wie die Richter und die andern weltlichen Beamten, so wählten nach dem Andreanischen Freibrief sich die Ansiedler auch die Pfarrer selbst, gaben ihnen, nicht dem Bischof, den Zehnten und die übrigen kirchlichen Abgaben und waren in allen kirchlichen Angelegenheiten unmittelbar ihrem Gericht unterstellt. Von allem Anfang her ist für die Erhaltung und Entwicklung des gesammten Volkslebens dieses Recht von tiefgehender Bedeutung gewesen. Auf dem Gebiet des kirchlichen Lebens bildeten die einzelnen Gemeinden, gewiß nach den ursprünglichen Einwanderergruppen je ein Capitel, in dem die freie Wahl der Pfarrer den Dechanten an die Spitze stellte, der in vielen Fällen wie sonst der Bischof und unabhängig von ihm, die kirchliche Verwaltung führte. So bildeten diese „Gemeinden der freien Dechanate" auch in kirchlicher Beziehung ein abgeschlossenes Gemeinwesen und waren fremdem Einfluß unzugänglich. Der wichtige Besitz des Zehnten aber, den der Andreanische Freibrief den Geistlichen gewährleistet, hat dem Volk reiche Früchte getragen. Durch ihn wurde ein gebildeter geistlicher und Lehrerstand geschaffen und erhalten, der stets auf der Höhe der Zeit stehend im Stande war, dem Volk die Bildung namentlich des deutschen Mutterlandes mitzutheilen. Und so ist der Zehnten ein bedeutendes Mittel gewesen, daß das Volk der Sachsen unbestreitbar das gebildetste ist unter den Völkern des Vaterlandes bis auf den heutigen Tag.

Auch für die äußere Wohlfahrt der Ansiedler sorgt der Freibrief dadurch, daß er ihnen gänzliche Zollfreiheit im ungarischen Reiche und freie Märkte auf dem eigenen Gebiete, sowie das Recht ertheilt, jährlich dreimal aus den k. Gruben unentgeltlich Kleinsalz zu holen. Ebenso wichtig war die Befreiung von der Plage des Münzwechsels. Das ist eine Einrichtung, die glücklicherweise die Gegenwart nicht kennt. Zur Zeit König Andreas II. nämlich wurde so dünne silberne Scheidemünze geprägt, daß ein Hauch sie verwehte und man die Stücke zwischen den Fingern zerreiben konnte. Darum nützte sich das Geld schnell ab und mußte umgeschmolzen werden. Die Kosten der Umschmelzung ersetzte ein Aufgeld, das man bei dem

Wechsel der neuen Münze zahlte. Gereizt durch diesen Nutzen fing die königliche Kammer an bald ohne Noth und zu oft umzumünzen und setzte das Aufgeld zu hoch; die Wechsler selbst prellten, so daß der Geldwechsel eine drückende Plage ward. Davon befreit Andreas II. die Ansiedler, sowie er kurze Zeit früher das Burzenland der Last enthoben hatte: „keiner der Münzwechsler jenseits des Waldes soll das Gebiet derselben (der deutschen Ritter) betreten, oder sich erkühnen, sie irgendwie zu belästigen."

Zum äußern Zeichen der Einheit der Ansiedler ertheilt endlich der goldene Freibrief dem Volk das Recht ein einziges Siegel zu führen. Zwei stehende in lange Gewänder gekleidete Männer halten eine Krone; zwei halbknieende halbnackte Männer greifen nach derselben. Die Umschrift lautet: „Siegel der Hermannstädter Provinz. Zur Erhaltung der Krone." Die letzten Worte stehen auch auf dem Banner unseres Volks den Gegnern zur Lehre, den Vätern zum Ruhme, den Nachkommen zum Antrieb für alle Zeiten.

Das sind die Rechte, die der Andreanische Freibrief den Sachsen ertheilt. Wer Rechte hat, der muß aber vernünftiger Weise auch Pflichten haben. Darum verpflichtet der Freibrief die Ansiedler

1. zur Entrichtung einer jährlichen Abgabe von 500 Mark Silbers. „Zum Nutzen unserer Kammer," sagt die Handveste, „sollen sie 500 Mark Silbers jährlich zu geben gehalten sein." Diese Pflicht steht unzweifelhaft in innerm und innigstem Zusammenhang mit dem Recht, das in der unmittelbar vorhergehenden Stelle den Ansieblern verliehen worden. Dort hat der König sie frei gesprochen von der Plage der Münzwechsler: „auch soll sich Niemand unterstehen in dem Hermannstädter Gau zu des neuen Geldes Wechsel zu erscheinen" und darauf fährt er fort: „zum

Nutzen unserer Kammer jedoch sollen sie fünfhundert Mark Silber jährlich zu geben verpflichtet sein." Mit dem Ausdruck „Kammergewinn" oder „Nutzen der Kammer" („lucrum camerae") bezeichnete man damals vorzugsweise jene Ablösung des der Krone bei dem Münzwechsel gebührenden Aufgeldes, und wer von jenen Worten auf Unfreiheit der Ansiedler und daß sie Kammerknechte gewesen, schließen wollte, vergißt, daß auch der Adel „Kammergewinn" gezahlt und der siebenbürgische erst spät (im 14. Jahrh.) davon befreit worden. Daß diese Abgabe des Hermannstädter Gaues ebenso eine Reichssteuer freier Bürger und nicht Grundzins gewesen, lehren die königlichen Briefe der Folgezeit. Denn sie sprechen von „königlicher Steuer" und nicht von Bodenzins, sie nennen den König den „natürlichen Herrn" der Sachsen, wie ihn der Adel nannte und nicht ihren Grundherrn; sie zeugen, daß ihre Abgabe stets zu des Reiches Nöthen gebraucht worden sei. Später erscheint sie unter dem Namen des Martinszinses, weil sie zu dieser Zeit abgeliefert wurde und hat, wenn das Reich in Noth und der König in Bedrängniß war, die Summe von 500 Mark Silber oft und oft überstiegen.

In Ansehung des Gewichtes, denn eine Mark ist nicht ein Geldstück, bestimmt derselbe, daß die von König Bela III. festgesetzte Ordnung beobachtet werden solle. Nach dieser gingen 4 und $\frac{1}{2}$ Viertel Hermannstädter Gewichts auf eine Mark und diese war um ein Loth leichter als die Ofner. Uebrigens konnten die Sachsen die 500 Mark entweder in feinem ungeprägtem Silber oder in laufender Münze entrichten, der letztern soviel, als nach dem Ofner Markt um den Martinstag zur Anschaffung von 500 Mark Silbers erforderlich war. Das betrug zu Andreas Zeit 1894 Silbergulden, um die Mitte des folgenden Jahrhunderts 2116, noch ein Jahrhundert später 3644 Gulden. Doch war damals der Geldwerth viel höher als jetzt.

Die Auftheilung der Steuer vollzogen die Sachsen unter sich. Den zu ihrer Erhebung gesandten königlichen Boten zahlten sie während derselben täglich drei Loth Silber.

Neben der Reichssteuer verpflichtet der Freibrief die Sachsen ferner zur Heeresfolge. Diese damals Freien und Adeligen gemeinsame Pflicht wird nach drei verschiedenen Fällen verschieden bestimmt. Zieht der König innerhalb des Reichs in eigener Person zu Felde, so stellen sie fünfhundert Mann, außerhalb desselben bloß hundert und falls nicht der König das Heer führt, bloß fünfzig; mehr darf der König nicht fordern, mehr sind sie nicht verpflichtet zu geben. Wie aber in Zeiten der Noth die Steuer der Sachsen das gesetzliche Maß häufig überschritt, so sind auch ihrer Streiter, wenn der Feind die Gränzen drängte oft und oft mehr denn fünfhundert im Feld gewesen, ja mehr als einmal hat der Könige Wort Mann für Mann zum Schutz des Reiches in die Waffen gerufen.

In jedem Falle aber, ob die Sachsen die gesetzliche oder eine größere Anzahl von Kriegern ins Feld stellten, waren diese nicht etwa rohe nackte Rekruten, sondern wohlgerüstet mit Wehr und Waffen und mit allem Kriegsbedarf aus des Volkes Mitteln versehen. Unter ihrem eigenen Grafen oder Führer zogen sie aus und stritten unter der eigenen Fahne und daß sie der ehrenvollen Inschrift derselben: zur Erhaltung der Krone immer ehrenvoll entsprochen, bezeugen zahllose Belobungsschreiben der ungarischen Könige. Beruhte doch, wie König Ludwig I. rühmt, die Sicherheit der Gränzen wie auf erhabenen Säulen auf ihrer Kraft und Treue!

Die letzte Verpflichtung, die der Freibrief den Ansieblern auflegt, ist die Bewirthung des Königs und

in gewissen Fällen des Woiwoden. Das ist ebenfalls eine
Eigenthümlichkeit jener Zeit, die man jetzt fast nicht versteht. Damals nämlich hatten die ungarischen Könige keine
feste Hofstatt, sondern sie zogen im Lande umher, wohin sie
das Bedürfniß rief und wo ihre Anwesenheit Noth that.
Da mußten für den Unterhalt des Königs diejenigen sorgen,
in deren Mitte er sich befand. Und es wird wol der
König leicht zu befriedigen gewesen sein und sie werden es
ihm gern gethan haben; doch sein großes Gefolge und der
unbescheidenen Diener Forderungen waren eine Plage für
Jedermann. So mußte die Stadt Greech dem König, wenn
er in ihre Mitte kam, zum Mittagmahl zwölf Ochsen, tausend Brodte und vier Faß Wein geben, dem Herzog von
Slavonien, wenn er von königlichem Stamm war, die Hälfte
hievon, dem Ban, doch nur einmal in seiner Amtswaltung
einen Ochsen, hundert Brodte und ein Faß Wein. Darum
hatte der Abel in der goldenen Bulle sich von dieser Pflicht
befreien lassen; sie ist aber in Siebenbürgen doch auf ihm
geblieben bis zum J. 1324. Den Sachsen regelt der Freibrief diese Pflicht. Wenn der König auf Heerzügen zu
ihnen kommt, sollen sie ihm nur dreimalige Bewirth-
thung schuldig sein. Doch haben die Väter sich nicht
immer genau an den Buchstaben gehalten, sondern bei
der Könige Besuchen diese stets so empfangen, wie es
ihrer und der Fürsten Ehre ziemte. Dem Woiwoden waren
sie nur zu zwei Bewirthungen verpflichtet und auch zu
diesen nur, wenn er in königlichem Auftrag durch ihr
Land zog.

Das ist der „goldene Freibrief" der Sachsen in
Siebenbürgen. Auf seinem Grunde haben die Väter am
Ende der Christenheit durch ihre Tugenden ein Gemeinwesen errichtet, das fern von Deutschland deutsch, umgeben
von geknechteten Völkern frei geblieben ist und Wohlstand

und Bildung errungen hat, wie sie diese Gegenden sonst
nicht kennen. Darum wachet und sorget, daß es nicht
schlechter werde!

5.

Der Mongoleneinfall.

1241.

Doch sagt, wer schützt die junge Saat
Vor Feindes Ungewitter?
J. Marienburg.

Aus der Beschaffenheit und den Verhältnissen des
Landes, in dem unsere Väter sich ansiedelten, kann man
schließen, daß im Anfang allenthalben Ackerbau ihre Haupt-
beschäftigung gewesen sei. Und der frisch gerodete Boden,
den Jahrhunderte kein Pflug berührt hatte, vergalt gewiß
die Mühe des Anbaues durch reichen Ertrag. So wohnten
die Väter in den Dörfern, die sie angelegt, wo ihnen das
Feld oder der Wald, der Bach oder der Fluß, das Thal
oder der Berg gefallen. Daß außerdem bei der Wahl der
Niederlassung in vielen Fällen das Bedürfniß oder die Nothwendigkeit der Vertheidigung, die Rücksicht auf den Schutz
des Landes oder der engern Heimat den Ausschlag gab,
ist heute noch oft überraschend kenntlich. Die einzelnen Gemeinden aber waren alle gleichberechtigt und keine hatte über-
wiegenden Einfluß oder übergeordnete Stellung über die
andern. Städte also in dem heutigen Sinne des Wortes
gab es anfangs keine. Selbst Hermannstadt erscheint in
jenen Zeiten als bloße Dorfgemeinde und sein Siegel führt
die Umschrift: „Siegel der Rathsmänner von Hermannsdorf“ bis in späte Zeiten herab.

Mit der Kenntniß des Ackerbaues brachten unsere Väter aber auch Kenntniß und Fertigkeit im Gewerbefach aus dem deutschen Mutterlande mit. Die Hand, die im Feld den Pflug führte und die Sichel, verstand sie auch zu verfertigen und daneben zu erschaffen, was des Lebens Nothdurft und Verschönerung forderte. Nicht umsonst sicherte ihnen der Andreanische Freibrief freie Märkte und zollfreien Handel zu. Durch solche Begünstigungen, durch ihre Lage und ihre Tüchtigkeit wurden sie in der Folge die stattlichsten Gewerbtreibenden und Handelsleute des ungarischen Reiches.

Daß übrigens außer den drei großen deutschen Gauen im Nordosten und Süden des Landes auch sonst kleinere Ansiedlungen zerstreut in demselben sich befanden, lehren selbst die wenigen aus jener Zeit erhaltenen Zeugnisse. Schon 1228 wird Regen am obern Mieresch genannt, mit den deutschen Gemeinden rings umher, die kirchlich das Sächsisch-Regener Capitel bilden, auf dem Boden der königlichen Burg Görgeny angesiedelt und wol mit zu ihrer freien Burgmannschaft, nach der Mundart aber zum Stamm des Nordgaues, des Nösnerlandes gehörig. Zu derselben Zeit bestand auch am Zusammenfluß des großen und kleinen Samosch die deutsche Gemeinde Deesch. Das Freithum, das schon König Andreas II. ihr gewährt, bestätigte 1236 Bela IV. Es solle ihr unverletzliches Recht sein, der Gerichtsbarkeit des Obergespans von Solnok und der königlichen Befehlshaber der Burg von Deesch nicht unterstehen und sie nicht beherbergen noch bewirthen zu müssen. Alle Streitfälle vielmehr in der Gemeinde und auf ihrem Weichbild, selbst Raub, Diebstahl, Todtschlag soll der Graf der Gemeinde mit ihren Richtern entscheiden, wofür ihnen die Rechtsordnung der deutschen Ansiedler von Zoloch (der großen Salzniederlage in der Biharer Gespanschaft) und

Sathmar als Norm gesetzt wird. Die Deescher Ansiedler verführten des Königs Salz auf dem Samosch und waren, wenn sie eigenes verluden, nur zur Hälfte der Salzmauth an den Woiwoden und Kammergrafen verpflichtet. Das Salz selbst wurde in der nahen Salzgrube von Deeschakna gewonnen, wo Bela's Freibrief gleichfalls eine deutsche Ansiedlung nennt. Auch weiter unten am Miеresch, an den östlichen Ausläufern des Erzgebirges, wo der weiße Gemsenstein weithin über fruchtbares Gelände hinschaut, lebte schon der deutsche Laut. Am 12. Februar 1238 gewährte Bela IV., selbst in „der Gemeinde der Sachsen von Erkud" anwesend, „unsern Ansieblern, den Sachsen der Gemeinden Karako und Crapundorf", in der festen Hoffnung, daß auch dem König einst mit demselben Maß gemessen würde, mit dem er messe, die Freiheit nach gemeinem Rath und Willen den zu ihrem Grafen zu erwählen und an ihre Spitze zu stellen, welchen sie wollten. Alle Streitfälle, die sie unter einander hätten, solle dieser richten nach ihrem Gewohnheitsrecht; nur Streit mit Fremden habe der Woiwode zu entscheiden. Diesen zu bewirthen sind sie nicht verpflichtet, den König aber sollen sie in aller schuldigen Ehre, wenn er dahin kommt, „mit ihren Leckerbissen ehren". Abgabe zahlen sie keine und keinen Zoll von dem Weine, den sie in ihren eigenen Weingärten auf ihrem Gebiet gelesen haben. Dafür leisten sie unter dem königlichen Banner Kriegsbienste mit vier geharnischten und wohlgerüsteten Streitern, der gleichen Zahl stattlicher Rosse und mit zwei Zelten.

Ebenso finden wir unten am Alt im Süden des Hermannstädter Gaues weitere Anfänge deutschen Lebens. Im Jahr 1233 verlieh der jüngere König Bela dem Grafen Corlardus von Thalmesch um seiner vielen treuen Dienste in und außer dem Reiche willen das Gebiet an der Lauter im Rothenthurmer Paß, die äußerste deutsche Wacht am

Alt gegen die Kumanen; weiter oben zwischen dem Kerzer
Bach, dem Alt, dem Burzen- und Seklerland saß „der Sachse
Fulkun", wahrscheinlich einer der Bahnbrecher, der nach
Andreas Schenkung des Wlachenwaldes an den Hermannstädter Gau die rodende Axt und das deutsche Schwert zu
neuer Besiedlung des unbewohnten Bodens dahin getragen.
Der Mongoleneinfall zerstörte die junge Pflanzung und
ließ sie wieder wüst und ohne Bewohner zurück; 1252 vergabte der König das Gebiet an den Grafen Vincentius,
den Sohn des Seklers Akabas.

Ueberhaupt drohte der Fortdauer des deutschen Namens in Siebenbürgen, sowie dem gesammten ungarischen
Reich kurze Zeit nach Ertheilung des Andreanischen Freibriefes die größte Gefahr durch den Einfall der Mongolen.

Tief in Asien drinnen zwischen China und Sibirien
erhebt sich ein gewaltiges Hochland mehrere tausend Fuß
über die Meeresfläche. Der Boden des Landes ist rauh
und unfruchtbar, theils Wüste, theils Steppe; nirgends ein
Baum, nirgends ein Strauch. In dem rauhen Lande
wohnen seit uralter Zeit die Horden der Mongolen oder
Tartaren, an Wildheit nur mit ihrem Boden vergleichbar,
der keinen Ackerbau duldet und damit die Möglichkeit wahrhaft menschlicher Bildung vernichtet. Schon ihre äußere
Gestalt ist furchtbar und abschreckend. Der überlange starke
Oberleib ruht auf kurzen krummen Beinen. Das Gesicht
wird durch dicke Lippen, eckige Backenknochen, breite platte
Nase und kleine schiefe Augen verunstaltet. Der Bart fehlt
von Natur fast ganz; der Kopf wird geschoren, so daß nur
hinter jedem Ohre ein langer zusammengedrehter Zopf hängt.
Die Wohnung besteht und bestand in Zelten oder fahr-
baren Hütten; Viehzucht und Jagd, die ans Blutvergießen
gewöhnte, gab die Nahrung. Natürliche Wildheit, gut ge-
führte Bogen, List im Kampfe und rasche ausdauernde

Rosse, von denen sie selten herabkamen, machten sie bei ihrer schrecklichen äußern Gestalt im Kriege zu furchtbaren Feinden.

Die zerstreuten Horden der Mongolen unterjochte und vereinigte am Anfang des 13. Jahrhunderts ein Chan, d. h. Häuptling derselben, Temudschin, der sich deswegen den großen Häuptling, Dschingis-Chan nennen ließ. Er eroberte weithin die Länder in Asien, wobei gewöhnlich alle älteren Einwohner hingerichtet, alle jüngern als Sklaven verkauft wurden. Sein Sohn und Nachfolger Oktai setzte die Kriegszüge fort. Fast widerstandslos fiel Rußland und Polen in die Gewalt des wilden Feindes. Deutsche Tapferkeit schreckte ihn durch die Schlacht bei Liegnitz vom Mutterlande fort; um so drohender stand ein gewaltiger Heerhaufe unter dem Führer Batu an des ungarischen Reiches Gränze.

Zu derselben Zeit war König in Ungarn Bela IV., Sohn Andreas II., der im Jahr 1235 gestorben. Bela war ein strenger Herr und wollte die königliche Macht, die der Adel unter seinem Vater so sehr erniedrigt, gern wieder heben. Darum zog er die Krongüter, die mit Unrecht im Besitz von Adeligen waren, wieder ein. Das gefiel ihnen wenig und sie fingen an den König zu hassen. Zu derselben Zeit kam der König der Kumanen, des rohen Heidenvolkes, das die Mongolen aus seinen Wohnsitzen an den Gränzen von Siebenbürgen und Ungarn vertrieben hatten, und bat den König um Aufnahme in sein Reich. Der gewährte sie und siedelte wider des Adels Willen 40,000 kumanische Familien im Lande an. Darüber gesteigerter Zorn der Großen und neues Mißtrauen.

In solcher Lage war das Reich, als die mongolischen Schlachthaufen durch die Verhaue über das Karpatengebirge ins Land brachen. Vierzigtausend Zimmerleute zogen dem

Heere voran und bahnten den Weg. Nur unwillig und zögernd stellte sich der ungarische Adel auf den Ruf Bela's zur Heeresfolge. Als die Mongolen schlau zurückwichen, wähnten sie sich des Sieges gewiß. Um so furchtbarer wurden sie 1241 in der Schlacht am Schaio geschlagen. Viele Große und Bischöfe fanden an diesem Tage den Tod, unter den letzten auch Rainald von Siebenbürgen. Denn als die Kirche reich geworden war an Land und Leuten, an Geld und Gut, mußten sie von ihrem Besitzthum, wie die weltlichen Großen, zur Kriegszeit gleichfalls Krieger rüsten, wobei die Bischöfe oft gern Harnisch und Panzer anlegten und mitzogen in die Schlacht. Auch Nikolaus der Propst von Hermannstadt, des Königs Vicekanzler fiel an jenem Tage, nachdem er einen mongolischen Führer mit blutigem Schwerte erschlagen.

Ein anderer Heerhaufe der wilden Feinde brach nach Siebenbürgen ins Rösnerland ein. Drei Tage lang dauerte der Zug über das Gebirge, bis sie in die Gegend von Rodna kamen. Das war damals ·eine reiche deutsche Gemeinde, die Bergbau trieb und viel Volks zählte. Und ihre Männer waren tapfer und voll Kriegsmuth und wohl versehen mit Wehr und Waffen. Als sie daher das Gerücht vernahmen von der Nähe des Feindes, zogen sie hinaus ihm entgegen, um ihn in Wald und Bergschlucht zur Rückkehr zu nöthigen. Wie die Mongolen die Menge der bewaffneten Krieger sahen, wandten sie den Rücken und stellten sich, als ob sie flöhen. Da kehrten die Männer von Rodna mit Jubel zurück und legten die Waffen nieder und überließen sich bei Festgelagen der Freude über den eingebildeten Sieg. Das hatten die Mongolen erwartet. Schnell umkehrend drangen sie plötzlich von allen Seiten in Rodna ein und die Bewohner erkennend, daß jeder Widerstand zwecklos sein würde, ergaben sich. Der Feldherr Kadan

nahm die Gemeinde unter seinen Schutz, wogegen Graf
Aristald mit 600 auserwählten bewaffneten Bürgern seinen
Zug nach Ungarn begleiten mußte.

Das war nun von dem Karpatengebirge bis an die
Donau größtentheils in den Händen des wilden Feindes.
Ja als die Winterkälte den schützenden Strom überbrückte,
trug er unaufgehalten Mord und Zerstörung bis hinunter
an das Meer. Die Bewohner flohen in die Berge und
Wälder, wo Viele verhungerten, während Andere, die sich
herauswagten, von den Mongolen zu Sklaven gemacht oder
zu Tode gemartert wurden. Im Jahr 1242 erlöste endlich
der Tod des mongolischen Großchans Oktai das Land von
den Drängern. Die raubbedeckten Heere mußten schnell
nach Asien zurückkehren. Ein Theil derselben nahm den
Weg durch Siebenbürgen, das, die nordöstlichen Strecken
ausgenommen, bis jetzt vom Gewitter verschont geblieben
war. Nun erfuhr es gleichfalls die Furchtbarkeit desselben.
Die Bollwerke, welche die Bewohner, geschreckt von dem
Schicksal des Nachbarreiches, angelegt hatten, halfen nicht
viel. Durch das Mrereschthal, über das Nösnerland, durch
Kokel- und Altthal, über das Burzen- und Seklerland
wälzten sich die wilden Haufen. Hinter ihnen blieb eine
Wüste zurück.

Mitten auf dem Wege, den die zurückströmende Flut
des Feindes verheerte, lagen die jungen deutschen Ansiedlungen. Daß auch sie das gemeinsame Schicksal des Landes getheilt, ist unzweifelhaft. Noch im Jahr 1245 gestattet
Papst Innocenz IV. dem Hermannstädter Canonicus und
Pfarrer von Mühlbach, Theodorus, zu seinen Pfründen auch
eine weitere, selbst wenn sie mit einer Seelsorge verbunden
sei, anzunehmen, da jene durch die Wuth der Tartaren verwüstet seien und er kein oder nur wenig Einkommen daraus beziehe. Der nahe Bischofssitz Weißenburg habe selbst

ein Jahr später, wie Bischof Gallus vor dem König klagte,
keine oder doch so wenige Bewohner, daß er um vermehrte
Rechte für Einwanderer freien Standes bat und diese zu=
gesichert erhielt. Ueber Hermannstadts Geschick hat sich die
Kunde in der Chronik des St. Petersklosters von Erfurt
erhalten — ein Dominikanermönch schrieb oder brachte sie
wol dahin: im Jahr 1242 im Monat April haben die
Tartaren in Ungarn im Land der sieben Burgen die Stadt,
die man Hermannsdorf nennt, erstürmt, bis auf Hundert
erschlagen und das Kloster der Predigermönche daselbst an=
gezündet.

Wenn das hier geschah, was mögen sonst die deutschen
Ansiedlungen, die noch nicht ein Jahrhundert im Lande
standen, in dem blutigen Sturm gelitten haben! Gewiß
man versteht es, wenn aus der Zeit vor dem Mongolen=
einfall nur eine einzige Urkunde im Sachsenland sich erhal=
ten hat, die Michelsberger von 1223, die damals vielleicht
die schwer ersteigbare Burg auf der waldumgebenen steilen
Höhe rettete, deren graue Mauern und Kirche auf so frühe
Erbauung hindeuten. Wol mag es, wie einzelne Andeu=
tungen auch in Urkunden schließen lassen, an tapferm Wider=
stand in Feld und Burg nicht gefehlt haben und doch litten
noch ein Menschenalter später einzelne Gegenden an den
Folgen jener schrecklichen Verheerung. Ja heute nach sechs=
hundert Jahren lebt in den Gemeinden des Nösnerlandes
die Sage von der Grausamkeit und Verwüstung des Mon=
golenzuges in jener Frische, mit der sie einst ein Augen=
zeuge geschildert. Daß die junge Pflanzung ein solches Ge=
witter überdauerte, ist gewiß das bedeutsamste Zeugniß ihrer
innern Kraft.

Jener Augenzeuge, der Domherr Rogerius von Groß=
wardein, irrte eine Zeit lang flüchtig in Ungarn umher.
„Bettelnd“, erzählt er, „zog ich durch die Wälder, aller

Teutsch, Siebenbürger Sachsen.   5

Hülfe beraubt; kaum daß mir der, den ich einst reich beschenkt
hatte, ein Almosen reichte. So von Hunger und Durst ge=
foltert war ich genöthigt, Nachts die Leichname umzuwenden, .
um verscharrtes Mehl und Fleisch oder sonst etwas Genieß=
bares zu finden. In der Nacht trug ich den Fund tief in
die Waldung. Ich mußte Höhlen auffinden oder Gruben
machen, oder hohle Bäume suchen, um mich darin zu ver=
bergen, denn wie Hunde, welche Hasen und Eber aufspüren,
durchstöberten sie das dichte Dorngesträuch, die finstern
Wälder, die Tiefe der Wasser und das Innerste der Ein=
öden." Später trat er, um sein Leben zu fristen, in den
Dienst eines Ungarn, der zu den Mongolen übergegangen
war und wurde so auf dem Rückzug dieser mitgeschleppt.
In den Moldauischen Gebirgen rettete er sich durch die
Flucht und hat durch Siebenbürgen heimkehrend den schreck=
lichen Zustand des Landes beschrieben. Das sind seine
Worte:

„Als die Mongolen aus Siebenbürgen zogen, kamen
sie nach Kumanien (d. i. in die Moldau). Da ließen sie es
nicht mehr zu, daß, wie früher, zur Nahrung der Ge=
fangenen Thiere getödtet würden, sondern gaben ihnen bloß
Eingeweide, Füße und Schädel derselben. So begannen
wir zu glauben, wie auch die Dolmetscher sagten, sie wür=
den uns, wenn wir einmal Ungarn verlassen, alle der Schärfe
des Schwertes überliefern. Und da ich nun weiter keine
Hoffnung des Lebens hatte, sondern der schwere grausame
Tod auf der Schwelle stand, gedachte ich, es sei besser da
zu sterben als auf weiterm Zug von steter Todesangst ge=
foltert zu werden. Und darum verließ ich die Heerstraße,
indem ich ein natürliches Bedürfniß vorwandte und floh mit
einem einzigen Diener schnellen Laufes in das Dunkel des
nahen Waldes. Da verbarg ich mich in eine Vertiefung,
die ein Bächlein gewaschen und ließ mich mit Zweigen und

Blättern bedecken. Mein Diener versteckte sich etwas ent-
fernter, damit nicht etwa des Einen unvermuthete Entdeckung
auch des Andern traurige Gefangennahme bewirke. Und
so lagen wir da zwei ganze Tage ohne das Haupt zu erheben wie im Grabe; oft hörten wir die schrecklichen Stimmen jener, die nahe im Walde die Spuren verirrten Viehes
suchten und häufig Gefangene, die sich versteckt hatten, anriefen. Als wir aber nicht länger im Stande waren, des
Hungers unwiderstehlichen Drang und die ängstliche Begierde nach Nahrung in dem Innersten des Herzens durch
die Bande des Stillschweigens zu fesseln, erhoben wir die
Häupter und krochen wie die Schlangen auf Händen und
Füßen über die Erde. So kamen wir endlich zusammen
und fingen an mit schwacher und leiser Stimme uns gegenseitig traurige Klagen über den nagenden Hunger mitzutheilen und mit Seufzen und Weinen zu gestehen, daß
der Tod durchs Schwert ein geringeres Uebel gewesen wäre,
als wenn durch Mangel an Nahrung die Bande der Glieder
und die Einheit zwischen Seele und Leib gelöst würden.
Und als wir in derartigen frommen Gesprächen uns er-
gingen, erschien plötzlich ein Mensch, vor welchem wir, als
unser Auge ihn erblickte, furchtsam die Flucht ergriffen.
Bald aber sahen wir ihn nicht weniger eilig sich zur Flucht
wenden, weil er glaubte, daß unsere Uebermacht in Hinterlist sein Verderben beabsichtige. Und als wir uns so
gegenseitig fliehen sahen und Waffen bei Keinem erblickten,
standen wir still und riefen uns an mit Zeichen und Win-
ken. Da nun Einer dem Andern in frommem, weitläufigem
Gespräche sich zu erkennen gegeben hatte, beriethen wir,
was wir weiter thun könnten. Aber in der doppelten Bedrängniß, des ungestillten Hungers nämlich und der Todes-
furcht, litten wir entsetzliche Angst und Noth, so daß wir
fast das Augenlicht zu verlieren meinten. Denn weder

waren wir im Stande, den Saft wilder Kräuter hinabzu=
schlingen, noch die Kräuter selbst, wie es die wilden Thiere
machen, zu verzehren. Und obwol uns so großer Hunger
quälte und des entsetzlichsten Todes furchtbares Bild stets
vor Augen schwebte, so erhielt unsere Kräfte doch ein Ver=
trauen auf Lebensrettung, und die Hoffnung dem Jammer
zu entrinnen ließ den Muth nicht ganz sinken. Und so
kamen wir endlich mit erneuerter Zuversicht im Herrn ge=
kräftigt an den Saum des Waldes; eilig stiegen wir auf
einen hohen Baum und übersahen das von den Tartaren
verödete Land, das sie bei ihrem Einfall nicht verwüstet
hatten. O des Jammers! Wir durchwanderten eine ent=
völkerte, menschenleere Gegend, die die Tartaren auf ihrem
Zuge verheert hatten. Die Glockenthürme der Kirchen
waren die einzigen Zeichen, welche uns von Ort zu Ort
leiteten und wahrlich sie zeigten uns hinreichend schrecklichen
Weg. Denn Straßen und Fußsteige waren im schlechtesten
Zustand und ganz von Unkraut und Dorngestrüpp über=
wuchert. Lauch, Zwiebel und was sonst in den Gärten
der Bauern übrig geblieben gefunden werden konnte, wurde
mir als größter Leckerbissen gebracht, die Uebrigen genossen
andere Kräuter und Wurzeln. Damit wurde der hungrige
Magen gefüllt und der belebende Geist in dem fast leblosen
Körper wieder angefacht. Die Ermüdeten erquickte keine
Ruhe, da wir ohne Dach und Fach und schützende Decken
die Nächte zubrachten. Am achten Tag endlich, nachdem
wir den Wald verlassen, kamen wir nach Weißenburg, wo
wir nichts fanden außer Knochen und Häupter der Er=
schlagenen und der Kirchen und Paläste zerstörte Mauern,
die häufiges Christenblut befleckte. Denn wenn auch die
Erde das unschuldige Blut, das sie getrunken, nicht zeigte,
so waren doch die Steine überall von dunkler Röthe ge=
färbt, so daß wir nur mit beständigem schwerem Seufzen

schnell daran vorübergingen. Es war aber zehn Meilen
davon neben einem Wald ein Dorf, Frata genannt, und im
Wald drinnen vier Meilen vom Dorf ein sehr hoher Berg,
auf dessen Spitze ein steiler Felsgipfel sich befand. Auf
diesen hatte sich eine große Menge Männer und Weiber
geflüchtet, die uns mit Freudenthränen aufnahmen und sich
nach unsern Drangsalen erkundigten, die wir ihnen aber
mit wenigen Worten nicht erzählen konnten. Sie reichten
uns endlich schwarzes Brod, aus Mehl und geriebener
Eichenrinde gebacken; nie haben uns Semmel so wohl ge-
schmeckt. Daselbst blieben wir einen Monat lang und wagten es nicht herabzusteigen, sondern schickten nur von den
leichtern und jüngern Männern Späher, zu erkunden, ob
nicht noch ein Theil der Tartaren zurückgeblieben sei, oder
mit trügerischer List, um die durch glückliche Flucht Ent-
ronnenen wieder zu fangen, zurückkehren werde."

So erzählt Rogerius.

Der jammervolle Zustand, in welchen die Mongolen
das Land gestürzt hatten, endete mit ihrem Abzug nicht.
Pest, Heuschrecken, Hungersnoth brachen herein, so daß, wie
die Zeitbücher erzählen, in jenen Tagen Menschenfleisch
öffentlich zu Markte gebracht wurde.

6.

Die Regierung König Bela's IV. nach dem Mongolenein-fall und die Zeiten unter seinem Sohn Stephan V. und seinem Enkel Ladislaus IV.

1242—1290.

Ja Feinde rings; doch unverzagt
Sieht man die deutschen Gäste;
Die Freiheit hält bei ihnen Wacht
Und Muth heißt ihre Beste.
Fr. Marienburg.

König Bela floh nach der unglückseligen Schlacht am Schaio zum Herzog Friedrich von Oesterreich und von diesem schwer bedrängt nach Dalmatien. Als er hier zu weiterm Kriege rüstete, traf ihn die Kunde von dem Abzug der Feinde. Nach Ungarn zurückgekehrt suchte er durch kräftige Maßregeln die große Noth des Reiches zu mildern. Den deutschen Städten, die durch die Mongolen ihre Freiheits-briefe verloren hatten, stellte er neue aus, damit sie mit ihrer Hülfe wieder erstarkten. Und da viele Orte durch Krieg oder Seuchen alle Einwohner verloren hatten, schickte er, wie schon manche seiner Vorgänger in schwerer Zeit, Boten und Briefe aus in alle umliegenden Länder und rief Bewohner in die veröbeten Gegenden, Männer jeden Stan-des, Gemeine und Adelige. Und denen die da kamen, Deutsche waren es wieder vor Allem, verlieh der König Land und begabte sie mit mannigfachen Rechten und Freiheiten.

Eine starke Schutzwehr für die Sachsen in Sieben-bürgen würde es geworden sein, wenn der König einen Plan hätte ausführen können, den er in dieser Zeit zur Ver-hütung ähnlichen Unglücks, wie der Mongoleneinfall ge-wesen, faßte. Er schenkte nämlich im Jahr 1247 dem Orden

der Johanniterritter den Severiner Banat und Kumanien,
d. i. die heutige Walachei und Moldau. Die Ritter sollten
das Land gegen Feinde vertheidigen und mit Einwanderern
bevölkern, jedoch Sachsen oder Deutsche aus dem ungarischen
Reich dahin nicht ansiedeln ohne des Königs ausdrückliche
Bewilligung. Aber der Orden hat diese Pflicht nicht erfüllen können und so blieb den Siebenbürger Deutschen
allein die Ehre und die Last, hier des Reiches Gränzen zu
schirmen.

In demselben Jahr, in dem die Mongolen abgezogen,
sandte König Bela den Woiwoden Laurentius nach Siebenbürgen, daß er die zerstreuten Bewohner sammle und Alles
vorkehre, was die schwere Zeit erfordere. Das erste Zeugniß seiner Thätigkeit im Lande ist, daß er deutschen
Männern, dem Grafen Lentink (Lenteneck) und seinem Bruder Hermann Schloßgüter von Doboka, dem Schwager derselben Christian zwanzig Joche königlichen Besitzes in der
Gemeinde Nagyfalu um ihrer Treue und ihrer Kriegsdienste willen vergabte; der König bestätigte die Vergabung
im Jahr 1243.

Ob auch in Siebenbürgen zu dieser Zeit neue Einwanderungen deutscher Ansiedler stattgefunden, kann nicht
mit Entschiedenheit bestimmt werden. Unwahrscheinlich wäre
es nicht, da erweislich in das benachbarte Ungarn auf den
Ruf des Königs neue Kolonisten kamen, die ferne Gränze
aber im Lande jenseits des Waldes Vermehrung ihrer Vertheidiger eben so dringend bedurfte. Gewiß ist es, daß
sächsischen Orten, deren Bevölkerung gelichtet worden war,
größere Rechte und Freiheiten ertheilt wurden, damit hiedurch neue Einwanderer herbeigezogen würden. So geschah
es bei Winz und Burgberg am Mieresch deutschen Volksgemeinden, deren Gründung in unbekannte Zeit zurückgeht,
und die damals noch nicht zu der Hermannstädter Provinz

gehörten. Der Woiwode Laurentius ertheilte ihnen, „den treuen deutschen Ansieblern", im Jahr 1248 in Bezug auf Benützung von Wald, Wasser und Weide alle jene Rechte, die die Hermannstädter Gaugenossen auf ihrem Grund und Boden hatten, und regelte ihre Steuerverhältnisse. Der Wirth, der einen ganzen Hof besaß, zahlte jährlich ein Drittel=Loth zehnlöthigen Silbers, aber mit der großen Wage, wie sie gewöhnlich die Domherren von Weißenburg gebrauchten. Die Einwohner trieben Schiffsbau und Fluß= schifffahrt auf dem Miereich; wenn der Woiwode zu ihnen kam, mußten sie ihn jährlich zweimal bewirthen. König Bela's Sohn, Herzog Stephan, bestätigte 1265 diese Ord= nung, damit die Zahl der Bewohner sich mehre und die Ansieblung besser gedeihe.

Auch die Güter der Abtei Kerz waren von den Mon= golen gänzlich verwüstet worden, so daß sie noch ein Men= schenalter später in Folge dieser Verheerung Mangel litten an Bewohnern. Diesem zu wehren nahm Herzog Stephan im Jahr 1264 die Abtei in seinen besondern Schutz, sprach ihre Güter von der lästigen Pflicht Woiwoden und Große zu bewirthen, sowie von allen Abgaben frei; dafür sollten sie an der jährlichen Steuer des Hermannstädter Gaues verhältnißmäßigen Antheil tragen. Das ist der Anfang der später enger gewordenen Vereinigung der Abteigüter mit den Sachsen.

König Bela's IV. wohlthätige Wirksamkeit zur Wie= berherstellung des Landes unterbrachen Streitigkeiten mit dem eigenen Sohn. Er ließ unklugerweise denselben noch bei seinem eigenen Leben zum König krönen und übergab ihm Siebenbürgen als Herzogthum. Bald aber genügte dem Sohn das nicht, er wollte an Gewalt, Einkünften und Glanz dem ältern König gleich sein. Vergebens mahnte der Papst, mahnten die Bischöfe zum Frieden. Im Jahr

1267 brach der Krieg aus zwischen Vater und Sohn. Das Volk der Sachsen stritt für Bela, während einzelne Mächtige aus seiner Mitte, so Chiel, der Sohn Erwins von Kelling und sein Sippe Teel, der Sohn Ebls von Broos, unter Stephans Fahne kämpften. Der Herzog wurde mit geringem Gefolge von den Anhängern seines Vaters in der Schwarzburg bei Zeiden im Burzenlande enge eingeschlossen. Er aber in glücklichem Ausfall warf die Feinde zurück. Ebenso wurde der Woiwode Ladislaus, der mit den Kumanen gegen ihn ins Land rückte, bei Deva geschlagen. Durch diese Siege vermuthlich gedrängt gingen die Sachsen zu Stephan über. Doch wandte sich das Glück später auf des ältern Königs Seite. Des Herzogs eigner Kanzler Propst Niklas von Hermannstadt verließ sein Banner. Stephan unterwarf sich dem Vater und erhielt Verzeihung, nachdem der Könige Streit unheilvoll den Frieden des Landes gestört.

Nach Bela's IV. Tod (1270) war Stephan, dieses Namens V., allein König. Er trug die Krone, die er so lange erstrebt, nur zwei Jahre. Trotz der kurzen Zeit ist seine Regierung für das Sachsenthum in Siebenbürgen bedeutungsvoll. Als mehrjähriger Herzog des Landes mochte er die Bedeutung der deutschen Bevölkerung hier eingesehen haben. Darum gründete er als König in dem freundlichen Thal des kleinen Samosch, das wol noch an den Folgen der Mongolenverwüstung litt, Klausenburg und setzte deutsche Ansiedler dahin, denen er werthvolle Rechte und Freiheiten ertheilte.

Auf Stephan V. folgte 1272 sein zehnjähriger Sohn Ladislaus IV. Unter ihm hat achtzehn Jahre hindurch große Verwirrung das Reich erfüllt. Anfangs Knabe ohne Erziehung, später Jüngling ohne Einsicht, als Mann nur Vergnügungen und Ausschweifungen nachgehend, war er nie

im Stande König zu sein. Als er aus Vorliebe zu den
Kumanen, um derentwillen man ihn den Kumanen nennt,
diesen Alles ungestraft hingehen ließ, wuchs die Verwirrung.
Der Adel riß immer mehr Macht an sich, trieb immer
größern Mißbrauch damit. Damals geschah es, daß ungarische Große ihren König festsetzten und mit Schlägen miß-
handelten. So sehr hatte er alles Ansehen verloren.

Wo aber der Herr in seinem Hause seine rechtmäßige
Gewalt sich stehlen läßt von seinen Dienern und zu ihrem
Spotte herabsinkt, kann die Wohlfahrt nicht gedeihen. Also
wurde auch in Siebenbürgen Friede und Einigkeit nieder-
getreten, und wer da bestehen und das Unrecht nicht er-
tragen wollte, fand keine andere Hülfe als durch eignen
Muth und Thatkraft. So geschah es Johann dem Sohn
Alards von Salzburg.

Das war dazumal noch eine stattliche sächsische Volksgemeinde und Alardus Graf oder Richter derselben. Ihn
ließ der Siebenbürger Bischof Petrus im Bunde mit einigen
Domherren ermorden. Da sammelte von Rache getrieben
sein Sohn die reichen Sippen und Freunde, stürmte an
ihrer und des zahlreichen bewaffneten Gefolges Spitze am
Sonntag Reminiscere 1277 nach Weißenburg und übte
blutige Vergeltung an den Urhebern der That. Der Bischofssitz und das umliegende Land wurden verwüstet, die
Domkirche zerstört und nahe an zweitausend Menschen, die
sich in dieselbe geflüchtet, darunter vier Archidiakone, Domherren, Priester und Laien mit ihr verbrannt. Die Reliquien,
Kreuze, geistlichen Gewänder, Bücher, Kirchenschätze wurden entweiht, zertrümmert, geraubt. Bis in späte Zeiten
herab konnte das Capitel keine stärkere Verwünschung treffen, als daß doch die Zeit Johanns des Sohnes Alardi
wiederkehren möchte. Die alten Freibriefe sammt dem Siegel
des Bisthums gingen verloren, und König Ladislaus sah

sich schon im folgenden Jahr genöthigt, dem Domcapitel, da es durch der Sachsen Mord und Wuth fast ganz zu Grunde gerichtet worden sei und außer mit königlicher Hülfe nicht mehr erstehen könne, eine Salzgrube in Thoren= burg, die es schon früher besessen, jetzt aufs neue für ewige Zeiten zu verleihen und ihm zugleich alle königlichen Steuern zu schenken und nachzusehen, die auf die Bewohner seiner Besitzungen je aufgeschlagen würden, damit diese durch jenes Unglück verödet, hieburch aufs neue um so leichter bevölkert werden könnten.

Die Urheber dieser That Johann Alards Sohn und seine Genossen wurden zur Strafe ihres teuflischen Wüthens auf allgemeiner Reichsversammlung im Jahr 1291 mit dem Kirchenfluche belegt und für die Zukunft Allen bei sonst zu gewärtigendem Interdict geboten, in ähnlichen Fällen „gegen solche Verbrecher und giftige Glieder des Landes" in Waf= fen aufzustehen. Die diesmaligen Thäter sollten so lange im Bann bleiben, bis sie der Weißenburger Kirche Alles vergütet. Das aber scheint nie geschehen zu sein; denn 1287 ließ der Bischof Petrus auf eigne Kosten die Mauern, 1291 das Dach der zerstörten Domkirche herstellen und das Domcapitel erklärte noch im Jahr 1309, daß der Salz= burger mit seinen Genossen des Bannes nicht lebig sei.

Dasselbe Domcapitel lebte mit den Pfarrern des Mediascher Capitels im Unfrieden. Es erhob Anspruch auf drei Zehntquarten von Feldfrüchten, Wein, Bienen und Lämmern, deren Bezug jene als eigenes Recht behaupteten. Durch Vermittlung guter Männer kam es endlich zu freund= schaftlichem Ausgleich. Am 23. Juni 1283 trat der Me= diascher Dechant Walter, Pfarrer von Häzeldorf, mit Adam, Pfarrer der „Dorfgemeinde" Mediasch, Johannes von Birt= hälm, Heinrich von Reichesdorf und andern Pfarrern seines Capitels in Weißenburg vor den Bischof Petrus und ver=

trug sich mit dem Domcapitel dahin, daß das Mediascher Capitel dem Domcapitel für jene drei Quarten jährlich vierzig Mark guten Silbers, wie es in Weißenburg, in Winz und in Broos lief, zu zahlen habe, und zwar am Vorabend des Michaelstags zehn Mark, fünfzehn Tage nach Martini fünfzehn Mark und fünfzehn Tage nach Mariä Reinigung die übrigen fünfzehn Mark. Falls die Pfarrer den Zahltag versäumten, sollten sie schon am folgenden Tag das Doppelte zahlen, ob die Gemeinden größer oder kleiner geworden. Papst Clemens V. bestätigte 1307 den Vertrag und trug im folgenden Jahr dem Hermannstädter Propst auf zu sorgen, daß er aufrecht bleibe.

In das von innern Wirren heimgesuchte Land fielen im Jahr 1285 die Tartaren ein. Eine Strecke von zwölf Meilen bedeckten ihre Züge, so hieß es. Die Horden schädigten und plünderten Bistritz so, daß der König der Armuth des Volkes durch Nachlaß von zwei Dritttheilen der Zölle zu Hülfe kommen mußte. Einige Haufen derselben wurden von den Seklern bei Thorozko geschlagen. Dafür und für das Geschenk von achtzig Rossen bestätigte Ladislaus ihnen das Eigenthumsrecht auf ein Stück Landes am Aranyosch, das ihnen Stephan geschenkt hatte. Das ist der Ursprung des Seklerstuhls Aranyosch.

Den König Ladislaus erschlugen 1290 seine Günstlinge, die Kumanen, in einem ihrer eigenen Zelte.

7.

Das Sachsenthum unter dem letzten Arpaden.

1290—1301.

Gesegnet ist dein Fleiß.
Dein Glücksstand blüht.
Voll sind die Scheunen . . .
Da steht dein Haus, reich wie ein Edelsitz.
Schiller.

Zu derselben Zeit war aus dem Geschlechte Arpads nur ein Mann am Leben, Andreas, Enkel Andreas II., den seinem nachgebornen Sohne Stephan eine edle Venetianerin geboren, weßhalb man ihn auch den Venetianer nennt. Ihn erhob ein bedeutender Theil der Mächtigen auf den Thron, den ein gewaltiger Gegner ihm rauben wollte. Andreas II., Enkel Stephan V., hatte nämlich seine Tochter an den König Karl von Neapel vermählt. Dessen Sohn Karl Martell vermeinte nähere Ansprüche auf die Krone zu haben und der Papst in Rom begünstigte sie, da doch offenbar der dem Mannesstamm entsprossene Sohn des Königshauses das Vorrecht vor dem aus weiblicher Linie hatte. Darüber entspann sich langer Streit. Nach Karl Martell's Tod kam sein unmündiger Sohn Karl Robert nach Ungarn und der Erzbischof von Gran krönte ihn zum König. Wenige Monden darauf starb Andreas III. (14. Jan. 1301); mit ihm erlosch in Ungarn der Arpadische Mannesstamm.

Das Reich stehe am Rande des Verderbens, so klagen unter ihm die Stände. Von den Wirren der Zeit blieb auch Siebenbürgen nicht unberührt. Der Woiwode Rorand erhob selbst die Waffen gegen den König. So groß war die Zerrüttung, daß Andreas schon im ersten Jahr seiner Regierung ins Land kam und zur Wiederherstellung der Ordnung 1291 in Weißenburg den ersten bekannten sieben-

bürgischen Landtag hielt. Anwesend auf demselben waren
außer den Prälaten und Baronen im Gefolge des Königs
der Adel der Comitate, die Sachsen, Sekler und Walachen.
Die letztern werden auf diesem einzigen Landtag und sonst
nie mehr unter den Gliedern desselben erwähnt; wahrscheinlich waren es damals jene walachischen Knesen, von denen
manche Familien später in den ungarischen Adel übergegangen sind, die an der Spitze jener walachischen Gemeinden
standen, welche die Könige allmälig auf königlichen Schloß-
gütern, so auf Besitzungen von Deva, ansiedelten. Sonst
finden sich im ganzen dreizehnten Jahrhundert äußerst selten
Spuren walachischen Lebens in Siebenbürgen. Noch im
Jahr 1293 konnte Andreas III. auf den Rath seiner Ba-
rone alle Walachen von den Gütern des Adels oder wo sie
sonst sich aufhielten, auf eine königliche Besitzung zusammen-
rufen und wenn sie nicht willig kämen da zu wohnen, solle
man Gewalt brauchen. So dünn muß damals noch die
Bevölkerung derselben im Land gewesen sein, wie denn in
der That aus der gesammten Arpadenzeit kein einziges Bau-
denkmal vorhanden ist, das ihres Geistes oder ihrer Hände
Werk wäre.

Dafür war zu dieser Zeit Thorenburg von Sachsen
bewohnt. Wann sie dahin eingewandert, ist unbekannt. Im
Jahre 1291 klagten sie dem König, daß sie ihre Freibriefe
im Tartareneinfall durch Feuer verloren hätten, was viele
Adelige bestätigten. Da stellte ihnen Andreas einen neuen
Freibrief aus. Er vergrößerte ihr Gebiet· mit mehreren angränzenden königlichen Ländereien und befreite die Ansiedler
von der Gerichtsbarkeit der Comitatsbeamten und des Woiwoden und der Pflicht ihrer Bewirthung. Sie waren unmittelbar dem König und seinem Schatzmeister untergeordnet und wurden von dem eigenen Richter gerichtet. Dazu
erhielten sie freie Wochenmärkte, Zollfreiheit im Reiche und

die Befugniß am St. Martinstag aus den königlichen Gruben
Freisalz zu holen. Dieselben Freiheiten, sagt die Handveste,
hätten auch die deutschen Ansiedler von Deesch, Sek und
Kolosch — Orte, in denen wie in Thorenburg das Deutschthum längst bis auf wenige Spuren erloschen ist.

Dasselbe Schicksal hat es in Thorozko gehabt. Dahin
hatten die Könige zur Betreibung des Bergbaues unter
Zusicherung werthvoller Rechte Deutsche aus Oberösterreich
gerufen und angesiedelt. Diese Urkunden über ihre Berufung und über die ihnen bei ihrer Ansiedlung gewährten
Freiheiten seien im Tartareneinfall verbrannt, trugen sie
dem König 1291, wahrscheinlich als er eben im Lande war,
vor und wiesen die Wahrheit ihrer Aussage durch das Zeugniß vieler Adeligen nach. Andreas, die Gerechtigkeit ihres
Ansuchens und die Bedeutung des Bergbaus für die Wohlfahrt des Landes betonend, stellte ihren Bitten zufolge die
Freiheiten wieder her, auf die sie waren gerufen worden.
Sie wählten sich Richter und Rathmannen aus ihrer Mitte
und standen unmittelbar unter dem König und seinem Schatzmeister. Sie hatten freie Wochenmärkte und durften ungehindert Wald, Wasser und Weide nach Westen hin in der
Entfernung einer Meile benützen.

So sorgte König Andreas III. für die deutschen Bewohner Siebenbürgens! Zwar sind auch in Thorozko im
schönen Thale des felsigen Seklersteins die deutschen Laute
längst verklungen und die alte Freiheit ist nicht mehr. Nur
die Sage noch erzählt im freundlichen Orte vom Deutschthum der Väter. Doch zeichnen sich seine Bewohner noch
immer durch eigenthümliche Körpergestalt und Kleidung vor
ihrer Umgebung vortheilhaft aus und beurkunden hierdurch
so wie durch größere Bildung und Tüchtigkeit der Gesinnung den deutschen Ursprung bis auf den heutigen Tag.

Der Thron König Andreas III. ruhte zum Theil auf

der Sachsen Kraft. In den Streitigkeiten wider Karl Martell erhielt er ausdrücklich den Rath, sich des Beistandes
der Sachsen zu versichern, wenn ihm an glücklichem Erfolge
liege. Ihre Wichtigkeit und Bedeutung im ungarischen
Reiche erkennend berief sie Andreas auf den Reichstag.
Zweimal 1292 und 1298 erscheinen sie während seiner Regierung auf demselben und berathen mit dem König, dem
Adel und den Bischöfen über des Landes Wohlfahrt. Sie
beschicken den Reichstag nicht als Bürger von sogenannten
Freistädten — solche gab es damals im Sachsenlande nicht
und die ungarischen erhielten die Reichsstandschaft erst zwei
Jahrhunderte später — sondern als ein freies, will damals
nicht weniger sagen als abeliges Volk.

Auch hatten seine einzelnen Bürger jener Zeit nicht
weniger Rechte als jeder einzelne ungarische Abelige. Dieser
— ursprünglich — wie jener zahlte Steuern, leistete Kriegsdienste und war nur dem König und dem Gesetz unterthan,
das er selber machen half. Doch konnte sich der ungarische Abelige auf Sachsenboden nicht ansiedeln, denn der
nahm nur den deutschen Mann auf und gab ihm Bürgerrecht; dem Sachsen aber war der Ankauf von abeligen Gütern nicht verwehrt, eben weil das sächsische Bürgerthum
nicht weniger war als abeliges Recht. Und unter den
Sachsen waren einzelne Geschlechter, die begüterter als die
Andern schon bei der Ansiedlung größere Strecken wüsten
Bodens übernommen hatten, im Laufe der Zeit durch Fleiß
und Betriebsamkeit zu immer größerem Reichthum gekommen.
Die machten von diesem damals nie bestrittenen Rechte Ge-
brauch und kauften sich abeliges Besitzthum außerhalb des
Sachsenbodens, Feld und Wald, Wasser und Weide, ja ganze
Dörfer mit ihren Bewohnern. Hier genossen sie alle jene
Rechte, die der ungarische Adel auf Abelsboden hatte, während
sie auf Sachsenboden nicht über dem sächsischen Rechte standen,

sondern nur Bürger waren wie jeder andere. Ihre
Zahl wuchs allmälig so sehr, daß König Andreas III. in
dem großen Freibrief, den er dem Adel am 22. Februar 1291
in Folge der Verhandlungen und Beschlüsse auf dem Krö-
nungslandtag in Stuhlweißenburg ausstellte, ihrer ausdrücklich erwähnt. Er nennt sie „die güterbesitzenden und nach
der Weise der Adeligen lebenden Siebenbürger Sachsen"
(Saxones Transsilvani praedia tenentes et more nobilium
se gerentes) und stellt sie in Rechten und Pflichten dem
ungarischen Adel gleich.

Doch es ist nicht gut, wenn in einem Gemeinwesen
Einzelne übermäßig reich und mächtig werden, da von ihnen
der Freiheit der Andern Gefahr droht. So lehrt auch unseres
Volkes Geschichte. Aus der Mitte jener mächtigen Geschlechter ist der Gemeinfreiheit ein Feind erstanden, gegen den
der gesunde Geist unseres Volkes zu kämpfen gehabt hat
viele Jahrhunderte lang.

Es geschah nämlich, daß Männer aus solchen mächtigen
Geschlechtern von dem Vertrauen des Volks zu Richtern
gewählt wurden. Die nannte man damals noch Grafen
nach altdeutschem Brauch, wiewol das Wort nicht immer
ein Amt bezeichnet, sondern bisweilen als bloßer Ehren-
name gebraucht wird. Und es mochte nicht selten geschehen,
daß, weil sie Recht und Gerechtigkeit handhabten, die Richterwürde bei ihnen gelassen wurde ihr Leben lang, ja nach
ihrem Tode durch des Volkes Wahl auf die Söhne überging. Wo das aber mehrmals geschehen, fingen diese Grafen
an, diese Würde als ihr Eigenthum zu betrachten und nicht
selten gelang es ihnen, königliche Bestätigungsbriefe darüber
zu erschleichen, ungeachtet im Andreanum geschrieben steht:
zum Richter soll das Volk den wählen, der ihm der tüchtigste scheint. Statt wie früher die Gemeinde oder ihre
Geschwornen, sprach nun der Erbgraf auf seinem Hofe das

Recht und behielt das Strafgeld für sich. Und es mochte
wol Manchem auch bequemer scheinen, ruhig daheim am
Herde zu bleiben und den Grafen allein das Gericht hegen zu
lassen, statt, wie früher des freien Mannes Pflicht forderte,
regelmäßig zum Gemeinding, d. h. Gericht, zu kommen und
das Urtheil finden zu helfen. Bald suchten aber die Erb=
grafen noch mehr Rechte an sich zu reißen und hie und da
gelang es Einzelnen, sogar Steuer= und Zehntfreiheit sich
zu erwerben. Das Alles geschah in geradem Widerspruch
gegen sächsisches Volksrecht, auf daß die Nachwelt lerne,
wie die Freiheit nur dann feststehe, wenn sie Jeder schirmt
und was Alle angeht, nicht Einem überlassen wird. An=
fangs zwar macht er's vielleicht so, daß das Gemeinwesen
dadurch nicht leidet; wer bürgt dir aber, daß er später darin
nicht nur ein Mittel zu eignem Vortheile sieht und über
sich das Ganze vergißt?

So erscheinen auf dem Sachsenboden schon seit dem
13. Jahrhundert Grafenhöfe und Erbgrafen. Und wie sie
so reich und mächtig wurden und adelige Güter auf unga=
rischem Boden kauften, versuchten sie bald auch auf dem
Sachsenboden Adelsrechte zu üben. Die Eigenthümlichkeit
der ursprünglichen Besiedlung des Sachsenlandes und der
wirthschaftlichen Benützung eines Theiles des Bodens kam
ihnen dabei zu Statten. Bei der Einwanderung hatte es
sich nämlich getroffen, daß zwischen den einzelnen Ansied=
lungen hie und da Gränzstriche, damals wol überall von
dunkelm Urwald bedeckt, ohne Bevölkerung blieben. Sie
bildeten einen gemeinschaftlichen Besitz der gesammten An=
siedlung und sind fast unzweifelhaft die Prädien des
Andreanischen Freibriefs, wie sich denn das Wort selbst
genau nach dem Gesetz der Lautverschiebung in dem sächsischen
Ausdruck frätum, der heute noch einen derartigen Besitz
bezeichnet, erhalten hat. Spuren dieser Prädien und ihrer

gemeinsamen Benützung durch die ursprüngliche Ansiedler-
gruppe finden sich durch alle Jahrhunderte hindurch. Den
Reichern und Mächtigen nun mochte es auf vielfachen Wegen
gelingen, sich in den ausschließlichen Besitz von Theilen derselben zu setzen; Ansiedler dahin zu bringen konnte nicht
schwer sein. Die Versuchung aber, solchen Besitz als adeligen
zu betrachten und zu behandeln, lag verlockend nahe. Durch
ihren Reichthum und die adeligen Güter auf ungarischem
Boden näherten solche Gewaltige sich nämlich den ungarischen
Geschlechtern und deren Söhne und Töchter heiratheten
gern in solche sächsische Häuser. Dadurch aber wuchs das
adelige Gelüste in diesen immer mehr und mehr, und das
Streben, Unfreiheit den Volksgenossen, sich selbst Adelsmacht
zu verschaffen, nahm mit den Mitteln zu. Widerrechtlich,
wol auch mit Hülfe königlicher Schenkungsbriefe, verwan-
delten sie ihr Gut in adeliges, ja sie starben sogar dem
sächsischen Volksthum ganz ab, ließen der Väter Sprache
und Sitte und wurden Ungarn. In mehr als einer der
mächtigsten ungarischen Adelsfamilien findest du, wenn du
ihrem Ursprung nachgehst, sächsisches Blut. Und viel gutes
altsächsisches Besitzthum ist auf solche Weise in ungarische
Hände gekommen.

Solche mächtige Geschlechter, die die Erbgrafschaft in
einzelnen Orten hatten und auf adeligem Boden reichbegütert
waren oder die auch ohne jene Würde adeligen Grundbesitz
hatten, kennt die Sachsengeschichte Viele. Zu den bedeutendsten aus der Arpadenzeit gehören die Nachkommen Erwins von Kelling, Erbgrafen dieses Ortes, mit Besitzungen
in Kuth, Ringelskirch, Weingartskirchen, Spring, Drascho,
Benzenz und vielen andern Orten; die Alard von Salzburg, zugleich Erbgrafen hier seit 1222, mit Gütern in
Ringelskirch, Weingartskirchen und anderswo; Graf Arnold
von Polb, der durch Verleihung König Stephans V. das

Dorf Klein-Enyed im Albenser Comitat besaß, das nach
sächsischem Erbrecht 1292, da Graf Arnold ohne Söhne
gestorben, auf seine Tochter und deren Gatten Christian,
Ludwigs Sohn, überging; Graf Petrus Hennings Sohn
von Denndorf, der 1289 vom Grafen Ladislaus Daras
Sohn Mukendorf und Schorpendorf um zwanzig Mark
Silber kaufte; das Haus Hennings von Petersdorf im
Unterwald u. a.

So erstand in der Mitte der freien Sachsen der eigenen
Freiheit ein gewaltiger Feind. Vom Kampfe gegen ihn
wird die Geschichte noch Manches erzählen. Doch hat vielleicht gerade diesen mächtigen Geschlechtern das Sachsenthum
größere Ausbreitung zu danken. Manche sächsische Dörfer
auf ursprünglichem Comitatsboden scheinen von ihnen gegründet zu sein, andere dagegen von ungarischen Adeligen,
die, wie jene, arme Sachsen gegen Zusicherung bedeutender
Rechte auf ihre Güter riefen. Aber später wurden ihnen
die Freiheiten zum Theil wieder geraubt. So scheinen die
sächsischen Dörfer in der Zekescher Surrogatie, im Bulkescher
und Bogeschdorfer Capitel entstanden zu sein, deren schon
im 13. Jahrhundert Erwähnung geschieht. Auch in der
Nähe der königlichen Burgen siedelten die Könige gern jene
thätigen und tapfern Männer an. So sind ebenfalls einzelne sächsische Orte des Kokelburger Comitats, so wahrscheinlich Regen mit seiner sächsischen Umgebung entstanden.
Selbst der siebenbürgische Bischof sah seine Höfe und
Dörfer gern von Sachsen bewohnt. Sogar nach der „feindlichen Verfolgung“ durch Gaan von Salzburg, Alards
Sohn, die zur Entvölkerung einzelner beigetragen hatte, erwirkte Bischof Petrus 1282 vom König Ladislaus werthvolle Rechtszusicherungen für Ansiedler freien Standes. Und
als in der That eine sächsische Bevölkerung in das bischöfliche Dorf Scharb nahe bei Weißenburg gezogen, erhielten

sie 1295 das Recht freien Abzugs, wie sie frei gekommen, und das Recht im Fall erbenlosen Todes über ihren Besitz zu verfügen — nur ein Ochse solle dem Bischof bleiben —. Die Gebäude, die sie gebaut, die Weingärten, die sie angelegt, Alles was sie selber gemacht, sollten sie ungehindert verkaufen, verschenken, von Todes wegen vergaben können. Ihre Abgabe an den Bischof betrug jährlich dreizehn Mark; einmal im Jahr gaben sie zu seiner Bewirthung einen Ochsen von der Weide, ein Schwein, ein Faß Wein, dann jeder Hof eine Henne, einen Kübel Hafer und zwei Brodte. In kleineren Streitfällen richtete der Hann, den sie sich wählten, wo Blut geflossen oder in Fällen des Diebstahls und ähnlichen, dieser zugleich mit dem Richter, den der Bischof gesetzt, wobei der bischöfliche Mann zwei Drittheile, der der Gemeinde ein Drittheil der Bußgelder erhielt. Für die Beurtheilung der Fälle aber sollte das Gewohnheitsrecht des Hermannstädter Gaues gelten.

Etwa anderthalb Jahrhunderte waren die Sachsen in Siebenbürgen, als der Arpadische Mannsstamm, der sie zum Schutze der Gränze ins Land gerufen und mit Rechten und Freiheiten reich begabt hatte, ausstarb. Und in der kurzen Zeit hatten sie das Land gerodet und die wilden Thiere vertrieben, die Sümpfe ausgetrocknet und zu Fruchtfeldern umgeschaffen, und Dörfer und Burgen gebaut. Wo früher nur des Bären Spur sich fand und der Jagdruf ertönte oder das Schlachthorn erscholl, da wohnten freie Männer auf ihrem Erb und Eigen; Berg und Thal war umgewandelt und nicht mehr ein unsicheres Besitzthum der ungarischen Krone. Die Enkel der Männer, die in die öde Wildniß eingewandert waren, saßen auf dem Reichstag neben Prälaten und Baronen. Wo nahe der westlichen Gränze die starken Schlösser Hunyad und Deva das Land nicht mehr schirmen konnten, da begannen am Mieresch ihre Ansied-

lungen und zogen sich, ein großes Feldlager, fernhin, wol
vier Tagereisen weit und unvermischt bis zum Alt, zwischen
diesem Fluß und der Kokel. Das war der Hermannstädter
Gau von Broos bis Draas, dessen früher gesonderte Theile
König Andreas II. im Jahr 1224 zu einem Gemeinwesen
vereinigt hatte. Und weiter im Südosten hüteten die Burzenländer des Landes Pässe. Wie scholl um die starken Burgen
da oft der wilde Schlachtruf, aber die Mauern blieben fest
und die Männer wichen nicht. Gegen Mitternacht war der
Nösnergau, dessen Abgaben ursprünglich für den Unterhalt
der Königin flossen, der Schirm der Gränze, nicht schlechter,
als irgend einer im Ungarreich. Droben in Rodna dauerte
der deutsche Bergbau fort; 1268 verkaufte Graf Rotho dem
Grafen Heinrich Brendlinus Sohn dort die Hälfte seiner
Silbergruben und all' seinen andern Besitz, darunter die
Mühle über dem Samosch drüben, den Steinthurm und
das Holzhaus daneben, den rings befestigten Hof und alle
Aecker unter der Burg des Grafen Henchmann um hundert-
fünfundfünfzig Mark Silbers; derselbe Graf Heinrich ist
1279 Vogt der Burg von Ofen. Mitten im Lande erhob
sich Klausenburg, friedlicher Künste und der Freiheit Schirm,
rings umgeben von Knechten. Zwischen ihm und dem Haupt-
stamme der deutschen Ansiedlungen, dem Hermannstädter
Gau, lagerten als Vorposten des Kampfes gegen Rohheit
und Unfreiheit die vielen sächsischen Gemeinden des Bogeschdorfer, des Bulkescher, des Zekescher Capitels, die mit
Thorenburg und den Sachsen im Erzgebirge das Verbin-
dungsglied bildeten. Von Klausenburg führten die sächsischen
Gemeinden von Kolosch, Deesch, Sek zum Nösnergau, dessen
Zweige im Schogner, im Tekendorfer, im Regener Capitel
bis an den Mieresch reichten. Die Hauptstämme aber waren
der Hermannstädter-, Burzenländer-, Nösnergau und Klausenburg, zu der Zeit alle für sich bestehende gesonderte Ge-

meinwesen, noch durch kein anderes Band als das der Sprache, des Volksthums, des gleichen Zweckes ihrer Berufung mit einander vereinigt.

Wenn die Bedeutung dieser deutschen Ansiedlungen für Krone und Reich nicht zum geringsten Theil in der starken Wehrkraft lag, die sie der fernen früher so schutzlosen Gränze gaben, so wurde diese nicht wenig vermehrt durch die Befestigungen, die in der sturmvollen Zeit des dreizehnten Jahrhunderts die jungen Gemeinden auch da anzulegen sich genöthigt sahen, wo nicht schon gleich die erste Niederlassung sei es auch nur das schützende Pfahl- oder Erdwerk hervorgerufen. An solche Befestigungen haben wir zunächst überall zu denken, wo in sächsischen Ortsnamen das Wort Burg vorkommt. In der That erzählt der graue Mauerring der Schäßburg und ebenso der von Mühlbach, der dem kundigen Blick heute noch ein ganz anderes Gefüge der ältesten Mauer und darin die ursprünglichen niedrigen Zinnen zeigt, die bei der ersten Anlage nur für Bogen und Armbrust dienen sollten, von einer Zeit, die noch keine Ahnung von der Feuerwaffe hatte. In der Schwarzburg bei Zeiden konnte der aufständische junge König im Kampf mit dem Vater seine letzte Rettung suchen und finden. Und die Burg von Reps, um die am Anfang des vierzehnten Jahrhunderts der heiße Kampf zwischen den Sachsen und dem König wogte, stand unzweifelhaft schon unter den Arpaden. Ueberhaupt finden wir kaum irgendwo so planvolle Befestigungsarbeiten ausgeführt, wie dort im Osten des Sachsenlandes. Vor der Repser Basaltburg, die den Zugang zum obern Kosdthale schließt, lagern im Thal des großen und kleinen Hamrod, wie an doppeltem Graben dort die Kirchenburgen von Hamruden, Katzendorf und Draas, hier das Bergschloß von Sommerburg und die Kirchenburg von Streitfort, fast alle mit untrüglichen Zeichen, am beredtesten der mächtige

Draaſer Thurm mit dem Rundbogenſims kündend, daß ihre Anfänge mindeſtens ins dreizehnte Jahrhundert zurückreichen. Und nicht jünger kann die Anlage der Befeſtigung ſein, die die Rundbogenkirche von Galt und damit den Ausfluß des vereinigten Hamrod in den Alt ſchirmt. Oder waren, als die Deutſchen mit Schwert und Pflug hierher kamen, die Sekler vielleicht noch Heiden und Feinde, oder doch nur un= ſichere Freunde der ungariſchen Krone?

Gewiß, als König Andreas III. 1291 in ſeinem Inauguraldiplom von den Thürmen oder Burgen ſprach, die um die Kirchen gebaut ſeien, hat er auch das Sachſen= land im Sinne gehabt. Mehr als einer von jenen Thür= men, durchweg maſſiger Anlage, auf mehr als klafterdicken Rundbogen ruhend, mitten in der Mauer die geſchützte Steintreppe bergend, erhebt heute noch die gekuppelten Rund= bogenfenſter über ein Geſchlecht, von dem Wenige nur die Sprache verſtehen, die er zum Kundigen ſpricht. Einer der ſtattlichſten, die deutſche Gemeinde, die ihn erbaute, Jahr= hunderte überdauernd, der romaniſche Thurm von Bären= dorf bei Broos iſt vor kurzer Zeit, vom nahen Bach unter= waſchen, zuſammengeſtürzt; unter ſeinen Trümmern haben ſie den roſtzerfreſſenen, aus Kupfer gegoſſenen, einſt ver= goldeten Kelch gefunden, deſſen Form die Vermuthung nahe legt, daß er mit den Anſiedlern ſelbſt aus Deutſchland ge= kommen.

Außer dieſen Thürmen und zum Theil ein Bauwerk mit ihnen iſt uns eine beträchtliche Anzahl ſächſiſcher Kirchen im Rundbogenſtil erhalten, der hier noch um ein volles Jahr= hundert ſpäter als in Deutſchland auftritt. Auch dieſe Bauten ſind ein ſprechendes Zeugniß für den Culturſtand jener deutſchen Einwanderungen zu einer Zeit, wo ſieben= bürgiſche Urkunden es für wichtig genug halten, den Be= ſtand einer Steinkirche in dieſer oder jener Gemeinde aus=

drücklich hervorzuheben. Am zahlreichsten stehen diese romanischen Kirchen im Hermannstädter Gau. Vom Westende
an durch den ganzen Unterwald, das „alte Land" am Alt
hinauf, das Kosder Capitel entlang bis nach Draas be-
gegnen uns solche Kirchen noch wohlerhalten oder doch mit
edeln Resten in Rundbogenportalen, rundem Chorschluß oder
Halbkreisnischen am Schluß der niedrigern Seitenschiffe fast
Schritt auf Schritt. Hierher gehören unter anderen Thurm
Westthor und Schiff der Mühlbächer Kirche, die Bergkirche
in Urwegen, die Burgkirche von Michelsberg, die Kreuzkirche
von Neppendorf, die Kirchen von Salzburg, Neudorf, Rothberg, Sakadat, Freck, Holzmengen, an den drei letzten die
Westportale durch Figuren belebt; neben diesen zahlreiche
Spuren ursprünglicher romanischer Anlage und Ausführung
durch alle spätern Umbauten noch immer kenntlich in Deutsch-
Pien, in Rätsch, in Kelling, in Großscheuren, in Heltau,
Hammersdorf, Martinsberg, Großschenk, Rohrbach); dazu
das merkwürdige von Innen und Außen vermauerte romanische Chor mit den bedeutungsvollen Resten uralten Bilder-
schmucks in Hamruden, die im Portal und im gekuppelten
Rundbogenfenster des Langschiffes erhaltenen Reste des ursprünglichen tromanischen Baues in Katzendorf, die leider
nur noch in Chor und Mittelschiff stehende Kirche in Draas,
in ihrer Gesammtheit einst eins der besten Werke des Rund-
bogenstils, das heute noch mit seinem reichgegliederten kunst-
vollen Westportal, den gekuppelten Rundbogenfenstern des
Langschiffs und den edeln Gewölbe- und Säulentrümmern
der ehemaligen Seitenschiffe voll gewaltigen Eindrucks an der
Gränze des Sachsenlandes als ein Zeugniß deutschen Geistes
dasteht, unten am Alt endlich auf der weithin leuchtenden
Höhe von Galt wieder die romanische Kirche, deren Westportal mit den eingemauerten Basaltlöwenköpfen aus der
Römerzeit im Jahr 1845 zum Staunen der Gemeinde, die

sein Dasein nicht mehr kannte, von der Erd- und Schutt-
hülle befreit wurde, welche es seit der Tartarenzeit des
17. Jahrhunderts verborgen hatte, wie in ähnlicher Weise
1794 das Portal in Holzmengen seine Auferstehung gefeiert.

Auch oben im Norden im Nösnergelände führen be-
deutungsvolle Kirchenbauten in die Arpadenzeit zurück. Allen
voran, ein in seiner Art einziges Beispiel des Rundbogen-
baues im ganzen Lande, steht die Kirche in Mönchsdorf,
die hochgiebelig mit den zwei Thürmen der Westfaçade und
den doppelt gekuppelten Fenstern ernst auf die kleine Gemeinde herniedersieht, welche im 13. Jahrhundert zu den
bischöflichen Besitzungen gehörte, und vielleicht bischöflicher
Unterstützung mit den edeln Bau verdankt. Die Kirchen in
Ungersdorf und Kircheleis gehören gleichfalls jener Zeit an,
die letztere durch spätere Zubauten mannigfach verunstaltet;
sprechende Reste jenes Stils sind weiter im Westportal in
Lechnitz, in den Halbsäulen an der Chorwand in Totsch, in
den Trägern des Gurtgewölbes in den Ostecken des Schiffs
in Treppen, im runden Chorschluß in Waltersdorf, in dem
gegenwärtig vermauerten Südportal, dann im Westportal
der Kirche von Petersdorf erhalten. Der zerfallende Thurm
von Robna spricht nur noch in seinen Trümmern von jener
Zeit, während im Burzenland unter andern im Westportal
der Petersberger Kirche sich ein bedeutsames Zeugniß derselben erhalten hat.

Daß alle diese Bauten durch die Arbeit und den Geist
der deutschen Ansiedler geschaffen wurden, ist unzweifelhaft.
Stellten doch sogar sie das Dach und den Thurm des
Weißenburger Doms her, des edelsten romanischen Baues
im Lande, den Alard von Salzburg 1277 zerstört hatte.
Mit sächsischen Zimmerleuten nämlich, mit Siegfried von
Krako, Jakob von Weißenburg, Herbord von Urwegen und

Henz von Kelling schloß Bischof Petrus am Tag vor Christi Himmelfahrt 1291 den Vertrag über jene Herstellung ab, wofür er ihnen neunzig Mark Silber und vierundzwanzig Ellen Dornisches Tuch versprach und wobei für Siegfried und Jakob der Domherr Arnold, für den Urweger Graf Daniel von Urwegen, für den Kellinger Graf Daniel von Kelling, Chiels Sohn, die Bürgschaft übernahm.

Neben der kirchlichen Baukunst lebte gewiß schon damals auch die Kunst des Glockengusses im Sachsenland. Auf der Glocke von Jegeny bei Klausenburg, die die Jahrzahl MCCLII. tragen soll, zeigt das Wappen von Hermannstadt die Gußstätte; die alte Glocke von Klosdorf trug neben ihrer kabbalistischen Inschrift (Campana s. Georgii tetragrammaton) eine Jahrzahl, die kaum anders als MCXC. gelesen werden kann.

So freudig gedieh und erblühte das Sachsenthum in anderthalbhundert Jahren in Siebenbürgen, trotz des Mongoleneinfalls und so vieler innerer Stürme. Käme nur ein geringer Theil davon über das jetzige Geschlecht, es zerstöbe wie die Spreu vor dem Winde. Die Väter aber wahrten nicht nur in den schweren Tagen ihr gutes Recht, das wir fast eingebüßt haben im Frieden, sondern es fehlt auch nicht an schönen Zeichen mildern Sinnes, wie er dem Starken ziemt. So vergabten Richter, Geschworne und ganze Gemeinde von Hermannsdorf, aus dem später Hermannstadt wurde, im Jahr 1292 den Kreuzbrüdern des Ordens vom heiligen Geist zu einem Armen- und Krankenhaus ein schon lange zu diesem Zweck von ihnen benütztes Gebäude, damit daselbst Fremde gastfreundliche Unterstützung, Arme und Kranke aber Hülfe fänden. Auch Bistritz besaß zu jener Zeit bereits ein Spital, ein Zeugniß von des Gemeinwesens Wohlstand, Menschenliebe und Gemeingeist. Bischof Petrus von Siebenbürgen schenkte

demselben im Jahr 1295 das Pfarrrecht von Waldorf,
als die Bewohner desselben zwei Priester hintereinander,
vermuthlich weil der Bischof sie ihnen widerrechtlich zu Seel-
sorgern aufbringen wollte, erschlagen hatten. Gewaltthat
trieb man damals mit Gewaltthat ab und dem Unrecht
fügte sich nur der Schwache.

Zweites Buch.

8.

Wie die Sachsen für Otto den Baiern kämpfen und Karl von Anjou König wird.

1301—1310.

Es gibt das Herz, das Blut sich zu erkennen.
Schiller.

Auf das Erbe König Andreas III. machten mehrere Bewerber Anspruch und stürzten dadurch das Reich in vieljährige Spaltung. Der Papst, der immer behauptet hatte, das ungarische Reich sei sein Lehen, begünstigte Karl Robert und ließ nicht ab seine Partei zu mehren. Dagegen standen Alle, die hieraus für die Unabhängigkeit des Landes fürchteten und wollten lieber ihr Blut vergießen, ehe sie das zugäben. Darum wählten sie den jungen Wenzel von Böhmen zum König und als dieser, unfähig die Krone zu erhalten, bald das Land verließ, den Herzog Otto von Niederbaiern, der ein Enkel war König Bela's IV. Auf seiner Seite standen auch die Sachsen in Siebenbürgen, dessen Woiwode gegen ihn war.

Der König wollte sich nicht krönen lassen, bis er nicht ihrer Treue gewiß wäre; von solcher Entscheidung war die Unterstützung derselben. Also zogen die Hermannstädter

Grafen Gombolinus und Nicolaus Blavus mit ansehnlicher
Gesandtschaft nach Ofen, huldigten dem neuen König und
luden ihn ein, in ihre Heimat zu kommen, daß sie ihn da
als ihren Herrn ehren könnten. Otto folgte der Einladung
und besuchte über Bistritz im Jahre 1306 den Hermannstädter Gau; wie mag er gestaunt haben, dort deutsches
Leben zu finden! Eben so sehr aber freuten sich die Väter,
daß ihnen Gott einen deutschen König gegeben. Denn
Otto war der erste Mann deutschen Stammes, der auf dem
ungarischen Throne saß, seit sie hier ihre Wohnung aufgeschlagen. Darum und weil nach dem Rechte die Krone
ihm gebührte, hielten sie so fest an ihm. Und dieselbe Treue
haben sie allen Herrschern bewahrt und viele schöne Worte
des Dankes von allen bekommen.

Als Otto Siebenbürgen verließ, folgte ihm eine bedeutende sächsische Macht. Aber die päpstliche List war
gewaltiger als Alles und Karls Anhänger mehrten sich von
Tag zu Tag. Darum forderten Viele von Otto's Partei
den König auf, er solle sich mit der Tochter des siebenbürgischen Woiwoden vermählen und seine Sache dadurch
kräftigen. Denn der Woiwode Ladislaus von Siebenbürgen
war ein Mann von großer Macht; aus dem Seklerland
konnte er, so erzählt die Sage, auf eigener Erde, zwei kleine
Strecken ausgenommen, bis nach Ofen reisen. Aber die
Sachsen sprachen eifrig gegen jenen Vorschlag. Der Woiwode sei der treuloseste Mann, den man in ganz Ungarn
finde; wenn Otto auf eine seiner Burgen sich wage, so sei
er verloren, überhaupt nur so lange er unter ihnen weile
sicher vor Arglist und Gewaltthat. Als aber seine Anhänger
immer mehr in ihn drangen und die Partei Karls sich fortwährend mehrte, da gedachte er, wie Ladislaus selbst ihm
bei seiner Rückreise aus Siebenbürgen seine Tochter zur Ehe
versprochen und als Mitgift 10,000 gerüstete Streiter. Und

als des Woiwoden eigener Bruder, Bischof Petrus von
Siebenbürgen, nicht abließ von ihm und ihm gelobte, ihn
zur Vermählung auf eine seiner Burgen zu führen, da entschloß er sich zum Zuge nach Siebenbürgen. Um allen
Schein eines Verdachtes zu meiden, ließ er die Sachsen zurück.
Umsonst warnten ihn diese. „Das kann jetzt nicht anders
sein," entgegnete Otto; „Ehre, Leib und Leben muß ich nun
an ihre Treue lassen."

Er hatte sie schlimmen Händen anvertraut; was die
Sachsen gefürchtet, ging bald in traurige Erfüllung. Voll
Freude über das Gelingen ihres Werkes ritten Bischof
Petrus und die übrigen Rathgeber mit dem König fort und
erzählten ihm viel Schönes, das ihn Alles bei Ladislaus
erwarte. Aber statt auf eine bischöfliche Burg, führten
sie ihn auf eine Burg des Woiwoden, wahrscheinlich nach
Deva.

Weinend klagten Otto's Diener diesem den entdeckten
Verrath. Von seinen Freunden getrennt mußte er sich
schweigend dem Geschicke fügen. So kamen sie an die Burg
des Woiwoden. „Hier habt ihr," sprachen da Otto's Begleiter zum entgegenkommenden Ladislaus, „den König Otto;
thut ihm wie sich's gebühret" und sprengten fort. Otto
war gefangen; die Sachsen hatten Recht gehabt. Er erhielt seine Freiheit erst nach schmachvoller Haft, ließ die
Krone in Ladislaus Händen, kehrte auf weiten Umwegen
nach Baiern zurück und hat Ungarn nie mehr gesehen (1307).

So blieb Karl allein König und wurde im Jahr 1310
mit der Krone Stephans gekrönt, die er mit Mühe von
Ladislaus zurückbekommen. Der nämlich, im Gefühle seiner
Macht, scheint selbst nach königlicher Würde gestrebt zu
haben. So hatte er die Silberbergwerke der „reichen
Rodna" an sich gerissen und die Besitzungen der Abtei
Egresch, die Karl dem Schutze der Sachsen anempfahl. Auch

in die Rechte des Hermannſtädter Gaues hatte er ſich Ein=
griffe erlaubt. Weil ihm über getheilte Kräfte die Herr=
ſchaft zu erringen leichter dünken mochte, hatte er wider=
rechtlich die Mediaſcher, Schelker und Birthälmer von dem
Hermannſtädter Gau getrennt, mit dem ſie ſeit dem Andrea=
niſchen Freibrief vereinigt geweſen. Auch andere Uebel fehl=
ten nicht. Bei der allgemeinen Geſetzloſigkeit erbauten Mäch=
tige an gelegenen Plätzen feſte Thürme und Warten, fielen
mit ihren Knechten auf den vorüberziehenden Wanderer und
ſchädigten ihn, bis die Sachſen mit gewaffneter Hand die
Raubneſter brachen und die Sicherheit der Straße wieder
herſtellten.

Eine andere Quelle vieler Wirren waren die Ueber=
griffe des ſiebenbürgiſchen Biſchofs und des Domcapitels
und ihre Anſprüche auf Zehnten und Rechte der ſächſiſchen
Geiſtlichkeit. Denn leider hatte König Bela III. nicht die
geſammte ſächſiſche Kirche dem Hermannſtädter Propſt unter=
geordnet. Der fremde Biſchof, der für ſeine Würde große
Summen an den Papſt in Rom zahlen mußte, und ſeine
Domherren ſtrebten nun fortwährend nach den Einkünften
jener Pfarrer, deren Zehnten ihnen ſo verlockend nahe war,
und ihre ungerechten Forderungen haben nicht aufgehört, ſo
lange das Bisthum ſtand. So hielt alljährlich ein Abge=
ordneter des Domcapitels mit ſieben Roſſen im Unterwälder
Capitel Umritt und der Dechant des Unterwaldes ritt mit
ihm, die Einkünfte der Pfarrer zu ſchätzen und von je
ſechzig Feuerſtellen mußten ſie ihm eine Mark Silbers
zahlen. Um eine Mark Silbers aber kaufte man damals
neun Joch Ackerland mit Wald und Weide und in dem
Andreaniſchen Freibrief ſtand von ſolcher Abgabe nichts ge=
ſchrieben.

Darum widerſetzten ſich das Zekeſcher, Unterwälder,
Bulkeſcher, Bogeſchdorfer, Keisber, Kosder und Laßler

Capitel und versagten den Weißenburger Domherren am
Anfang des 14. Jahrhunderts die Zehnten, Steuern und
andere vielnamige Abgaben, die diese von ihnen forderten.
Aber der gewaltthätige Woiwode Ladislaus war der Bruder des Bischofs Petrus und später wurde sein Sohn
Bischof, weshalb er alle Ansprüche des Domcapitels in par-
teiischen Schutz nahm. Deshalb legte Pfarrer Berthold
von Kelling im Februar 1308 in Weißenburg feierliche Berufung vor den päpstlichen Stuhl ein. Das gefiel den Domherren nicht und sie legten Hand an Berthold und seine
Begleiter und wollten sie gefangen nehmen. Diese aber
entflohen, kehrten jedoch bald mit einem zahlreichen Gefolg
von Reisigen, bewaffneten Priestern und Laien nach Weißenburg zurück, besetzten die Kirche, in welcher die Domherren
versammelt waren, schlossen die Thüren und übten mit Wort
und That so unmilde Vergeltung an ihnen, daß das Domcapitel die Schmach nicht aufnehmen wollte um 1000 Mark
Silber.

So wirrvoll war die Zeit, während der Kronstreit das
Reich erschütterte und das Recht verstummte vor der Macht.
Erst unter Karl Robert, mit dem das französische Königs-
geschlecht Anjou den ungarischen Thron besteigt, kehrte
Ruhe und Ordnung wieder zurück.

9.

Die Zeiten unter Karl Robert.

1310—1342.

Nichtswürdig ist die Nation, die nicht
Ihr Alles freudig setzt an ihre Ehre.
Schiller.

Doch dauerte es noch lange Zeit, bis die Wogen des
Ungehorsams sich verliefen und das Gesetz wieder zur Herr-
schaft kam. Die lange Regierung Karls und sein staats-
kluger Sinn trugen wesentlich zur Befestigung der neuen
Ordnung bei. Gegen das Ausland führte er fast keine
Kriege, aber daheim sorgte er für Erhöhung des königlichen
Ansehens durch Bündnisse mit den benachbarten Fürsten
und durch strenge Strafen gegen Verräther. Das alte
Wanderleben der ungarischen Könige gab er auf und er-
richtete die bleibende Hofstatt in Vischegrad an der Donau.
Den Reichstag versammelte er selten, weil die stürmischen
Zusammenkünfte dem jungen Königsgeschlecht gefährlich wer-
den konnten. So regierte er mit großem Ansehen und einer
Kraft, wie sie den letzten Arpaden abgegangen, also, daß
er viele königliche Güter einzog und sogar eine Steuer
(den Kammergewinn lucrum camerae) einführte, von jedem
Thor, unter dem ein Erndtewagen einfahren konnte, jährlich
achtzehn Pfennige, der aber Kriegsleute und Kirchen und
viele andere Befreite nicht unterworfen waren.

Auch die Sachsen nicht. Ihre Bedeutung für Siebenbürgen erscheint unter König Karl, den sie so lange nicht
anerkannten, in immer steigender Größe. Der König nennt
sie nicht mehr wie früher Gäste und Ansiedler: eine „Gesammtheit (Universität) der Sachsen von Hermannstadt",
ein „Gemeinwesen der Sachsen von Mediasch, Schelken und

Birthälm", ein „sächsisches Volk von Bistritz", eine „sächsische Volks- und Bürgergemeinde von Klausenburg" erscheinen neben dem Burzenlande, in dem ein einziger Mann dem König Jahre lang trotzen konnte. Das Jahrhundert der Anjou ist der Sachsen schönster Zeitraum.

Der Hermannstädter Gau suchte durch seine beiden Grafen Blasuuz und Henning im Jahr 1317 die Bestätigung des Andreanischen Freibriefes nach. König Karl ertheilte sie; aber den Rechtsverletzungen, die unter der Zeit des Kronstreits begonnen hatten, wurde dadurch kein Ziel gesetzt. Die Mediascher blieben fortwährend von dem Hermannstädter Gau getrennt. Auch sonst kehrte der Friede nur schwer zurück. Noch 1321 mußte der König den Woiwoden Dausa „zur Wiederherstellung des guten Zustandes" in's Land schicken, wo die Woiwodalburg Cicho erst in jenem Jahr an Karl Robert übergeben wurde. Paul von Ladmesch, das damals zum Hermannstädter Gau gehörte, hatte bis zum Jahr 1324 den König nicht anerkannt und überfiel fortwährend mit seinen Söhnen die Güter der Königlichen; Nikolaus von Thalmesch stand bis 1332 in den Waffen gegen Karl. Da ernannte dieser im Jahre 1324 den Woiwoden Thomas zum Grafen von Hermannstadt; der war ein gewaltthätiger Mann und mochte der Sachsen Rechte und Freiheiten wenig achten. Auch an heimlichen Aufwieglern fehlte es nicht, die zum Ungehorsam gegen den König reizten; „auf falsche Eingebungen unserer Nebenbuhler sind die Sachsen von der Treue gegen uns abgeirrt", sagt dieser kurz nach der Erhebung selber. So ergriffen die Sachsen im Jahr 1324 die Waffen, gewiß schwer bedrängt und nicht ohne Noth. Graf Henning von Petersdorf im Unterwald war ihr Führer. Das Haus dieses, eines jener mächtigen Erbgrafenfamilien ist schon früher genannt; es war verwandt mit den Kellingern und dem gewaltigen Grafengeschlecht von Marienthal (Mergeln) im Schenker Stuhl, reichen Besitzes in und außer dem Unterwald. Hennings Tochter Martha war mit dem Woiwoden Stephan vermählt; noch als Braut hatte sie dem Hause des künftigen Gatten „zur Erhaltung der Ehre des Woiwobates und der Würde des Hofes" so viel Einrichtung und Kleinodien zugebracht, daß dieser am Hochzeitstag zu mindestens einigem Ersatz dafür vor der Stuhlsversammlung von Hermannstadt, die das Alles in eine deutsche Urkunde schrieb, ihr 177 Mark reinen Silbers nach Ofner Gewicht vergabte und zur Sicherheit dafür seine Monosloischen Güter in Ungarn verpfändete.

Als König Karl die Kunde von der Erhebung der Sachsen vernahm, eilte er persönlich nach Siebenbürgen — am 10. August stand er in der Nähe von Hermannstadt — rief den Adel des Landes unter die Waffen, stellte den Woiwoden Thomas an die Spitze und schickte ihm die Kumanen aus Ungarn zu Hülfe. Thomas belagerte in der zweiten Hälfte August und anfangs September mit großer Macht die feste Burg von Reps; die Sachsen aber griffen die Kumanen an und wurden in einer großen Feldschlacht geschlagen, in der Graf Henning selber unter dem Schwert des Gegners fiel. Ob die Sachsen durch den Tod des Führers den Muth zur Fortsetzung des Kampfes verloren oder der König die Ursachen desselben hinweggeräumt, ist unbekannt; gewiß aber, daß die Ruhe im folgenden Jahre hergestellt, zugleich Thomas nicht mehr Graf von Hermannstadt war. Zum Lohne seiner Thaten schenkte ihm der König die Güter Hennings, die er wegen Hochverrath eingezogen, bis Thomas sie den armen Waisen desselben gegen zweihundert Mark Silbers zurückgab; auf die Bitte des Grafen Alard von Mühlbach, Hennings Neffen, erkannte Karl 1340 den Verkauf an. Den Adel aber, dessen

viele in jenem Kampf gefallen, viele in Gefangenschaft gerathen, noch mehrere schwer verwundet worden, sprach der
König zum Dank für seine Dienste frei von der Woiwobal-
bewirthung. Nur wenn er ins Land käme, sollten je hundert Höfe der adeligen Hörigen für seinen Unterhalt einen
gemästeten Ochsen, ein Faß Wein, eine Mark Pfeffer und
Safran zu liefern gehalten sein.

Zur Zeit des Königs Karl und seiner Gegenkönige erscheint der Hermannstädter Gau zuerst in Stühle getheilt.
Davon kann man aber nicht schließen, daß sie nicht schon
früher bestanden. In ihnen haben wir vielmehr im Wesentlichen jene uralten Ansiedlergruppen zu erkennen, die
vor dem Andreanischen Freibrief von einander unabhängige
selbstständige Ganze bildeten und je einen Gerichts- oder
wie er in der alten Sprache heißt, Malstättensprengel aus-
machten. Freilich weiß man da nicht, warum diese Eintheilung nicht immer zusammenfällt mit der gleichfalls uralten der Capitel.

Solcher Stühle waren in dem Hermannstädter Gau
seit Mediasch's Trennung acht; weil man aber den Hermannstädter als Stamm nicht mitzählte, so heißt von der
zweiten Hälfte des 14. Jahrhunderts an der Hermannstädter
Gau gewöhnlich die „sieben Stühle".

Mit diesen vereinigte König Karl im Jahr 1322 inniger
als bisher die Besitzungen der Abtei Kerz, deren sie seit
ihrer Gründung sehr ansehnliche erhalten hatte. Dahin
gehören außer Kerz, dem Sitz der Abtei und dem schon
früher erwähnten Michelsberg, die ebenfalls sächsischen Orte
Kreuz, Klosdorf, Meschendorf, Abtsdorf (das letztere zwischen
dem Schenker und Leschkircher Stuhl gelegen), dann die
walachischen Marienburg, Rukur, walachisch Kerz. Wie die
Abtei in den Besitz dieser Orte gekommen, ist nicht bekannt.
Wahrscheinlich aber hatte sie von jenen unbebauten weiten

Strecken, die zwischen den ursprünglichen einzelnen Ansiedlungen lagen, den Prädien, von dem Hermannstädter Gau
oder von den betreffenden Stühlen, vielleicht auch von mächtigen prädienbesitzenden Geschlechtern Landstriche erhalten und
gründete darauf die genannten Dörfer. Und unter den
ärmern Sachsen fanden sich viele, die ihren Wohnsitz dort
aufschlugen und gegen einige Steuern und Dienstleistungen
Ländereien vom Kloster empfingen. An jenen Orten ernannten Abt und Convent den Richter, der in ihrem Namen
das Recht sprach und ihnen die erhobenen Bußgelder ein-
lieferte. Auch den Pfarrer setzte das Kloster ein.

Da klagte im Jahre 1322 der Prior Heinrich im
Namen des Abtes und Conventes dem König, daß das
Kloster an Gütern und Personen durch Ungerechtigkeit und
Gewaltthat vielfachen Schaden erleide. Der König gewährte
in seinem großen Freibrief vom 29. Januar des genannten
Jahres die gewünschte Hülfe, nahm die Abtei in seinen besondern Schutz und setzte fest, daß Abt und Convent sowie
die Besitzungen derselben fortan vollständig sich des Freithums der Gaugenossen von Hermannstadt so wie diese
erfreuen sollten. Wie sie zu der jährlichen Steuer derselben
von fünfhundert Mark Silber beitragen und den Gaugenossen in allen Nöthen mit geziemender Hülfe beistehen
sollten, so sollten sie auch an allen Rechten, Freiheiten, Vor-
theilen und Nutzungen derselben Theil nehmen. Doch blieb
das Kloster auch fortan im Genuß der Dienste und Leistungen,
zu welchen seine Gemeinden bis dahin verpflichtet waren
und im Besitz des Rechtes, den Richter und Pfarrer einzusetzen. Der Hermannstädter Graf und der gesammte Gau
sollen weitern Rechtsverletzungen, woher sie immer kommen,
mit aller Macht wehren, insbesondere nicht zulassen, daß
Mächtige mit Gewalt Bewirthung von den Gemeinden oder
ihren Pfarrern erpressen, auch Beleidigungen der Mönche,

Beschimpfungen und Bedrohung derselben, wenn sie in der
Ordenstracht gehen und sich nach dessen Satzungen richten,
so strafen, daß es allen, die es sehen und hören, zur War-
nung diene. Wer einen Mönch thätlich mißhandelt, hat
das Leben verwirkt. Und damit Niemand Rechtsverletzungen
mit Unkenntniß entschuldige, hat der Hermannstädter Graf
wenigstens einmal im Jahre den Freibrief vor der Gauversammlung vorzulesen und zu erklären. Schon Samstag
vor Mariä Himmelfahrt (14. August) 1322 berichtete der
Hermannstädter Dechant Walbrunus an den König, daß
dieses auf der Tagfahrt des Gaues, auf der auch das
Capitel anwesend war, mit geziemender Ehrfurcht geschehen.

Auch die Besitzungen der Cistercienser Abtei Egresch,
Abtsdorf, Scholten, Schorsten, Donnersmarkt, die als
Vierdörfer-Surrogatie kirchlich unter dem Dechanten von
Schelk standen, stellte König Karl unter den Schutz der Her-
mannstädter Provinz.

Zu dieser Zeit gehörte das in der Nähe Schäßburgs
gelegene Dorf Weißkirch den zwei Schäßburger Bürgern
Stephan und Nicolaus, den Söhnen Wyche's. Sie hatten
zur Belohnung für treue Dienste den Ort von Karl erhalten, an welchen er durch Hochverrath seines frühern Be-
sitzers gefallen war. Aber der Graf Nicolaus von Polb
und seine Brüder erhoben auch Ansprüche darauf unter dem
Vorwand, daß die Güter des Geächteten ihnen gemeinschaftlich gehört hätten. Der Streit kam vor die Tagfahrt des Abels in Thorenburg und wurde hier 1337 zu
Gunsten der Schäßburger entschieden. So finden wir
auch hier wieder güterbesitzende und nach der Weise der
Adeligen lebende Sachsen, die auf den Tagen der Adeligen
erscheinen und in Bezug auf ihre außerhalb des Sachsenbodens liegenden Güter dem Woiwodalgericht unterliegen.

Einer der Mächtigsten dieser, auf und außer dem

Sachsenlande reich begütert, Nicolaus Konrads von Thalmesch Sohn, der bis 1332 dem König Karl erfolgreich getrotzt,
starb kinderlos. Da schenkte dieser 1340 die an ihn fallen-
den Güter desselben dem siebenbürgischen Woiwoden Thomas
zur Belohnung seiner treuen Dienste. Noch im Jahre 1324
aber hatte Nicolaus seiner Schwester Katharina und ihrem
Gatten Petrus Tschech von Heltau Bulkesch und Seiden
geschenkt. Gegen die Ansprüche des Woiwoden auch auf
diese Orte führte Katharina Klage und einen Rechtsstreit,
der nach vielen Jahren endlich 1364 durch einen Vergleich
zwischen Katharina's Sohn Johannes, dem Grafen von
Heltau und den Söhnen des Woiwoden geendigt wurde.
Gegen jene Orte traten diese dem Johannes von Heltau
Martinsdorf und Gesäß ab; die letztgenannte Gemeinde
und das benachbarte Hervesdorf (Kornezel) war einst auch
Nicolaus' von Thalmesch gewesen, der, wie die Hermannstädter Gauversammlung von 1335 bezeugt, diese Dörfer
„unter dem Hermannstädter Freithum" besessen und einem
andern Sohn seiner Schwester, dem Grafen Christian von
Gierelsau geschenkt hatte; Martinsdorf damals im Schelker
Stuhle hatte dem Thalmescher ehemals Ladislaus V. un-
gesetzlich vergabt; fortan nannte Johann, der Anna, die
Tochter des Grafen Michael von Kelling, zur Ehe hatte,
und im Jahr 1366 von König Ludwig die Bestätigung des
Andreanischen Freibriefs erwirkte, sich von diesem Orte; —
das Deutschthum des Hauses erlosch und die wackere Gemeinde wurde vom Sachsenlande abgerissen.

Aehnliches geschah in der Nähe von Schäßburg mit
den Dörfern Peschendorf, Kreisch, Fälzendorf, Malmkrog,
Neudorf, Rauthal. Das Gebiet derselben umfaßt wol das
uralte Prädium zwischen dem Schäßburger, Schenker und
Mediascher Stuhl. Als Besitzer jener Gemeinden erscheint
am Ende des dreizehnten Jahrhunderts Apa, ein Ahne der

Apafi und Bethlen, der die Tochter Chiels des Grafen von Kelling zur Gemahlin hatte. Ihre Nachkommen aber wollten nicht mehr mit dem Sachsenland im Zusammenhang bleiben. Der siebenbürgische Landtag behauptete 1322, daß jene Orte zum Weißenburger Comitat gehörten und der Hermannstädter Gau trennte sie im Jahre 1340 von der Gemeinschaft mit sich in Ausdrücken, welche beweisen, daß er dieselben bis dahin als zu seinem Gebiet gehörig betrachtet habe. Viele Jahre hindurch aber haben die Kopischer und Waldhütner um einzelne Landstriche mit den neuen Herren von Malmkrog oft blutigen Streit geführt.

So wurden jene Ortschaften vom Sachsenland losgerissen, und die Geschichte derselben ist ein lehrreiches Beispiel, wie mitten im Sachsenland eingeklammerte Comitatsstücke entstanden sind.

Wie auch Mediasch und Schelken durch die Gewaltthat des Woiwoden Ladislaus vom Hermannstädter Gau getrennt worden, ist oben erwähnt. Da traten im Namen der Bedrängten Andreas von Schaal, Petrus Kunz' Sohn und Herbord von Meschen vor den König und klagten, daß der Gau der Sachsen von Mediasch, von Schelk und von Birthälm und der dazu Gehörigen sich von altersher des Freithums des Sachsengaues von Hermannstadt erfreut habe; durch die Gewaltthat des ehemaligen Woiwoden Ladislaus aber seien sie vom Gemeinwesen der Sachsen von Hermannstadt getrennt und losgerissen worden und würden durch des Woiwoden Sohn, Ladislaus, den gegenwärtigen Woiwoden des Landes, noch immer in diesem Zustand gehalten; darum bäten sie zum ersten- und zweiten- und wiederholtenmal, der König möge ihr früheres Freithum vollständig wiederherstellen, sie mit dem Hermannstädter Gau, mit dem sie auch früher eins gewesen, vereinigen und so ihrer alten Rechtsstellung sich wohlwollend erzeigen. Karl

auf den Rath und die Entscheidung der Prälaten und
Reichsbarone, die damals um ihn waren, darunter des
Palatins, des Woiwoden Nicolaus und Anderer, da er erkannt, daß die Sachsen von Mediasch, Schelk und Birthälm und die mit diesen Verbundenen zum Gemeinwesen
der Hermannstädter Sachsen gehörten, indem sie die gleichen
Freiheiten mit diesen besäßen, stellte am 12. Aug. 1315
ihren frühern Rechtsstand wieder her und erklärte in feier-
licher Weise ihre Vereinigung mit dem Hermannstädter Gau,
von jedem ungerechten Gewalthaber sie frei- und lossprechend.
Eines und desselben Freithums mit den Sachsen von Hermannstadt theilhaftig, sollten sie in Heeresfolge, in Steuerzahlung und in allem andern, was im Freibrief jener
enthalten sei, der gleichen Rechte mit ihnen sich erfreuen.

Wol wurden in Folge hiervon die genannten Sachsen
ihres Bedrückers Ladislaus los, aber die vom König so
ernst ausgesprochene Wiedervereinigung mit dem Hermannstädter Gau wurde aus unbekannten Ursachen thatsächlich
damals nicht vollzogen. Ja die Trennung wurde drei Jahre
später (1318) noch vergrößert; mit ihrer Einwilligung sprach
sie Karl, damit sie an Volkszahl zunähmen und in Ruhe
des Friedens genössen, von der Heeresfolge und der Pflicht,
den König zu bewirthen, frei. Dagegen sollten sie, die
Sachsen von Mediasch, Schelk und Klein-Schelk — so
werden sie hier genannt — und die zu diesen Stühlen Gehörigen jährlich um den Martinstag vierhundert Mark
guten und feinen Silbers nach Hermannstädter Gewicht
Steuer zahlen, wobei nie eine Schwierigkeit oder Ausrede
stattfinden dürfe. In der Handhabung des Rechts und im
gerichtlichen Verfahren sollten sie jedoch, wie der König ausdrücklich hervorhebt, nach der Gewohnheit und dem Freithum des Hermannstädter Gaues vorgehen. So legten sie
dort an der Kokel die Waffen aus der Hand, die doch die

Ehre und der Schutz sind des freien Mannes, vergaßen, warum sie ins Land gekommen und vergrößerten die Tren- nung zwischen sich und dem Hermannstädter Gau. Darum ist es nur die gerechte Strafe, wenn Ludwig fünfzig Jahre später sie neben jener Steuerlast aufs neue zum Kriegsdienst verpflichtet. Von der Hermannstädter Provinz aber blieben sie fortan getrennt viele Jahre lang; sie hatten lange Zeit zu ihrem Königsgrafen gewöhnlich den Grafen der Sekler und erscheinen unter dem Namen der „zwei Stühle“, näm- lich Mediasch und Schelk.

Einen mächtigen Nachbar hatten die zwei Stühle zu derselben Zeit im Ban Simon, den Karl wegen treuer Dienste in den Adelstand erhoben. Da er seine Besitzungen in seinen besondern Schutz genommen, befahl er den Sachsen von Mediasch, dieselben und insbesondere Almesch, Durles und Schmiegen gegen alle Beeinträchtigungen zu schützen. Zugleich ließ der König öffentlich bekannt machen, daß Freie dort frei und sicher wohnen könnten unter seinem besondern Schutze. Viele folgten dem Rufe; aber der König starb und sie verloren die Freiheit.

Seltener als die „zwei Stühle“ erwähnt die Geschichte unter Karl Robert die südöstliche deutsche Pflanzung Sieben- bürgens, das Burzenland. Hier stand Salomon, der Sohn Simons von Kronstadt, gegen den König und die Schwarzburg bei Zeiden, die er besetzt hatte, versagte ihm den Gehorsam, als das gesammte Reich ihm schon lange gehuldigt. Salomons Verwandte, Johann und Jakob, die Söhne des Nicolaus Groß von Rosenau, denen er die Burg überlassen, übergaben sie endlich 1331 dem König, der im December dieses Jahres ihnen dafür alle Besitzungen und Einkünfte Salomos in Dörfern, Mühlen und Landzinsen „im Burzenland und Siebenbürgen“ schenkte. Ja Karl erhob sie in der Folge zu Grafen von Kronstadt und Bistritz.

Der König vereinigte nämlich gern, wenn auch ungesetz-
lich, solche einflußreiche Aemter in der Hand eines oder
mehrerer Getreuen und so kommt es, daß wir zu dieser
Zeit häufig die Grafenwürde über Bistritz, Kronstadt,
die Sekler und die zwei Stühle ganz oder theilweise vereinigt finden.

In erfreulicher Weise tritt unter König Karls Regierung die norddeutsche Ansiedlung in Siebenbürgen, der
Bistritzer oder Nösner Gau aus früherem Dunkel hervor.
Wahrscheinlich waren damals noch immer die Abgaben der Colonie zum Unterhalt der Königinnen bestimmt, wie es unter andern auch mit den der Zips der Fall war. So mochte auch Karls
Gemahlin, die Königin Elisabeth, jene Einkünfte beziehen. Mit
des Königs Karl voller Einstimmung ertheilte sie den 1. Januar
1334 den „Bürgern und Ansiedlern" von Bistritz und den zu
demselben Gau Gehörigen auf ihre gerechten Bitten und in
Erwägung ihrer treuen Dienste die Freiheit, daß sie
nicht gehalten sein sollten, in Rechtsfällen irgend einem
Richter des Reichs Rede zu stehen, außer der Königin, oder
dem von ihr der Ansiedlung gesetzten Grafen, oder dem von
dem Volke freigewählten Richter; ebenso daß Niemand im
ganzen Umfang des Reichs die Befugniß haben solle, Güter
oder Personen der Ansiedler in Beschlag zu nehmen oder
auf irgend eine Weise zu belästigen. Wer eine Klage gegen
sie habe, solle sie in dem für dieselben bestimmten Rechtsweg suchen und wenn der Graf oder Richter im Nösner
Gau „Gerechtigkeit zu machen" versäume, solle dieser vor den
Richterstuhl der Königin vorgeladen werden. Diese ausdrückliche Befreiung des Bistritzer Gaues von aller fremden
Gerichtsbarkeit — es erging gleichzeitig der ernste Befehl zu
ihrer Beachtung an den Woiwoden, die Vicewoiwoden, die
Comitatsbeamten, königlichen Burgvögte und Richter der
Adeligen — und die dadurch gewährleistete Unabhängigkeit

desselben in Rechts- und Gerichtsangelegenheiten ist ein bedeutender Schritt der Annäherung an das Hermannstädter
Freithum.

Auch im Nösner Gau gab es übrigens wie in dem
Hermannstädter Sachsen mit adeligem Grundbesitz. So
schenkte König Karl im Jahre 1311 Johann, dem Sohn
Göbels von Bistritz, zur Belohnung seiner treuen Dienste
die in jenem Gau zwischen Jaab und dem Gebirge ge-
legene Besitzung Ependorf (oder Pettendorf), die, wie die
Schenkungsurkunde sagt „Königsboden" war, worüber dem
König die Verleihung zustehe. Aber die Jaaber behaupte-
ten, dieselbe sei allerdings des Königs, doch zugleich ihr
Eigenthum, benützten den Landstrich fortwährend und der
Beschenkte gelangte nie zu ruhigem Besitz desselben, ja er
wurde, vielleicht gerade im Streite hierüber, von Peter, dem
Sohne Hennings, 1828 erschlagen. Vergebens drang der
König und der Woiwode auf die Bestrafung der That,
vergebens nahm Karl des Getödteten Sohn Meister Jo-
hannes, Henul genannt, in seinen besondern Schutz; die
Jaaber ließen nicht ab, jenes Gebiet als ihr Eigenthum
zu betrachten und zu behandeln und hatten trotz alles Eiferns
der Königsgrafen am Nösner Gau nachhaltigen Rückhalt.
Sie zerstörten sogar die Gemeinde Ependorf und als der
Königsgraf in Stellvertretung des Woiwoden 1331 die
Streitenden in Nösen auszugleichen versuchte und Johann
Henul sich dem schiedsrichterlichen Ausspruch der anwesen-
den Ehrenmänner unterwerfen wollte, wiesen die Jaaber
jede solche Einmischung zurück. Jenes Gebiet sei Königsboden und unterliege ausschließlich königlicher Entscheidung,
sie scheuten sich diesbezüglich eine Einigung oder Theilung
einzugehen. Noch ein Menschenalter hat der Streit gedauert,
über dessen endlichen Ausgang uns kein sicheres Zeugniß
erhalten ist.

In den wirrvollen Zeiten am Anfang der Regierung
Karls hatte die Stadt Klausenburg von ihren Rechten
und Freiheiten vieles eingebüßt. Das mußte ihr um so
schwerer fallen, da sie in dem Kronstreit auf Karls Seite
gestanden und in ihrer Treue, wie Karl rühmend anerkennt,
viele Opfer an Gut und Menschen gebracht. Darum klagen
im Jahr 1316 im Namen Klausenburgs der Stadtpfarrer
Benedict und Graf Stark, Richter der Stadt, und bitten
den König um Abhülfe und um Wiederherstellung ihres
alten Rechtes. Da stellt Karl zur Belohnung ihrer Treue
ihnen, „den Ansiedlern und Sachsen von Klausenburg", das frühere der Stadt von dem Gründer Stephan V.
verliehene Rechtsgebiet wieder her. Demzufolge haben die
Klausenburger die freie Richterwahl; der von ihnen ernannte entscheidet alle bürgerlichen Streitigkeiten; über
Mord, Diebstahl, Raub, Brandstiftung und Verwundung
urtheilt er vereint mit dem vom König zeitweilig eingesetz-
ten Grafen, in welchem Falle der Volksrichter einen, der
Königsgraf zwei Theile der Bußgelder erhält. Ebenso
haben die Klausenburger die freie Pfarrerswahl und sind
dem Gewählten zu allen gesetzlichen Abgaben verpflichtet.
Innerhalb Siebenbürgens sind sie frei von allen Zöllen.
Zum Heere stellen sie von sechszig Höfen einen vollständig
gerüsteten Mann; Steuer zahlen jährlich am Martinstage
Haus- und Grundbesitzer vier Gulden nach jetzigem Geld
gerechnet, Hauseigenthümer ohne Grundbesitz einen Gulden,
Siedler einen halben.

Als Karl im Jahre 1330 den unglücklichen Zug in
die Walachei unternahm, erlitten auch die Klausenburger
auf demselben unersetzliche Verluste; zur Vergeltung dafür
bestätigte Karl aufs neue ihre gerichtliche Unabhängigkeit;
sie sollen auf keinen, sei es vom Palatin, sei es vom Woiwoden berufenen Gerichtstagen zu erscheinen gehalten sein;

alle Klagen gegen sie müssen vor den Volks- und den Königsgrafen von Klausenburg gebracht werden. Ja selbst adelige
auf ihrem Gebiet ergriffene Räuber und Diebe werden in
Klausenburg gerichtet.

In den kirchlichen Verhältnissen der Sachsen
herrschte auch unter Karls Regierung viel Unfriede. Hermannstädter Propst und Weißenburger Bischof bedrückten
einer wie der andere ihren Sprengel, beide um so rücksichts-
loser, da die wirrvollen Zeiten am Anfang der Regierung
Karls jede Klage und Rechtserlangung unmöglich machten.
Als später mehr Ruhe und Sicherheit geworden, erhob
(1321) Pfarrer Heidenricus mit der Gemeinde von Her-
mannstabt Klage gegen den Propst Nicolaus, daß dieser,
wie auch unter seinen Vorgängern seit einigen Jahren geschehen, die Pfarrgemeinde tyrannisch bedrücke, gegen deren
alte Freiheit sich das Patronatsrecht anmaße, Zehnten,
milde Gaben und andere Einkünfte derselben für sich nehme,
während alle übrigen Kirchen des Gaues, von welchen doch
diese die erste und vorzüglichste sei, aller jener Rechte genössen. Und doch war die Propstei wohlbegütert; sie besaß
die Dörfer Reußen, Groß- und Klein-Propstdorf, sowie eine
Salzgrube in Salzburg, in deren Besitz König Karl sie
1330 bestätigte. Papst Johann XXII. übertrug 1322 die
Untersuchung jener Klage dem Bischof von Olmütz; die
Entscheidung ist nicht bekannt.

Aehnlich erging es den unter dem siebenbürgischen Bisthum stehenden sächsischen Geistlichen. Gegen des Bischofs
und Domcapitels Ansprüche auf Zehnten, Abgaben, Nachlaß der Pfarrer und gegen mannigfaltige andere Rechtsverletzung klagten 1328 im Namen des Unterwälder, Keisder,
Kosder, Bogeschdorfer, Bulkescher, Laßler und Mediascher
Capitels Johann Henrici, Pfarrer von Großpold, und Johann Henrigy, Pfarrer von Baßen, in Avignon vor dem

Papst. Aber dieser belastete gerade damals selber den Bischof mit so viel Abgaben „gegen Gott und die Gerechtigkeit", wie Benedict 1311 klagt, daß er ihm kaum eine Ein-
nahmsquelle verstopfen mochte. Die Klage der sächsischen
Pfarrer muß in der That aussichtslos gewesen sein, denn
zwei Jahre später zog das Unterwälder Capitel seine Berufung an den Papst zurück und schloß durch seinen Dechanten Michael, Pfarrer von Kelling, und den Pfarrer Johann
von Großpold aufs neue Frieden mit den Weißenburger
Domherren, die Steuerzahlung, die es seit vier Jahren verweigert, wieder aufnehmend. Doch solle nicht mehr der
Domherr Umritt halten in den Gemeinden, sie zu schätzen,
sondern das Unterwälder Capitel solle dem Domcapitel
jährlich am dritten Tage nach St. Nicolaus zweiundfünfzig
Mark feinen Silbers zahlen und diese erheben wie es ihm
gut scheine. Im Fall eines Vertragsbruchs solle die Pfarrer
Bann und Verlust der Pfründe treffen und wenn sie sich
erkühnten, die Berufung nach Rom zu erneuern, eine Buße
von zweihundert Mark Silbers an Bischof und Domcapitel
verfallen sein. So habe Gott, sprach das Wardeiner
Domcapitel, das die Friedensurkunde ausstellte, über den
alten bösen Feind, den Zwietracht stiftenden, den Sieg
davon getragen. Helfer und Zeuge desselben für die
Herren in Weißenburg war auch Thomas, Propst von Hermannstadt.

Noch Härteres drohte den Pfarrern und Gemeinden
des Schelker Capitels. Der Weißenburger Bischof forderte
zwei, das Domcapitel eine Zehntquarte von ihnen; diese
versagten sie und wurden dafür in den Bann gethan. Auch
sie legten Berufung ein vor den päpstlichen Stuhl. Gleichfalls im Jahr 1322 stand Georg, der Pfarrer von Frauen-
dorf, vor dem Papst Johann XXII. in Avignon und konnte
im Namen und Auftrag des Schelker Capitels fast kein

Ende finden der bittern Klage. Bischof Andreas, dessen
Wahl, wiewohl er weder hinreichende Bildung noch das
erforderliche Alter besitze, der Papst 1319 nur darum bestätigt hatte, weil er durch seine und der Seinen Macht
die oft angegriffenen Rechte des Bisthums zu schirmen im
Stande sein werde — Bischof Andreas also und sein Archidiakon Johannes, so sprach er, hörten nicht auf gegen sie
mit schnödem Druck und vielfacher Belästigung. Hier
würfen sie den Einen ins Gefängniß, dort zwängen sie den
Andern zur Flucht, oder beraubten ihn ohne richterliches
Urtheil der Pfarre und nähmen ihnen in Leben und Tod
Gut und Habe, daß Manche betteln müßten zu großer
Schande des geistlichen Standes. Der Angriff auf den
Zehnten, den sie gewaltthätig an sich rißen, sei gegen das
alte Gewohnheitsrecht. Und wieder wenn sie auf Visitations-
reisen dahin kämen, quäle sie der Bischof mit siebzig Fuhr-
werken, der Archidiakon mit dreißig und beide erpreßten so
viel Geld, daß das Gut ihrer Kirchen, die noch eine junge
Pflanzung seien, nicht hinreiche. Auch für die Einsetzung
der Pfarrer in ihre Pfründe erpreßten jene wieder Geld,
nicht scheuend die Sünde der Simonie und hörten nicht auf
mit Bedrückung und Plackerei, so daß kaum ein Pfarrer in
jenen Gemeinden bleiben könnte, wenn nicht die Pfarrkinder,
die Laien, sie schützten und aufrecht hielten. Und wenn sie
sich getrauten, gegen solche Beschwerniß an den päpstlichen
Stuhl zu appelliren, da drohe ihnen Gefängniß und ent-
reiße man ihnen die Appellationsurkunde. Ich selbst, schloß
der Frauendorfer, bin nur mit Mühe den Nachstellungen
und Fallstricken jener entgangen, wodurch sie meine Fahrt
hindern wollten; aber ich kam nicht auf geradem Weg und
verkleidet durch die Länder der Ungläubigen hieher.

Auch König Karl war mit der Appellation der Schelker
nach Avignon unzufrieden. Mit großem Unwillen befahl

er am 5. September 1323 den Richtern und Geschwornen
des Schelker Stuhls, der Widersetzlichkeit ihrer Pfarrer gegen
den Bischof Schranken zu setzen, die obwol im Bann
dennoch gegen diesen an den päpstlichen Stuhl appellirten.
Sie sollten jene zwingen, zum Gehorsam gegen den Bischof zurückzukehren oder sie von der Pfarre setzen. Auch
haben wir, fügt er hinzu, unserm Herrn Papst geschrieben,
wie wir unter keinen Umständen leiden wollen, daß Pfarrer
und Kirchen unseres Reichs in so weite Ferne vor Gericht
berufen werden. Aber die Schelker „Laien" thaten nicht
was der König wollte und hörten bei den gebannten Pfarrern
ruhig die Messe; erst ein Menschenalter später, wiewol
Papst Johann XXII. schon im December 1322 dem Ol-
mützer Bischof strenge und schleunige Untersuchung aufgetragen, kam ein Waffenstillstand zwischen den Erbitterten
zu Stande, der die Pfarrer wieder in den Schoß der Kirche
aufnahm.

Auf dem Gebiet der kirchlichen Baukunst herrschte in
Siebenbürgen zur Zeit König Karls bis etwa 1330 der
Uebergangsstil aus dem Rundbogen- in den Spitzbogenbau
(die Gothik). Auch Denkmale dieses sind im ganzen Sachsenland erhebende vorhanden. Wol zerfällt das in dieser Zeit
gebaute sächsische Kirchlein in Blasendorf im Schogener
Capitel in Trümmer, schon nickt die weiße Hollunderblüte
aus dem geborstenen Chorfenster im Abendwind und der
rauschende Bach daneben vereinigt seine Klage mit der des
letzten Sachsen dort, der in der nahen Schule wohnt; auch
die in jenem Stil erbaute Kirche in Bistritz, in der vielleicht König Otto 1306 die Messe hörte — jetzt den Minoriten gehörend — ist seit anderthalbhundert Jahren nicht
mehr im Besitz der Sachsen. Dafür aber sieht die 1330
aus dem Vermögen des Meisters Thomas erbaute Kirche
in Sächsisch-Regen eine fort und fort wachsende Gemeinde,

die Gott dankt, daß er aus Wasser und Feuer sie gerettet. Unten im Burzenland steht die Bartholomäuskirche in Kronstadt, jetzt am Ende, damals mitten in der Stadt mit ihren bezeichnenden Rabfenstern im Chor und darunter den schmalen gekuppelten Spitzbogenfenstern, sowie mit bedeutungsvollen Resten alter Malerei im Schluß des südlichen Seitenschiffs aus dieser Zeit. An sie reiht sich würdig die trefflich erhaltene Kirche in Halmagy, die vom steilen Altufer hinunter ins alte Wlachenland sieht, in dessen Mitte das allein noch dem Gottesdienst erhaltene Chor der ehemaligen Abteikirche von Kerz mit den wenigen noch stehenden Trümmern des Schiffs und der Abtei selbst vom Kunstsinn und Wohlstand der Mönche zeugt. Wol damals als sie den Grundstein zum edeln Bau legten, pflanzten sie die Linde vor dem Westportal, die heute noch am Eingang zu Kirche und Pfarrhaus dort über die Trümmer, hier über das ewig sich verjüngende Menschenleben die mächtige grüne Krone breitet, unter der, uraltem Brauche folgend, am zweiten Hochzeitstag nach dem Austritt aus der Kirche das junge Ehepaar den ersten Reigen tanzt. Wenn sie erzählen könnte!

Das waren die Zustände der Sachsen am Ende des zweiten Jahrhunderts, nachdem König Geisa II. den Thron bestiegen.

10.

Der Hermannstädter Gau unter König Ludwig I. Der Sachsen Blütezeit.

1342—1382.

Sie folgten, wenn der Heriban erging
Dem Reichspanier und schlugen seine Schlachten..
Daheim regierten sie sich fröhlich selbst
Nach altem Brauch und eigenem Gesetze.
                                    Schiller.

Nach dem Tode König Karl Roberts krönten die
Stände seinen jungen siebzehnjährigen Sohn Ludwig zum
König. Der regierte vierzig Jahre lang mit Glück und
Weisheit und erhob das ungarische Reich zur ersten Macht
des europäischen Ostens. Die untern Donauländer, die
Moldau, die Walachei, Bulgarien, Serbien, Bosnien unter-
warf er der ungarischen Hoheit, führte siegreiche Kriege in
Neapel, gegen Venedig und die Tartaren, erhielt nach dem
Tod des polnischen Königs Kasimir auch die Krone dieses
Reiches und herrschte über alle Lande vom baltischen bis
zum schwarzen Meer. In Ungarn kräftigte er die Königs-
gewalt, hob Landbau, Gewerbe, Handel und Städte, be-
günstigte die Wissenschaften und verdient so mit Recht den
Beinamen des Großen. Das Hoflager der ungarischen
Könige verlegte Ludwig bleibend nach Ofen.

Siebenbürgen, der südöstlichen Naturburg Ungarns,
widmete der König große Sorgfalt. Nicht weniger als zwölf-
mal ist er in Siebenbürgen gewesen. Seine ständischen
Völker — der magyarische Adel, die Sachsen, die Sekler —
kamen unter ihm häufiger als früher auf Landtagen zusammen. Das Land genoß endlich nach langer Zeit dauernde
innere Ruhe. Als ein Tartareneinfall ihm von außen
drohte, zog der Woiwode Andreas gegen den wilden Feind,

schlug ihn und tödtete so Viele, daß „seine Krieger die
Kraft verließ, ihren Bogen die Pfeile ausgingen und ihre
Schwerter stumpf wurden."

Nur im ersten Jahre der Regierung Ludwigs hätte
der Woiwode Thomas das Land fast in innern Krieg gestürzt. Er belegte die Sachsen mit ungerechten Steuern
also, daß diese zum Schwert griffen. Die Väter achteten
nämlich ihr Recht höher als Bequemlichkeit und Leben; wie
hätten sie sich sonst erhalten mögen bei solchen Angriffen
von innen und außen?

Jenes aber wurde dem König Ludwig als Aufstand
dargestellt, er kam im ersten Jahre seiner Regierung mit
großer Heeresmacht ins Land. Als er die wahre Sachlage
erkannte, rief er Thomas vom Woiwodate ab und die Ruhe
ward nicht mehr gestört.

Den Sachsen aber blieb Ludwig auch fortan in Gnaden
gewogen, oft rühmt er ihre Treue in erhebender Weise, und
was er 1379 an die sieben Stühle schrieb: „falls sich etwas
Euch Ungünstiges in Euren Freibriefen findet, das wollen
wir, so weit es recht und möglich ist, zu Euerm Vortheil
ändern und bessern; um eines Wortes willen, das da stehen
mag aus Rücksicht auf irgend eine Mittheilung oder aus
Gunst gegen einen lebenden Mann, werden wir Euer Freithum nie und in keiner Weise brechen, was ihm schädlich
und verderblich ist vielmehr vernichten und ganz tadellos
machen und wenn auch Jemand anders sagt, so glaubet ihm
nicht, weil er über unsere Gesinnung nicht unterrichtet ist",
waren nicht bloß schöne Worte auf dem Papier zu lesen,
wie wir deren auch von andern Fürsten haben, sondern
Ludwig, der ungarische König, bewährte sie durch die That.
Er hatte eben die Wichtigkeit der deutschen Ansiedler an der
Gränze des Reichs für ihre Sicherheit und die Bildung jener
Lande erkannt.

Als Ludwig im Jahre 1366 in Siebenbürgen war, erschienen vor ihm Wilhelm Hammer, Bischof von Fünfkirchen, den der König ausnahmsweise in jenem Jahre dem Hermannstädter Gau zum obersten Statthalter und unmittelbaren Beschützer eingesetzt, zusammt Johann dem Sohn des Petrus von Heltau und Nicolaus dem Sohn Martins von Burgberg und baten im Namen der „sieben Stühle" um die Bestätigung des Andreanischen Freibriefes. Der König gewährte sie und wiederholte im folgenden Jahr den ernsten Befehl, daß die Sachsen Niemandem außer ihrem Grafen oder dem König zu Recht stehen sollten.

Solchen gerechten Sinn des Herrschers vergalten die Sachsen wiederum mit treuen Diensten. Zu derselben Zeit war Wlaik, der Woiwode der Walachei, den Landen Ludwigs ein böser Nachbar. Längst der Treulosigkeit verdächtig fiel er 1369 vom König ab. Niklas Apor, der Woiwode von Siebenbürgen, der gegen ihn zog, wurde geschlagen; Wlaik drang ins Land ein und verbrannte in Thalmesch das Kloster des heil. Nicolaus. Da ließ Ludwig, um die Gränze zu befestigen und sich den Zugang in des Nachbars Land zu sichern, nahe an dem Passe, den der Altfluß durch den Gebirgswall gebrochen, unweit von Thalmesch die Landskrone erbauen. Die Sachsen unterstützten den Bau mit Geld und Hülfleistung, so daß schon 1370 die Burg fast fertig war und von der steilen Höhe stolz ins Land hernieder schaute. Als ihre „Abgeordneten und Botschafter", mit Bischof Wilhelm der Hermannstädter Dechant Martin, dann die Grafen Lorenz von Rothberg, Johann von Hermannstadt, Andreas von Mühlbach, Henning von Schenk, Nicolaus von Reps, Heinrich von Alzen und Jakob von Schäßburg dem König dieses 1370 meldeten, sprach er die Sachsen von aller weitern Hülfeleistung und jedem künftigen Dienst an die Burg frei und ihnen zugleich in ehrenden

Worten seinen Dank aus. „Sie seien," rühmte er von
ihnen, „diejenigen Bürger seines Reiches, auf deren
Kraft die Sicherheit jener Gränze wie auf festen
Säulen ruhe und deren unwandelbare Treue die
Erfahrung fortwährend rühmlich bewähre." Der
erste Vogt von der Landskrone war Johann von Scharfeneck
sein Untervogt Johann Bachritter.

Ein Zeichen von des Königs Achtung ist das neue
Siegel, das er dem Hermannstädter Gau nach seiner Thron-
besteigung von Polen verliehen. In einem Vierpaß, umgeben von den Anjouschen Lilien, stehen unter einer mit
denselben Lilien geschmückten Krone drei Schilde, unten
einer, oben zwei, in dem untern das kleine sächsische Wappen, unter der liliengezierten Krone ein Dreieck mit dem
Seeblumenblatt an jeder Spitze, in den beiden obern das
ungarische und polnische Wappen. Das Siegel führt die
alte ehrende Umschrift: Siegel der Hermannstädter Provinz
zum Schutz der Krone. Auch das Siegel des Schenker
Stuhls zeigt die Anjouschen Lilien.

So standen die „sieben Stühle" unter König Ludwig
stark da und geehrt im Reiche. Und ihre Innerangelegenheiten ordneten sie selbst mit einer Weisheit und Umsicht,
die Ehrfurcht einflößen vor den Vätern. An der Spitze
jeder Gemeinde stand der Graf, d. i. der Richter oder Hann
wie sie ihn auch nannten und heute noch nennen. Den
wählte man alljährlich frei, daß er richte und schlichte und
Ordnung halte und gab ihm an die Seite, wer noch das
Vertrauen des Volkes besaß, die man Geschworne oder
Aeltere hieß, weil gewöhnlich gereistere Lebenserfahrung
dazu gewählt wurde. Wenn es aber eine wichtigere Sache
galt oder eine schwierigere Bestimmung vorkam, so trat die
ganze Gemeinde zusammen und berieth über das gemeine
Wohl. Denn damals hatte man noch nicht erfunden, daß

nur Wenige wissen dürften von dem, was Alle anging, oder daß Einzelne festsetzten, was über Wohl und Wehe der Gesammtheit entschied und diese hätte Nichts als das Folgen und das Zahlen für's Befehlen. Auch war allerdings das gesammte Leben damals einfacher und naturgemäßer, und darum Verwaltung, Gesetzgebung und Rechtspflege nicht in den Händen einer dem Volke fremden Gewalt, sondern aus ihm selbst hervorgegangen und von ihm selbst geübt. Daraus entsprang jene weise Kenntniß der Verhältnisse und jene lebendige Theilnahme an allem Gemeinsamen, jene Selbstständigkeit und Kraft, die die Väter groß gemacht hat und die, weil sie sich nicht befehlen läßt, den spätern Geschlechtern fehlt. Hätte man schon damals nur in engen Rathsstuben für das Gemeinbewohl gesorgt und hätte nur reden und entscheiden dürfen, wenn man dafür bezahlt, unser Volk hätte keine Blütenzeit gehabt.

Schwierigere Rechtsfälle und Angelegenheiten von umfassenderer Wichtigkeit wurden auf Stuhlsversammlungen entschieden. Darauf erschienen Richter, Geschworne und Aelteste der einzelnen Gemeinden und der Zutritt stand allen Bürgern frei. Sie traten regelmäßig im Jahre viermal zusammen, ordneten die Innerangelegenheiten des Stuhles und entschieden die Rechtsstreitigkeiten, die man vor sie brachte, nach dem alten deutschen Grundsatze Mitbürger über Mitbürger, Freie über Freie. Klage und Antwort war mündlich und öffentlich. Den Eid schworen sie bei entblößtem, in die Erde gestoßenem Schwerte oder wenn es streitige Gränzen galt mit bloßen Füßen, gelösten Gürteln und einer Erdscholle auf dem Haupte. Im Jahr 1380 stritten die Gemeinden Burgberg und Rothberg hartnäckig um Mühlrecht und Mühlgrund (die Gundolfsmühle), so daß endlich die Hermannstädter Stuhlsversammlung selbst auf den streitigen Platz hinauszog, Frieden zwischen den zürnenden Nachbarn zu machen. Da stellten die von Rothberg den von Burgberg es frei, wenn sie mit ihrem Eid beweisen wollten, daß jenes Stück Erbe und jener Mühlgrund und das Wasserbeet daselbst nach Erbrecht ihnen gehöre, so sollten sie ferner im ungestörten Besitz bleiben. Sofort stiegen Graf Andreas von Burgberg mit sechszehn Männern aus der Gemeinde, und mit ihnen acht von Stolzenburg, sechs von Großschenern und drei von Hahnebach, alle gut berüchtigt, von ihren Rossen und erklärten sich bereit den Eid zu leisten. Schon war das Schwert aus der Scheide gezogen und in die Erde gestoßen, als die Rothberger den Nachbarn den Schwur erließen, die dann sofort das Gerichtsgeld erlegten und gerechtfertigt nach Hause zogen. Bei Kauf, Wechsel oder Verkauf tranken sie mit den Zeugen, die ehrbare und glaubwürdige Männer sein mußten, zu voller Rechtskraft den Wißwein oder Almesch, so Donnerstag nach Pfingsten 1389 vor der Schenker Stuhlsversammlung die Geschwornen und Aeltesten von Seligstatt mit den Grafen Ladislaus und Tylo von Rethersdorf. Für die Abtretung der Hälfte einer Mühle, die bis dahin den Grafen gehört und eines Fischteiches übernahm die Gemeinde Seligstatt, auf der Grafen Gebiet einen andern Fischteich zu graben, hundert Ellen lang und eine Elle tiefer als der ehrbare Mann Michael Kröcher von Seligstatt groß sei; an dem neuen Eigenthum aber dürfe sie hinfort Keiner, weder die Grafen noch ihre Angehörigen, auf Baumeslänge und Steinwurfweite schädigen.

An der Spitze der Stühle standen die vom König ernannten Grafen. Der Sitz war an keinen bestimmten Ort gebunden. So war im Jahre 1377 Graf Johann von Agnetheln Königsrichter des Schenker Stuhls; im folgenden Jahrhundert ist es einmal Johann der Graf von Marienthal; Andreas von Stein ist Königsrichter von Reps

gewesen. Auch hat Ludwig gleichzeitig die Königsrichter=
würde über mehrere Stühle Einem, über einen Stuhl
Mehrern anvertraut. So waren 1375 Heidenreich und
Salomon von Alzen Königsrichter in Leschkirch, 1376 An=
dreas von Burgberg Königsrichter von Reußmarkt, Mühl=
bach und Broos. Dieselben hatten in den Stuhlsver=
sammlungen den Vorsitz und vollzogen das Urtheil, wie es
diese gefällt. Im Krieg waren sie die Heerführer. Fremde
Volksgenossen hat Ludwig nie zu dieser Würde erhoben.

Was den ganzen Gau anging und die wichtigsten
Rechtsfälle entschied man auf der Gauversammlung, die man
jetzt den Landtag nennen würde. Dahin schickte jeder Stuhl
seine Abgeordneten und er mußte dieselben nicht aus einer
kleinen abgeschlossenen Menschenclasse wählen, wohin man's
nur in viel spätern Tagen gebracht hat, sondern sie sandten
hin wer ihnen der Tüchtigste schien. Ja wenn man die
Zeugnisse aus jenen Zeiten liest, meint man fast, jeder Ort
habe seine Vertreter hinsenden dürfen. So finden wir auf
jenen Versammlungen neben den Grafen und Richtern von
Hermannstadt auch die von Großscheuern, von Neudorf, von
Burgberg, von Heltau, von Stolzenburg; neben den Grafen
von Mühlbach und Reußmarkt und Leschkirch Männer von
Kleinpold, von Brodtdorf, von Marpod; noch im 15. Jahr=
hundert sind die „Gräfen" von Schweischer, von Draas,
von Hamruden, von Bodendorf Mitglieder jener Versamm=
lung. So groß war die Einfachheit jener Zeiten und die
Gemeinsamkeit der Bildung, begünstigt besonders durch die
Oeffentlichkeit des gesammten Lebens und die unverküm=
merte Theilnahme Aller daran! Je mehr diese unserm
Volke entzogen worden, desto mehr ist seine politische Reise
und seine gesammte Tüchtigkeit verfallen. Denn ein Volk
kann nur groß sein und blühen durch Gemeinsinn; doch

woher soll der kommen, wenn die eigenen Zustände in tiefes Geheimniß gehüllt sind?

Damals aber lebte die Ansicht, allgemeine Theilnahme an öffentlichen Angelegenheiten sei Bürgerpflicht. König Ludwig, in wahrem Königssinn, unterstützte jene Ansicht. Als in der Mitte der sieben Stühle, wahrscheinlich über das Maß der den königl. Gewaltträgern zustehenden Machtvollkommenheit Zwietracht ausgebrochen, da berief der König die Gauversammlung, damit sie in Gegenwart der königl. Sendboten die alten Freibriefe lese und durch Abgeordnete an den König berichte, der auf keine Weise und um keines Menschen willen ihr altes Recht verletzen wolle. Darum befahl er (1. Mai 1379), daß Richter, Albermänner, Geschworne, Angesehenere, vereint mit dem Gemeinvolk auf dem freien Felde zur gewöhnlichen Tagfahrt zusammenträten. Und das nennt der König der sieben Stühle Gewohnheit.

Bei solchem Sinne des Königs mußte die Wohlfahrt des Volkes gedeihen. Ihn unterstützte auf's eifrigste der damalige Bischof von Siebenbürgen, Goblinus. Goblinus war ein Sachse, sein Vater Adalbert von Großscheuern, der den Sohn noch auf dem Bischofsstuhl des Landes sah. In der heimatlichen Gemeinde, wo der Familienname heute noch lebt, war einer seiner Brüder, Leo, 1386 Pfarrer, ein anderer, Heinz, geschworner „Bürger". Eine seiner Schwestern, Katharina, war an Georg von Arbägen, eine andere, Margaretha, an Heinz von Stolzenburg verheirathet. Zuerst Pfarrer in Schellenberg, dann in Großau, wurde er von Papst Gregor XI. 1376 zum Bischof von Siebenbürgen ernannt, weil er wissenschaftlich hoch gebildet sei und sittenrein, in geistlichen und weltlichen Angelegenheiten erfahren, umsichtig und mit vieler Tugenden Verdienst geschmückt. Wie ihn darum sein Volk liebte und gern in schwierigen

Angelegenheiten sich an „seine große Klugheit" wandte, so achtete ihn der König und handelte oft nach seinem Rath. Wegen seiner vielen treuen Dienste schenkte die Königin Maria ihm und seinen Sippen im Jahre 1383 Hamlesch unter dem Walde, das damals noch nicht zum Sachsenlande gehörte, mit Selischt und drei andern walachischen Dörfern im Gebirge.

Den Bischof Goblinus sandte Ludwig mit Herrn Johann von Scharfeneck, dem Vogt von der Landskrone, auch auf die Gauversammlung der sieben Stühle, die er in der Woche vor Martini 1376 zusammengerufen, damit sie ihre alte Gewerbe- und Zunftordnung verbesserten. Die Zünfte sind nämlich eine uralte deutsche Einrichtung und unsere Väter brachten sie mit ihrer Gewerbsthätigkeit aus dem deutschen Mutterland mit in die neue Heimat. Und die Gewerbe und Zünfte blühten frühe im Hermannstädter Gau in Broos, in Mühlbach, in Hermannstadt und Schäßburg; schon 1367 kaufte die Hermannstädter Lebererzunft vom Grafen Johann von Häzelborf sich eine eigene Lohmühle. Als aber mit der Zeit viele Mißbräuche sich eingeschlichen hatten, ja der König die Zünfte eine Zeitlang aufgehoben, berief er nach ihrer Wiederherstellung jene Versammlung, auf daß sie Gesetze mache, die alles Unrecht in Zukunft und alles üble Wesen fern hielten.

Also beriethen die Väter in ernster Ueberlegung und machten mit Wissen und Willen aller Gewerbe und mit Beistimmung der königl. Sendboten für die Zünfte an jenen vier Orten — denn anderwärts gab es damals noch keine — zum gemeinen Besten folgende Ordnung: in der Woche nach Weihnachten wählt fortan jede Zunft alljährlich zwei Zunftmeister; diese schwören, für Stadt und Land auf Billigkeit in den Gewerbserzeugnissen zu halten, in der Zunft keine Ungerechtigkeit zu dulden oder ungestraft zu lassen, weder aus Freundschaft, noch aus Gunst oder um Geschenke und keinen Unschuldigen aus Haß zu verfolgen. Die Zunftmeister sind verpflichtet die vierteljährlichen Stuhlsversammlungen zu besuchen und dort Uebelstände im Gewerbe oder sonst im gemeinen Wesen heben zu helfen. Bei Strafe von zwanzig Mark feinen Silbers durfte Niemand mehr als ein Gewerbe treiben, Niemand dem Schuldner das Werkzeug pfänden oder Jemand hindern bei ihm zu arbeiten; die Väter wollten nicht, daß Einzelne Alles an sich rissen. Dagegen durfte Jeder das Gewerbe so schwunghaft treiben, als er wollte, was er dazu brauchte kaufen, wo, wie und wie viel ihm gefiel, Gehülfen halten nach Belieben, seine Erzeugnisse zu Hause oder auf dem Markte verkaufen; die Unternehmenden und Betriebsamen sollten nicht in beengende Schranken gezwungen sein. Durchgängig war makel- und tadellose Arbeit geboten; darum warf man nicht frisches Fleisch aus den Bänken den Hunden vor, büßte den Bäcker, der nicht weißes Brodt buck um einen Gulden, und ließ ihn acht Wochen nicht backen, nahm dem Wollenweber, der unächtes Tuch machte, sein ganzes bewegliches Vermögen als Strafe, oder wenn die Stücke zu schmal oder zu kurz waren wenigstens diese hinweg. Dasselbe geschah mit schlecht ausgearbeitetem Leder und wenn ein Schmied ein Pferd beim Beschlag am Huf verletzte, mußte er es umsonst heilen. So sehr waren die Väter überzeugt von der Nothwendigkeit, daß die Mitgliedschaft der Zunft bürgen müsse für die Tüchtigkeit der Arbeit. Das war des Handwerks goldner Boden. — Wäre es doch immer so geblieben!

Die Zunftordnung sorgte auch auf Ehrbarkeit und sittliches Verhalten. Der Ehrlose wurde in die Zunft weder aufgenommen noch darin geduldet, unanständiges Betragen bestraft. Der Schmied, der den Mitmeister schmähte, mußte so vielmal elf Denare büßen, als Zunftgenossen gegenwärtig gewesen; der Weißgerber zahlte in demselben Falle ein Pfund Wachs Strafe, der Fleischer, der Mann oder Frau in der Fleischbank unanständig behandelte, erlegte eine Geldbuße. Auch bei dem Leichenbegängniß des Zunft- genossen erschien die Zunft; die im Leben einander so nahe gewesen, verließen sich nicht bis zum Grabe. Mittellos Verstorbene wurden auf der Zunft Kosten von jenen Buß- geldern bestattet.

Die neue Zunftordnung war, und das ist einer ihrer großen Vorzüge, zugleich ein Einwanderergesetz im Kleinen. Denn jener Geist der Engherzigkeit, der in späterer Zeit jede einzelne Zunft wie mit einer ehernen Mauer umgab, daß sie keinen „in die Lehre nehmen“ wollten, der nicht ein Meistersohn oder doch ein Stadtkind war, und daß der „zugereiste Fremde“ kaum in kostspieligem Prozeß sein Recht erhielt, ist unserer alten Zunftordnung unbekannt. Jeder Handwerker, Einheimischer wie Auswärtiger — doch nach dem Geiste jener Zeit natürlich nur der Deutsche — der in der Mitte der Sachsen sich von beschimpfendem Makel rein erhalten, muß in die betreffende Zunft aufgenommen werden. Wer dagegen war und den Fremden irgend einer ehrlosen That anklagte, um seine Aufnahme in die Zunft zu hindern, mußte die Klage auf eigene Kosten beweisen, sonst litt er die Strafe dafür; nie war der Fremde gehal- ten, Beweise seines guten Rufs und seiner Ehrenhaftigkeit aus seinem Vaterlande zu holen. Wenn eine Zunft die Aufnahme Jemandem acht Tage verweigerte und vom Rathe der Stadt deswegen gemahnt, sie auf's neue acht Tage ver- zögerte ohne rechtlichen Grund, fiel sie in eine Strafe von zwanzig Mark feinen Silbers. Wer das Gewerbe in einer jener vier Städte gelernt, zahlte nur die Hälfte der Ein- richtungsgebühren, ebenso wer eine Meisterswittwe heirathete; Meistersöhne, die Meisterstöchter zur Ehe nahmen, kamen unentgeltlich in die Zunft. Die Unbemittelten verhielt man nicht gleich zur Zahlung. Die Einrichtungsgebühr bestand überall in einem Mittagsmahl; der weitere Preis war verschieden und wechselte zwischen zehn Gulden, zwei Pfund Wachs und zwei Eimern Wein, wie bei den Fleischern, bis zu einem Gulden, vier Pfund Wachs und zwei Eimern Wein, wie bei den Seilern. Die Zunft, die mehr als die festgesetzte Gebühr forderte oder von diesen Satzungen abwich, verfiel in eine Strafe von zwanzig Mark Silber zur Hälfte dem König an die Landskrone, zur Hälfte der Gauversammlung.

Zu dieser Zeit bestanden in dem Hermannstädter Gau neunzehn Zünfte mit fünfundzwanzig Gewerben: die Fleischhackerzunft, die Bäckerzunft, die Ledererzunft, die Weißgerberzunft, die Schusterzunft, die Schmiedzunft, zu der auch die Nagler, Kupferschmiede, Wagner, Gürtler, Schwertfeger, Schlosser gehörten, die Kürschnerzunft, die Handschuhmacherzunft, die Mantelschneiderzunft, die Hutmacherzunft, die Seilerzunft, die Wollenweberzunft, die Weberzunft, die Faßbinderzunft, die Töpferzunft, die Bognerzunft, die Schneiderzunft, die Beutelmacherzunft. Auffallend ist, daß die Goldschmiede nicht genannt sind; sie trieben das Gewerbe noch nicht zünftig. In Augsburg waren zu derselben Zeit sechszehn Zünfte mit zwanzig Gewerben, in Straßburg achtundzwanzig Zünfte.

Die Grundgedanken, auf welchen diese Einrichtungen beruhten und die Art und Weise, wie sie im Leben Gestalt gewannen, haben die sächsischen Zünfte zu ebenso einflußreichen politischen als gewerblichen Institutionen gemacht, und nicht minder groß und tiefgehend sind ihre Wirkungen in sittlicher Beziehung gewesen. Jahrhunderte lang mit Hüter und Träger einer auf dem Grund von Zucht und Ordnung ruhenden häuslichen wie öffentlichen Ehrbarkeit

und guten Sitte, durch ihre Selbstregierung in ihrer guten
Zeit eine Stütze bürgerlicher Freiheit, eine Einigung der
Kräfte nicht nur für den Gewerbsbetrieb und stark durch
gemeinsames Eintreten für gemeinsames Recht hat das
Zunftwesen auch durch Unterstützung von Wandernden, Kranken, Wittwen wahrhaft segensreich und sittigend gewirkt.
Hätten die Enkel nur stets an der Väter Einsicht und Rechts-
sinn festgehalten und den Auswüchsen und Mißbräuchen,
die später wucherten, gewehrt! Das Sachsenvolk verdankt
dem vernünftig geordneten Zunftwesen einen Theil seiner
Blüte und seines Bestandes.

Bis in die Gegenwart haben sich Werke sächsischen Ge-
werbefleißes aus jener Zeit erhalten. Heute noch in mehr
als einer evangelisch-sächsischen Kirche — so in Schellenberg, Heltau, Hahnebach, Tartlau, Klosdorf, Michelsdorf —
reichen sie den Gläubigen den Kelch, den, wie die ganze
Gestalt desselben und nicht selten auch die Inschrift durch
die Form der Buchstaben zweifellos lehrt, des kunstreichen
Goldschmieds Hand damals gemacht. Vom Kelch in Alzen
klingt auch schon der deutsche Gruß zu uns herüber: Jesus
Maria, hilf Gott!

Der Landbau wurde zu jener Zeit nicht weniger ver-
ständig betrieben. Die Bebauung des Bodens wechselte
zwischen Korn, Hafer und Hirse. Wesentlich sind wir auch
heute noch nicht weiter gekommen und daher so weit zurück
hinter Deutschland und andern Ländern, wo der Boden durch
der Menschen Fleiß und Kunst zehnmal reichern Ertrag
liefert als hier.

Damals aber stand unser Volk mit ihnen auf gleicher
Stufe. Und wie also Landbau und Gewerbe blühten, blieb
auch der Handel nicht aus. Märkte wurden gehalten, wo
der Landmann verkaufte, was seine Felder und Heerden
ihm gaben, und der Gewerbsmann, was sein Fleiß und

Erfindungsgeist bereitet. Ja seine Erzeugnisse fanden den Weg weithin ins Land und in große Ferne. Denn die andern Völker Siebenbürgens waren damals roh und der größte Theil schmachtete unter dem harten Druck des Adels, der seinerseits wieder nur Waidwerk und Krieg liebte und alle Künste des Friedens, als des Mannes unwerth ver= achtete. Wo aber keine Freiheit ist, kann auch Gewerbfleiß und Handel nicht gedeihen.

So waren die Sachsen damals die Einzigen in Sieben= bürgen, die mit diesem sich beschäftigten. Wie aber in jener Zeit das Vorgebirge der guten Hoffnung noch nicht ent= deckt war und der große Welthandel über das mittellän= dische Meer und durch Ungarn ging, war ihrer Thätigkeit ein weites Feld offen. Durch alle diese Umstände be= günstigt, gedieh und wuchs der Handel der Sachsen zu einer Höhe, von der wir kaum eine Ahnung haben. Und zwar nahmen daran nicht nur die Hermannstädter Gau= genossen, sondern vorzüglich auch die Kronstädter, Bistritzer und die übrigen Sachsen Theil. Die Gegenstände ihres Handels waren theils Naturproducte: Getreide, allerlei Vieh, Fische, Salz, Wachs, Honig, Wein, theils Erzeug= nisse ihres Gewerbfleißes: Tücher, fertige Kleider, Gürtel, Bogen, gegerbte Ziegen=, Kalb=, Fuchs=, Marderfelle und vieles andere. König Ludwig begünstigte diesen Handel nicht nur zur Belohnung ihrer unwandelbaren Treue und der vielen Dienste, die sie ihm geleistet und damit ihre Zahl und ihre Ergebenheit stets zunehme, sondern auch weil dem ganzen Lande, ja dem gesammten Reiche dadurch Ehre und Nutzen erwachse und dieses mit ausländischen und über= seeischen Waaren durch sie versorgt und bereichert werde. So wird nicht nur aller Handel und Verkehr in Sieben= bürgen wesentlich von den Sachsen betrieben, begünstigt durch der Könige mannigfache Beschränkung von fremden

Kaufleuten im Sachsenland, wie denn unter Anderm Kronstadt 1369 das Stappelrecht gegenüber polnischen und deutschen Tuchhändlern erhielt, sondern ihre Thätigkeit geht weit
hinaus über die engen Gränzen der Heimat. Jenseits des
Waldgebirges, das Siebenbürgen von Ungarn trennt, besuchen sie die Messen in Wardein und ziehen mit ihren
Waaren weithin nach Polen, wo sie die Rechte der Kaufleute von Krakau haben. In der reichen Handelsstadt Ofen
sind sie frei von der Niederlagspflicht, der alle anderen unter-
sagen; zwischen Ofen und Wien schwimmen häufig ihre
Schiffe, die von jedem Fuß Bodenraum in die Breite auf
der Thalfahrt einen halben, auf der Bergfahrt einen Viertelgulden an den Zollstätten zu zahlen haben; zu Land über
Wien hinaus nach Prag und weiterhin nach Deutschland
gehen ihre Handelsreisen. Im Süden durchzogen sie die
untern Donaugegenden, besuchten Dalmatien, die Seeküste,
Zara, Venedig; ja sächsische Erzeugnisse sollen von den
Sachsen bis nach Aegypten verführt und abgesetzt worden
sein. Und doch waren damals die Verkehrsmittel so gering
und das Reisen so schwierig; häufig geschah es nur zu
Pferd und die Waffe durfte von der Seite nicht weichen
zum Schutz des Lebens und der Habe gegen Räuber und
Mörder. Wie viel leichter Alles heute — und alle unsere
Gewerbs- und Handelsleute können nicht eine einzige Nieder-
lage errichten auch nur zwei Tage weit von Hause und allen
auswärtigen Handel treibt der Fremde! Was würden die
Väter dazu sagen?

In ihrer Mitte aber erwuchs durch solchen ausgebrei-
teten Handel jener Wohlstand, der sie befähigte zu des Landes
Schutz Burgen zu bauen und was mehr ist als Wohlstand,
Weltkenntniß, Bildung, Gesittung. Die wurde genährt und
gefördert durch Volksschulen. In jeder Gemeinde bestand
eine, von ihr erhalten, zu einer Zeit, wo Ungarn, wo

Deutschland noch keine hatte. Für den rühmlichen Bestand
eines Volkes, besonders eines an Zahl geringern, ist hervorragende geistige Bildung ein Grund- und Eckstein.

Die steigende Gewerbs- und Handelsblüte hat unter
König Ludwig im Hermannstädter Gau die Entstehung
der Städte fördern helfen. Das ist so gekommen. Wie
ursprünglich alle Gemeinden gleich gewesen, ist oben geschildert. Allmälig aber erhoben sich einzelne vor den andern,
weil sie bequem gelegen, volksreicher oder älter waren. Auch
konnte anfangs nicht jede Gemeinde sogleich die schützende
Burg bauen; mehrere führten am geeignetesten Ort eine
auf, bargen sich darin im Feindeseinfall und schirmten sie
mit vereinter Kraft. Die Gemeinde aber, in deren Mitte
die Burg stand, erhielt bald einen Vorzug und wurde ansehnlicher als die andern. Und wenn, wie meist geschah,
dort auch die Malstätte war und die gemeinschaftlichen Versammlungen dort gehalten wurden, konnten die Bürger, die
da seßhaft waren, diese stets besuchen; sie lernten Gewohnheiten und Rechte am besten kennen und hoben des Ortes
Bedeutung auch dadurch nicht wenig. Wenn nun durch
alles dieses begünstigt in solche Orte noch die Gewerbe
sich hinzogen, sich dort mehrten und allmälig ein blühender
Handel entstand, dadurch Wohlstand und Bildung in ihrer
Mitte stieg, da gewöhnte man sich jene Gemeinden als Vor-
orte anzusehen, wo der Königsgraf wohnen müsse. Hatten
aber einzelne Orte eine solche Stellung erworben — und
da geschah es am ersten, wo Gewerbthätigkeit und Handel
sich entfaltete —, da strebten andere auch darnach und
bis in späte Zeiten hat es im Leschkircher, im Schenker,
im Mediascher und Schelker Stuhl bittere Kämpfe darüber
gegeben.

. In diesem neuen, rasch aufblühenden städtischen
Bürgerthum erstand dem sächsischen Volk eine frische Lebens-

9*

macht. Seine durch Gewerbfleiß und Handel wohlhaben=
den und an Weltkenntniß reichen Geschlechter traten bald
als wetteifernde Genossen an die Seite, auch wol gegen=
über den alten Erbgrafenhäusern und den ihnen verwandten,
mit großem Grundbesitz ausgestatteten „nach der Weise der
Adeligen lebenden Sachsen", in der Folge wol auch selbst
durch ausgedehnten Landbesitz in und außer der Stadt
mächtig und einflußreich. Von allen Städten des Hermann=
städter Gaues aber war unzweifelhaft Hermannstadt die
erste. Seit dem Jahr 1366 finden wir Bürgermeister, jähr=
lich von der Gemeinde gewählt, an ihrer Spitze; der erste
ist Jakob Heinzmann (Henzemanisse), unter seinem Nach=
folger Michael Nonnenkleppel genannt, stiftete die junge
Brüderschaft des heiligen Leichnams mit dem Stadtpfarrer
Johannes in der Marienkirche, deren altes Westportal mit
seinem Rundbogen noch ins dreizehnte Jahrhundert zurück=
sieht, einem Altar, an dem sie jeden Donnerstag „mit wohl=
klingender Stimme" die Messe sollten singen helfen. Auch
stellten sie zum Dienst desselben einen Caplan an, für dessen
Unterhalt sie dem Pfarrer jährlich zweiundzwanzig Gulden
zahlten und ließen Arme und Fremde auf ihre Kosten be=
erdigen. Der Rath der Stadt bestätigte am Laurentiustag
1372 die Satzungen der Brüderschaft. Damals stand an
der Südseite jener mit reichem Erbe von Land und Ge=
fällen ausgestatteten Kirche bereits die Schule von Her=
mannstadt, für deren Ausbesserung sie um diese Zeit einmal
neunzehn und einen Viertelgulden ausgegeben und gewiß
aus ihrem Unterricht bezog jener Johannes von Hermann=
stadt die neue Hochschule von Wien, der dort 1386, einer
der ersten, Baccalaureus der freien Künste wurde. Gleich=
zeitig erweiterte sich der Mauerring um die wachsende Stadt.
Wie alte Mauerspuren lehren, umschloß die erste Befestigung
wol nur die Kirche, die vom Westrand der aus dem Cibins=

thal aufsteigenden Hochebene auf den Fluß niedersah — die
Cibinsburg? —; in späterer Zeit auch „den kleinen Ring"
umfassend, spannte sie ihre thurmgekrönten Zinnen unter
Ludwig um die ganze alte Oberstadt. Die Wehrhaftigkeit
in ihr mehrte die neue Feuerwaffe; neben Ausgaben für
„Armbrust-Gezeug" finden wir in der Stadtrechnung schon
für den „Büchsenmeister" einmal hundert und achtzehn Gulden und dann wieder „für die Räder zu den Büchsen"
neunundzwanzig Gulden. An den Schutz der durch sie vertheidigten Mauer lehnte sich unten in den gewerbfleißigen
Gassen nach Westen zunächst das Spital mit seiner Siechen-
kirche, neben der noch die Dominikaner unmittelbar vor der
Unterstadt und die Minoriten nahe daran in ihr bereits
seit lange ihre Kirchen und Klöster hatten. Am Cibinsarm,
der den Saum der Unterstadt durchschnitt, stand das Badhaus, die Annehmlichkeit und Gesundheit des aufstrebenden
Gemeinwesens mehrend.

Inzwischen gingen die alten Erbgrafen und nach der
Weise der Adeligen lebenden Geschlechter zunächst ihres alten
Weges weiter. Die Kellinger nicht zufrieden mit ihrem
reichen Besitz in und außer dem Sachsenland griffen ins
Eigenthum der heimischen Gemeinde ein; Erwins Urenkel,
fünf Brüder mit ihrem Oheim Michael rissen Wälder,
Wiesen und Felder, die jener gehörten, an sich; in schwerem
Rechtsstreit wahrte die Gemeinde 1366 ihr Eigenthum.
Aber das reiche Gut kam bald aus Sachsenhänden. Im
Jahr 1380 war von jenen sechs Kellingern keiner mehr am
Leben; ein einziger, Salomon, hinterließ einen Sohn, Jo-
hann, der allein übrig aus dem Mannsstamm des Hauses,
in jenem Jahr die Zersplitterung des alten Erbes sah. Das
Haupt des Hauses nämlich Chiels Enkel Graf Michael von
Kelling hatte unter zehn Kindern nur einen Sohn; als auch
dieser vor dem Vater ins Grab sank, machte Graf Michael

1345 sein Testament und setzte darin seine Töchter zu Erben,
auch der adeligen Güter im Comitat ein, die er theils ererbt, theils selbst erworben. König Ludwig bestätigte es
in demselben Jahr. Da nun Graf Michael im Jahr 1374
oder kurz vorher gestorben, entbrannte schwerer Prozeß
zwischen den weiblichen Erben und dem einen übriggebliebenen
männlichen Nachkommen aus Erwins Geschlecht, Johann
von Kelling, der als solcher sämmtliche adelige Güter des
Verstorbenen haben wollte. Das Reichsgericht aber sprach
den Frauen gleichen Antheil zu. In Folge hievon schloß
Johann mit diesen im Jahr 1380 einen Vergleich ab, indem er ihnen die Dörfer Weingartskirchen und Kuth, je die
Hälfte von Rothkirch, Gergeschdorf und Benzenz, den dritten Theil von Ringelskirch und den vierten Theil von
Henningdorf, Birnbaum, Spring und Troschen überließ.
Von den Erbinnen hatten aber alle Verehlichten, mit Ausnahme Annas der Gattin Johanns von Heltau, ungarische
Männer; die Grafenwürde und der Grafenhof von Kelling
selbst ging an Michaels Eidam Gregor von „Wingarth"
über, in dessen Nachkommen Petrus „Gereb de Wingarth"
ein Ururenkel Erwins ein Jahrhundert später Palatin, wie
in dessen Bruder Ladislaus Gereb de Wingarth Bischof
von Siebenbürgen wurde. Ehe das Jahrhundert zu Ende
ging, starb auch der letzte Kellinger, Johann, ohne Erben,
und all' sein Gut ging an seinen Halbbruder Ladislaus
von Benyik über. Ueber den Gräbern jener wuchs das
Gras; die Erinnerung an sie entschwand dem Volke, von
dem ihre Nachkommen abgefallen waren und nur die ver-
gilbten Pergamente haben das Bild ihres Daseins erhalten.

Unter andern Händen gingen zu derselben Zeit Theile
des Sachsenlandes selbst verloren. Von der Gemeinde
Schlatt sagt König Karl 1335 ausdrücklich, daß sie „mitten

unter den Sachsen von Hermannstadt" liege; König Ludwig schreibt 1361, sie gehöre zum Alzner (Leschkircher) Stuhl.
Da sprach das Domcapitel von Weißenburg Eigenthumsrecht über dieselbe an, ebenso Nicolaus von Keisd, Stephan
von Schellenberg und andere Sachsen. Ludwig schützte in
ernsten Erlässen an den Grafen Gerhard von Hermannstadt, wie an den ganzen Gau (1361) das Capitel im Besitz;
dieses erscheint auch im folgenden Jahrhundert darin und —
die Gemeinde vom Sachsenland abgerissen.

Dasselbe Geschick traf Wolkendorf in der Nähe von
Schäßburg. Zur Zeit Königs Ludwig tritt ein Graf
Petrus von Wolkendorf auf, neben ihm haben dort, zweifellos auf Prädialboden, Besitz der Graf Nicolaus von Er-
keden und seine Eidame Graf Nicolaus von Henndorf und
Demetrius von Reichesdorf. Die Antheile der letztern kauft
1369 der Schäßburger Rathsmann Petrus Zewer, der bald
darauf von der Wittwe des Wolkendorfers auch den ihr
gehörigen Antheil in Pfandbesitz bekömmt. Wie der Enkel
derselben, der Abelige Nicolaus von Flagen, von den Söhnen
des Schäßburger Bürgers Nicolaus und Hench Zewer
jenen Antheil zurückverlangt, fließt der Prozeß schon nicht
vor dem sächsischen Gerichtshof, sondern vor dem Woiwoden
und der Tagfahrt des Adels, welche 1393 den Flagner ab-
weisen und die Schäßburger Bürger im Besitz von Wolkendorf erhalten. Aber zum Sachsenland gehört die Gemeinde
nicht mehr.

Drüben im Gebirge an der Gränze des Hermannstädter Stuhls ging gleichzeitig eine Entwicklung gleich
böser Art vor sich. Da hausten in den Waldthälern, die
ihre Gewässer dem Alt und dem Cibin zusenden, walachische
Schaaren, deren Zahl sich allmälig im Land mehrte. Denn
seit nach dem großen Mongolensturm, der die Kumanen-
herrschaft im Süden von Siebenbürgen vernichtete, die

walachischen Einwanderungen in das offene fruchtbare Flach-
land am linken Donauufer zunahmen und die ungarischen
Könige um der Sicherheit des eigenen Reiches willen nicht
müde wurden in Versuchen, bald durch Krieg bald durch
Frieden dasselbe unter ihre Oberherrlichkeit zu bringen, stieg
eine immer größere Zahl jenes Volkes über das Gebirge
herüber und siedelte sich weithin im Lande an, wo es dem
Adel die Zahl seiner Hörigen vermehrte, der oft gar schwere
Klage führt über die Rechtsverachtung derselben. Der König
selbst begünstigte diese Einwanderung zu einer Zeit. Um
den Woiwoden der Walachei Wlaik, mit dem er nach un-
glücklichem Krieg Frieden geschlossen, fester an das Reich zu
knüpfen, verlieh er ihm, wie er ihn zum Ban von Severin
gemacht, das Fogarascher Gebiet oder doch einen Theil
desselben und Wlaik nennt sich 1372 geradezu „Herzog der
neuen Ansiedlung des Fogarascher Gebiets." So erhielt
dieses vermehrte walachische Bewohner; im Sachsenland
aber waren zu der Zeit noch keine.

Der Hermannstädter Stuhl hatte mit den, die im Gebirg an seiner Grenze wohnten, zu thun genug. Diese
trieben ihre Herden auf die Felder der Sachsen und besonders der Großauer, raubten, brannten, mordeten. Die
Sachsen dagegen, wo sie einen Frevler bekamen und der sich
zur Wehre setzte, erschlugen ihn. Das vergalten wieder die
Andern in ihrer Weise und der Haber hatte kein Ende.
Da schlossen endlich die erbitterten Parteien im Jahr 1383
Frieden und Vergleich mit einander. Was vergangen, solle
vergeben und vergessen sein; die Walachen gelobten, fortan
ihre Herden nicht mehr auf dem „Boden der Deutschen"
ohne deren Erlaubniß zu weiden; im Gebirge von Thalmesch bis zum walachischen Dorf Großdorf (Galisch) gute
Hut zu halten, keine Uebelthäter, Mörder, Brandstifter zu
herbergen, keinen Bogen zu tragen, außer in Nothfällen.

Wer ihn dennoch trägt, wird an Gut und Leben gestraft;
wer den Verbrecher herbergt, wird mit ihm verbrannt, verbrannt jeder, auf den sieben Männer schwören, daß er gestohlen, geraubt, Brand gestiftet oder mit Feuer auch nur
gedroht habe. Solche Strenge forderte die Rechtsverachtung jener Schaaren.

11.

Zustände und Innerverhältnisse „der zwei Stühle", des Burzenlandes, des Nösnergaues und Klausenburgs unter König Ludwig.

Tausend Hände belebt ein Geist, hoch schläget in Tausend
Brüsten von einem Gefühl glühend ein einziges Herz.
Schlägt für das Vaterland und glüht für der Ahnen Gesetze.

, Schiller.

Die Befreiung der „zwei Stühle" vom Kriegsdienste
und der königlichen Bewirthung, die sie im Jahr 1318 mit
einer jährlichen Steuer von 400 Mark Silbers erkauft
hatten, dauerte nur fünfzig Jahre. Denn als im Jahr
1369 der Pfarrer Georg von Schelken und der Graf Andreas von Breitau die Bestätigung jenes Freibriefes bei
König Ludwig nachsuchten, erklärte er; daß jene Verfügung
mit dem Vortheil der Krone unvereinbar sei, und verpflichtete die zwei Stühle aufs neue zur Bewirthung des Königs,
auch wenn der Feldzug in die östlichen Theile gehe, zugleich zur Heeresfolge in der Weise wie die Sachsen von
Hermannstadt, d. h. unter dem eigenen Banner, auf ihre
Kosten und in derselben Rüstung, aber nicht nur in einer

bestimmten Zahl, sondern in der Menge wie ihre Kräfte es zuließen. — Pflichten, die in der Natur eines Verhältnisses liegen, sich entziehen wollen, bringt nie wahres Heil. Jene 400 Mark Silber jährlicher Steuer und die Gerichtsbarkeit des Seklergrafen als Königsgrafen der zwei Stühle blieb auch für die Zukunft, ebenso die anderweitige Gerichtsordnung und Rechtspflege ganz wie im Hermannstädter Gau. Streitfälle, die vor der Gauversammlung der zwei Stühle nicht entschieden werden konnten, kamen im Wege der Berufung vor die Gauversammlung der sieben Stühle, d. h. in der Rechtssprache des Mittelalters, diese waren der Oberhof für jene. So wurde 1365 der Streit zwischen Jägendorf und Kleinschelken über eine von dem letztern Ort an der Kokel erbaute Mühle von der Hermannstädter Gauversammlung zu Gunsten desselben entschieden. Im Uebrigen waren die Innerverhältnisse der zwei Stühle den der sieben Stühle ähnlich. Hier wie dort frei gewählte Grafen oder Richter und Geschworne an der Spitze der Gemeinden, nur daß mächtige Geschlechter die Grafenwürde in einzelnen Orten erblich machten; hier und dort Stuhls- und Gauversammlung zur Ordnung der Innerangelegenheiten und Entscheidung der Rechtsjachen; hier wie dort manche Gemeinde in Gefahr, ihre Freiheit an die nach der Weise der Adeligen lebenden Sachsen zu verlieren. So erhob Graf Nicolaus der Schwarze von Burgberg mit seinen Genossen den Anspruch, Schaal im Schelker Stuhl gehöre ihnen zu eigen, aber wegen gewaltthätiger Widersetzlichkeit der Gemeinde könnten sie ihrer Besitzung nicht froh werden. Da trat, wie sie 1364 vor dem Weißenburger Domcapitel erklärten, die Vermittlung von Mediascher Stuhlsgenossen dazwischen, Andreas' von Breitau, Petrus' von Häzeldorf, Nicolaus' von Mediasch, mit deren Hülfe jene mit den Schaalern sich dahin verglichen, die Gemeinde solle mit

Gunst und Hülfe der Schelker Stuhlsgeschwornen von dem
König eine andere Besitzung für sie fordern und durchsetzen,
für ihre, der Burgberger, bisherige Ausgaben aber solle
Schaal ihnen drei Tage nach Michaelis vierhundert Gulden zahlen. Sechszig hätten sie gezahlt, nun aber wollten
sie nichts mehr zahlen und hätten auch jene Festsellung
wegen einer andern Besitzung nicht gehalten, so klagte
Nicolaus der Schwarze in der Rechtsverwahrung, die er
schon am zweiten Tag nach Michaelis vor dem Weißenburger Capitel niederlegte.

Im Norden zwischen der großen und kleinen Kokel
gränzten damals die zwei Stühle an jene zahlreichen sächsischen Orte, deren Ursprung wir früher nachgewiesen haben.
Und die wackern Gemeinden, deren Freiheit immer mehr und
mehr geschmälert wurde, werden wol oft sehnsüchtig hin-
übergesehn haben zu den freien glücklichern Nachbarn. Da
geschah es im Jahr 1378, daß die Gemahlin Johanns von
Salzburg, eine Tochter Michaels von Schäßburgs, Ansprüche erhob auf Reußdorf, auf Theile von Hohndorf,
Epeschdorf, Gugendorf, Gogeschdorf. Schon sollte sie in
den Besitz derselben eingeführt werden, als Ladislaus der
Sohn Emrichs von Epeschdorf widersprach. Auf seine Bitten und des Bischofs Gobelinus Rath vereinigte Ludwig im
Jahr 1381 die Besitzungen Ladislaus vollständig mit den
zwei Stühlen; aber der baldige Tod des Königs wahrscheinlich hinderte den Vollzug. In der Folge schloß Ladislaus eine Erbverbrüderung mit Gregor von Bethlen und
Petrus von Malmkrog, wodurch die Orte Epeschdorf, Jo-
hannisdorf, Irrgang, Hohndorf, Gogeschdorf, Mauyersch,
Böleschdorf meist in die Hände der Bethlen und der Apafi
kamen.

Dasselbe ungünstige Geschick, das den zwei Stühlen
den Zuwachs der benachbarten stattlichen Sachsendörfer vor-

enthielt, griff in das kirchliche Recht der Schelker ein. Noch
immer dauerte der Prozeß des Capitels, den dieses unter
König Karl gegen Bischof und Domcapitel von Weißenburg
vor den Papst appellirt hatte. Da standen am 30. October
1357 Georg der Dechant von Schelken mit dem Pfarrer Geb-
hard von Wurmloch und Stephan von Martinsdorf im
Namen des Schelker Capitels in Weißenburg vor dem Bischof Dominicus, der am 15. März dem Papst 1500 Gulden an Annaten gezahlt hatte, und vor dem ganzen Domcapitel und — unterwarfen sich den vieljährigen Gegnern.
Den Streit, den sie wider Gott und das Gewissen aufgenommen hätten, fahren lassend, die „leichtfertige Appellation" beklagend widerriefen sie feierlich ihre Widerspenstig-
keit gegen die geistlichen Obern und zogen, dafür in den
Schoß der Kirche wieder aufgenommen, ihre Berufung an
den Papst zurück. Sie gelobten fortan dem Bischof zwei,
dem Archidiakonus eine Zehntquarte zu überlassen, bekannten sich ausdrücklich nur als Quartisten und beschworen die
Erfüllung des Versprochenen mit Berührung des heiligen
Kreuzes. Es ist schwer zu sagen, was das Capitel zu einer
solchen Aufgabe seines Rechtes hat bestimmen können, oder
was auf die, früher dasselbe so mannhaft vertheidigenden
Gemeinden einwirkte, daß ihre Häupter die Grafen Nicolaus
von Arbegen, Nicolaus von Schelken, Akus von Bell und
Walter von Busd stillschweigend an dieser „Einigung" Theil
nahmen. Nur das ist gewiß, daß dieselbe keine Dauer gehabt hat und wahrscheinlich nie ins Leben getreten ist, da
Bischof Demetrius schon 1369 die Execution derselben am
römischen Hof anzusuchen sich genöthigt sah.

Im Südosten Siebenbürgens entwickelte sich unter
Ludwig das Burzenland zu schöner Blüte. Wie ehemals
die Ritter, so schirmten nun die deutschen Bürger des wunder-
schönen Ländchens die Gränzen. Darum rühmte Ludwig

so gern ihre unwandelbare Treue und förderte ihr Wohl. Darum ließ er sie in ihrem Siegel unter der offenen Königskrone die silberne Lilie führen, seines Hauses Zeichen. Darum stellte er ihre alten Rechte wieder her, als im März 1353 Graf Jakob, Nicolaus' Sohn, der Hann von Kronstadt im Namen des ganzen Gaues klagte, daß sie durch die unfriedlichen Zeiten ihre frühern Freibriefe verloren hätten. Sie sollten an Zahl und an Treue wachsen, war des Königs Wunsch; im Schutze des Friedens solle sich die volkreiche Stadt entfalten und alles Volk seines Wohlstandes in Ruhe genießen.

An der Spitze des Gaues steht hienach ein Graf oder Richter, den das Volk wählt, der König seinerseits ernennt gleichfalls einen, gewöhnlich den Seklergrafen; schwerere Fälle entscheiden beide vereint und ein Viertel der Bußgelder fällt dem Volksrichter zu. Begeht Jemand einen Mord, so darf der Königsgraf auf erhobene Klage den Thäter verhaften, doch gewaltsam in sein Haus eindringen und seine Habe wegnehmen darf er nicht. Denn das Haus war nach altdeutschem Rechte ein Heiligthum und unverletzbar. Erst wenn die Volksgemeinde den Verbrecher gebannt und geächtet, durfte der Graf auch jenes thun. Vergleicht sich aber der Mörder in Frieden mit seinen Gegnern, so zahlt er dem Königsgrafen eine Buße von fünf Mark Silber und ist weiterer Strafe ledig. Das Streben einzelner Königsgrafen nach ausgedehnterer Macht hielt Ludwig darnieder. Als der Seklergraf Stephan versuchte, das Gericht ohne den Volksgrafen zu halten und sich sogar die Rechtspflege über falsches Maß und in andern Handelssachen herausnahm, die dem Volksgrafen allein zustand, wies ihn der König 1370 ernst in die Gränzen seines Amtes und sprach es wenige Jahre später ausdrücklich aus (1377), daß wenn der Königsgraf in die Mitte seines treuen Burzenlandes käme, dieses nur gehalten sein solle, jenem im Jahr einmal ein Mittagsessen und ein Abendessen und ein Roß zwanzig Gulden werth zu geben. Wer mit dem Urtheil des ersten Gerichts nicht zufrieden war, legte Berufung ein vor die Gauversammlung der sieben Stühle. So sprach diese 1371 im Hattertprozeß zwischen Marienburg und Rothbach „das endgültige Urtheil", das den Marienburgern recht gab.

Königliche Steuer zahlte das Burzenland nach dem Freibrief von 1353, der ebenso wie der Andreanische allen Bürgern die freie Benützung von Wald, Wasser und Weide als altes Recht zusicherte, jährlich 150 Mark Silber Hermannstädter Gewichts. Im Krieg, der in die östlichen Länder ging, zogen alle zu Felde und dienten nach ihrem Vermögen zu Fuß oder zu Roß; zu Feldzügen im Westen des Reichs, wenn der König das Heer führte, schickten sie 50 wohlbewaffnete Lanzenmänner.

Fast zu derselben Zeit als die Landskrone von dem Hermannstädter Gau zu des Reiches Schutz erbaut wurde, erhob sich an der Südgränze des Burzenlandes auf schwer zugänglicher Felsenhöhe die Törzburg, ebenfalls deutscher Hände Werk. Im Jahr 1377 erboten sich nämlich die Burzenländer Sachsen, wie König Ludwig selbst rühmend anerkennt, einmüthig und aus freiem Willen, auf eigene Kosten auf dem Dietrichstein eine neue Burg zu bauen und den umliegenden Wald zu roden. Zum Dank dafür bestätigte der König den Verband der freien Dörfer Weidenbach, Neustatt, Rosenau, Wolkendorf, Zeiden, Marienburg, Nußbach, Rothbach, Heldsdorf, Honigberg, Petersberg, Brenndorf, Tartlau mit Kronstadt wie er von Alters her bestanden. Doch wurde dadurch die Freiheit jener Orte nicht geschmälert. Alle Lasten, die der Dienst des Königs erforderte, trugen alle Orte gemeinschaftlich; an Wald, Wasser, Weide, Jagd, Fischfang, so sprach das rechtssichernde

Wort Ludwigs aufs neue, hatten alle gemeinschaftlichen Antheil. Die Einsetzung des Vogtes in der Törzburg und
in der Heldenburg behielt der König der Krone vor.

So erscheint Kronstadt unter Ludwig bereits als entschiedener Vorort des Burzenlandes. Als solchen erkannte
die Stadt 1380 auch das Capitel an, indem es dem Rath
von Kronstadt gelobte, fortan seine Sitzungen nur hier zu
halten. Der blühende Handel desselben, besonders stark getrieben in die untern Donauländer, hat zu jener Erhebung,
wie überall, gewiß viel beigetragen. Schon 1364 hatte Ludwig der Stadt auf den Tag aller Heiligen dieselbe Jahr-
marktsbefugniß ertheilt wie sie die Ofner besaßen.

Jene Einigung des Capitels mit dem Vorort des Gaues
war übrigens um so mehr von dem Bedürfniß beider geboten, da einem der einflußreichsten Rechte der Gemeinden
und der Kirche in den Königsgrafen ein mächtiger Feind
erstand. Wie im Hermannstädter Gau der Bischof, so
griffen sie hier nach dem sächsischen Zehnten, den die Pfarrer
bezogen. Schon 1351 klagten Nicolaus der Dechant und
Pfarrer von Kronstadt und Christian von Weidenbach, daß
der Graf von Kronstadt den Pfarrern eine Zehntquarte
nehme gegen alles Recht und die Berichte Kronstadts und
des Hermannstädter Gaues bestätigten es. Darum befahl
der Herzog von Siebenbürgen, Stephan, König Ludwigs
Bruder, dem Grafen strenge, fortan von solchem Rechts-
raub abzulassen; wenn er für des Königs Burg oder für
seinen eigenen Nutzen Zehnttheile wolle, so solle er sie von
den Pfarrern kaufen; diese würden gewiß ihm sie vor Andern
geben. Mit ähnlichem Ernst verfügte auf erneuerte Beschwerde 1352 die Königin Elisabeth, 1355 und 1361 König
Ludwig die Rückstellung der wieder entzogenen Zehntquarte;
ganz gebühre der Zehnten den Pfarrern, bedeutete der König
dem Seklergrafen Leukus. Ebenso verhießen Stadt und

Gau 1380 den Pfarrern nicht nur Gehorsam in Allem, was das Kirchenrecht fordere, sondern auch willige Entrichtung des ganzen Zehntens. Dafür wieder versprach das Capitel für Jeden in rechtem Gericht gute Rechtspflege und nicht zuzulassen, daß Jemand von den Seinen einen Bürger in Stadt und Land ungerecht behandle oder bedrücke. Das ging zum Theil gegen die Eigenmacht des Dechanten, des Pfarrers Nicolaus von Marienburg. Dem mußte der Erzbischof von Gran schon 1379 befehlen, nicht leichtfertig, wie er oft gethan, über Orte und Personen, geistliche wie weltliche, Bann und Interdict zu verhängen, die der strenge Mann nicht einmal im kirchlichen Gericht des Capitels, sondern unter Beistand und Mitwirkung von Laien ausspreche. Wenn weiter solche Klage gegen ihn laut werde, sollten die Pfarrer von Großau und Freck die Sache untersuchen und gegen den Unbotmäßigen nöthigenfalls mit dem Bann einschreiten.

Wie in Hermannstadt, so stand in Kronstadt zu dieser Zeit bereits eine Schule. Ja aus ihr tritt uns einer der ersten bisher bekannten sächsischen Lehrernamen entgegen in „Theodoricus, dem ehemaligen Untercantor der Schulen in der Stadt Kronstadt", über den im Juni 1388 auf dem Pfarrhof in Kronstadt der kaiserliche Notar Stephan Heinzmann Pfarrer von Rosenau eine umfangreiche Zeugenaussage niederschrieb, durch die sich Theodoricus, damals Rector der Schule in Nagy-Banya von den gegen ihn erhobenen ehrenrührigen Anschuldigungen reinigte, unter denen ihm besonders die Verläumdung schwer gefallen, daß er in Kronstadt dem Stadtpfarrer Thomas ein Brevier gestohlen habe.

Dem süddeutschen Gau, dem Burzenland, steht unter König Ludwig der norddeutsche, das Rösnerland, würdig zur Seite. Der König selbst war mehrmals in Bistritz und den freien Männern zugethan, die, wie er rühmend

erwähnt, durch zahlreiche treue Dienste seine Gunst gewonnen hatte. So feierte er 1366 den Frohnleichnams-
tag dort und bewährte in der Woche darauf das königliche
Wort, das er zu ihnen sprach, wie des Herrschers Hoheit
denjenigen insbesondere die Hand seiner Macht reiche, welche
die Fülle des Gehorsams und die Reinheit der Treue empfehle; denn während er für sie sorge und mit Verleihungen
und Freiheiten sie begünstige, vergrößere und mehre er weise
die eigene Ehre. Als nämlich die Gaugemeinde vor Ludwig
klagte, daß sie von vielen Jahren her in ihrem Recht, Richter und Geschworne jährlich aus ihrer Mitte frei zu wählen,
beeinträchtigt und geschädigt werde, so daß hiedurch selbst
in die Entrichtung der königlichen Abgaben Unordnung ein-
gerissen, stellte er ihnen acht Tage nach Frohnleichnam
(11. Juni) 1366 „ebenso in Pflicht seines Amtes, als zum
Nutzen der heiligen Krone" jenen Freibrief aus, der ein
Grundstein für die weitere gedeihliche Entwicklung des
Nösnerlandes geworden ist. Er gewährleistet diesem ausdrücklich den ungehinderten Genuß seiner althergebrachten
Freiheit. In der Stadt sollen sie jährlich nach gemeinem
Rath und Willen Richter und Geschworne aus ihrer Mitte
frei wählen, ebenso in den Dorfgemeinden den Hannen oder
„Gräfen" mit seinen Schöffen; doch sollen diese Wahlen
der Genehmigung des Richters und Rathes in der Stadt
unterliegen. Das letztere geschah deswegen, damit nicht die
kleineren Gemeinden von Mächtigern in ihrem Rechte ge-
drückt würden. Denn auf manchen Dörfern wohnten Reiche,
die außerhalb des Nösnerganes adelige Güter besaßen und
der gemeinen Freiheit gern Abbruch thaten. Darum verordnete der König, daß solche Adelige zu keinem Amt gewählt würden, aber Steuer und alle Lasten mit den andern
Bürgern gleichmäßig trügen. Von den Richtern des Gaues,
die in wichtigern Fällen mit dem Königsgrafen vereint das

Urtheil sprachen und ein Drittheil der Bußgelder empfingen, ging die Berufung an den Hermannstädter Gau, dessen Rechte und Freiheiten fortan auch das Rösnerland besitzen solle. So kam dieses, von allen deutschen Ansiedlungen zuerst in den Genuß des Hermannstädter Freithums — ein bedeutender Schritt zu der spätern innigern Vereinigung.

Aber mit dem königlichen Freibrief war der Friede im Gau nicht hergestellt. Gewerbtreibende und Landbauer und diese selbst unter einander waren in argem Haber. Da traten im Jahr 1367 die freien Männer zu einer Gauversammlung zusammen und setzten fest: daß fortan von der Weinlese bis zum Fest Jakobi in der Erndte Niemand Weine, die außerhalb des Gaues gewachsen, in diesen einführen solle bei Verlust des Weines und des besten Gespanns am Wagen, nur Erzeugnisse eigener Weingärten waren gestattet, doch dürfe außerhalb des Gaues Niemand dergleichen weiter kaufen. So groß war die Gefahr vor der Uebermacht der Reichen mit Adelsbesitz! Den Preis des Weines in den Schenken bestimmten die Albermänner der Stadt, dieselben den Werth der Gewerbserzeugnisse jedem einzelnen Gewerbe. Diese sollten ehrbarer Leute Söhne in die Lehre nehmen, darin unterrichten und jeder Gewerbsmann ehrbarer Sitte in der Stadt Aufnahme finden, wenn er den Steuern und Zinsen sich unterzöge. Die Siegel der Stadt und des Gaues bekräftigten die neue Ordnung.

Es konnte in solchen Verhältnissen und bei den Culturzuständen des Landes und der Nachbarländer nicht fehlen, daß Bistritz der Mittelpunkt eines weithin reichenden Handels wurde. Ludwig förderte denselben mit jener einsichtsvollen Thatkraft, die ihm in seiner Wirksamkeit für die Sachsen in Siebenbürgen so eigen ist. Auf die Bitte der

Bistritzer Geschwornen Martin und Stephan ertheilte er der Stadt am 1. Mai 1353 das Jahrmarktsrecht nach dem Ofner Freithum. Am Bartholomäustag solle der Markt beginnen und fünfzehn Tage dauern; aus Ungarn und den umliegenden Reichen sollten Kaufleute, Krämer und Menschen jeden Standes mit Waaren und Gütern welcher Art immer frei und sicher kommen dürfen und Keiner während der Dauer des Marktes Zoll oder Mauth zahlen. Die zum Jahrmarkt Erschienenen dürften sich gegenseitig nicht verhaften oder ihre Waaren mit Beschlag belegen; kein Magnat oder Reichsbaron habe während desselben irgend eine Gerichtsbarkeit, nicht einmal der Woiwode oder der Königsgraf von Bistritz, sondern alle Streitsachen müssen vom Rath der Stadt untersucht und endgültig entschieden werden.

So tritt die Sachsenstadt an der Bistritz neben die Schwestern an der Burzen und am Cibin als ebenbürtige Trägerin goldbringenden und sittigenden Verkehrs hin. Damals entstanden wol die Anlagen jener mächtigen Arkaden, deren Laubenreihen — einzelne sind, wie in Hermannstadt noch vorhanden — den Handel zwischen dem Abend- und Morgenland vermitteln halfen. „Ueber Rodnas Wolkenhöhen, über der Kukurassa mächtige Gipfel" verknüpfte die länderverbindende Straße Bistritz mit Polen, mit der Moldau und dem schwarzen Meer; zahlreiche Urkunden bezeugen, daß diese und andere Handelsgebiete von ihr nicht ohne Erfolg besucht worden.

Im aufstrebenden Leben der regen Stadtgemeinde fehlte auch die Schule nicht. Bei jenen Aussagen auf dem Pfarrhof in Kronstadt, die im Juni 1388 die Ehre des einstigen Cantors Theodoricus wiederherstellten, war auch „Vincentius ehemals Rector der Schüler von Bistritz" als Zeuge gegenwärtig.

So setzte König Ludwig der Große nicht umsonst in

der Stadt Siegel des ungarischen Reiches und seines eigenen
Hauses Zeichen: im senkrecht getheilten deutschen Schild die
vier ungarischen Streifen und die Anjou'schen Lilien, darüber aus der Krone über dem Stechhelm der Anjou'sche ge-
krönte Straußenkopf mit dem Hufeisen im Schnabel, die
Umschrift: Siegel der Stadt Bistritz.

Mitten im Lande an den Ufern des Samosch blühte
durch eigene Tüchtigkeit und Ludwigs schützende Gunst die
Sachsenstadt Klausenburg fort. Durch Thätigkeit und
großen Handel, den Ludwig dem habgierigen ungerechten
Adel gegenüber wiederholt schützte, reich geworden, kaufte
die Stadt adelige Güter und der König schirmte sie in
deren Besitz. Die Volkszahl Klausenburgs zu mehren gebot
er allen Adeligen und Begüterten im Lande, ihren Hörigen
den Abzug dahin zu gestatten. So wurde die Stadt eine
Schirmstätte der Freiheit mitten in der Knechtschaft. Dem
Siegel derselben, einem Schild mit drei Thürmen, verlieh
Ludwig 1377 rechtliche Gültigkeit und schenkte ihr zur Förderung des Wohlstandes und der Sicherheit in demselben
Jahr das Dorf Felek, das in dem nahen Walde lag, und
dessen walachische Bewohner im Gegensatz zu ihren Volksgenossen die Straße von Räubern rein hielten. Die Abgabe der Stadt verminderte er 1378 auf zweiundfünfzig
Mark Silber und sprach sie gegen eine Kriegssteuer von
zweihundert Goldgulden von der Heeresfolge frei. Auch
der Woiwode solle nur einmal im Jahr unter dem Titel
der Bewirthung Lebensmittel von ihnen fordern, sonst aber
alle Woiwodatsrechte nach gewohnter Weise unter ihnen
ausüben können.

Von Klausenburg hinüber im Erzgebirge standen zur
Zeit König Ludwigs noch stattliche deutsche Volksgemeinden.
Damals lebte in Thorotzko noch der deutsche Laut; Groß-
und Kleinschlatten und Offenburg waren deutsche Gemeinden

und am östlichen Abhange des Gebirges blühten Chrapun-
dorf und Krako und zeugten tüchtige Männer, die sich
gegen die Rechtsverletzungen des Siebenbürger Bischofs
muthig wehrten. Sie gehörten zum nahen königlichen
Schlosse, das von der weißen Höhe des Gemsensteines weithin in die Thäler herabschaute und leisteten wie früher mit
vier wohlgerüsteten Männern und eben so viel Rossen
Heeresfolge unter des Königs Banner.

12.

**Sigmund von Brandenburg, König von Ungarn. Die ersten
Türkeneinfälle in Siebenbürgen. Der Aufstand der Hörigen
und die erste Einigung.**

1382—1437.

> Der Adel steigt von seinen alten Burgen
> Und schwört den Städten seinen Bürgereid.
> **Schiller.**

Mit König Ludwig dem Großen sank die Blütezeit
des ungarischen Reichs ins Grab. Zwar erbte seine ältere
Tochter Maria die Krone von Ungarn; aber Polen ging auf
die jüngere Hedwig über. In Ungarn selbst, als Ludwigs
starker Arm nicht mehr waltete, erhob sich der Adel zur
frühern Zügellosigkeit; was konnte die zwölfjährige Maria
dagegen? Bei steigender Unzufriedenheit vermählte sie sich
1385 mit ihrem Verlobten, Sigmund von Brandenburg, als der von Mißvergnügten herbeigerufene Karl
von Neapel in Ungarn landete. Der widerrechtlichen Krönung dieses folgte nach dreißig Tagen gewaltsamer Tod;
aber die Königin ward von den Gegnern gefangen genommen und rettete kaum das Leben. In dieser Zeit wurde

Sigmund, der aus Böhmen der Gemahlin zu Hülfe eilte, gekrönt (1387).

Die schwere Rache, die Sigmund an seinen Feinden nahm, machte ihn verhaßt. Aufs neue riefen seine Gegner Labislaus von Neapel ins Land. Ja sie nahmen ihn gefangen (1401) und hielten ihn 18 Wochen in enger Haft. Doch verlor er die Krone nicht, seine Freunde kämpften tapfer für ihn, darunter insonderheit die Städte, die er zum Dank dafür auf den Reichstag berief — seit 1402. Im dreiundzwanzigsten Jahr der Regierung Ungarns wurde er zum deutschen Kaiser gewählt und war fortan viel von Ungarn abwesend. Die Zerrissenheit der katholischen Kirche, in der drei Päpste gegen einander standen, nahm seine Hülfe in Anspruch. Aber die große Kirchenversammlung, die er 1414 nach Costnitz berief, wo auch Abgeordnete von Kronstadt und Klausenburg zugegen waren, führte nicht zum Ziele und brachte durch die Verbrennung von Huß neuen Jammer.

Die innern Wirren unter Sigmund ließen auch Siebenbürgen nicht unberührt. Die Gegner des Königs waren auch im Lande stark und verwüsteten mit Feuer und Schwert die Umgegend von Klausenburg. Schrecklicher aber waren die Einfälle der Türken.

Diese sind ein asiatischer Volksstamm, mit den Magyaren verwandt und der Lehre Mohammeds zugethan. Von einem ihrer tapfersten Herrscher nennt man sie osmanische Türken zum Unterschied von andern. In der Mitte des 14. Jahrhunderts setzten sie über die Meerenge von Konstantinopel und gewannen dem schwachen griechischen Kaiserthum viel Land ab. Adrianopel war der Hauptsitz ihrer stets wachsenden Macht. In siegreichen Schlachten bedrängten sie die Slavenstämme im Hämusgebirge, zwangen die gefangenen Christenknaben und Jünglinge zu Mohammeds Lehre und errichteten aus ihnen ihr stehendes Fußvolk, die Janitscharen, die den Christen furchtbar gewesen sind Jahrhunderte lang. Schon Ludwig zog 1366 gegen sie zu Felde den Serbiern zu Hülfe, doch er wurde geschlagen. Von da an drangen die Türken immer weiter herauf; 1391 brachen sie plündernd in Ungarn ein. Da schloß Sigmund 1395 in Kronstadt ein Vertheidigungsbündniß mit dem Woiwoden der Walachei, rüstete die Reichsmacht mit großem Ernst und rief alle christlichen Fürsten um Hülfe an gegen die Ungläubigen. Aus England, Frankreich, Deutschland kamen viele Ritter und Sigmunds Heer zählte 100,000 Mann als er 1396 die Donau hinabzog. Es war voll stolzer Siegeszuversicht; wenn der Himmel einfiele, mit ihren Speeren wollten sie ihn aufhalten, so prahlten sie. Bei Nicopolis geschah die Schlacht. Durch den übereilten Angriff der Franzosen, die feige Flucht der Walachen und die Treulosigkeit der Ungarn ging sie verloren. Die steier'schen und baierischen Ritter fielen alle; 20,000 Christen bedeckten das Schlachtfeld; 10,000 ließ am folgenden Tag der ergrimmte Sultan niederhauen.

Zwar wurde bald darauf die türkische Macht durch den Mongolen Tamerlan erschüttert; aber sie erholte sich schnell wieder und war fortan die furchtbarste Geißel Ungarns. Auch Siebenbürgen hat ihre Schwere oft gefühlt; ein Theil des Sachsenlandes ist durch ihre Schläge der sächsischen Bevölkerung beraubt worden.

Der Woiwode der Walachei suchte gegen die Stürme der Türken Zuflucht bei Sigmund. Ihm zu Hülfe zog 1420 der Siebenbürger Woiwode Stephan von Loschonz mit viel Volk durch den rothen Thurm. Aber er fiel in der Schlacht und mit ihm der größte Theil seines Heeres. Dasselbe Schicksal erlitt in demselben Jahr der andere Woiwode Niklas Tschaki bei Hazeg, worauf Donnerstag vor Michaeli die Türken Broos zerstörten und alle Bewohner des Stuhls in die Knechtschaft schleppten. Im folgenden Jahr (1421) thaten die Türken einen unvermutheten Einfall in das Burzenland und überfielen Kronstadt. Sigmund hatte 1395 befohlen die Stadt stärker zu befestigen, aber die Werke waren noch nicht vollendet. So führte Murad den Rath mit dem Richter Nicolaus Weihrauch in die Gefangenschaft; das Volk hielt sich in dem stärkern Bergschloß. Das Aufgebot der sieben Stühle wurde den 3. April durch die Flucht der Sekler jämmerlich geschlagen, hinunter ins Altthal bis zur Kerzer Abtei erstreckte sich die türkische Verwüstung.

Nicht mehr Sicherheit brachte die Folge. Der Woiwode der Walachei fiel treulos von Sigmund ab und brach 1432 mit den Türken verbündet im Lande ein. Doch Hermannstadt wurde vergeblich belagert, auch Kronstadts Mauern und Thürme mannhaft von ihren Bürgern vertheidigt berannte der Feind umsonst, aber ganz Burzenland, ein Theil des Repser Stuhles und des Seklerlandes wurde mit Feuer und Schwert verwüstet, eine zahllose Menschenmenge in die Sklaverei geschleppt. Zwei Jahre später standen die Türken wieder drohend an der Gränze; die Fogarascher Walachen gingen zum Feinde über, so daß der Seklergraf Michael Jakch die Kronstädter auffordert, indem er ihnen für ihre bisherige Hülfe warm dankt, schnell mit all ihrer Macht über das Gebirg zu steigen, die treulosen Walachen von Fogarasch alle zu erschlagen und nur der Weiber und Kinder zu schonen. Die gewohnten Einfälle wollten Walachen und Türken 1437 wiederholen. Durch jenen rothen Thurm brachen sie ins Land; aber die Einwohner waren geflohen und hatten eine Wüste zurückgelassen. So kamen sie vor Hermannstadt. Da stand der Königsrichter Antonius Trautenberger mit dem sächsischen Heerbann gerüstet

zur Vertheidigung des Vaterlandes. Der Vortrab der Türken wurde mit großem Verluste geschlagen, worauf Murad
über die Donau zurückging.

Zur Abwehr so vieler Feindeseinfälle that König Sigmund wenig. Zwar hatte er noch vor diesen Mühlbachs
(1387) und Kronstadts (1395) Befestigung gefördert, auch
erließ er dem verheerten Burzenland wiederholt die Steuern
auf sechs, zehn, zwölf Jahre — mit dem Bettelstab in der
Hand müßten sie sonst die Heimat verlassen klagten sie:
doch was half das, wenn inzwischen die Kräfte des Reiches
in innern Kämpfen versplittert wurden? Wol kam der
König mehrmals persönlich an die bedrohte Gränze, so 1427
nach Kronstadt, wo er mit Gemahlin und Hofstaat herrlich
empfangen und bewirthet ein halbes Jahr weilte. Von da
aus gab er Gesetze über Mannszucht und Lagerordnung
und setzte die Preise fest, um die man dem Krieger Lebens-
bedürfnisse ins Feld liefern müsse. Heubedarf für ein Pferd
auf Tag und Nacht solle einen Denar kosten, Brodt für
zwei Menschen auf eine Mahlzeit eben so viel; ein junges
Huhn zwei Denare, ein Lamm acht Denare, einen Denar
acht Eier. Aber das Alles reichte nicht hin zur Abwehr
der Feinde und gerade in der größten Noth war der König
oft abwesend und Hülfe vom Reich kam nie. So mußten
die Sachsen, so mußte Siebenbürgen sich selber allein schützen.
Also traten der ungarische Adel, die Sekler und die Sachsen
auf einem Landtag in Thorenburg zusammen und beschlossen, daß fortan von dem Adel je der dritte, von den Hörigen
je der zehnte Mann zu den Waffen greife, wenn der Feind
ins Land falle. Die Sachsen der sieben Stühle aber, ihrer
alten Bestimmung nach Hüter des Landes zum Schutz der
Krone, bewachten die Gränze, so 1432 mit 2000 Streitern
von den Fogarascher Gebirgen bis ins Hazeger Thal und
hielten, wie die Burzenländer, Kundschafter in der Walachei,

die ihnen die Bewegungen des Feindes rechtzeitig meldeten.
Zu gleicher Zeit fuhren alle Sachsen fort, ihre Städte und
Burgen stärker zu befestigen und die Gemeinden, die keine
Burg und noch keine befestigte Kirche hatten, ummauerten
im Bereich der Türkeneinfälle, das ist im Süden des Lan=
des, überall mindestens diese, damit neben Leben und
Habe auch das Heiligthum geschützt sei im häufigen Feindes=
einfall.

In dem letzten Jahr der Regierung Sigmunds kam
zur Türkennoth ein Bauernaufstand. Der siebenbürgische
Bischof und der ungarische Adel beschwerten nämlich die
Hörigen mit unerträglichen Lasten, raubten ihnen alle Rechte
und brachten sie durch den Mißbrauch geistlicher und welt=
licher Macht fast zur Verzweiflung. Der schweren Bürde
frei zu werden kamen im Jahr 1437 ungarische und wa=
lachische bewaffnete Bauernhaufen auf dem Berge Babolna
bei Alpareth in der Mittelsolnoker Gespannschaft zusammen,
forderten Abhülfe ihrer Beschwerden und namentlich die
Freiheiten wieder zurück, die alle Bewohner Ungarns von
den heiligen Königen erhalten hätten, oder drohten mit
Waffengewalt. Auf der andern Seite standen der Woiwode,
die Seklergrafen und der Adel mit Heeresmacht. Sie hiel=
ten es unter ihrer Würde zu unterhandeln. Ladislaus
Chaak, der Woiwode, ließ die Abgeordneten der Bauern
greifen und verstümmeln. Da entbrannte die Schlacht;
Viele auf beiden Seiten wurden erschlagen, der Sieg war
zweifelhaft. So schlossen sie Waffenstillstand, um Gesandte
an den König zu schicken, damit diese von dort die Briefe
des heiligen Königs Stephan oder seiner Nachfolger bräch=
ten, worin ihr Freithum beschrieben sei. Bis dahin aber
und falls jene Briefe sich nicht fänden, für alle Zukunft,
wurde eine Ordnung festgestellt, in der die Hörigen zu ihrem
Herrn und bezüglich der Zehntabgabe stehen sollten. Darin

war jenen Freiheit von der Abgabe des Neunten, eine nur
wenig eingeschränkte Freizügigkeit und die freie Verfügung
über das Vermögen auf den Todesfall zugesichert; als
Jahreszins solle der Hörige dem Grundherrn am Stephans-
tag zehn Denare zahlen.

Das geschah am 13. Juli, aber schon zwei Monate
später waren die Schwerter wieder aus der Scheide. Am
30. September lag der Woiwode mit Heeresmacht am Samosch; wieder floß in unentschiedener Schlacht das Blut;
wieder schlossen sie, am 6. October in Apathi, einen Waffenstillstand, damit beide Theile, und zwar unnachsichtlich bis
1. November Abgeordnete zum Kaiser Sigmund schickten.
Bis zu ihrer Rückkehr sollten die Hörigen ihren Grund-
herren an den drei großen Festen die gewöhnlichen Geschenke
bringen, jährlich je nach ihrem Grundbesitz und Viehstand
einen Gulden, oder einen halben Gulden oder zwölf Denare
Grundzins zahlen und Jeder einen Tag im Jahr Frohn-
dienste leisten.

Aber Sigmund starb und der Krieg brach wieder aus
jetzt mit mehr Glück für den Adel. Sie bekamen den
Führer des Aufstandes Antonius Magnus de Buda in ihre
Hände und hieben ihn bei Koloschmonostor in Stücke; neun
seiner Genossen spießten sie bei Thorenburg. Am dritten
Adventsonntag (14. December) verwüsteten sie Enyed, wo
die Aufständischen sich festgesetzt hatten. „Sehet," schreiben
ben 9. Januar 1438 der Seklergraf, der Vicewoiwode und
viele hohe Adelige, ‚mit geziemender Achtung und Ehrerbietung ihren vielgeliebten Freunden den Sachsen der sieben
Stühle‘, „sehet wir haben heute mit großer Macht die Vor-
stadt von Klausenburg eingenommen, also daß aus der Stadt
Niemand heraus kann. Daher ersuchen wir Eure Liebden
und tragen Euch im Namen des Königs auf, daß Ihr sofort nach Empfang dieses mit Euren Reisigen und Eurem

Fußvolk zur Ausrottung der ungetreuen Hörigen uns eilig zu Hülfe kommet."

In solcher Noth war damals der Adel. Seine Furcht vor dem drohenden Bauernaufstand vereint mit der unter Sigmunds Regierung immer klarer werdenden Nothwendigkeit des Selbstschutzes gegen Feindesgefahr hat den ersten Bund der drei ständischen Völker Siebenbürgens hervorgerufen.

Dienstag nach Kreuzerhöhung (18. September) 1437 traten der Vicewoiwode Lorand Lepesch de Varaschkezi, die Seklergrafen Michael Jakch de Kusal und Henricus de Thamaschi mit dem ungarischen Adel, den Sachsen des Hermannstädter, Mediascher und Bistritzer Gaues und den Seklern in Kapolna zusammen und schlossen eidlich, mit Berührung des heiligen Kreuzes, für ewige Zeiten eine brüderliche Einigung. Sie schworen, sich gegenseitig gegen Alle und Jeden zu schützen, die sie angreifen würden; nur wenn der König eines Volkes Rechte verletze, sollten die beiden andern gebeugten Kniees vor ihn treten und seine Gnade erflehen. Sonst solle jedes Volk den zweiten Tag, nachdem man es zur Hülfe gerufen, zur schnellen Unterstützung des Bedrängten mit Heeresmacht aufbrechen und mindestens drei Meilen des Tages machen. Ausdrücklich bedang der Adel, wie der Vicewoiwode am 6. Februar des folgenden Jahres urkundlich bezeugt, sich die rasche Hülfe der Sachsen „zur Niederwerfung der Frechheit der verfluchten Bauern" aus und verpflichtete sich ihnen zu derselben schnellen Hülfe bei Türkeneinfällen. Streit unter den drei Völkern solle auf dem Rechtsweg entschieden werden, wer die neue Ordnung breche, ehrlos sein und der Andern Hülfe verlustig gehen.

So entstand im ungarischen Reich ein Sonderbund. Die

ferne Grenzprovinz fing an sich als ein Ganzes anzusehen, weil das Reich dem Theil nicht half.

Die „brüderliche Einigung" wurde am Tag Mariä Reinigung (2. Februar) 1438 auf dem Landtag in Thorenburg bestätigt und der Zweck derselben nach beiden Richtungen aufs neue hervorgehoben.

Und es hat damals Niemand von dem Abel gewünscht, die Sachsen sollten nach Flandern zurück!

13.

Von der Sachsen anderweiten Zuständen unter König Sigmund.

> Wisset,
> Ob uns der See, ob uns die Berge trennen,
> So sind wir eines Stammes doch und Blutes.
> Schiller.

Die Sachsen hatten an dem deutschen König Sigmund einen gütigen Herrn, er an ihnen treue Bürger. In den blutigen Wirren, die die Berufung Ladislaus' von Neapel auch in Siebenbürgen erregte, standen sie fest und opferfreudig zu ihm. Einer der Führer der königlichen Streitmacht war Michael, der Sohn Salomons von Schäßburg, der im Besitz von Weißkirch und Rädesch war und sich später insbesondere von dem letztern nennt, in der Folge zugleich vom König ernannter Seklergraf und in vielen Angelegenheiten der Sachsen und des Landes thätig. Im Bauernaufstand kämpfte er in den Reihen des Adels mit Nicolaus dem Sohne Apa von Malmkrog und war mit diesem unter den Vertretern desselben, die den Vertrag vom 6. October 1437 mit den Hörigen schlossen. Während

Sigmund diesen nicht zu helfen vermochte, war er, soweit
seine Vielgeschäftigkeit es gestattete, der sächsischen Rechte
und Freiheiten stets eifriger Schirmer. Den Andreanischen
Freibrief bestätigte er 1387 und 1406. Den Handel der
Sachsen förderte er durch Aufrechthaltung der alten Zollfreiheit. So konnten mitten unter Türkeneinfällen diese
ihre Städte ummauern und ihre Burgen befestigen, ja noch
Kirchen bauen, die Zierden des Landes sind bis auf den
heutigen Tag und, wenn Alles schwiege, zeugen würden
von der Tüchtigkeit der Väter.

Der Wohlstand der Sachsen reizte den Neid der andern
Völker. Räuber fielen häufig plündernd in ihre Mitte ein.
„Immer nur sächsisches Gebiet verwüsten diese", klagt selbst
der Vicewoiwode Lorand Lepesch. Die Abeligen aber, deren
Hörige jene waren, handhabten schlechte Gerechtigkeit, schützten die Uebelthäter auch wol. Klagten die Sachsen, so
wurden sie zu den Tagfahrten des Abels nach Thorenburg
gewiesen, verfolgten sie aber die Uebelthäter auf frischer
That, so ließ der Abel Nachsuchungen auf seinen Gütern
nicht zu. So rühmten sich die Bösen öffentlich ihrer Uebel-
thaten und den Sachsen erwuchs großer Schaden. Darum
befahl Sigmund im Jahr 1391 dem Abel strenge, die Verbrecher da, wo sie die Sachsen ergriffen, sofort zu hängen,
oder sonstwie gerecht zu strafen, jede Untersuchung auf seinen
Besitzungen zu gestatten, oder die Spuren des flüchtigen
Verbrechers auf fremdem Boden nachzuweisen. Wer das
nicht thue, habe den Sachsen Schaden und Kosten zu er-
setzen. Ebenso ernst befahl der König 1432 den Reichs-
verwesern, den Seklergrafen zur Zahlung von 7000 Gulden anzuhalten, als Ersatz vielfachen Schadens, den er
und seine Truppen dem Repser Stuhl zugefügt. Demselben
Grafen mußte er vier Jahre später gebieten, Sorge zu
tragen, daß die Sekler fortan Mord, Raub und ähnliche

Thaten im Repser Stuhl unterließen. Falls er von Partei-
geist verführt nicht gehorche, werde es ihn bald reuen, dem
königlichen Befehl nicht Folge geleistet zu haben. Auch gegen
die Uebergriffe seiner Steuerboten schützte Sigmund den
Hermannstädter Gau. Wenn diese um den Martinstag
nach Hermannstadt kamen, um die fünfhundert Mark Silbers zu holen, die jener jährlich dem König „als seinem
natürlichen Herrn" entrichtete, da wollten sie dieselben nach
Ofner Gewicht haben, nicht nach der Mark Belas, wie sie
im Andreanischen Freibrief stand und berechneten dazu den
Werth der Mark zu hoch). Darum befahl ihnen der König
auf die Klage der Sachsen 1426 bei dem alten gesetzlichen
Gewicht zu bleiben; über den wirklichen Werth der Silbermark in laufendem Gelde aber sollten sie alljährlich das
Zeugniß des Ofner Rathes vorlegen. Mit gleichem Nachdruck wies Sigmund den Woiwoden Ladislaus von Chaak
in die Schranken, als dieser sich herausnahm, in sächsische
Hattertprozesse einzugreifen und Gerichtsbarkeit auf Sachsenboden auszuüben; kein Woiwode, gebot der König im Jahr
1435 auf die Beschwerde des Hermannstädter Bürgermeisters,
solle unter welchem Vorwand immer sich in die Rechtspflege
der Sachsen einmischen und sie in ihren alten Freiheiten
stören oder hindern.

Auch das Gebiet der sieben Stühle vergrößerte Sigmund. Die sächsischen Gemeinden Winz und Burgberg am
Mieresch waren seit dem Mongoleneinfall immer mehr em-
porgeblüht. Zur Belohnung ihrer Treue und zur Mehrung
der Einwohner befreite sie Sigmund 1393 von der Woi-
wodalgerichtsbarkeit und vereinigte sie mit den sieben Stühlen. Alle Rechte und Freiheiten derselben sollten sie hinfort genießen, nur eine abgesonderte Steuer von fünfund-
dreißig Mark Silber zahlen. 1430 setzte der König diese
auf zwanzig Mark herunter und erhob jene Orte zu einer

freien Stadt mit allen Rechten und Freiheiten der Städte
in den sieben Stühlen. Von jener Zeit an sind auf den
Tagfahrten der sieben Stühle auch Abgeordnete von Winz.

Diese Tagfahrten oder Gauversammlungen wurden
unter Sigmund wesentlich in der frühern Weise gehalten.
Dagegen erhoben sich in den Stühlen, wo Städte waren,
die Räthe derselben, deren Vorsteher die Bürgermeister
waren, zu immer größerer Bedeutung. Bereits fing man
an, Rechtsstreitigkeiten, die früher von den Stuhlsversammlungen entschieden worden waren, vor sie zu bringen. So
klagten die Geschwornen von Burgberg im Jahr 1413 vor
dem Hermannstädter Rath gegen den Grafen Andreas
desselben Orts, daß er sie in der freien Benützung ihrer
Mühlen und Fischteiche beeinträchtige und der Rath von
Hermannstadt sprach das Recht zu Gunsten der Gemeinde,
da Graf Andreas seine Ansprüche, wozu er sich erboten
hatte, nicht beweisen konnte. Eine Folge dieser Entwicklung
war, daß einzelne Landgemeinden, die die leitende Stellung der früher bloß gleichberechtigten Stadtgemeinde nur
unwillig ertrugen, im Gegensatz zu ihr, damit aber theilweise zum gesammten Stuhlsverband nach der Befreiung
von der städtischen Gerichtsbarkeit strebten. Die Stellung
der vom Comitat exemten Orte bot ein naheliegendes,
wenn auch nicht ganz zutreffendes Vorbild.

Zu diesem Mittel griff der wachsenden Bedeutung
Schäßburgs gegenüber die Stuhlsgemeinde Keisd. In ihrem
Namen wandte sich der Seklergraf, Michael, Salomons von
Nádesch Sohn, an Sigmund und stellte ihm vor, wie er
aus „den Erzählungen theils seiner Vorfahren, theils der
Aeltern von Keisd", daß er eine Stadt nennt, wisse, daß
in allen Rechtsfällen, die dort vorgekommen, die eigenen
Richter und Geschwornen vereint mit dem königlichen Rich-
ter daselbst, den er, der König, eingesetzt, das Urtheil

gesprochen; die Berufung sei vor den Gerichtsstuhl nach Schäßburg, von hier an die sieben Stühle gegangen. So sei es noch unter König Ludwig gewesen. Sigmund bestätigte 1419 diese Freiheit „der Stadt" Keisd, insofern sie wirklich unter König Ludwig bestanden. Gewiß ist es, daß jene fortan eigne Rechtspflege selbst in peinlichen Fällen übte. Bis auf den heutigen Tag bewahrt der stattliche Flecken, dessen Burg von der grünen Höhe wehmüthig ins enge Thal heruntersieht, in seinen Einrichtungen und Innerverhältnissen noch manche Erinnerung an jene alte Unabhängigkeit.

Glücklichere Veränderung als unter Ludwig erfuhren die zwei Stühle unter Sigmund. Als 1402 Kunz der Hann von Mediasch und Michael der Graf von Kleinkopisch im Namen derselben ihm klagten, daß der Seklergraf, der zugleich auch der Königsgraf war, ihr Recht häufig verletze und ihre Freiheit schmälere, erkannte der König, es sei nicht billig, daß der Mediascher Gau, in der Mitte der sieben Stühle gelegen, den Königsgrafen eines fremden Volkes an seiner Spitze habe. Und als er dazu die vielen treuen Dienste derselben erwog, sprach er sie für alle Zeiten frei von der Gerichtsbarkeit des Seklergrafen; fortan sollten sie den Oberrichter sich selber wählen und das Rechtsprechen und Gerechtigkeit handhaben, wie es in den sieben Stühlen geschehe.

Wetteifernd mit allen Gemeinden in den zwei Stühlen und vor ihnen durch die Lage begünstigt tritt damals schon der Flecken Mediasch bedeutsam hervor. Am Anfang des 15. Jahrhunderts war der Graf Johann daselbst in hohem Ansehen. Wegen treuer Dienste am Anfang der Regierung Sigmunds hatte er von diesem 1387 zugleich mit Thomas von Kendhib und Jakob Saas von Hermannstadt die Besitzungen S. Janosfalva und Ujfalva im Weißenburger

Teutsch, Siebenbürger Sachsen.   **11**

Comitat erhalten. Wenig später (1392) kaufte er mit seinem Bruder einen Antheil von Puschendorf um 1000 Goldgulden. Oberhalb Mediasch besaß er eine Mühle mit einem Gang für Getreide und einem Walkrad. Und weil er der Gemeinde mit Eifer diente, gab sie ihm einen Antheil (vier Kübel bei jedem Ausheben des Getreides) auch von dem Fruchtertrag der Gemeindemühle und ließ denselben in Erinnerung an des Vaters Verdienste seinem Sohn Petrus gleichfalls zukommen, ja dazu noch vier weitere Kübel unter der Bedingung, daß er in allen Geschäften von Mediasch, so oft es nöthig, unentgeltlich reite eine Tagreise weit und die Gemeinde in eigenen Kosten vertrete. Als über die Beachtung dieser Bestimmungen, sowie über die Benützung und den Umbau der Mühlen sich Streit erhob und Johanns anderer Sohn Nicolaus ebenfalls die acht Kübel forderte, verglichen sie sich 1428 vor der Tagsahrt der sieben Stühle, daß Nicolaus jene acht Kübel zu beziehen habe, wenn er zugleich jene Bedingung erfülle. Dasselbe Recht solle auf seine Nachkommen sächsischer Nation forterben und zwar demjenigen zufallen, den die Gemeinde hiezu wähle. Wer aber in der Erfüllung jener Pflicht nachlässig sei, dem brauche die Gemeinde nichts zu geben. Siehe da, lange nach dem Tode der beiden Brüder erhoben sich die Söhne und Nachkommen ihrer Schwester, darunter Johann der Pfarrer von Stolzenburg und Janko, der sich Greb de Megyesch nannte und forderten jenen Fruchtantheil und das Mediascher Richterthum erblich. Daraus entstand ein heftiger Rechtsstreit; vergebens wiesen die Mediascher nach, daß selbst erbliches Richterthum doch nie auf Weiber erbe und daß schon Graf Nicolaus die Bedingung für den Bezug der acht Kübel nicht eingehalten hätte, weßhalb sie von jener Leistung längst frei seien; jene wußten es 1456 bei der Gauversammlung der sieben Stühle, ja im folgenden Jahr

selbst vor dem König Ladislaus V. durchzusetzen, daß sie
gewannen, hier wesentlich darum, weil es ihnen gelungen
war, kurz zuvor eine königliche Verleihung des Mediascher
Erbgrafenthums für sich zu erwirken. Aber weder diese
Verleihung, noch jenes Urtheil half ihnen etwas. Die
Mediascher erkannten die Prätendenten nicht an, sondern
wählten sich ihren Richter und jene sind zum Amte nie gelangt. Nach mehr als zwei Menschenaltern versuchte zwar
einer ihrer Nachkommen das alte Spiel aufs neue. Ludwig II. befahl in der That 1524 den Mediaschern, Jankos
Enkel als Erbgrafen anzuerkennen, aber seine Worte ver-
hallten unbefolgt in den Donnern von Mohatsch.

Aehnlicher Streit bewegte zur Zeit Sigmunds die nahe
Gemeinde Kirtsch. Ladislaus, der Pfarrer von Häzeldorf
und seine Verwandten erhoben Ansprüche auf das erbliche
Richterthum dieser Gemeinde, sie widersprach; wol hätten
sie einst Caspar von Häzeldorf zum Richter oder Gräfen
gewählt, doch nur auf Lebensdauer, aber er habe das Amt
nicht angenommen und nie thatsächlich inne gehabt. So
stand Behauptung gegen Behauptung. Die richterliche Entscheidung sprach den Häzeldorfern 1430 das begehrte Amt
zu, als sie eine Urkunde der sieben Stühle vorlegten, worin
enthalten war, dieses gehöre von Rechtswegen ihnen. Ob
sie dadurch wirklich zum ruhigen Besitz gekommen, ist unbekannt.

Im Wettkampf um die Vorortschaft, der Mediasch bereits unter Sigmund entgegenging, rang mit ihm insbesondere
das rebenfrohe Birthälm. Auf dem sagenumspielten Weg,
den es zu diesem Ziele wandelte, sollte es wol eine Hülfe
sein, als es sich 1418 von König Sigmund den Blutbann
erwirkte. Es ist bezeichnend, daß Nicolaus Apafi von
Malmkrog ihm dabei fördernd half. Auf seine Verwen-
dung und um die öffentliche, vielgefährdete Sicherheit „des

königlichen Fleckens" zu mehren ertheilt der König diesem von Constanz aus das Recht, Galgen zu errichten und Marterwerkzeuge zu halten wie die andern freien Städte und alle auf seinem Gebiet ergriffenen Diebe, Räuber, Mörder, Brandstifter, Beutelschneider, Siegel- und Münzfälscher und andere Uebelthäter in Haft zu setzen, zu richten, hinzurichten. Dafür fehlte es auch an Werken der Milde nicht. Auf dem Birthälmer Pfarrhof sammelte und schrieb 1397 der Pfarrer des Marktes, zugleich ein Sohn desselben, Franziscus, Baccalaureus des canonischen Rechtes, die Statuten des Mediascher Capitels, aus welchen unzweifelhaft hervorgeht, daß in den Gemeinden desselben bereits die Volksschule bestand, wie sie allerdings schon drei Jahre früher in Alexius dem fünfzigjährigen Gemeindeschreiber und „Rector der Schulen" in Stolzenburg für den Hermannstädter Gau gleichfalls urkundlich nachgewiesen ist.

Auch dem Nösnergau ließ sich König Sigmund nicht unbezeugt. Im gefahrvollen Kampf, in dem die Gegenpartei desselben am Anfang des Jahrhunderts ihn vom Thron zu stoßen suchte, hielten Stadt und Land mit deutscher Treue am deutschen Herrscher fest und hatten dafür mannigfache Zerstörung und Verwüstung zu tragen. Dafür sprach Sigmund 1410 und wiederholt 1414, damit die Bürger wie an Zahl so an Treue zunähmen, dreijährige Abgabenfreiheit für jeden aus, der sich auf einem wüsten Hof niederlasse, sechsjährige für den, der ein neues Haus baue. Werthvoller noch war es, daß der König mit allem Ernst die freie Richterwahl der Stadt schirmte. In Speier, der alten Kaiserstadt am Rhein, traten 1414 vor ihn der Nösner Richter Andreas Nymer und der Geschworne Nicolaus Scherer und klagten, daß wenn die Zeit zur Richterwahl da sei, immer eine kleine, aber mächtige Partei sich zusammenrotte und gegen Wissen und Willen der Gemeinde

ben Richter einsetze, woraus dann stets eine reiche Saat
von Zwietracht, Haß und Streit aufgehe. Man meint, jenes
sächsische Adel- und Geschlechterthum zu sehen, dem doch schon
Ludwig I. das Urtheil gesprochen hatte. Der König, um
solchem Aergerniß und der dadurch entstehenden Veröbung
der Stadt vorzubeugen, befahl am Sonntag nach Jacobi
(29. Juli) mit aller Strenge die Aufrechthaltung der freien
Richterwahl; gegen Störer der Ordnung solle Michael
Salomons von Rüdesch Sohn der Seklergraf oder sein
Nachfolger ohne Erbarmen mit solchen Strafen einschreiten, daß sie noch der Nachwelt zum traurigen Beispiel
dienten.

Hieraus erhellt zugleich, daß die Krone noch immer
gewohnt war, die Königsgrafenwürde über den Rößnergau
ihrem Seklergrafen zu übertragen. Daraus entsprang eine
neue böse Quelle vielfacher Rechtsschädigung. Denn die
ungarischen Richter und das Hofgesinde des Seklergrafen
so klagten 1412 Richter und Rath von Bistritz vor dem
Woiwoden Stiborius und seinem Gerichtshof, den der König
mit der Herstellung der Ordnung im Lande betraut hatte,
beschwerten gegen alte Freiheit und Gewohnheit die Gemeinden mit Einlagerungen und Erpressungen; wenn sie
irgendwohin kämen zu pfänden, nähmen sie immer die besten
Rosse und ritten sie zu Schanden, so daß, wenn dann des
Gaues Banner in des Königs Dienst und zur Vertheidigung
des Landes ins Feld rücken solle, ihre Rosse laß und müde
wären und das gemeine Wohl Schaden leide. Da sprach der
Woiwode und der sächsische Seklergraf stimmte bei in des Königs Namen, fortan solle der ungarische Richter nirgends
umreiten und des Seklergrafen Gesinde nirgends einkehren
im Gau, außer wohin sie rechtlich und nothwendig gerufen
würden. Dann solle man ihnen das Nothwendige in gewohnter Weise geben, doch nichts mehr. Wenn sie eine

Pfändung vorzunehmen in eine Gemeinde kämen, sollten sie nur acht Groschen nehmen dürfen und nicht mehr, auch als Pfand kein anderes Pferd als Stuten, oder Ochsen und Kühe. Sigmund bestätigte den Spruch — unter den darum bittenden Rößner Abgeordneten war auch der Richter von Mettersdorf Johannes Clobis — Dienstag nach Jacobi 1414 in Speier.

Um diese Zeit starb das Haus jenes deutschen Grafen Lentink aus, dem Bela IV. nach dem Mongoleneinfall wegen seiner Treue königliche Schloßgüter in Dobokaer Comitat verliehen hatte. Ob seine Nachkommen wol Deutsche geblieben? Jedenfalls kam nun sein Erbe in deutsche Hände. König Sigmund vergabte den stattlichen Landbesitz, der an die Krone heimgefallen, den Gemeinden Treppen und Mettersdorf. Aber die ungarische Familie der von Zegö, die in weiblicher Linie von Lentink stammte, erhob Anspruch auf jene Güter, die Mettersdorfer und Treppiger wandten Gewalt an, sie zu behaupten (1434). Fünfzehn Jahre dauerten die Rechtshändel, bis ein Vertrag und 2000 Gulden die sächsischen Bauerngemeinden in den fortan unbestrittenen Besitz des adeligen Gutes einführten, das sie mit dem eigenen Weichbild vereinigten. Heute noch dauert der besondere Name desselben fort, wie seine adelige Eigenart in der Freiheit von Steuern und Zehntabgabe bis zu unsern Zeiten herab (1848) sprechenden Ausdruck fand.

Umgeben von solchen Dorfgemeinden, die, wie bischöfliche Urkunden von 1438 und 1439 beweisen, in ihrer Mitte bereits die Volksschule hatten, gedieh die Stadt Bistritz, deren Handel und Verkehr von der Krone wohlwollend geschirmt wurde, fröhlich weiter, während der Woiwode 1412 Rodna veröbet fand, und mit der Stadt erstarkte zugleich der Gau um so mehr, da ihn die glücklichere Lage vor den schweren Verwüstungen bewahrte, die dem Sachsenlande

unten im Süden die Türkeneinfälle brachten. So bedurfte
die Stadt damals der schützenden Steinmauer minder, wie
sie denn in der That noch von keiner umgeben war; wol
aber hatte sie eine Burg, deren beginnendem Verfall die
Königin Elisabeth 1438 durch das Aufgebot auch der Landgemeinden zu neuer Befestigung und Ausbesserung zu
wehren suchte.

Desto eifriger bauten sie unten im Burzenland an
den Mauern der allmälig südlich von der alten Stadt immer
mehr in die Enge der schützenden Bergwände hineinrücken-
den Kronstadt. Zum Graben und Erdwall, die sie umgaben, fingen sie 1395 an die stärkere Steinmauer zu fügen.
König Sigmund, der gegen die unzuverlässigen Nachbarn,
die Woiwoden der Moldau und Walachei die Bedeutung
der Stadt erkannte, trug in jenem Jahr den Landgemeinden
die Förderung des Baues durch Unterstützung mit Stein-
und Sandfuhren ernst auf, wol mit zum Dank dafür, daß
die „an der Reichsgränze gelegene Stadt" ihm, wie er
gleichzeitig rühmt, im frühern Feldzug gegen die Moldau
(1390) werthvolle Dienste geleistet hatte. Als der Türken-
sturm 1421 die noch nicht oder kaum vollendeten Werke
wieder gebrochen hatte, schenkte der König der Stadt den
Martinszins auf zehn Jahre (1422) zum Wiederaufbau der
Mauern. Ebenso fürsorglich förderte er in zahlreichen Schutz-
briefen ihren gewinnbringenden Handel, „damit die Stadt
voll von Volk in der Schönheit des Friedens und in
sicherer Ruhe das Haupt erhebe und heitern Lebensgenusses
zu guter Stunde sich freue." Dem Stadtpfarrer Thomas,
Nicolaus dem Sohn Herbords Grafen von Zeiden und
vier Rathsmännern von Kronstadt — deren einer Michaels
von Agnetheln Sohn — verlieh Sigmund 1395 die zum
königlichen Schloß Törzburg gehörige Besitzung Tohan, wofür diese zwanzig Goldgulden jährlich an das Schloß zu

entrichten hatten. In demselben Jahr bestätigte der König, am Sonntag Reminiscere selbst in Kronstadt anwesend, „den Richtern, Geschwornen und der ganzen Volksgemeinde der Sachsen des Kronstädter Stuhls" den großen Freibrief König Ludwigs von 1353, ließ 1412 durch den Woiwoden Stiborius und dessen Gerichtshof eine, Handel und Rechts- pflege des Gaues fördernde Ordnung festsetzen, und fügte in seinem eigenen Freibrief Dienstag nach Jacobi (27. Juli) 1428 weitere rechtssichernde Bestimmungen hinzu. Darin war der Stadt und den freien Dorfgemeinden „der Burzen- länder Provinz", die fortan von allen Zöllen in Törzburg frei sein sollten, aufs neue die freie Wahl ihrer Pfarrer, Richter, Hannen und Rathsmänner gewährleistet. Diese von der Mehrheit der Gemeinde freigewählten Richter und Ge- schwornen sprachen das Recht in mindern Fällen; nur was an Leib und Leben ging, mußte unter des Seklergrafen Vorsitz entschieden werden. Der hätte gern, wie schon früher, seine Macht erweitert, aber der freie Bürgersinn hielt ihn in den Schranken des Gesetzes. Also durfte der Königsgraf keinen erbgesessenen Bürger verhaften und mußte jeden andern Verhafteten sofort dem Volksgrafen überant- worten. Auf vorgebrachte Klagen durfte er keine Buße nehmen, wenn die Sache nicht erwiesen war. Die altdeutsche Heiligkeit des Hauses, selbst wenn es eines Mörders Woh- nung, durfte er nicht verletzen. Noch immer mußte zuvor die Gemeinde diesen ächten; erst den dritten Tag darauf war Haus und Habe dem Königsgrafen verfallen. Von der Beschuldigung auf Raub, Mord und ähnliche Verbrechen konnte das Zeugniß fünfundzwanzig unbescholtener Männer frei machen; die Klage auf Verwundung war nichtig, wenn sieben Männer das Gegentheil beschworen. Eingestandener Diebstahl wurde achtfach gebüßt, auf äußere Ehre und Ach- tung des Gerichtshofes so sehr gehalten, daß Schimpfreden

im Rechtsstreit wider den Gegner ausgestoßen eine Strafe
von fünf Mark Silber nach sich zogen. Streit über Höhe
der Bußgelder zwischen dem Königsgrafen und der Volksgemeinde entschieden nach ihrem Gewohnheitsrecht die sieben
Stühle. Wenn der Krieg ausbrach und die Männer ins
Feld zogen, wählte die Gaugemeinde den Führer, der, so
lange sie im Feld standen, zugleich ihr oberster Richter war.
Wie flatterte da ihr Banner so stolz im Sturme der Schlacht!
Nicht umsonst führten sie die Krone darin. „Wie ihre
Väter in lichtem Thatenglanz strahlten," sprach König Sigmund voll Bewunderung im Jahr 1427 in Kronstadt, „so
hätten auch sie, von der Ahnen hohem Geist getrieben, in
des Reiches schweren Nöthen Gut und Blut, Leib und
Leben nie geschont, also daß an ihrer Treue kein Makel
hafte und den Ruhm ihrer Thaten die Zeit nie verlöschen,
nie mit der Nacht der Vergessenheit decken dürfe." Darum
hatte Sigmund schon 1422 den Kronstädtern auf ihr eignes
Verlangen gestattet, daß, wie sie „nach reifer Verhandlung
und ausführlicher Berathung" beschlossen, sie sich in Allem
nach den Gesetzen, Gewohnheiten und Rechten der sieben
Stühle halten sollten.

In ähnliche Rechtslage trat zu dieser Zeit Klausenburg ein, das Sigmund 1433 geradezu unter die Sachsen
zählt, wie denn die Stadt auch bereits eine Schule hat,
deren Rector Caspar 1409 zugleich Rathsschreiber war. Die
Last des bisherigen beschwerlichen Rechtzuges, der vor den
Palatin und den Judex curiae ging, zu erleichtern, setzte der
König von Kronstadt aus am Thomastag 1397 für Klausenburg auf seine Bitte Bistritz und Hermannstadt zu Oberhöfen ein; hieher solle vom eigenen Rath die Berufung
gehen und Hermannstadt nach dem Hermannstädter Freithum das endgültige Urtheil sprechen. Auf das Ansuchen
der Klausenburger Rathsmänner Jakob Bulkescher, Meisters

der freien Künste und Nicolaus Mun wiederholte Sigmund 1405 diese Bestimmung, wie er es auf die Bitte des Richters Hermann Brestel und des Geschwornen Thomas Wember schon 1402 gethan, befahl in demselben Jahr (1405) die Stadt mit Mauern, Thürmen und Gräben zu befestigen und stellte sie in die Reihe der freien Reichsstädte, was er 1409 näher dahin bestimmte, daß sie namentlich mit den freien Städten Siebenbürgens sich gleichen Freithums erfreuen solle.

Solches Alles that Sigmund an Klausenburg zur Vergeltung der vielen treuen Dienste, die die Stadt ihm beständig erzeigt, und namentlich in jener Zeit der Noth, als seine Feinde und Nebenbuhler Siebenbürgen beunruhigten und Klausenburg selbst bedrängten, ohne daß sie diese hätten wankend machen können durch Brand und Mord und vielfachen Raub.

So sind zur Zeit des Königs Sigmund alle bedeutendern sächsischen Ansiedlungen in den Besitz des Hermannstädter Freithums gekommen. Die deutschen Gaue stehen nicht mehr vereinzelt da; der naturgemäße, durch Sprache und Volksthum bedingte Zusammenhang derselben wird fortan immer stärker, da das wesentlich gleiche Recht bereits Alle im Geist zu einem Gemeinwesen vereinigt, dessen Mittelpunkt und Stamm der Hermannstädter Gau, zugleich Oberhof für alle, ist. Darum befahl schon 1433 König Sigmund den zwei Stühlen, den Klausenburgern, den Bistritzern und Burzenländern, den Hermannstädter Gau bei der Vertheidigung der Landesgränze mit verhältnißmäßiger Hülfe zu unterstützen. Und da die trennende Schranke der anfänglichen Rechtsungleichheit einmal gefallen, lehrte die Alles reifende Zeit bald, auch das äußere Band der Vereinigung fester zu schlingen und die Theile in ein Ganzes zu sammeln, auf daß immer mehr verwirklicht werde des

Königs Andreas weissagendes Wort: Alle deutschen Ansiedler des Waldlandes sollen Ein Volk sein!'

Zur Zeit König Sigmunds geschah es, daß die großen Schäden, die sich im Lauf der Jahrhunderte in die katholische Kirche eingeschlichen hatten, immer schreiender hervortraten. Auch unter den Sachsen fing das Uebel an kenntlich zu werden. Die Pröpste von Hermannstadt, welche häufig Kanzler der Könige waren, drückten ihren Sprengel bisweilen wider alles Recht, zu dessen Schutz doch König Bela III. die Propstei errichtet hatte. Dagegen vernachlässigten sie die geistlichen Pflichten, also daß die Propstei in innerer Auflösung zu Grunde ging. Zu Sigmunds Zeit waren schon lange keine Pröpste gewesen und die nothwendigen gottesdienstlichen Handlungen wurden weder bei Tag noch bei Nacht besorgt. Wie das Alles König Sigmund mit tiefem Schmerze erfuhr, hob er die Propstei im Jahr 1424 auf und schenkte alle Zehnten, Einkünfte und die Güter derselben, Reußen, Groß- und Klein-Propstdorf, dann ihre Besitzungen in Bulkesch und Seiden für ewige Zeiten der Stadt Hermannstadt. Diese solle dafür jährlich eine bestimmte Anzahl Messen lesen lassen. Der Weißenburger Propst Georg Lepesch) bestätigte 1426 im Namen und Auftrag Papst Martin V. kraft apostolischer Vollmacht diese Anordnung Sigmunds. Die Propstei mit ihrem geistlichen Amte, mit ihrer Kirche und ihrer Pfründe solle aufgehoben sein und gänzlich aufhören; niemals in Zukunft solle Jemand weiter zu dieser Würde erwählt oder ernannt werden, und wenn es geschehe, solle es ungiltig sein und kraftlos. Der ehemalige Propsteisprengel aber, d. i. das Hermannstädter, Leschkircher und Schenker Capitel, die beiden letzten in manchen Beziehungen jenem untergeordnet, standen wie früher so auch fortan unter dem Erzbischof von Gran.

Die sächsischen Capitel, denen solches Glück nicht zu
Theil geworden, mußten auch zu dieser Zeit die Abhängig=
keit vom Siebenbürger Bischof schwer empfinden. Gegen
Uebermacht und Gewaltthat der Woiwoden und weltlichen
Beamten schützte Sigmund seine Sachsen, gegen bischöfliche
Rechtsverletzungen vermochte er's nicht. So viele Abgaben
und Steuern erpreßte Bischof Stephan (aus dem Hause Apor,
1402—1419) von den unter ihm stehenden sächsischen Geist=
lichen, daß die Pfarrer das Feld selbst bauen mußten, woll=
ten sie leben. Papst Bonifacius VIII. untersagte ernst die
ungerechte Bedrückung. Doch wenige Jahre darauf forderte
derselbe Bischof die gesammten Zehnten des Schelker Ca=
pitels, die dieses wieder für sich in Anspruch nahm. Die
Pfarrer, ihr gutes Recht vertheidigend, legten Berufung ein
nach Rom; der Schelker Stuhl appellirte an den König.
Von Constanz aus befahl Papst Johann der XXIII. im
Jahr 1415, unter Androhung des Bannes, die sächsischen
Geistlichen in ihrem Recht ungekränkt zu lassen; von Italien
aus schrieb Sigmund Zornbriefe an Stephan ob solcher
Thaten gegen Gott und seine Gerechtigkeit. Aber der Bi=
schof war nah, der Papst und der König fern. Das Capitel
unterlag den Angriffen des Bischofs, der zwei Zehntquarten
an sich riß, die nach nochmaligem Besitzwechsel am Anfang
des folgenden Jahrhunderts zur Zeit der Reformation mit
den übrigen bischöflichen Gütern, als diese „secularisirt"
wurden, d. i. „dem Fürsten dieser Welt zufielen", in den
Besitz des Fiscus kamen.

Ob solcher Gewaltthaten wuchs Erbitterung gegen den
ungerechten Bischof in den Gemüthern alles Volkes. Und
die öffnete die Herzen, daß um so leichter Eingang fanden
die Lehren des Johann Huß gegen die Verderbtheit der hohen
Geistlichkeit und viele Mißbräuche der katholischen Kirche.
Darum hatten ihn die Väter derselben wider Treue und

Recht in Constanz verbrannt. Aber sein Wort erhielt sich
und drang bis nach Siebenbürgen. Gegen „die verpestete
Lehre und das tödtliche Gift" schickte der Bischof den Franzis-
kanermönch Jakob dahin; als dessen Beredsamkeit nicht zu-
reichte, wüthete er mit Todesstrafen gegen die Ketzer. Wie
bald darauf die große Kirchenversammlung in Basel zu-
sammenkam (1431), die Mißbräuche der Kirche streng rügte,
und eine Verbesserung derselben an Haupt und Gliedern
erstrebte, auch den widerspänstigen Papst Eugen IV. absetzte
und einen andern, Felix V., wählte, brachten sächsische Kaufleute Schriften von Basel und das Volk las sie mit großer
Begierde. Thomas, Pfarrer von Polb, predigte öffentlich
in diesem Geiste und viele Pfarrer folgten ihm nach. Dagegen klagte Georg Lepesch, der Bischof, bei der Königin
Elisabeth; sie befahl jene Pfarrer ins Gefängniß zu werfen,
damit der Friede der Kirche erhalten werde.

Aber das Licht vom Himmel läßt sich nicht verdrängen.
Nach wenigen Jahren erstand Luther und alle Macht der
Erde war nicht im Stande die Wahrheit zu unterdrücken,
die schnell ihren Weg auch in die deutschen Gaue Siebenbürgens fand.

Die deutschen Ansiedler, die noch nicht dreihundert Jahre
im Lande waren, mit dem ungarischen Adel und den Seklern
im Bund zu Schutz und Trutz; ihre bedeutendsten Gaue
im Besitz des Hermannstädter Freithums, wohlhabend durch
ihren Fleiß, stark durch ihren Muth; in ihren Herzen die
Sehnsucht nach Wahrheit und Licht: siehe da die Zustände
der Sachsen am Ende der Regierung Sigmunds!

Drittes Buch.

14.

Wie Mühlbach zu Grunde ging. Hermannstadt der Christenheit Bollwerk.

Nun schließ' dich fest zusammen, du ritterliche Schaar;
Wol hast du nicht geahnet so bräuende Gefahr!
Uhland.

König Sigmund starb im Jahr 1437. Unter ihm sind die Zigeuner nach Ungarn und Siebenbürgen gekommen. Ihre frühere Heimat ist das westliche Hindostan, woher sie den Grausamkeiten der Mongolen zu entgehen auswanderten.

Auf Sigmund folgte durch frühern Erbvertrag und Wahl der Stände der Herzog von Oesterreich, Albrecht, der erste Habsburger, der die ungarische Krone getragen. Er starb schon nach zwei Jahren von einem mißglückten Feldzug gegen die Türken heimkehrend.

Während er in Südungarn zu Felde lag, ohne daß der Adel des Reichs seinem Aufgebot Folge leistete, brach ein türkisches, durch Serbier und Walachen verstärktes Heer in Siebenbürgen ein. Durch das eiserne Thor im Mieresch-thal aufwärts zogen sie, Mord und Brand bezeichnete ihren Weg. So kamen sie vor Mühlbach. Die Stadt war volkreich, aber schwach befestigt. Da lagerten die Türken rings um sie und begannen sie zu berennen. Den Woiwoden der Walachei aber jammerte der Stadt von früherer Freund= schaft her. Darum ritt er zur Mauer hin und redete den Bürgern zu, Frieden zu machen und die Waffen niederzulegen, da sie zu schwach wären gegen die übergroße Macht. Falls sie das thäten, wolle er vom Türken erwirken, daß die Obersten der Stadt mit ihm zögen in die Walachei und Hab und Gut mit sich nähmen, von wannen sie zurückkehren könnten, wenn es ihnen gefiel. Das übrige Volk aber werde der Türke ohne einigen Schaden an Leib und Gut in die Türkei führen, ihm allda Wohnsitze anweisen, die ein Jeglicher behalten oder verlassen könne, um heimzu= kehren, wie er wolle. Darauf ging das Volk ein, weil es sich zu schwach dünkte zum Widerstand. Und die Waffen ruhten bis zum folgenden Morgen, damit ein Jeder sich rüste, mit Habe und Hausgenossen fortzuziehen an demselben.

Einer vom Adel aber in der Stadt, ein kühner Mann der früher viel mit dem Türken gefochten, nahm mit seinem Bruder jenen Rath nicht an: „er wolle lieber hundertmal sterben als sich und Weib und Kind in der Türken Hände geben." Und die beiden bewogen viele zu demselben Ent= schluß und zogen sich in einen Thurm, den sie mit Lebens= mitteln, mit Wehr und Waffen wol versahen und stark be= festigten, entschlossen zum Kampf auf Tod und Leben.

Am Morgen kam der Führer der Türken zum Stadt= thor und ließ alle, die herausgingen, aufschreiben und sorgte für ihre Sicherheit, daß sie in die Türkei zögen ungekränkt an Leib und Gut. Die Obersten der Stadt aber über= antwortete er dem Woiwoden der Walachei, daß er sie führe in sein Land.

Als nun das ganze Heer von alle diesem Volk keine

Beute davontrug, griffen sie mit großer Wuth den Thurm
an, in der Hoffnung, dort viel zu gewinnen. Wie der Hagel
so dicht flogen die Pfeile und Steine. Ueber dem Geschrei
der Stürmenden und dem Klirren der Waffen meinte man
stürze Himmel und Erde ein. Und weil der Thurm nicht
hoch war, zerstörten sie das Dach in kurzer Zeit, aber gegen
die starken Mauern konnten sie nichts ausrichten. Schon
neigte sich die Sonne dem Untergange zu; da fingen sie an
Holz herbeizuschleppen, fast so hoch als der Thurm war.
Bald schlug die Flamme lodernd empor — drinnen im
Thurme wurde es allmälig stille. Da löschten jene das
Feuer, brachen die Thüre auf und suchten ob noch Jemand
lebe, damit sie ihn erfrischten und in die Knechtschaft führten. Darunter fanden sie auch halbtodt einen Knaben von
sechszehn Jahren, einen Studenten von Runes, der auf der
Schule in Mühlbach gewesen und mit in den Thurm gegangen, den Tod der Sklaverei vorziehend. Dem Leben
wiedergegeben wurde er in Ketten nach Adrianopel geführt
und mußte zwanzig Jahre lang die Last der Knechtschaft
tragen. Siebenmal wurde er verkauft, achtmal entrann er
seinen Peinigern und wurde wieder gefangen. In dem
langen Jammer vergaß er seine Muttersprache, doch nicht
sein Vaterland. Denn obwol sein letzter Herr ihn liebte
wie sein eigenes Kind und ihn nur unter dem Versprechen,
wieder zu kommen, fortließ, dankte er Gott für seine Freiheit und kam mit einem kaiserlichen Geleitbrief in seine alte
Heimat. Daselbst beschrieb er den jammervollen Untergang
Mühlbachs und seine Schicksale in rührender Weise, seiner
Peiniger, der Türken Sitten, Gebräuche, Glauben und Secten
mit großer Kenntniß und Treue.

Im folgenden Jahr bestätigte König Albert der Stadt
Mühlbach, die aus der umliegenden Gegend wieder bevölkert wurde, auf die Bitte ihres Grafen, des Meisters Johann

Sachs von Enyed, ihre alten Rechte und Freiheiten ebenso
wie dem Stuhl, dessen Orte alle bis in den Grund verbrannt waren.

Günstigeres Schicksal erfuhr Hermannstadt. Die Stadt
war wohl befestigt, ihre Bürger tapfer. Acht Tage lagen
die Türken vor der Stadt; da fielen die Bürger heraus
und schlugen den Feind. Darum rühmte Papst Eugen IV.,
daß die Stadt nicht nur des ungarischen Reiches, sondern
der gesammten Christenheit schirmendes Bollwerk, Mauer
und Schild gegen die Ungläubigen sei.

Fünfundvierzig Tage lang wurde das Land verheert,
70,000 Menschen in die Sklaverei geschleppt. Die an der
Gränze zunächst gelegenen Striche, d. i. das Sachsenland,
trafen solche Raubzüge immer am schwersten. So kam es,
daß bisweilen Bewohner sächsischer Dörfer, die die schützende
Mauer um die Kirche oder die nahegelegene Burg nicht
alle fassen konnte, wenn der Türke über die Gränzen brach,
tiefer ins Land auf adeligen Boden flohen. Die Gast-
freundschaft, mit der sie da empfangen wurden, verwandelte
sich bald in Zwang, der die freie Rückkehr verweigerte.
Bischof Georg Lepesch stand auch hierin obenan. Bei
spätern Feindeseinfällen wiederholte sich jenes Rettungsmittel
und zugleich des Adels Ungerechtigkeit. Zahllose königliche
Briefe sind vorhanden, in welchen ihm bei schwerer Strafe
geboten wird, die auf seine Güter geflüchteten Sachsen in
ihre Heimat zurückkehren zu lassen. Aber die Befehle fruchteten wenig, da die starke Hand fehlte, die sie ausgeführt
hätte. Und doch erkannten die Könige es gut, daß der
Wohlstand eines Reiches im Verhältnisse seiner freien Bürger
wachse und diese geeigneter seien zur Vertheidigung des Vaterlandes als Knechte. Darum suchten sie auch die Freizügigkeit der Hörigen so eifrig zu schirmen und befahlen, um

die Kraft der freien Sachsen zu mehren, gern, daß Orte, die unter ihrem Schutze standen, wie die Besitzungen der Abtei Egresch (Donnersmarkt, Abtsdorf, Schorsten und Scholten) oder Eigenthum sächsischer Körperschaften waren, jedoch im Comitat lagen, Steuer- und Kriegslasten nicht dem Comitate, sondern den Sachsen tragen hülfen.

Abwendung der Knechtschaft und Sorge für das Heil ihrer Seele war der Zweck, um dessentwillen Katharina, die Wittwe des Schäßburger Bürgers Aegidius Klein, 1438 neunzehn Höfe in Wolkendorf der Schäßburger Bergkirche, die gerade damals gebaut wurde, vergabte. Schenkungen und Kauf vermehrten später den Besitz der Kirche dort, so daß sie allmälig die Gemeinde ganz zu eigen bekam. Alljährlich am Martinstag zahlten die „Wirthe" von Wolkendorf je einen ungarischen Gulden an sie und halfen, wenn es Noth that mit Handarbeit und Fuhren, waren im Uebrigen freie Leute und schalteten unbeschränkt mit ihrem Vermögen, das nur von Erbenlosen an die Kirche fiel. König Matthias verleibte 1487 das Dorf dem Schäßburger Stuhle ein und mit Unrecht ist es im Weißenburger Comitat geblieben bis auf unsere Tage.

15.

Fortgesetzte Türkennoth. Ehrentage der sieben Stühle. Das Bistritzer Erbgrafenthum. Anfänge des Magyarenthums in Klausenburg.

1440—1458.

Abtreiben wollen wir verhaßten Zwang;
Die alten Rechte wie wir sie ererbt
Von unsern Vätern, wollen wir bewahren.
Schiller.

Kurze Zeit nach König Albrechts Tod gebar seine Wittwe Elisabeth einen Sohn, Ladislaus, den man, weil er nach dem Tode des Vaters zur Welt gekommen, den Nachgebornen nennt. Aber ein Theil des Adels wollte einen Mann zum König, der sie gegen die Türken schützen könne und wählte deßhalb Wladislaus den König von Polen. Die andern krönten den Knaben Ladislaus (V.), obwol er nur vier Monate alt war; aufs neue entbrannte der Bürgerkrieg. Die Spaltung durchzog das ganze Reich; auch die Sachsen theilten sich in Parteien. Die Klausenburger hingen an Wladislaus, die sieben Stühle am österreichischen Fürsten, Albrechts Sohn. Doch hat Wladislaus den Hermannstädter Gau hochgeachtet und seine Rechte eifrig geschirmt. Abelige von Illye hatten gewaltthätig Land und Leute vom Brooser Stuhl losgerissen und wollten Erbkönigsrichter desselben sein. Da befahl ihnen Wladislaus 1441 strenge, von solchen ungerechten Versuchen abzulassen, da nicht einmal des Königs Majestät, vielweniger sonst Jemand was zum Sachsenrecht und Sachsenland gehöre, kränken und losreißen dürfe. In Hermannstadt ließ der König eine Präge- und eine neue Münzkammer errichten.

Zu derselben Zeit war Woiwode von Siebenbürgen Johannes Hunyadi, der sagenumspielte Sohn eines wa-

12*

lachischen Knesengeschlechtes, in den Kämpfen gegen die hus-
sitischen Raubschaaren zum Krieger und Feldherrn gebildet,
voll Thatkraft und begeistert von dem Gedanken, die Türken
aus Europa zu verjagen. Diese belagerten mit großer Macht
Belgrad; als die starke Festung sich hielt, brachen ungezählte
Schaaren unter Mezeth-Beg nach Siebenbürgen. Johann
Hunyadi wurde bei Sent-Imreh, unweit Weißenburg aufs
Haupt geschlagen; der harte Bischof Georg Lepesch fiel in
der Schlacht (1442).

Da zogen die Türken jubelnd vor Hermannstadt und
umlagerten die Stadt. Doch die Bürger widerstanden
muthig und hielten die Türken auf, bis Hunyadi ein neues
Heer gesammelt. Als er mit diesem den Feind angriff, fielen
die Bürger aus der Stadt heraus, brachen ins türkische
Lager, befreiten die gefangenen Christensklaven und griffen
die Türken im Rücken an. Diese flohen in wilder Flucht;
Mezeth-Beg und sein Sohn wurden erschossen; der Weg
bis an das Gebirge war mit Leichen bedeckt.

Als der Streit zwischen Elisabeth und Wladislaus beendigt war und der letztere unangefochten die Krone trug,
führte Hunyadi die gesammte Reichskraft gegen die Türken.
Sie wurden in einem siegreichen Feldzug geschlagen und
zum Frieden gezwungen. Von dem päpstlichen Legaten zum
Eidbruch verleitet, griff Wladislaus 1444 wieder zu den
Waffen; auf dem Schlachtfeld bei Varna den 10. November ereilte ihn die Strafe dafür; das ungarische Heer
wurde von Sultan Murad vernichtet; der König selbst fiel.
Auch das Banner der Sachsen focht in der Schlacht; dort
stand wol Hans Mägest, dessen Mittheilungen an Michael
Beheim wir die Kunde hievon verdanken. Dieser brachte
in Verse, was jener ihm aus den blutigen zwei Jahren
erzählte:

Dys lieblin ich getihtet hab
als mirs hans mägest füre gab,
Der selb waz in dem streite.
Woll auf sechczehn iar
er der türken gevangen war.

Zwölf Banner führte nach ihm der König in die Schlacht;
das achte

Der sybenburger (der Sachsen) waz
Daz neund der zelelender, daz
zehend daz waz anis herren
Hunab jenusch genannt.

So stehen die Fahnen der ungarischen Reichstheile aus
dem „Land jenseits des Waldes" dort am schwarzen Meere
neben einander; die der Sekler konnte nur ein Sachse mit
jenem Namen bezeichnen. Wie lebendig ist die Schilderung der Schlacht:

Von den speren ward ein gestech,
alz ob ein ganzer walt zerbrech,
von pagen (Bogen) ein geschneter,
alz ob all störch in aller welt
pei ain weren in ainem velbt,
ez waz alz ain sturmveter!

Und als es ausgetobt hatte, bedeckte fast das ganze ungarische Heer die Walstatt und unter den Seinen lag vom
Janitscharensäbel enthauptet der zwanzigjährige Wladislaus.
    Da wählte der Reichstag einmüthig Albrechts Sohn
Labislaus den Nachgebornen zum König. Johannes Hunyabi
wurde Reichsverweser. Die Niederlage bei Varna zu rächen,
zog er im Jahr 1448 mit einem großen Heer gegen die
Türken. Tief unten in Servien, auf dem Amselfeld, wurde
die Schlacht geschlagen. Auf dem rechten Flügel standen
die Ungarn und Sekler, auf dem linken die Walachen, in
der Mitte die deutschen und böhmischen Büchsen und die
Siebenbürger Sachsen. Zwei Tage dauerte die Schlacht.

Mitten im Kampf des zweiten Tages gingen die Walachen zu den Türken über; so wurde das ungarische Heer geschlagen; siebenzehntausend fielen; Hunyadi rettete sich durch die Flucht.

Fünf Jahre nach dieser Schlacht wurde Ladislaus zum König gekrönt (1453). Während böse Neider Zwietracht zwischen den jungen Fürsten und Hunyadi brachten, eroberten die Türken Konstantinopel (1453) — am 15. Mai 1454 schrieb Oswald, der Bürgermeister von Hermannstadt, voll banger Sorge die Kunde an den Rath von Wien — und belagerten bald darauf mit großer Macht Belgrad. Hunyadi entsetzte die Veste und zwang den Sultan Mohamed II. zum Abzug nach großen Verlusten; die ganze Christenheit jubelte. Zwanzig Tage nach der Befreiung Belgrads starb auch der Sieger (1456). Sein Leichnam liegt in Weißenburg begraben. Ein Jahr später starb König Ladislaus in Prag.

Waffengetöse begleitete ihn ins Grab. Weil er eidbrüchig und widerrechtlich Ladislaus Hunyadi, des großen Johannes Hunyadi Sohn, hatte hinrichten und Matthias ins Gefängniß werfen lassen, stand ihr Oheim Silagyi auf. Weil die Sachsen zum Könige hielten, verwüstete er auch ihr Land. So mußten sie, bei der Schwäche der königlichen Gewalt, zur Selbsthülfe greifen. Die Burzenländer vereinigten ihr Banner mit dem Seklergrafen und belagerten Diod. Gegen den siebenbürgischen Adel, der seine bedrückten deutschen Hörigen nicht wollte in das Sachsenland auswandern lassen, hatte schon früher Hunyadi die Sachsen ermächtigt, Waffengewalt anzuwenden und des Streites drohte kein Ende zu werden.

Das war um so trauriger, da der fast unununterbrochene Krieg gegen die Türken alle Kräfte der Sachsen erschöpfte. Mehr als einmal wurde das ganze Volk Mann für Mann

aufgeboten zum Kampf gegen den Erbfeind. Als Hunyadi
1456 Belgrad zu Hülfe zog, rief er sie in Eilmärschen an
die Donau. „Kommet," schrieb er dringend, „kommet bald,
denn schon stehe ich mit den Türken von Angesicht zu Angesicht." Während sie dort gegen den Feind des Vaterlandes kämpften, sollte der Woiwode der Walachei ihre Heimat schützen. Aber der konnte dem alten bösen Gelüste
nicht widerstehen und verwüstete die Dörfer, die seinem
Schirme anvertraut waren. „Thut er es noch einmal,"
schrieb der König an die Sachsen, „so zieht zu Felde gegen
den Verräther." Drei Jahre früher hatte sie Ladislaus
aufgeboten zu einem Streifzug gegen Räuberbanden in der
Zips, die dort durch die Trägheit des hohen Adels und
seine Nachlässigkeit unterstützt, weit und breit Alles in
Schrecken setzten.

Wie die Kraft der Sachsen, so wurde unter Ladislaus
ihr Vermögen oft und oft in Anspruch genommen in den
Nöthen des Reiches. Der königliche Schatz war zu jener
Zeit stets leer. Dann mußten sächsische Kriegsbeisteuern
und außerordentliche Abgaben helfen. „So groß ist unsere
Noth," schrieb der König 1457 an die sieben Stühle, von
welchen er 2500 Goldgulden forderte, „daß wir weder
Eurer noch eines Andern schonen können." Dem Heere
Hunyadis lieferten die Kronstädter 1451 auf Abschlag
ihrer Steuern zweitausend Pfeile, fünfzehn Bogen, zwei-
hundert Wurfspieße und bald darauf wieder viertausend
Pfeile und zweihundert Lanzen.

Burgen, Kirchen und Städte wurden im Sachsenland
immer stärker befestigt. Dazu gab auch der König 1454
den Hermannstädtern vierzig Mark Silbers. Auf Hunyadis
Befehl mußten die Kronstädter das Felsenschloß auf der
Zinne abbrechen, aus nicht ganz klaren Ursachen; dafür
wurden Thürme und Mauern immer fester um die Stadt,

die in den Türkeneinfällen seit dem Ende des vorigen
Jahrhunderts aus dem offenen Thal sich in die Enge
zwischen die Berge zurückgezogen hatte. Ueber dem Bau der
Bollwerke aus Stein aber vergaß man nicht den tiefern
Grund, worauf alle Kraft beruht, geistige und sittliche Bil-
dung. Also beschloß das Burzenländer Capitel 1444, daß
Niemand eine Pfarre erhalten dürfe, der nicht eine Hoch-
schule besucht habe.

Zu derselben Zeit war die Landskrone, die König Ludwig vor einem Jahrhundert durch Mithülfe der sieben Stühle
erbaut hatte, verfallen. Auch der rothe Thurm und die
Lauterburg waren in wehrlosem Zustande. So stand dem
Feind der Engpaß offen zu freiem Einfall ins Land. Da
vergabte der König Ladislaus, die Gränze zu sichern, auf
Hunyadis, des Kriegshelden, Rath und mit Beistimmung
des Reichstags im Jahr 1453 den sieben Stühlen Thalmesch mit den dazu gehörigen, das sächsische Thalmesch selbst
ausgenommen, durchweg von Walachen bewohnten neun Ortschaften, d. i. den Thalmescher Stuhl, den rothen Thurm und
die Lauterburg mit den dort fälligen Zöllen. Das gesammte
königliche Schloßgut, das im Weißenburger Comitat lag, wurde
ihnen mit allen seinen Gemeinden, Ländereien, Aeckern,
Wiesen, Weiden, Feldern, Gebirgen, Wäldern, fließenden
Gewässern, Fischteichen und Mühlen, mit allen Nutzungen
und Rechten, sowie die Krone es bisher besessen, zu vollem
Eigenthum gegeben, damit sie es mit demselben Recht und
Freithum besäßen, inne hätten und verwalteten und die Gemeinden fortan in Steuerleistung und Heeresfolge sich des
Rechtes der neuen Herren erfreueten. Noch in demselben
Jahr erfolgte ihre Einführung in den neuen Besitz zu
adeligem Eigenthumsrecht mit derselben rechtssichernden
Formel, wie gleichzeitig Johannes Hunyadi in den Besitz
der königlichen Schloßgüter Görgeny und Deva eingeführt

wurde. Dafür sollten sie die Landskrone völlig abtragen, weil sie zu entlegen vom Engpaß, die Lauterburg und den rothen Thurm dagegen so befestigen, daß die Feinde dort nicht mehr hereinbrechen könnten. So erfüllten die Sachsen der sieben Stühle den Zweck ihrer Berufung, davon ihr Siegel und Banner verkündeten: zum Schutz der Krone!

Das erkannte Ladislaus und sprach es offen und ehrenvoll aus schon im ersten Jahre seiner Selbstregierung. „Die öffentliche Gerechtigkeit erfordere es und sein eigenes Gewissen, daß er die großen Verdienste ihrer ausgezeichneten Treue vergelte, wie es sich gebühre, wenn er bedenke, wie sie an seinem Großvater Sigmund und an seinem Vater Albrecht unverbrüchlich gehalten und auch von ihm, dem elternlosen verwaisten Kinde, in allen Stürmen des Reiches nie gelassen, inzwischen in den wilden Einfällen der Türken Unsägliches gelitten und gegen den grausen Feind so viele blutige Schlachten zu des Vaterlands Schirm geschlagen." Darum verlieh er ihnen von Wien aus am Sonntag Lätare 1453 eine, damals nur Königen gebührende, nicht einmal allen Prälaten und Reichsbaronen zukommende Auszeichnung, das Recht nämlich, ihre Urkunden, Zeugnisse, Vorladungen, Urtheile und Sendbriefe in rothem Wachs zu siegeln. Johannes Hunyadi, der gewesene Reichsstatthalter, erhielt das Recht in demselben Jahre, und acht Jahre später wegen seiner vielen treuen Dienste auch Kronstadt.

Wie der Sachsen Banner geachtet im Felde, so war ihre Stimme gern gehört im Rathe. Wie früher, so erscheinen auch jetzt die Sachsen als Glieder des Reichstags. So entbieten Rafael, Erzbischof von Kolotscha, Johannes von Hunyad mit mehrern andern Prälaten und Baronen im Jahr 1454 den sieben Stühlen Gruß und Freundschaft mit geziemender Ehrerbietung und fordern sie bringend auf, ihre Abgeordneten zum Reichstag nach Ofen zu schicken.

Nicht so wol wars dem Rösnerland unter König Ladislaus. Als dieser 1452, der Vormundschaft ledig, die Verwaltung seiner Reiche übernahm und Hunyadi die Statthalterwürde niederlegte, da ernannte ihn der König zur Belohnung seiner treuen Dienste zum Erbgrafen des Bistritzer Gaues. Das hieß, fortan solle die Königsgrafenwürde über diesen, die der König dem ihm zustehenden Rechte zufolge bisher an wen er wollte, gewöhnlich an die Seklergrafen, verliehen, erblich sein in Hunyadis Hause und die damit verbundenen Einkünfte, sowie die, welche die Krone bis dahin bezogen, sollten an den Erbgrafen fallen. Der König, es ist kein Zweifel, wollte dadurch Bistritz kein Leid zufügen und blos seinen Diener ehren. Aber es ist etwas anders, wenn ein so hohes Amt wechselnd von Hand zu Hand geht, oder erblich ist in einem Hause. Die Gefahr des Mißbrauchs wächst da riesengroß. Für Bistritz brachen mit jener unheilvollen Vergabung traurige Tage herein, denn Johannes Hunyadi, wiewol er ein edler Mann war, konnte sich doch als magyarischer Adeliger schwer finden in die Gemeinfreiheit. Er betrachtete sich als Grundherrn des Bistritzer Gaues und nannte sich so, da ihm doch der König nur ein Amt erblich verliehen und nicht Land und Leute, die er in jenem Gau nach Recht und Pflicht nicht verschenken durfte.

Voll schlimmer Ahnung baten die Gaugenossen von Bistritz den neuen Grafen, als er 1453 in ihrer Mitte weilte, um die Bestätigung ihrer alten Freiheiten. Er gewährte, damit ihr Wohlstand und ihre Zahl nicht abnehme, die Bitte, wenngleich in Ausdrücken, die ihrem alten Recht zuwider liefen. Sie, die stets frei gewesen, sollten für alle Zukunft im Genusse dieser Freiheit, Stadt und Kreis im

Besitz ihres Siegels bleiben und Waffendienst leisten unter eigenem Banner mit der von Sigmund festgesetzten Anzahl. Die Tage der sieben Stühle und des Adels sollten sie, wie früher, besuchen dürfen, doch solle das seinem Grafenamt keinen Eintrag thun. Auch solle kein ungarischer Richter mehr Befugniß haben als früher; das alte Recht, Streitfälle im Weg der Berufung vor die sieben Stühle zu bringen und die freie Pfarrerswahl in der Stadt blieb. Die Steuern versprach Hunyadi nicht höher zu stellen, als sie zu König Sigmunds Zeit gestanden, und die ihm als Königsgrafen gebührende Abgabe nicht über sechszig Mark zu erhöhen, wie sie zu derselben Zeit gewesen.

Gleichzeitig aber erbaute er an der Abendseite der Stadt eine Burg, den Flestenthurm, und zwang die Bürger anfangs an dem Baue zu helfen. Zwar sollten die Vögte keine Gewalt weder über die Bürger von Nösen, noch über die Landbewohner, ihre Wälder, Wiesen, Weinberge, Maße, Gewichte haben; aber das rechtssichernde Wort verscholl, doch die Mauern der Zwingburg blieben und dem Besitzer der Macht lag die Gewaltthat nicht fern.

Das erfuhr zu seinem Unglück das Nösnerland, als nach Hunyadis Tod sein Sohn Matthias 1458 das Erbgrafenthum dem Oheim Silagyi verlieh. Die Vögte in rohem Uebermuth mißbrauchten ihre Macht, behandelten die freien Männer wie Leibeigene, schleppten ehrbare Frauen und Mädchen in ihre Veste und verschonten kein Geschlecht noch Alter mit frecher Gewaltthat. Da griffen, als die Klagen nichts fruchteten, die Bistritzer unter ihrem Richter Ulrich Thümmel zum Schwerte, die Mauern ihrer Zwingherren zu brechen. Doch diese widerstanden dem Angriff. Silagyi dagegen eroberte die Stadt, plünderte, verbrannte sie; die Gefangenen verloren die Hände, die Augen, das

Leben (1458). Wer noch übrig blieb und im Stande war, wanderte aus.

Da lud bald darauf Silagyi durch seinen Uebermuth die Ungnade des Königs auf sich und wurde 1460 in türkischer Gefangenschaft enthauptet. Die Bistritzer aber wurden nicht müde, dem König treu zu dienen. Da erkannte er das Unrecht, das sie erlitten und sah die Veröbung der Stadt mit Schmerzen. Darum und weil in der Noth des Reiches ihm die Bistritzer aufs neue sechstausend Goldgulden gegeben, verlieh Matthias 1464 ihnen die von Hunyadi erbaute Burg. Und im folgenden Jahre gestattete er ihnen, sie zu zerstören und ihre Steine zum Bau der Stadtmauer zu verwenden, hob zugleich die Würde und den Namen des Bistritzer Erbgrafenthums auf und stellte den frühern Rechtsstand des Gaues wieder her. So stieg die Herrenveste von der stolzen Berghöhe herab, um fortan im Thal der bürgerlichen Freiheit Bollwerk zu sein. Zehn Jahre nachher fuhren die langen Reihen der Lastwagen noch immer hinauf, um von dort das werthvolle Material für die langdauernde Arbeit der Werkmeister zu bringen, unter deren Hand sich allmälig der stattliche Ring der neuen Steinmauern mit den weithinsehenden übergekragten Thorthürmen erhob. Um alle Besorgniß der Bürger zu entfernen, gelobte Matthias 1474, die Bistritzer, deren Stadt er als eine feste Säule in den Tagen der Noth habe kennen lernen, nie mehr von der heiligen Krone des Reiches zu trennen, oder einem andern Oberrichter als des Königs Majestät unterzuordnen; wenn er oder einer seiner Nachfolger jenes Recht Jemandem verliehen, sollten die Bistritzer ohne Hochverrath gegen denselben die Waffen ergreifen und ihm nach Kräften Widerstand leisten.

Die Errichtung der Erbgrafenwürde über Bistritz erregte in den übrigen Sachsen schwere Sorge für die eigene

Freiheit. Denn sie sahen ein, daß dem guten Rechte Aller Gefahr drohe, wenn auch nur ein einzelner Gau unter Bedrückung und Willkür schmachte. Daher ließen sie sich jene alte Unverletzbarkeit ihres Bodens und ihrer Rechte, die schon Andreas II. für einen Theil von ihnen ausgesprochen und Wladislaus I. in so kräftigen Worten wiederholt anerkannt hatte, aufs neue bestätigen. Von Wien aus, am 11. November 1453, gelobte der König, die Sachsen der sieben und zwei Stühle, des Burzenlandes, Klausenburgs und von Winz die immer eins gewesen und stets ungetrennt bleiben sollten, nie von der heiligen Krone des Reiches zu trennen, Städte, Dörfer, Gebiete nie von ihnen zu entfremden und keinem Menschen jemals zu schenken, sondern sie in allen Rechten, Freiheiten, Gewohnheiten, die sie von Ungarns frühern Königen erhalten, für alle Zukunft zu schirmen. Falls er oder sein Nachfolger dagegen thäten, sollten solche Befehle kraftlos und ungültig sein und die Nichtbeachtung derselben den Sachsen nicht zugerechnet werden. — Also schützte die Weisheit und Gerechtigkeit der ungarischen Könige das Sachsenrecht.

Gerade zu derselben Zeit aber geschah es, daß in der wackern Sachsenstadt Klausenburg ein fremdes Volksthum anfing, sich in bedenklicher Weise geltend zu machen. Allmälig waren nämlich, von der Sicherheit und der Anmuth derselben gelockt, auch Ungarn in diese eingewandert und die Gemeinde von Klausenburg hatte die Thore nicht verschlossen vor ihnen, wie die vorsichtigern Brüder im Hermannstädter Gau und sonstwo thaten. Auch fügten die neuen Gäste sich anfangs ihren Sitten und Gebräuchen und wohnten zusammen in einer Gasse, die, schon 1372 genannt, außerhalb des Mauerrings der „alten Burg“ gelegen nach ihrem Namen die Ungergasse hieß und noch heißt bis auf den heutigen Tag. Ueber die Kirche zu St. Peter, die in

jener Gasse war, entstand Streit zwischen ihnen und dem
Stadtpfarrer, der so lange währte, bis ihn der Bischof
Matthäus 1453 dahin entschied, daß der Stadtpfarrer, dem
auch sie den Zehnten gaben, gehalten sein solle, daselbst auf
eigene Kosten einen Kaplan zu halten, der ihrer Bildungs-
stufe angemessen den Gottesdienst daselbst besorge und
nach ihren Bräuchen die Todten begrabe. Gleichzeitig erhoben die Ungarn auch Anspruch auf Theilnahme an der
Verwaltung des Gemeinwesens. Und da die Sachsen dieselbe nicht zugeben wollten, entbrannte heftige Zwietracht,
bis die Streitenden endlich im Jahr 1458 sich dahin verglichen, daß in der Folge alljährlich hundert rechtliche un-
bescholtene Männer zur Hälfte Sachsen, zur Hälfte Ungarn
ernannt werden sollten, die gemeinschaftlich und einträchtig-
lich sechs sächsische und sechs ungarische Geschworne und
abwechselnd zum Richter für ein Jahr einen Sachsen, für
das andere einen Ungar zu wählen hätten. Die Gemeinde-
einkünfte aber sollten allen gemeinschaftlich gehören. — So
wurde fast zu derselben Zeit, als Klausenburg in das Hermannstädter Freithum eintrat, ein deutschem Wesen feind-
liches Volksthum in der Gemeinde mächtig, das in der Folge
durch der Umstände Gunst erstarkend das ursprüngliche
Deutschthum der Stadt nicht ohne schwere Ungerechtigkeit
bis auf wenige Spuren vernichtet hat. Doch gilt noch länger
denn zwei Menschenalter hindurch Klausenburg für eine sächsische Stadt.

16.

Vom neuen Bund der drei Völker, dem Aufstand gegen König Matthias und der großen Türkenschlacht auf dem Brodtfelde.

1459—1479.

Als König Ladislaus noch im Jünglingsalter zu seinen Vätern gegangen, stand das Haus Hunyadi in Waffen gegen ihn. Silagyi, des fünfzehnjährigen Matthias Hunyadi Oheim zog mit 20,000 Mann nach Pest, ließ Galgen und Blutgerüste an der Donau errichten und setzte durch, daß sein Neffe zum König gewählt wurde.

Zum Erstaunen der Großen ergriff Matthias sogleich die Zügel der Regierung mit fester Hand. Er erhöhte die Macht des Thrones durch die Anfänge eines stehenden Heeres und durch neue Steuern, erhob Niedriggeborene zu hohen Würden, handhabte strenges Recht gegen den stolzen Adel, und zog sich dadurch ebenso den Haß desselben zu, als ihn das gemeine Volk verehrte. Voll kriegerischen Feuers liebte er Kampf und Streit, eroberte, ungerecht genug, von Böhmen die Lausitz, Mähren und Schlesien, von Kaiser Friedrich III. Oesterreich mit Wien. Aber gegen die Türken führte er nur lässig Krieg, wodurch über die Länder an der Süd- und Ostgränze großes Unheil kam.

Wie König Matthias gleich im ersten Jahr seiner Regierung mit großer Strenge auftrat, seinen Oheim Silagyi den Grafen von Bistritz in den Kerker warf, den Woiwoden von Siebenbürgen Nicolaus Ujlaki absetzte, begann der siebenbürgische Adel mit den Seklern für seine Freiheiten

zu fürchten. Auch die Sachsen hatte das schreckliche Schicksal des Nösnerlandes in Sorge gesetzt. Also traten die
drei Völker im November 1459 auf einer Tagfahrt in Mediasch zusammen und erneuerten den Bund, den sie vor
zweiundzwanzig Jahren in Kapolna geschlossen hatten. Nur
die Bistritzer, unter dem harten Druck ihrer Erbgrafen
seufzend, waren nicht dabei. Da gelobten sie sich aufs neue
gegenseitige Beschirmung ihrer Rechte und Freiheiten. Mit
gewaffneter Hand, wenn es Noth thäte, wollten sie einander sich schützen. Das ging, obwol in wenigen Worten
die der heiligen Krone gebührende Treue erwähnt wurde,
gegen gefürchtete Uebergriffe des Königs. Seine Abgeordneten solle Niemand mit Rath oder That unterstützen. Für
Kriegsgefahren bedangen sich Abel und Sekler das Recht
der Zuflucht in die sächsischen befestigten Städte und
Burgen aus und verpflichteten sich dagegen, den Sachsen
gegen die Türken und jeden andern Feind mit all' ihrer
Macht zu helfen.

An jenem Tage der Einigung erhoben die drei Völker
laute Klage über die Noth der Zeiten. Von steten Stürmen
werde das Vaterland heimgesucht. Wilde Türkenhorden
durchplünderten dasselbe in unablässigen Einfällen, wie sie
es wahrscheinlich durch ihre Sünden nicht anders verdien-
ten. Der schreckliche Feind raube und zerstöre Hab und Gut
der Bewohner, schleppe Eltern, Kinder und Gatten in
ferne Knechtschaft. Häufige innere Unruhe und Zwietracht
vergrößere das Uebel und bringe das Land dem Untergange nahe.

So schrieben sie in den Einigungsbrief.

Die unwilligen Gemüther des Siebenbürger Adels aber
wurden, je länger Matthias regierte, immer mehr verstimmt.
Die Einrichtungen des Königs, die neuen Abgaben, seine
strenge Sprache, seine vielen Kriege gefielen ihnen immer

weniger. Auch die Pracht, mit der er sich umgab, reizte
ihren Zorn gegen den König, der ja vor Kurzem noch ihres
Gleichen gewesen. Bald begannen sie zu sprechen von
Siebenbürgens Kraft, Fruchtbarkeit, Reichthum und wie das
Land im Stande sei, auch unabhängig von Ungarn, das sich
doch nichts um sie kümmere, ein selbstständiges Reich zu
bilden. Was die Sachsen in diese, gegen Matthias erbitterten Kreise hineinzog, ist nach den bekannten Geschichtsquellen jener Zeit unerklärlich. Denn der König hatte bisher immer mit Ernst und Entschiedenheit ihre Rechte geschirmt. Waren es denn ihre, „nach der Weise der Adeligen
lebenden" Volksgenossen, deren Leitung sie folgten, gewiß
ist es, daß am 18. August 1467 vor dem Convent in
Koloschmonostor neben den Vertretern des Comitatsadels
und der Sekler auch Nicolaus von Salzburg, Ladislaus,
der Richter von Broos, Kaspar Door von Mediasch, Laurentius der Richter von Kronstadt, mit Antonius Puns
ebendaher und Petrus Thewrek (Türk) von Bistritz im
Namen der Sachsen erschienen und ein Zeugniß darüber
ausstellen ließen, daß Adel, Sekler und Sachsen gegen König
Matthias, den Unterdrücker ihrer Freiheiten und Privilegien,
ein Bündniß zur Rettung derselben beschworen hätten. Sie
geloben mit Geld und Waffen zusammenzustehen, mit Niemandem einzeln Frieden zu schließen, mit Gut und Blut
bei den Führern zu halten und kein geistlicher oder weltlicher Richter, ja nicht einmal der Papst kann von dem Eid
entbinden. So brach der glimmende Funke des Unmuths
bald in hellen Flammen der Empörung aus. Sie ließen
öffentlich verkünbigen, Siebenbürgen brauche fortan Matthias nicht mehr zu gehorchen; der Woiwode Graf Johann
von Pösing und St. Georg wurde an die Spitze gestellt,
der werde die Rechte und Freiheiten des Landes achten; der
Reichsschatzmeister Emrich Zapolya und sein Bruder Stephan

standen unter den Führern. Der Adelige Benedict Veres
de Farnas soll einer der Hauptanstifter gewesen sein; gewiß
ist es, daß er unter den Vertretern des Adels vor dem
Convent in Koloschmonostor war; ungenaue Quellenkenntniß
hatte früher aus ihm einen Sachsengrafen Benedict Roth
gemacht, der nie existirte.

Matthias war in großer Gefahr, die Provinz zu verlieren. Seine Schnelligkeit rettete ihm sie. Ehe die Aufständischen daran gedacht, die Pässe des Landes zu besetzen,
war er mit 12,000 Mann in Klausenburg. Diese, seine
Geburtsstadt, war ihm treu geblieben. Da überfiel allgemeiner Schrecken die Aufrührer. Der Adel wollte nicht
fechten; der Woiwode bat reuevoll um Verzeihung; die
Rädelsführer ergriffen die Flucht; Benedict Veres starb in
Polen. Der König hielt strenges Gericht; viele Adelige
wurden mit glühenden Zangen zu Tode gebrannt, gevier-
teilt, aufs Rad geflochten, in Pfähle gezogen. Das Wehrgeld des Adels setzte er von zweihundert auf sechsundsechszig
Gulden, damit er, dem Bauer näher gerückt, aufhöre, sich
gegen seinen Fürsten zu empören.

Auch unter den Sachsen hatte der Aufstand Wurzel
gefaßt. Petrus Gräf von Rothberg, im März 1466 Bürgermeister, später Königsrichter von Hermannstadt und vieler
adeligen Güter reicher Besitzer, verlor zur Strafe seines
Treubruchs in Hermannstadt das Haupt durch Henkershand,
ebenso in Klausenburg Nicolaus von Salzburg, Joh. von
Marienthal, Königsrichter des Schenker Stuhls, aus derselben Ursache sein Amt. Die zwei Stühle, welche dem
König, als er im October in Hermannstadt war, vorstell-
ten, sie seien vom Woiwoden mit Gewalt, zur Theilnahme
am Aufstand gezwungen worden, erhielten leicht Verzeihung.
Die Kronstädter dagegen hatten dem König standhafte Treue
gehalten. Als Boten der Empörer mit Versprechungen und

Drohungen zum Beitritt drängten und ein Theil des Rathes
schon schwankte, beschloß man, die Entscheidung dem Stadtpfarrer zu überlassen. Der, schon bejahrt, trat in die Versammlung und wies in gewichtiger Rede auf der königlichen Gewalt göttlichen Ursprung hin, und wie man von
dem Herrscher, dem man einmal Treue gelobt, nicht abfallen
könne ohne Sünde. Der Rath wurde angenommen und
trotz aller feindlichen Anfechtung die Treue gehalten.
Darum wandte Matthias den Burzenländern vorzügliche
Gunst zu, begabte sie mit Zollbefreiungen und andern Rechten und rühmte in ehrenden Sendschreiben, wie weder böse
Beispiele noch harte Bedrückungen oder feindliche Einfälle
die Standhaftigkeit ihrer Treue, die durch alle Wolken der
Trübsal nur desto heller geleuchtet, jemals hätten erschüttern können.

Zur innern Unruhe kamen Türkeneinfälle. Im Jahr
1479 brach Ali-Beg mit 40,000 Mann in Siebenbürgen
ein und drang mit Feuer und Schwert im Mireschthal
aufwärts. Dahin warf sich mit der schnell aufgebotenen
Kriegsmacht des Landes der Woiwode Stephan Bathori,
um dem mit Beute beladenen Feind den Rückzug abzu-
schneiden. Den Grafen von Temesch, seinen Freund Paul
Kinischi, rief er eilig zu Hülfe. In der Nähe von Broos
auf dem Brodtfeld kam es den 13. October 1479 zur
Schlacht. Durch den Empfang des Abendmahls bereitete
sich das christliche Heer darauf vor und gelobte, eher zu
sterben als zu fliehen.

Das Aufgebot der Sachsen führte Georg Hecht, Bürgermeister von Hermannstadt. Sie forderten Stellung im
Vordertreffen; Bathori gewährte sie. Den linken Flügel
bildend, lehnten sie sich an den Mieresch; die Sekler standen auf dem rechten, Walachen und Adel im zweiten Treffen.
Gegen den linken Flügel richtete sich der Angriff der Türken;

unerschüttert hielten die Sachsen den gewaltigen Anprall
aus, viele von beiden Seiten sanken; bald röthete sich die
Erde von Blut. Da griffen neue türkische Haufen an; die
Ueberzahl war zu groß. Ein Theil der Sachsen wurde in
den Mieresch geworfen; die andern zogen sich kämpfend auf
das zweite Treffen zurück. Inzwischen waren auch die Sekler auf dem rechten Flügel zum Weichen gebracht; Bathori
mit der schweren Reiterei nahm das Gefecht auf. Es war
umsonst; sein Haufe wurde umzingelt und beinahe gesprengt;
zwei Rosse waren unter ihm getödtet, aus sechs Wunden
strömte sein Blut; da, in der höchsten dringendsten Noth
erschien Kinischi. Wie ein rasender Löwe, in jeder Hand
ein Schwert, stürzte der riesenkräftige Mann in die Feinde
und hieb unter lautem Rufe nach dem Freunde sich Bahn
bis dahin, wo dieser mit fast ersterbender Kraft kämpfte.
Der Sieg war entschieden; 30,000 Türken deckten das
Schlachtfeld. Mitten unter den Erschlagenen aßen die Sieger;
einen gefallenen Türken zwischen den Zähnen hoch in der
Luft haltend führte Kinischi den Siegsreigen.

Auf dem Platz, wo Bathori verwundet mit dem Pferde
gestürzt, ließ er zu ewigem Gedächtniß eine Kapelle bauen
und vergabte der Brooser Gemeinde hundert Goldgulden
jährlich zur Erhaltung derselben. Der Hermannstädter
Bürgermeister Georg Hecht aber erhielt zum Danke für die
Tapferkeit, die er in dieser und andern Schlachten gegen
die Türken bewiesen, von König Wladislaus 1493 die
Ritterwürde.

Dem Unterwalde hatte der Türkeneinfall wieder Tausende seiner sächsischen Bewohner geraubt.

17.

Wie das Königreich Ungarn zu Grunde geht und Sieben-
bürgens Selbstständigkeit steigt.

1490—1526.

Das ist der Fluch des unglückfel'gen Landes,
Wo Freiheit und Gesetz darniederliegt!
Schiller.

Als König Matthias 1490 starb, klagte das Volk:
„König Matthias ist todt, todt die Gerechtigkeit"; der Adel
aber, der wiederholt sich gegen ihn empört hatte, war voll
Freude, daß der strenge Herr nicht mehr war. „Wir wollen einen König wählen, dessen Schopf wir in der Hand
haben", sprach Bathori, und sie wählten Wladislaus von
Böhmen. Der war ein guter Mann, aber zu milde, der
wilden Zeit nicht gewachsen. Während er täglich betete:
Herr, gib Frieden in unseren Tagen, und zu Allem „gut"
sagte, verachtete der Adel Recht und Gesetz, riß alle Einkünfte des Reiches an sich, befehdete sich untereinander statt
Krieg gegen die Türken zu führen, und drückte seine Bauern
so maßlos, daß sie 1514 zu Tausenden aufstanden gegen
die stolzen Herren und nur nach vielem Blutvergießen
wieder unterworfen wurden. Das verdankten diese insbesondere dem siebenbürgischen Heerbann, mit dem der Woiwode Johann Zapolya bei Temeschvar den entscheidenden
Schlag führte. Auch das Aufgebot der Sachsen, mit Geschütz versehen, war darunter; eine außerordentliche Kriegssteuer derselben hatte die Rüstung des Woiwoden gefördert,
der Nösner Gau allein zahlte 2000 Gulden dazu. Der
Aufstand drohte auch in Siebenbürgen sein blutiges Haupt
zu erheben. Die Schloßhörigen von Törzburg verweigerten
ihren Herren, den Kronstädtern, die gesetzlichen Abgaben.

Auch droben im Samoschthal gährte es, ja ein Haufe der mit dem Kreuz bezeichneten Aufständischen — es sollte ursprünglich ein Zug gegen die Türken sein — drang aus Ungarn herein und lagerte in der Nähe von Klausenburg. Die Stadt mußte den Führer mit Einigen seiner Schaar in die Mauern einlassen. Diese verstanden es die Wuth des gemeinen Volks aufzustacheln, so daß es die in die Stadt geflüchteten Güter einiger Abligen herausforderte und da sie verweigert wurden, mit Gewalt nahm und unter sich vertheilte. Eine Zeit lang fürchteten Richter und Rath, die aufständische Menge werde es mit der ganzen Stadt so machen, bis die durch anfängliches Nachgeben wieder gefestigte Gewalt der Obrigkeit stark genug wurde, den Hauptmann der „Kruzzen" mit zweiundzwanzig Mann gefangen zu setzen und an Zapolya auszuliefern, der sie unter Henkershand sterben ließ. Wie groß diesem die in dem Bauernaufstand drohende Gefahr erschien, beweist seine Aufforderung, die er an Bistritz und Mühlbach — wol auch sonstwohin — von Enyed aus am Montag nach Frohnleichnam (19. Juni) erließ, alle diejenigen, welche sich Kruzzen hießen oder es werden wollten, welchen Standes sie immerhin seien, sofort gefangen zu nehmen, zu enthaupten, zu schinden, zu verbrennen, überhaupt mit möglichst schrecklichen Martern zu tödten, zu strafen, zu züchtigen und auszurotten.

Kurze Zeit früher hatten die Sekler die Waffen ergriffen gegen die Erpressungen der königlichen Beamten, die nach der Geburt des Thronfolgers die Ochsensteuer von ihnen erhoben (1506). Die Herstellung der Ruhe kostete viel Blut. Auch in der Folge zeigten sie sich dem Woiwoden wenig willfährig. „Wir haben vernommen," schrieb der Vicewoiwode Leonhard Barlabasy am Andreastag 1515 an die Sachsen, „daß die Sekler auf den nächstkünftigen

Luciatag (13. December) eine Versammlung ansagen und Euere Herrlichkeit auch dazu rufen wollen. Diese Versammlung soll gegen unsern Woiwoden gehen und wird nicht zum Heil, sondern zur Gefährdung des Reichs ausfallen. Eure Herrlichkeit weiß, wie die Sekler gegen die Woiwoden stets Streit anfangen und dem Reich immer Sorgen und Ausgaben machen. Darum bitten wir Euch fleißig in dieser Sache nicht mit ihnen zu halten und nicht zur Versammlung zu gehen. In Zukunft wird Euere Herrlichkeit sehen, daß dieses Verhalten zum Heile führen wird."

Auch unter den Sachsen fehlte es nicht an Wirren. Ueber Aufforderung des Königs hatten jene auf ihrer Tagfahrt in Hermannstadt 1510 eine außerordentliche Geldhülfe zu Reichsnöthen bewilligt. Als diese in den einzelnen Orten eingehoben wurde, standen sie in Schäßburg gegen den Bürgermeister Antonius Polnar auf und redeten dem Volke ein, die Steuer solle nicht dem Reich zu gute kommen, sondern der Bürgermeister wolle damit seine Schulden zahlen und er mit Einigen seines Schlages sei Schuld an der neuen Bedrückung. Der Tumult voll wüsten Parteilärms war so groß, daß der König von Breslau aus am 2. Februar 1511 der sächsischen Nationsuniversität ernst befahl, sofort in Schäßburg zusammenzutreten, die Sache zu untersuchen, und die Urheber des Aufruhrs so zu strafen, daß sich Andere ein Beispiel daran nähmen. Falls sie hiebei lau oder nachlässig vorgingen, werde er den Woiwoden hinschicken, daß der dazu sähe. Gleichzeitig trug der König dem Rath von Schäßburg auf, die Namen der Anstifter der Universität ohne Rückhalt zu nennen; sonst sollten sie gewiß sein, daß er um zweier oder dreier Aufrührer willen die ganze Stadt schwer strafen werde.

Zwei Jahre später entbrannte in Hermannstadt der Unwille der Bürgerschaft gegen den Königsrichter und

Kammergrafen Johann Lulai, wie er in Urkunden, Lula, wie er auf seinem Grabstein heißt. Der Anlaß ist unbekannt, aber der König spricht am Tag aller Heiligen 1513 der Stadt Hermannstadt seinen schweren Unwillen aus, daß Einige in ihrer Mitte sich mit bewaffneter Hand gegen den Königsrichter und Kammergrafen erhoben, ihn mit Wort und That mißhandelt und aus der Stadt vertrieben. Eine Strafe von 6000 Gulden, nicht nach dem Vermögen, sondern gleichmäßig von allen Häusern erhoben, sollte das von der ganzen Stadt begangene „öffentliche Vergehen" sühnen und Sendboten des Königs die Sache weiter untersuchen. Wahrscheinlich zu diesem Zwecke mit sollte die Universität zusammentreten, die „zur Beilegung und Ausgleichung der sächsischen Aufstände, Bewegungen und Gegensätze, die in einigen Stühlen entstanden" im Auftrag des Königs am 30. November 1513 der Vogt von Ofen Johann Bornemißa, der königliche Feldhauptmann Ladislaus Cherthynger und die beiden Vicewoiwoden zusammenberiefen. Sie hätten königliche Briefe an die Sachsen, schrieben sie an diese von Klausenburg aus. Vielleicht galt es auch wieder eine Geldhülfe, deren man oben in Ofen stets bedürftig war. Kurze Zeit früher hatten die Sachsen die von dem König verlangten Subsidien von 25,000 Gulden nicht bewilligt „und das hat uns mehr mißfallen als man glauben kann", schreibt Wladislaus am 29. October 1513 darüber nach Hermannstadt. Dafür fordert er zur Strafe eine Geldhülfe von 40,000 Gulden und kündigt ihnen den Vogt von Ofen Johann Bornemißa an, der sie erheben solle.

Bei diesem Zustand des Reichs, den Verbözis dreitheiliges Gesetzbuch (1514), im Wesentlichen nur bevorrechteten Adel und „elendes steuerzahlendes Volk" kennend, nicht bessern konnte, fielen die Türken oft plündernd in dasselbe und schleppten fort, was sie fanden. Also drang

1493 Ali-Beg durch den rothen Thurm nach Siebenbürgen, streifte und raubte fünf Tag lange im Land der Sachsen. „Am Tage nach Agnes," (22. Januar), so schrieb Dr. Blasius, der Pfarrer von Großau, in jenem Jahr auf das letzte weiße Blatt seiner Predigten des heiligen Bernhard, „sind die Teukrer in den Hermannstädter Stuhl mit Feuer und Schwert eingebrochen und haben sehr viele Orte, Salzburg, Großau, Heltau, Kleinschenern, Reußdörfchen, Neppendorf und mehrere walachische Besitzungen verbrannt, auch viele Gefangene fortgeführt; doch ist es ihnen nicht gut abgelaufen." Die Sachsen boten nämlich ihre Streitkraft auf; auch der Vicewoiwode stand im Hazeger Thal unter Waffen. Doch früher noch als ihnen irgend woher Hülfe kommen konnte, traten die Türken mit Beute beladen den Rückzug an. So besetzten die Sachsen allein den rothen Thurm, Georg Hecht führte sie. Die Türken wurden geschlagen und verloren ihren Raub; 15,000 blieben auf der Wahlstatt, in den Abgründen des Gebirgs, in den Fluten des Altflusses. Doch brachen sie im October desselben Jahres zum zweitenmal herein und verwüsteten das Burzenland. Schon im September hatten die Woiwoden gegen den drohenden Einfall gerüstet und den Hermannstädter Bürgermeister Johann Agnethler aufgefordert, das sächsische Banner, Reiter und Fußvolk zu ihnen stoßen zu lassen. „Auch hören wir," schreiben sie an ihn aus Kelling, Freitag vor Michaelis, „daß ihr eine große Zahl Handbüchsenschützen habet, die bringet alle mit Euch."

Im folgenden Jahr besuchte der König das verheerte Land und hielt mit den drei Völkern einen Landtag in Hermannstadt. Schon ein Jahr früher hatten sie in Ofen den Entschluß hiezu gefaßt; im Januar 1493 schrieb Laurentius Han, der Hermannstädter Königsrichter, der sich am Hoflager befand, an den Rath seiner Stadt, daß der König nächstens kommen werde, die Städte und Lande zu besehen. „Und unseres Herren Genad,“ fügte er hinzu, „ist etwas pegerund.“ Etliche Hofherren hätten zu verstehen gegeben, daß der König bei seiner Anwesenheit in Hermannstadt ein Silbergefäß im Gewicht von etwa fünfundbreißig Mark zur Ehrung erwarte, dessen Form er selbst bezeichnet habe. Dieselbe Andeutung sei dem Herrn Jakob von Meschen geworden; auch die Kroner Herren würden etwas machen lassen und die Rößner desgleichen. Gewiß, die Geschenke werden dem königlichen Hofhalt wol zu Statten gekommen sein. Denn Wladislaus, der in Ofen oft das Fleisch zu seiner Küche auf Borg nehmen und bei dem Bischof von Fünfkirchen um einige Flaschen Wein bitten mußte, war auch dießmal so entblößt von allen Mitteln, daß er vom Siebenbürger Bischof siebenundfünfzig Gulden borgte. Daher betrieb er mit großer Eile von den Sachsen die Einzahlung des Martinszinses (7650 Gulden) und erhob von ihnen noch eine außerordentliche Steuer von 21,000 Gulden. Auch die Bewirthung des Königs kostete sie viel Geld; die Mediascher allein trugen dazu 700 Gulden bei. Dem Siebenbürger Adel, der zu dieser 1500 Gulden gegeben hatte, wurden sie später aus dem Reichsschatz, dem immer leeren, zurückgezahlt.

König Wladislaus hatte im Jahr 1491 einen Vertrag mit Oesterreich geschlossen, in dem das Haus Habsburg die Erbfolge zugesichert erhielt, wenn Wladislaus ohne Söhne sterbe, und der Reichstag in Preßburg im Ganzen und alle seine einzelnen Glieder für sich bestätigten ihn. Darüber zürnte der hohe Adel und beschloß auf einer stürmevollen Versammlung 1505, im Falle der König erbenlos sterbe, einen Mann aus dem scythischen Volk, er meinte damit das magyarische, auf den Thron zu heben. Vor allen strebte insgeheim das Haus Zapolya nach dieser

Würde, das, ursprünglich ein· slavisches Geschlecht, von
Matthias erhöht worden war und die Erbgrafschaft Zips
besaß.

Da wurde dem König ein Sohn geboren, Ludwig, worauf der Erbvertrag mit Habsburg erneuert und durch eine
Doppelheirat bekräftigt ward. Als Ludwig zehn Jahre
alt war, starb sein Vater (1516). Ein Reichsrath leitete
die Regierung, Jakob Piso, ein Mediascher Sachse und
Hieron. Balbus seine Erziehung.

Unter dem Adel aber, der alle Gewalt an sich gerissen,
wuchs von Tag zu Tag Zwietracht und Parteisucht und
alles böse Wesen. Der Mehrzahl des Adels galt der Haß
gegen die Deutschen am Hof als erste Bürgerpflicht. Während es dem König oft an Stiefeln und Nahrung mangelte,
obwol ganze Städte zum Ankauf von Speck und Wein
angewiesen waren, während selbst die Krönung der Königin
der sächsischen Hülfsgelder bedurfte, die Ludwig (12,000
Gulden) „zur Ausstaffirung ihrer selbst und ihres Gesindes"
bestimmte, „damit die Krönung bei gehöriger Bekleidung
des Hofgesindes um so anständiger vor sich gehen könne"
(1522); — mit 1760 Gulden, die der Rösnergau hiezu
beitrug, bezahlte der Kanzler die Gläubiger der Königin —
ja während der König zwei Jahre später vom Sachsengrafen Marcus Pemfflinger 2000 Gulden borgen mußte,
ihm den Ersatz hiefür an die sächsische Steuer anweisend,
trieb der Adel große Hoffart und Verschwendung. Auf den
Reichstagen hörte man nur Scheltworte und Säbelgeklirr
und arge Leidenschaften, und den Gesetzen, die man dort
gab, gehorchte Niemand. Im Reichsrath rauften sie sich am
Bart und gaben sich Ohrfeigen. Es hatte eine solche Gestalt, als solle es nicht lange währen.

Da brach Sultan Soliman mit 200,000 Mann in
Ungarn ein; 3000 Kameele schleppten Pulver und Blei,

300 Kanonen begleiteten das Heer. In dieser schrecklichen Noth schrieb der König einen Reichstag auf das Rakoscher Feld aus. Alle streitbaren Männer wurden aufgeboten zum Feldzug, das blutige Schwert zum Zeichen der Noth durch das Land getragen. Aber der Abel unterschätzte die Gefahr. Während der Feind schon auf ungarischem Boden stand, schwelgte er in Ofen in üppigem Uebermuth. Mit seinen Fingerringen werde er die Türken erdrücken, prahlten sie und wetteten auf fünf, auf zehn und mehr Türkenköpfe. Noch nie ist ein Reich, schreibt ein Augenzeuge, mit so viel Lust und Jubel dem Untergang entgegen gegangen.

Die festgesetzte Zeit des Aufbruches war lange verstrichen, aber das Heer noch nicht zusammen. Als der König den Palatin befehligte, den Türken den Uebergang über die Drau zu wehren, wollte der Abel nicht folgen, bis nicht auch Ludwig ins Feld rücke. So brach auch er, empört darüber und das Schlimmste ahnend, auf.

Bei Mohatsch lagerte man; Paul Tomori, früher Kriegsmann jetzt Erzbischof von Kolotscha, hatte den Oberbefehl. Vierundzwanzigtausend Mann und achtzig Kanonen zählte das Heer. Der Siebenbürger Woiwode Johann Zapolya nahte mit 40,000 Mann — auch er hatte im Lande Mann für Mann aufgeboten — und schrieb, man solle die Schlacht verschieben, bis er gleichfalls käme. Aber der Kriegsrath drängte zum Angriff in wahnsinniger Tollkühnheit. So geschah am 29. August 1526 die Schlacht.

Acht Stunden lang stand schon das ungarische Heer in Schlachtordnung, als die ersten türkischen Haufen auf den gegenüberliegenden Höhen sichtbar wurden. Da setzte man dem König den Helm auf und Todtenblässe überzog das jugendliche Antlitz. Das Heer aber griff sofort muthig an und drängte die feindlichen Reihen zurück, sei es, daß diese absichtlich wichen oder der Gewalt des Stoßes in der That nicht widerstehen konnten. Schon sprengte Andreas Bathori zum König und verkündete ihm den Sieg, schon rückte das zweite Treffen jubelnd nach; nur noch wenige Schritte vorwärts und das türkische Schwergeschütz war in den Händen der Sieger, als dasselbe plötzlich losdonnerte und die Angreifenden vernichtete. Nach anderthalb Schlachtstunden lagen über 23,000 von dem ungarischen Heer todt auf der Wahlstatt. Der König floh Fünfkirchen zu. Eine halbe Meile von Mohatsch hinderte ein Sumpf die weitere Flucht. Ludwig wähnte den Feind zu nahe hinter sich und sprengte hinein. Glücklich an das jenseitige höhere Ufer gelangt, überschlug sich das Pferd, stürzte rücklings und erdrückte seinen Reiter in dem tiefen Schlamm.

Sechszehn Meilen davon bei Segedin lagerte an demselben Tage der Woiwode von Siebenbürgen Johann Zapolya mit seinen Vierzigtausenden. Ob er zum Schlachttage nicht habe eintreffen können oder nicht habe eintreffen wollen, ist ungewiß. Gewiß, daß er ruhig zusah, wie Soliman Ofen einnahm, das Land verheerte, seine Städte verbrannte und 200,000 Menschen in die Gefangenschaft schleppte; gewiß, daß er bald darauf Solimans Hülfe erbettelte, um, sei es auch nur einen Theil des alten ungarischen Reiches an sich zu reißen. Also ging dieses durch die Schlacht von Mohatsch und nach derselben zu Grunde; ein Tag vernichtete, was Jahrhunderte gebaut hatten, weil fast alle Kraft und alle Tugend in seinem Innern schon längst verloren gegangen war.

Hatte das Reich doch unter den drei letzten Königen sich um seine eigene gefährdete Gränzprovinz wenig gekümmert! Darum hatte diese sich selbst schützen müssen und waren die drei ständischen Völker Siebenbürgens gezwungen gewesen, schon 1459 die frühere Einigung, das Schutz- und Trutzbündniß zu erneuern. Ja als in der Folge auch unter

Wladislaus die innere Auflösung noch mehr zunahm und der Woiwode selbst lange Zeit außer Landes war und die Rechtspflege seines Amtes stille stand, als die drei „Nationen" im häufigen Streit unter einander kein Gericht fanden und selbst Diebe, Räuber, Mordbrenner, Falschmünzer sich der Strafe durch die Flucht vom Gebiet der einen in das der andern leicht entzogen, traten jene im Jahr 1506 auf einem Tag in Schäßburg wieder zusammen und beschlossen am Dienstag nach Dorothea, das alte Einigungsbündniß wiederholend, die Aufstellung eines gemeinsamen Gerichtshofs. Jede der „drei Nationen", „der Adel (der Comitate) nämlich, die Sekler und die Sachsen" sollten aus ihrer Mitte vierzehn Richter wählen, das Domcapitel von Weißenburg seinen Decan dazu geben und dieser Gerichtshof ſo lange es Noth thue, jährlich zweimal zusammentreten und über alle Gewaltthat endgültig richten, die seit dreißig Jahren eine Nation der andern zugefügt; nur wenn das Urtheil an Hals und Leben gehe, solle die Berufung vor den König gestattet sein. Von den verhängten Geldbußen solle bei Adeligen der nach alter Rechtsgewohnheit den Woiwoden zustehende Theil diesen zufallen, bei Seklern den Seklergrafen, bei Sachsen den sächsischen Richtern, wie denn auch die Rechtsſache von Volksgenossen unter einander vor den ordentlichen Richter, nicht vor diesen Gerichtshof kommen sollte. Wieder wurde das alte Gelöbniß erneuert, daß eine Nation die andere in ihren Rechten schützen helfe, doch wie es Getreuen zieme, dem König gegenüber ſo viel ihnen möglich nur mit Bitte und Vorstellung. Durch solche Zustände und Entwicklungen aber wuchs im Lande das Gefühl der Unabhängigkeit und die Macht des königlichen Oberbeamten über den größten Theil desselben, die Comitate, d. i. die Macht des Woiwoden, der zu dieser Zeit gewöhnlich auch Graf der Sekler war.

Wenn er in der jährlichen Heerschau die stolzen Schaaren des geharnischten Adels übersah oder in den eingesandten Rollen die langen Reihen der wehrbaren Männer zählte, wenn er den Blick wandte zu den hohen Gebirgen, die rings wie ein fester Wall das Land umgaben, und seine Entfernung vom Sitz des Königs erwog, konnten leicht kühne Gedanken im Herzen sich regen. Das ahnte Matthias und wechselte deshalb die Woiwoden so häufig; doch haben sich zwei derselben gegen ihn empört.

Unter den zwei schwachen Nachfolgern Matthias, bei dem Mangel aller Thatkraft und aller Macht der Könige löste sich das Band zwischen dem Reich und Siebenbürgen immer mehr und wurde dieses immer selbstständiger. Auf den alljährlich häufiger werdenden Landtagen trafen die drei Völker, fast unabhängig von Ungarn, alle Anordnungen, die die Noth des Landes erheischte. Schon unter Wladislaus war es anerkannt, daß das „Reich Siebenbürgen“ gültige Satzungen und Sonderrechte für sich machen könne.

Die Verbindung desselben mit Ungarn hing nur noch an einem Faden; die Schlacht bei Mohatsch und der frevelhafte Ehrgeiz des Woiwoden Johann Zapolya nach derselben zerriß auch diesen.

18.

Von der Stellung der Sachsen im ungarischen Reichsver-
band unter den drei letzten Königen.

1458—1526.

Wer ist das würdigste Glied des Staats? Ein
wackerer Bürger!
Unter jeglicher Form bleibt er der edelste Stoff.
Goethe.

Wenn ein ganzes Reich durch innere Fäulniß zu Grunde
geht, ist ein einzelnes Glied, das vor dem fressenden Gifte
durch seine innere Lebenskraft bewahrt bleibt, eine um so
erhebendere Erscheinung. Eine solche sind die Sachsen unter
den drei letzten Königen. In der allgemeinen Zerrüttung
haben sie die Ordnung, in der überhandnehmenden Abels-
tyrannei die Bürgerfreiheit, in der rings wuchernden Rohheit höhere Bildung und das edlere Volksthum gewahrt.
Ja wie der Sturm den starken Baum nicht zerbricht, sondern nur tiefer zu wurzeln nöthigt und dadurch kräftigt,
so ist in dem allgemeinen Verfalle aus den einzelnen
Sachsengauen ein politischer Körper, eine sächsische Nation
im Sinn des siebenbürgischen Staatsrechts entstanden. Die
Blüten, die auch an ihrem Lebensbaume der Sturm der
Zeit allerdings gebrochen, kommen nicht auf ihre Rechnung.

Wie König Matthias überhaupt dem Bürger- und
Bauernstand gern seinen Schutz angedeihen ließ, sei es, weil
er dessen Geld und Arme gegen den Abel brauchte, oder
den wahren Werth des Menschen kannte, so wandte er auch
den Sachsen in Siebenbürgen seine schirmende Gunst zu.
Seine Thaten in selten verletzter Achtung sächsischen Rechtes
zeugen laut davon, und seine beiden Nachfolger waren
wenigstens hierin des Vorgängers nicht ganz unwürdig.
Selbst wenn Ungerechtigkeit der königlichen Kammer, der stets

armen, scheinbar Vortheil brachte, buldete Matthias sie in
der Regel nicht. Als im Jahr 1470 der Hermannstädter
Goldschmied Simon erbenlos starb, nahm der k. Münz-
beamte Georg Fejer dessen Haus, Hof und Grundstücke für
den König in Beschlag; nach Sachsenrecht fielen sie an die
Gemeinde. Ihr mußte auf die Klage der Hermannstädter
nach dem strengen Befehl des Königs jener sie zurück-
geben. Eben so unantastbar, als Grund und Boden, war
die Gerichtsbarkeit der Sachsen. Doch machten Adel und
Sekler Angriffe auf dieselbe und forderten, daß, wenn sie
eine Klage gegen Sachsen hätten, die Berufung (Appellation) an den Woiwoden gehen solle. Wladislaus II. dagegen schützte (1511) sein Volk in der alten Freiheit, daß
von sächsischen Gerichten die Berufung unmittelbar an den
König gehen müsse.

Zu derselben Zeit und noch lange darnach galten die
Sachsen stets für die Grundkraft Siebenbürgens. Doch
überstiegen die Lasten, die sie in jenen Tagen in Kriegs-
steuern und Kriegszügen zu des Landes Wohlfahrt tragen
mußten, bisweilen ihre Kräfte weithin. Darum erließen
die Könige denselben manchmal die Steuer zum Theile oder
ganz. Nicht weniger suchten sie Wohlstand und Bevölkerung auf dem Sachsenboden zu mehren. Deshalb schirmten sie die Freizügigkeit der (deutschen) Bauern auf Sachsenboden. Deshalb erhielten sie das alte Recht in Kraft, nach
welchem die Egrescher Abteigüter Donnersmarkt, Scholten,
Abtsdorf und Schorsten, weil ihre Bewohner Deutsche
waren, zu den Abgaben der Sachsen beitrugen und unter
ihnen Kriegsdienste leisteten. Ebenso gehörten die andern
Besitzungen sächsischer Städte und Kirchen in Steuer und
Heeresfolge nicht zu dem Adel, wenn sie auch in den
Comitaten lagen, sondern zu den Sachsen. Ja König Matthias verordnete im Jahr 1481, daß wo immer ein Edel-

mann ein an Sachsenboden gränzendes Grundstück oder Gut
verkaufen oder verpfänden wolle, die Sachsen das Näher-
recht hätten.

So ungern der ungarische Adel dieses auch sah, so
standhaft blieben die Könige in weiser Begünstigung des
getreuen Volkes. „Der ungarischen Könige einziges und
vorzügliches Volk" nannte König Matthias die Sachsen
und rühmte laut (1468), „wie sie das Reich mit Dörfern
und Städten geziert und vergrößert, wie diese und ihre
Tapferkeit des Landes Kraft, Stütze und Vormauer an der
fernen Gränze seien." Zur Belohnung so vieler ausgezeichneten Dienste schenkte Matthias den Sachsen wiederholt
bedeutende Gebietsstrecken. So vergabte derselbe 1470 Kolosch und die Hälfte von Fejérd an Klausenburg, erneuerte
zwei Jahre später den sieben Stühlen wegen ihrer großen
Verdienste um die heilige Krone und um den König selber,
sowie wegen des vielfachen Schadens, den ihnen die Walachen so häufig zufügten, die schon früher an sie gemachte
Verleihung des Fogarascher Districts und der sächsischen
Gemeinde Hamlesch mit den zu dieser gehörigen walachischen
Gemeinden, die später unter dem Namen des Selischter
Stuhles vorkommen. Alle Orte und Besitzungen dort mit
allem Lande, bebautem und unbebautem, mit allen Aeckern,
Wiesen, Weiden, Feldern, Wäldern, Thälern, Weinbergen,
Bächen, Flüssen, Wasserbeeten, Fischteichen, Mühlen, überhaupt mit allem Zugehör und allen Nutzungen sollten fortan
den Sachsen der sieben Stühle zu immerwährendem und un-
widerruflichem Eigenthum gehören. Ebenso schenkte Matthias 1475 den Bistritzern das Rodnaer Thal, das seit ge-
raumer Zeit zur Dobokaer Gespannschaft gehört hatte.

Dasselbe Wohlwollen bekundete die Krone dem Burzenland gegenüber. Das hatte zum Schutz der Gränze 1377
die Törzburg gebaut, nicht gezwungen oder unwillig, wie

Ludwig der Große rühmt, sondern aus freien Stücken und keine Kosten scheuend. Dafür versicherte der König, daß die Burgvögte, ob er Deutsche oder Ungarn dazu mache, seine „treuen Sachsen" in ihren Rechten nicht kränken sollten. Aber diese hielten sich nicht immer nach dem Königswort. Sie erhoben vom sächsischen Kaufmann zu großen Zoll; die Wälder rings wurden der Schauplatz bösester Thaten. Ja wenn die Vögte zu ihrer Lust oder in ihrem Amt ins Land hineinfuhren, mußten die Sachsen Roß und Wagen stellen, so daß sie die ungerechte Last in einem Jahre kaum mit 600 Gulden bestreiten konnten. Bald mied alle Welt den Paß, zu dessen Schutz die Burg erbaut war und die Einkünfte der Krone daselbst hörten auf durch die Gewaltthätigkeit der Vögte, die der Woiwode ernannte, weil die Burg in letzter Zeit zum Woiwodalgut gehörte.

So fingen Kronstadt und die Krone an daran zu denken, wie man einen andern Herrn dahin setze. Schon unter Matthias flossen Verhandlungen hierüber. Da überließ am Neujahrstag 1498 Wladislaus II. die Burg mit allen ihren Besitzungen und Nutzungen der Stadt Kronstadt, um ihr und dem ganzen Burzenland „die unerträglichen Bedrückungen, die sie von dort erlitten und auf keinen Fall länger tragen könnten vom Hals zu schaffen" unter der Bedingung, das Schloß zu befestigen und zu bewachen. Wolle der König den Besitz nach zehn Jahren wieder haben, so solle er Kronstadt jene 1000 Gulden zurückzahlen, die sie ihm geliehen. Damit war das Schicksal jener Schloßgüter entschieden. Ehe noch zehn Jahre um waren, hatte Wladislaus „in der mannigfachen und sehr großen Noth", die ihn bedrängte, das „Dominium Törzburg" den „Sachsen von Kronstadt und des Burzenlandes" wiederholt und zuletzt am 25. Januar 1508 neu verliehen und verpfändet; die „Inscriptionssumme" betrug jetzt 6500 Gulden. Der

14*

König sichert den Kronstädtern den Besitz mit den stärksten Garantien. Keine Verfügung von ihm oder seinen Nachfolgern, die den Zweck hat jenen Törzburg zu nehmen, soll irgendwie gültig sein; alle derartigen Befehle oder Verordnungen, die in irgend welcher Weise immer „auf die zubringlich-ungebührlichen Bitten" Jemandes je ergehen könnten, werden im voraus für nichtig erklärt, ja wenn es nöthig, soll Kronstadt sich mit bewaffneter Hand im Besitz schützen und sind zugleich die übrigen Sachsen der sieben und zwei Stühle, des Nösnergaues und Burzenlandes verpflichtet, bei sonstiger Strafe des Hochverraths jenen hierin zu Hülfe zu sein. Im Fall der Noth sollen sie auf Kronstadts Mahnung selbst Mann für Mann zu den Waffen greifen und sei es gegen den Woiwoden, sei es gegen wen immer den Kronstädtern ihr Recht vertheidigen und schirmen helfen. — Am Dreifaltigkeitssonntag 1513 bestätigte Wladislaus diese Verfügung.

So viel thaten die ungarischen Könige zur Kräftigung des Sachsenthums! Ja als durch die Türkeneinfälle die deutsche Bevölkerung von Broos sich vermindert und eine magyarische sich neben ihr gebildet hatte, die den Ort gern vom Sachsenland getrennt hätte, befahlen die Könige ernst, und ebenso in ihrem Auftrag der Woiwode Stephan Bathori 1491, den Verband mit dem Hermannstädter Gau nicht zu zerreißen. Fast zu derselben Zeit drohte der Schäßburger Burg Verfall. Viele ihrer Einwohner verließen dieselbe der mannigfachen Beschwerden wegen, die der Aufenthalt in ihren Mauern mit sich brachte und siedelten sich in der Unterstadt an. Die Burg stand bereits fast öde und König Wladislaus fürchtete, Stadt und Land werde dadurch zu großem Schaden ein festes Bollwerk in den häufigen Feindeseinfällen verlieren. Daher verordnete er im Jahre 1513, daß fortan alle, nach

der frühern Gewohnheit in der Burg wohnpflichtigen Gewerbe bloß daselbst und nirgends anders wohnen und alle
Waaren nur hier zum Verkauf ausgelegt werden dürften,
wie das auch früher so gewesen. Wer ein neues Haus in
der Burg baue, solle sieben Jahre abgabenfrei sein. In
demselben Geiste beschlossen 1517 Rath und Volksgemeinde
von Schäßburg, daß fortan nach altem Recht das Gericht nur in der Burg gehalten werde, die Hälfte des
Rathes und die vier großen Zünfte: Schneider, Goldschmiede, Schlosser und Riemer nur dort wohnen und keine
andern Waaren sonstwo verkauft werden dürften als höchstens grobes Tuch, das bloß einen oder zwei Denare die
Elle koste.

Solch' edlem und wahrhaft königlichem Sinn der ungarischen Herrscher in Mehrung des Sachsenwohls kam von
unsern Vätern selbst ein Geist der Freiheit und der Thatkraft entgegen, der keine Rechtsverletzung ungestraft duldete.
In Hermannstadt lebte zur Zeit des Königs Matthias ein
reicher Bürger Paul Horwath. Von einem Badehaus und
mehrern andern Häusern zog er jährlich große Einkünfte.
Und wie er dadurch übermüthig wurde, wollte er die Gemeindelasten nicht mehr tragen und erschlich sich einen königl.
Freibrief darüber. Die Bürger aber klagten vor dem König
mit solchem Nachdruck, daß der sofort Paul Horwath befahl die Gemeindelasten wie alle andern Bürger zu tragen,
oder die Stadt zu verlassen. Ein andermal hatte Matthias selbst in großer Geldverlegenheit — er mußte einst
im Würfelspiel von seinen Führern den Sold für seine
Truppen gewinnen — Mühlbach mit seinem Stuhl dem
Woiwoden J. Pongratz für 20,000 Goldgulden verpfändet
(1473). Da legte der Hermannstädter Gau bei dem
Weißenburger Capitel feierliche Verwahrung ein gegen den
königlichen Verleiher und den mächtigen Empfänger. Doch

der Woiwode achtete dessen nicht, setzte sich mit Gewalt in den Besitz der Stadt und richtete sie durch unerschwing= liche Steuern zu Grunde. Endlich starb er (1476), da griffen die sieben Stühle zu den Waffen, verjagten die Dränger und stellten den alten freien Zustand Mühlbachs wieder her.

So konnte man oft in den Wirren jener Zeit nicht anders zu seinem Rechte gelangen, als durch Selbsthülfe. Und die alten Freibriefe der Sachsen sprachen ihnen diese Befugniß offen zu. Auch König Matthias erkannte sie an, als er 1468 den Sachsen der sieben und zwei Stühle, in Erwägung ihrer großen Verdienste um das gesammte Reich gelobte, ihre Städte, Märkte und Dörfer von der heiligen Krone, zu der sie von Altersher unzweifelhaft gehörten, nie zu trennen, und alle ihre Besitzungen, Rechte, Freiheiten für alle Zukunft zu erhalten. Daher sollten seine oder seiner Nachfolger Briefe und Befehle, welche jenen Eintrag thäten, ungültig sein und ihre Nichtbefolgung ihnen nicht zugerechnet werden.

Wie sehr Matthias sein Sachsenvolk schätzte, das wurde nicht minder klar, als er den alten Königssitz Bischegrad aus dem Schutt, in den die Stadt versunken war, wieder erheben und mit „guten Einwohnern" bevölkern wollte. Da erließ er 1474 einen Aufruf an sie und lud hundert Haus= väter ein, daß sie hinkämen die zerstörten Häuser wieder bauten und die ganze Feldmark in Besitz nähmen mit großen Rechten und Freiheiten. Aehnliche ehrenvolle Zeugnisse hat Wladislaus den Sachsen gegeben. Im Streite mit seinen Gegenkönigen theilte er ihnen alle Kriegsfälle mit und hielt es nicht unter seiner Würde Brief und Boten in dieser An= gelegenheit an sie zu schicken. Bei dem Abschluß des Erb= vertrags mit Oesterreich auf dem Reichstag in Preßburg forderte Wladislaus aus Siebenbürgen nur die Beistimmung

des Woiwoden, des Bischofs und der Sachsen. Also er-
klärten diese 1492 und zwar die sieben Stühle, die zwei
Stühle, die Kronstädter, die Bistritzer und Klausenburg,
alle einzeln für sich urkundlich und feierlich die Annahme
der österreichischen Erbfolge, und gelobten, daß sie nach dem
Ausgang des Wladislaus'schen Stammes Maximilian von
Oesterreich oder seinen rechtmäßigen Nachfolger zum König
wählen und treu zu ihm stehen wollten für alle Zeiten.
Und sie haben ihr Wort gehalten, wie deutsche Männer.
Graf der sieben Stühle war damals Laurentius Hahn,
Bürgermeister von Hermannstadt Georg Hecht, Königs-
richter und Bürgermeister von Schäßburg Michael Polnar,
Königsrichter von Reps Nicolaus Schukesch, von Leschkirch
Nicolaus Gerendi, von Reußmarkt Meister Matthäus, von
Mühlbach Franz Sachs, von Schenk Michael Gräf von
Marienthal, von Broos Stephan Kroner und alle sammt
vielen andern Geschwornen sind in der Urkunde namentlich
angeführt.

Solche Bedeutung hatten die Sachsen im ungarischen
Reich, auf dessen Tagen sie bereits seit zwei Jahrhunderten
saßen. Auch aus dieser Zeit sind zahlreiche königliche Einberufungsschreiben vorhanden; mehr als einmal wird ihnen
unausbleibliches Erscheinen zu strenger Pflicht gemacht, weil
sie „ein besonderer Zweig der heiligen Krone" und wichtige
Reichsglieder seien, in deren Abwesenheit die Reichsgeschäfte
unerledigt blieben zu nicht geringem Schaden des Landes.
So berief sie König Matthias 1458 zum Reichstag: der
König von Bosnien werde nach Segedin kommen, auch vom
römischen Kaiser seien die ungarischen Abgesandten zurückgekehrt und hätten dessen Antwort und Beschlüsse mitgebracht, „die ohne Euch und Eure Brüder nicht vollzogen
werden können", und sein Nachfolger lud sie zum Krönungs-

lanbtag nach Stuhlweißenburg 1490: weil Ihr in diesem
Reiche Menschen von nicht geringer Stellung seid!

Und solche Stellung im Ungarreiche haben die Väter
gewonnen als ein deutsches Volk. Denn in den Tagen,
von welchen wir sprechen, lebten sie noch rein und unvermischt
und mit Ausnahme von Broos und Klausenburg sahst du keinen
fremden Volksgenossen unter ihnen mit Bürgerrecht. Und weil
sie erkannten, daß darin eine der festesten Säulen ihrer Kraft,
wachten sie strenge über das kostbare Recht. Sogar bei der
Aufnahme der Dominikaner in den Ring der Stadtmauern
1474 machte Hermannstadt die Bedingung, daß der Prior
und die Mehrzahl der Mönche stets Deutsche seien. Der
König und hochgestellte magyarische Reichsbeamte unterstützten sie in diesem Streben. Der Reichsschatzmeister Benedikt
Batthyani warnte 1508 die Hermannstädter Bürger, nicht
zu gestatten, daß Emrich Zobor sich dort ansässig mache.
Kurze Zeit später (1515) befahl Wladislaus dem Adeligen
Paul Belbi, das Haus, das er in Tartlau im Burzenland
besitze und von dem er keine Steuer zahlen wolle, entweder
den Bürgern von Tartlau zu verkaufen, oder alle orbent-
lichen und außerordentlichen Abgaben mit der Gemeinde
und in ihrer Mitte zu entrichten; schon acht Wochen später
konnte der Woiwode Zapolya die Urkunde ausstellen, daß
Paul, Albert Belbis von Bobola Sohn, die ihm gehörige Hälfte des Steinhauses an der Burg im Markte
Tartlau zusammt dem Garten und allen zu jenem gehörigen
Gebäuden dem Richter, den Geschwornen und Einwohnern
von Tartlau um hundert Gulden, die diese sofort baar er-
legt, verkauft und alle Schriften, die er darüber in Händen
gehabt, übergeben habe. In demselben Sinne beschloß Rath
und Bürgergemeinde von Schäßburg 1517, daß auch fortan
kein Andrer als ein Deutscher Haus- und Bürgerrecht in
ihrer Mitte besitzen dürfe und die Tagfahrt der sieben

Stühle bestätigte den Beschluß, ja es bestätigte ihn noch
1532 der von der magyarischen Partei zum König erhobene
Zapolya, gegen den Schäßburg die Waffen getragen viele
Jahre lang.

Zu dieser Zeit aber geschah es, daß in den vielen
Türkeneinfällen große Landstriche auf Sachsenboden verheert wurden und ihre deutschen Bewohner verloren. Da
stiegen die Walachen herab aus den Gebirgen und ließen
sich nieder in die veröbeten Thäler und Dörfer, und die
Sachsen gestatteten es ihnen an manchen Orten, weil der
Deutsche ein fühlendes Herz hat und dadurch auch der
Steuerdruck erleichtert wurde. Nirgends jedoch besaßen sie
Bürgerrecht oder machten darauf auch nur Anspruch, sie
waren zufrieden mit der persönlichen Freiheit, die das gemeine walachische Volk damals sonst nirgends besaß auf der
ganzen Erde. An manchen Orten aber schlugen sie ihre
Wohnsitze auf ohne Erlaubniß der Eigenthümer, und wie
sie ein wilder Haufe waren voll Rohheit und Gewaltthat,
erhoben sich allenthalben Klagen gegen sie über ihre Rechtsverachtung, ihre Räubereien und Brandstiftungen. Die Bestimmungen und Ordnungen, die die sieben und zwei Stühle
1469 mit Matthias Bestätigung in einer Einigung zu
gemeinem Nutzen aufrichteten, gehen hauptsächlich gegen die
Walachen, namentlich gegen die des Fogarascher und Ham-
lescher Geländes, gegen ihre Feld- und Waldverwüstung,
gegen ihren Viehdiebstal. Also mußten die Könige zu harten Mitteln greifen. Ein solches auf dem Sachsenboden
angesiedeltes Dorf ließ Matthias 1487 verbrennen und
ganz vertilgen, weil er nicht wolle, daß die Walachen daselbst zum Schaden der Umgegend Wurzel fassen sollten.
Ein anderes walachisches Dorf, gegen den Willen der Sachsen in dem Reußmärkter Stuhl gegründet und auf Matthias Befehl zerstört, wurde nach seinem Tode wieder

hergestellt. Da gebot Wladislaus 1504 die Walachen daraus zu vertreiben und Sachsen dort anzusiedeln. Sprach doch König Matthias 1484, als Gregor Kemeny im Namen des Adels und Gottfried Töpfer aus Hermannstadt in dem der Sachsen ihm wiederholt über die entsetzlichen Thaten der Walachen klagten, das strafende Wort, daß diese zur Freiheit weder geboren noch berufen seien.

Also sorgten die **ungarischen** Könige für das **deutsche Volksthum** ihrer „getreuen Sachsen." Sie erkannten nämlich, von welcher Bedeutung für Krone und Landeswohl die höhere Bildung des unvermischten deutschen Stammes sei, welch' unheilvoller Rückschritt ein rohes Volksgemengsel an dessen Stelle wäre und von welch' geringer Weisheit — des Unrechtes zu geschweigen — es zeugen würde, wenn sie in jenem **treuen** Stamme ihrer Vorfahren schönes Denkmal thätiger Sorge für Hebung des Reiches selber vernichteten.

19.

Von der Sachsen Wehrhaftigkeit, dem Erbrichterthum und ihrer Innerverfassung unter den drei letzten Königen.

> So wurde klug errichtet
> Der Freiheit Damm und Wehr.
> Gar manchen Streit geschlichtet,
> Hat kleines Bürgerheer.
> Der mag auch Schwerter schwingen,
> Der kühn das Werkzeug führt,
> Und Ritterschlösser zwingen.
> Die seine Kunst verziert.
> Schenkendorf.

In jenen Zeiten wilder Stürme von außen und innerer Auflösung bedurfte außerordentlicher Kraft, wer nicht untergehen wollte. Sie fehlte den Vätern nicht. In der un-

abläſſig drohenden Gefahr blieb der alte Heldengeiſt ſtark
unter ihnen. So ſtanden ſie auf dem Brodtfeld und erwarben ſich Bathoris Lob; ſo ſtritten ſie am rothen Thurm.
Die im Andreaniſchen Freibrief feſtgeſetzte Zahl der Streiter wurde in den Tagen der Noth ſtets freiwillig vergrößert;
mehrmals leſen wir von Aufgeboten, die Mann für Mann
unter die Waffen rufen. Die befeſtigteſten Städte waren die
ſächſiſchen: Kronſtadt und Hermannſtadt von Geſchlecht zu
Geſchlecht mit erweitertem Mauergürtel und vermehrten
Thürmen, jene nach Königs Matthias ehrenden Worten
„Zierde Wall und Thor des Reiches", dieſe noch immer die
„Schutzwehr der Chriſtenheit." An ſie reihten ſich Klauſen-
burg mit ſeinen deutſchen Zunftordnungen in der doppel-
ſprachigen Bürgerſchaft, deren ſtolze Mauern und Thürme
aus Quaderſteinen — nicht genug bewacht vom Wächter —
in den klaren Wellen des Samoſch ſich ſpiegelten; an ſie
die Blume des Nordgaues, Biſtritz, auf deren doppelte
Mauern und ſtattliche Thorthürme aus den Trümmern der
Zwingburg erbaut, die maleriſchen Kuppen des nahen Heinul
verwundert herabſahen. Nächſt ihnen ſtand Mühlbach da,
wieder erhoben aus dem Schutt der Türkenzerſtörung; an
Mediaſchs Mauern baute noch die emſige Hand ſeiner
Bürger. Dagegen ſah die alte Schäßburg unbezwungen
ins Thal herunter und die Thürme der Unterſtadt ſtrebten
freudig auf zur mütterlichen Burg; an der Oſtgränze ragte
von hohem Baſaltfelſen die Repſer Burg in die blauen
Lüfte, der Umwohner Schirm und Hort; im Burzenland
ſtanden die Marienburg und Roſenau und die Heldenburg,
nächſt Hermannſtadt die Stolzenburg und neben ihnen in
allen Gauen des Sachſenlandes wenigſtens um die Kirche,
oft auf freundlicher Berghöhe, die ſchirmende Mauer, häufig
mit Graben und Thürmen — Alles Bürger- und Bauernburgen, zum Schutz der Freiheit, nicht zu ihrer Unterdrückung,

wie du sie nirgends mehr findest im weiten Ungarreiche.
Darin fanden, wenn der Kriegssturm tobte, auch der Adel
und die Sekler Schutz und Sicherheit nach der Einigung
von 1459. An der Gränze wehrte der rothe Thurm, der
sieben Stühle Eigenthum, so wie die Törzburg seit 1498
in Kronstadts Pfandbesitz und von ihm vertheidigt, oft mit
Erfolg feindlichem Einfall. Nicht umsonst leuchtete: ad
retinendam coronam in dem blaurothen Banner!

In allen sächsischen Städten bestanden Kriegsordnungen
und der Rath wachte, daß sie gehalten wurden. In kriegerischen Uebungen lernte die Bürgerschaft Handhabung der
Waffen, damit sie in den Kriegsläuften geschickter und be-
reiter seien und die jährliche Heerschau, die der Rath hielt,
war ein großes Fest. Von Kronstadt sind aus dem Ende
des fünfzehnten Jahrhunderts Satzungen des Raths erhalten, wie „man des Feinds Anlaufen und Stürmen be-
gegnen“ solle, „daß der Noth Gefährlichkeit männlich und
glücklich mit Gottes Beistand überwunden werde.“ Es ist
ein Bild voll Leben und ergreifender Wahrheit, das sie
bieten. Zur Bürgerpflicht gehörte, daß sich ein Jeder mit
gutem Gewehr versorge, in alter Zeit mit Spieß und Bogen,
später mit Büchse und Schwert und allerlei Zugehör. Die
gesammte Bürgerschaft war in Zehntschaften getheilt und
über jede Zehntschaft war gesetzt ein Hauptmann aus den
Herren des Rathes oder ein anderer Mann aus der Gemeinde, der der Sachen erfahren war und dazu wußte, das
vertraute Volk zu regieren. Von den Thürmen der Stadt
gehörte ein jeder einer Zunft an; seine Stärke war der
Zunft Ehre, die volle Waffenkammer darin ihr Stolz und
seine beherzte Vertheidigung ihr Ruhm, der die stillen Räume
der Werkstatt belebte bis zu fernen Geschlechtern herab.
Wurde Feindeseinfall befürchtet, den die reichbezahlten Kundschafter aus der Walachei und Türkei gewöhnlich frühe genug

verkündeten — achtundvierzig Gulden neunzig Denare zahlte
der Hermannstädter Bürgermeister 1526 für sechzehn solcher
Botengänge — da ging von Richter und Rath dem Stadt-
und Landmann die Kunde zu, daß sich Jedermann fürsehe
und versorge mit allerlei nothwendigen Dingen, förderlich
aber mit Korn, Mehl, Salz und Holz. Und die Stücke
wurden in die Schießscharten geführt und die streitbarsten
Männer zur Beschützung der Thürme und Mauern aus-
erlesen und für jegliches Thor zum mindesten fünfzig mann-
hafte Streiter verordnet. Und alle hielten neben den andern
Wehren bereit eine große Axt. Für die Männer, die auf
die Mauern und Thürme nicht aufgetheilt waren, war ein
Sammelplatz bestimmt, wohin sie auf das erste Zeichen
eilten; um den Königsrichter oder Bürgermeister, die Ober-
führer, waren stets vier Hauptleute, daß sie ihnen in allen
Sachen zur Hand seien. Lagerte der Feind vor der Stadt,
so wurde ein Heerzeichen ausgegeben, daß sich das Volk zu
nächtlicher Zeit und im Streit erkenne, und den Freund
vom Feind unterscheide. Die Hunde wurden verschafft, daß
sie kein Geheul erhüben. Auch den Weibern und Mägden
und Kindern und Knaben, die zum Gewehr noch untüchtig
waren, wurde geboten, daß sie kein Geschrei noch kläglich
Heulen anrichteten, auch nicht die Gassen umliefen, eine auf,
die andere ab, sondern daß sie sich in den Häusern still
hielten und Gott um Beistand anriefen. Ihre Gefäße auf
den Häusern und in den Ställen aber hielten sie mit Wasser
gefüllt, auch genetzte Tücher und Löschdecken bereit, die Feuer,
so vielleicht angingen, zu löschen. Und wenn solches geschah, so steckte der Thürmer auf den Ort ein rothes Fähnlein aus; rannte aber der Feind an und stürmte, so zeigte
es ein weißes Fähnlein an und wenn hohe Noth war, so
erklang die Sturmglocke, die man allein läutete während der
Belagerung, daß man der bedrohten Stelle zu Hülfe liefe

und den Feind abschlage. Den Hauptleuten aber mußte
Jeglicher gehorchen bei schwerer Strafe; bei Verlust des
Kopfes durfte Niemand die Stadt verlassen, Niemand ohne
Einwilligung des Führers weder heimlich noch öffentlich mit
dem Feinde reden oder Briefe schreiben oder Zeichen mit
ihm wechseln.

Also wachsam waren die Väter im Krieg und Frieden
und sorgten, „daß der Feinde Macht und Gewalt, so viel
an Menschen gelegen ist, abgewendet werde." Und je größer
die Gefahr, mit desto freudigerer Zuversicht stritten sie „tapfer
und männlich, mit großem Gemüth und mit Hoffnung in dem
Namen Gottes, welcher eine sichere und feste Burg ist wider
alle Feinde."

Die Wehrkraft der Sachsen wurde seit dem letzten
Viertel des fünfzehnten Jahrhunderts bedeutsam vermehrt
durch die Feuerwaffen. Sie hatten sie lange in Siebenbürgen allein und in großer Zahl. Und wenn die Büchsenmeister in der fröhlichen Uebung um den Preis, den der
Rath allmonatlich setzte, auf den fernen Vogel schossen, oder
am ernstern Tag die Hakenkugeln aus den Schießscharten
der starken Thürme und der erhöhten Mauern den Feind
vertrieben, da wird sie wol auch unter ihnen nicht gefehlt
haben die Frage, die Hans Hasenwein aus dem Hasenhof
bei Landshut in seinem Kunstbuch von der Archelei, das im
sechszehnten Jahrhundert durch Ferdinands Zeugmeister Konrad Haas nach Hermannstadt kam, so eingehend bespricht:
ob das Feuer den Stein treibe, oder der Dunst der vom
Feuer geht, ob Salpeter oder Schwefel die Kraft habe, so
Gewaltiges zu wirken, und was sonst noch an der neuen
Waffe wundersam erschienen sein mag. Mit welchem Eifer
sie die Macht dieser in ihren Dienst stellten, davon geben
schon die städtischen Rechnungen und die Zunftbücher jener
Zeit sprechendes Zeugniß. Im Jahr 1478 hatte die Her-

mannstädter Schneiderzunft sechsundzwanzig Büchsen, darunter sieben gegossene Hakenbüchsen und neun Büchsen in den Gestellen; im Maurerthurm in Hermannstadt lagen 1493 acht Haken, dreizehn Handbüchsen, ein Viertelzentner Pulver — in andern Thürmen zwei und drei Zentner — dazu sechshundert Bogen- und Armbrustpfeile. 1495 beriefen sie aus Schlesien einen Büchsenmeister nach Hermannstadt, Hieronymus von Raynke aus Breslau, und sicherten ihm für das erste Jahr zweiundbreißig, für weitere acht Jahre je fünfundzwanzig Gulben Gehalt zu; sein Genosse, der Armbrustschütze Matthias von Nissa, der zugleich mit ihm hinkam, erhielt im ersten Jahr achtzehn, in den folgenden zwölf Gulden und dazu acht Kübel Korn. Noch 1463 schreibt der Woiwode an die Hermannstädter: „Wir bitten Euch angelegentlich und tragen Euch im Namen des Königs auf, uns alle Eure Donner- und Handbüchsen und alle zu denselben gehörigen Werkzeuge zu übersenden. Solltet Ihr vielleicht fürchten, daß wir Euch sie nicht mehr zurückstellen würden, so versprechen wir Euch hiemit bei unserm christlichen Glauben treuliche Wiedergabe." Als Matthias 1464 schweres Geschütz in Siebenbürgen brauchte, mußten ihm die Hermannstädter eine Bombarde mit Kugeln nach Thorenburg schicken. Die größern dieser waren aus Stein; die kleinern machten die fünfundzwanzig Zelte Zigeuner, die damals rings um Hermannstadt wohnten.

Im stets wachsenden Besitze so gefürchteter Kriegsmittel, dazu der stärksten Städte und der zahlreichsten Burgen — Bürger- und Bauernburgen! — haben die Sachsen auch dem sinkenden und zerfallenden Staate in Krieg und Schlacht jene Bürgerpflicht in deutscher Treue geleistet, um deretwillen der größte ungarische König im vierzehnten Jahrhundert sie die Säulen des Reiches an dieser Gränze genannt hatte. In Erfüllung dieser Pflicht führte Marcus

Pemfflinger das Aufgebot der sieben Stühle 1526 zum
siebenbürgischen Heerbann unter dem Woiwoden Zapolya
und mit diesem den Feldern von Mohatsch zu. Um Stephan
König zogen sie aus Hermannstadt aus, mit dem Königsrichter auch der Stuhlsrichter Stephan Kleser und Johann
von Marienthal; das Banner der sieben Stühle zählte —
Zapolyas allgemeines Aufgebot hatte noch keine Folge gehabt — 2000 Reiter (5000 sollte die ganze „Universität"
stellen) und vierhundert Büchsenschützen mit vier großen
Bombarden, die mit drei Zentnern Pulver, drei Zentnern
Blei, achtundzwanzig steinernen und fünfundsiebzig eisernen
Kugeln versehen waren. Die Fahne trug zu Roß der
Fleischer Valentin König aus Hermannstadt. Auch der Wund-
arzt fehlte dem Zug nicht; die Apotheke in Hermannstadt
hatte ihn mit dem Erforderlichen versorgt. Die Heerfahrt
dauerte sechszehn Wochen; daß sie den Feind nicht gesehen,
war nicht ihre Schuld. Nur die Bombarden brachten sie
vom rechten Theißufer, bis wohin sie gelangt, nicht mehr
zurück; sie mußten sie in Ungarn zu des Königs Dienst
zurücklassen; auf zweihundert Gulden schätzten die Büchsenmeister den Werth derselben.

Größere Gefahr, als von den häufigen Feindeseinfällen jener Zeit kam den Sachsen aus ihrer eigenen Mitte.
Die alte Rechtsgleichheit im Volke und damit die Grund-
bedingung der öffentlichen Wohlfahrt, war noch immer
ernsten Angriffen ausgesetzt, und ein bevorrechteter adeliger
Stand wäre gar zu gern entstanden. Jene mächtigen Häuser
mit großem Grundbesitz in und außer dem Sachsenlande,
die nach der Weise der Adeligen lebten und an manchen
Orten erbliche Richterstellen besaßen, waren noch immer in
einer beträchtlichen Zahl vorhanden und wußten durchzusetzen, was der gemeinen Freiheit abträglich war. So anerkannte 1465 nach langem Streit Salzburg den Grafen

Nicolaus aufs neue als Erbgräfen (Grebionen heißen sie
in der Urkundensprache dieser Zeit) und daß für alle Zukunft weder er noch seine Erben zu irgend einer Abgabe
oder Zehnten verpflichtet seien. Jährlich erhielt er zur Betreibung des Landbaues achtundvierzig Joch Acker, Brenn-
und Bauholz aus den Wäldern, freie Weide für seine
Herden auf den Feldern. Seine Hofhörigen wohnten im
Orte. Jeder Rechtsstreit in demselben mußte auf seinem
Hofe vor ihm oder seinem Vogte entschieden werden; Gefangene wurden daselbst in Haft gehalten; von Bußen
und Gerichtsstrafen gehörte die Hälfte ihm, ihm das Schank-
recht, wofür, wer es benützen wollte, abermals ihm zahlen
mußte.

Solche Erbgräfenthümer gab es im 15. Jahrhundert
im Sachsenland nicht wenige; einzelne sind uns bisher schon
entgegengetreten. Zwar das uralte in Kelling bestand nicht
mehr; Erwins Nachkommen waren Magyaren geworden
und einer seiner Urenkel, Joh. von Wingarth verkaufte
Grafenthum und Grafenhof der Gemeinde von Kelling,
wogegen seine drei Söhne 1430 nach des Vaters Tod umsonst bei dem Palatin Verwahrung einlegten. Um so selt-
samer tritt es uns entgegen, wenn wir den „königlichen
Markt" Birthälm zehn Jahre später sich selbst von freien
Stücken in das Joch des Erbgräfenthums beugen sehen.
Allerdings das Haus, dem sie es übertrugen, war im Orte
wohlbekannt. Nicolaus dem Sohn Apa von Malmkrog
verdankten die Birthälmer, daß sie von Sigmund den Blutbann erhalten, ihm das Marktrecht; eine Tochter des Hauses
Anna hatte der Kirche den Pfarrhof vermacht und den Wein-
garten gegenüber, damit der Pfarrer daraus für seinen
Tisch sorge, und das Alles darum, weil zwei Pfarrherren
nacheinander ihr jährlich in Freundlichkeit ein Faß Wein
gegeben. Auch die Hälfte ihrer Mühle im „Hanfthal" ließ

sie in ihrem Testament den Pfarrherren von Birthälm, die
andere Hälfte der Gemeinde, weil diese sie stets frei von
allen öffentlichen Arbeiten und Steuern gehalten hatte und
der Malmkroger, ihr Sippe erkannte das Vermächtniß an,
wenn auch erst nachdem Frau Anna ihn mit Thränen im
Auge darum gebeten. Aber die Birthälmer kannten ihn
auch als härtern Mann. Dort oben im Rösnerland hatte
er die Jaader auf ihrem Weichbild, das von der Bistritz
hinüber ins Robnaer Thal bis an den Samosch ging, von
den Besitzungen, die er da hatte, mit Johann von Bethlen
vielfach geschädigt; von Speier aus untersagte ihm Sigmund 1414 ernst weiteres Unrecht. Auch wußte man in
Birthälm wol, wie die Nachbarn in Kopisch und Waldhüten gegen seinen Vater und Großvater, als der Pergamentbrief nicht helfen wollte, zum Schutz ihrer Marken zu Gewalt und Waffen hatten greifen müssen. Dessenungeachtet
übertrugen sie jetzt dem „gestrengen Ritter“ Herrn Nicolaus,
dem Sohn Apa von Malmkrog und seinem Bruder Georg
„von freien Stücken und in Freundschaft“ das Erbgräfenthum von Birthälm, mit allen Rechten, mit allem Zugehör
und Besitz, der daran hafte, auf Kind und Kindeskind für
alle Zeiten. Es ist unzweifelhaft der friedlose Geist der
Vorortschaftsgelüste, der im stillen Kampf mit Mediasch die
freien Männer blind machte, daß sie in der Hoffnung, so
eichter zum Ziel zu kommen, den mächtigen Bundesgenossen
mit der Hingabe des edelsten Rechtes nicht zu theuer zu
erkaufen meinten.

Doch ebenso überraschend, wie die Erscheinung gekommen, verschwindet sie wieder. Am 2. August 1440 stellt
Nicolaus der Sohn Apa auf dem Pfarrhof in Waldhüten
in Gegenwart des Kerzer Abts Johann von Burnequel und
anderer Zeugen die Urkunde der Verzichtleistung auf das
Birthälmer Erbgräfenthum aus, er für sich und seinen

verstorbenen Bruder und alle ihre Erben; wie man es ihnen
freiwillig gegeben, so legen sie es freiwillig nieder mit
Allem, was daran hänge. Sollte die Birthälmer dießfalls
Jemand angreifen, so will er sie in eigenen Kosten vertheidigen gegen wen immer. Das Ende ist so seltsam wie
der Anfang. Am 5. December 1440 beurkundete und bestätigte die Gauversammlung der sieben Stühle, vor der
Nicolaus und Birthälmer Abgeordnete persönlich erschienen
waren, die Thatsache der freiwilligen Rückstellung der Erb-
gräfenwürde durch jenen — weil er Gott und die Gerechtigkeit vor Augen in der Beibehaltung desselben für sein
und seiner Nachkommen Seelenheil gefürchtet. Sollte einer
von diesen die Birthälmer aus jenem Grunde mit Prozeß
beschweren, so solle er vor dem Beginn desselben den Bir-
thälmern 600 Gulden reinen Goldes erlegen. An demselben
Tag gab Nicolaus von Malmkrog dieselbe Erklärung in
Hermannstadt vor dem Vicewoiwoden Nicolaus von Salzburg ab und am 14. Januar 1441 wiederholten sie die
zwei Töchter seines verstorbenen Bruders vor der Gauversammlung der zwei Stühle. Niemand aus dem Hause hat
weiter das Erbgräfenthum von Birthälm in Anspruch genommen.

Dafür dauert dieses in andern Gemeinden länger und
ist das Ende kein so friedliches. So in Rothberg, in
Marienthal (Mergeln), in Großkopisch, in Häzeldorf. Als
der Kopischer Erbgräf zu Anfang des Jahres 1477 oder
kurz zuvor gestorben war, erkannte die Gemeinde seinen
Sohn nicht an; dieser klagte mit seinen Brüdern und Sippen dagegen vor der Gauversammlung der zwei Stühle.
Diese wies das Recht, der junge Gräf Jakob solle mit
Briefen und Urkunden seinen Erbanspruch beweisen, könne
er das nicht, so solle die Gemeinde mit vierundzwanzig
glaubwürdigen Männern den Eid ablegen, daß Jakobs

15*

Väter die Richterwürde in Kopisch nicht erblich besessen. Als
am festgesetzten Tage jener keine Urkunden vorlegte, wies
auch die Gemeinde „so schwere Eide" zurück und appellirte
dagegen, daß man sie so beschweren wolle, vor die Gauversammlung der siebēn Stühle. Hier erschien jedoch der
Kläger nicht, wiewol sie deshalb drei Tage länger tagte;
da ließen sie „nach dem Gewohnheitsrecht des Vaterlandes"
zum ersten-, zweiten- und drittenmal öffentlich ausrufen und
durch den Herold von der Schwelle des Rathssaales verkünbigen, daß wenn Jemand für den Jakob Gräf von
Kopisch, für seine Brüder und Sippen in der Sache antworten wolle, er kommen möge. Wie Niemand kam, sprachen
sie am Freitag nach Frohnleichnam 1477 (6. Juni) die Gemeinde von allen Anforderungen des Gegners frei und legten diesem ewiges Stillschweigen auf.

Schlimmer gings in Häzelborf. Da besaß das Geschlecht der Tobiasdörfer — die Urkunden nennen sie immer
mit dem ungarischen Namen Thabiasy — das Erbgräfenthum, wenn auch nicht ohne Widerstand der Gemeinde, die
im Jahr 1516 auf der Tagfahrt der zwei Stühle und mit
ihr gegen einen neuen Verleihungsbrief des Königs die sehr
ernste Einrede der Ungesetzlichkeit und damit Ungültigkeit
erhob, um des Friedens willen aber Petrus Thabiasy als
lebenslänglichen Richter anerkannte. Zu Haus und Hof
und stattlichem Erbe, das sie dort hatten, erwarben sie
große Besitzungen in den Comitaten, Puschendorf, einen
Theil von Durles u. A. Die reichen Söhne und Töchter
heiratheten in die ansehnlichsten magyarisch-abeligen Geschlechter Siebenbürgens, die Kemeny, die Banffi und ähnliche. Mit solcher Macht in Händen wandelten sie widerrechtlich Haus und Hof in Häzelborf in adeliges Gut um.
Die Gruft in der Häzelborfer Kirche gebrauchten sie als
Familienbegräbniß, bis dieses endlich 1557 den Letzten des

in sächsischen Verhältnissen vielgenannten Geschlechtes aufnahm. Die in Häzelborf befindlichen Grundstücke gingen
auf die weiblichen Nachkommen über in magyarischen Besitz.
Einer derselben, ein Petki, verkaufte sie zu Anfang des
17. Jahrhunderts dem Fürsten Gabriel Bethlen, der sie urkundlich wieder den Häzelborfer Sachsen verlieh und so die
lange Zeit hindurch abeligen Besitzungen endlich wieder zu
freiem Boden umwandelte.

Solcher Gewaltmißbrauch lastete schwer auf allem Volk,
um so schwerer, da selbst das Königsrichterthum über ganze
Stühle, so über den Brooser, Reußmärkter, Leschkircher,
Schenker, Schäßburger, Repser Stuhl zu Zeiten erblich im
Besitz mächtiger Geschlechter war, die alle mehr oder weniger
zu magyarischem Adelswesen hinneigten. Darum ging das
Streben des Volkes dahin, jene Einrichtungen in seiner
Mitte zu vertilgen und so großer freiheitsverderblicher Macht
zu steuern; im Geiste des städtischen Bürgerthums hatte
es darin den treuesten Verbündeten, wiewol auch unter
den Geschlechtern dieses mehr als eines nach denselben
lockenden Preisen jagte. „Auf keinen Fall wollen wir einen
Abeligen in unserer Mitte haben", schreiben die Brooser
1464 an den Rath von Hermannstadt. König Matthias
unterstützte die gerechte Sache. Denn der magyarische Adel
schon machte ihm viel zu schaffen, es beburfte weiter keines
sächsischen. Art nämlich läßt nicht von Art und in dem
Aufstand von 1467 standen jener sächsischen Eblinge nicht
wenige gegen ihn. Also gelobte er 1468 dafür zu sorgen,
daß zum Schaden der Sachsen Niemand in ihrer Mitte
übermächtig werde. Als im folgenden Jahre die sieben und
zwei Stühle klagten, daß sie von den Königsrichtern in
Gut und Besitz vielfach geschädigt würden, gestattete er
ihnen, sie zu vertreiben und andere an deren Stelle zu setzen.
Wenige Jahre früher (1462) hatte er den Vögten von

Bistriß (es war in der schweren Erbgrafenzeit) Stephan
Hederfai und Michael Zekel von Szent-Joán auch die
Hermannstädter Grafenwürde übertragen; schon 1464 aber,
Freitag nach Ostern (6. April) von Stuhlweißenburg aus,
gewiß auf die Klage gegen Besetzung des hohen Amtes mit
einem fremden Volksgenossen, verlieh der König das Recht,
den Hermannstädter Grafen zu wählen, der unter den
Königsgrafen der sieben Stühle der erste sei, der Hermannstädter Gemeinde, um ihr ein Zeichen seiner königlichen
Gunst zu geben, ihre Wohlfahrt zu erhöhen und ihre Treue
zu stärken, obwol bis dahin das Ernennungsrecht des
Hermannstädter Grafen ein ausschließliches Königsrecht gewesen sei. Kurze Zeit darauf verzichtete Matthias zur Belohnung der vielen treuen Dienste der Sachsen auch auf
das Recht, die Königsrichter in den einzelnen Stühlen zu
ernennen, und hob die Erblichkeit des Amtes, dort wo sie
bestand, auf (1477). Die Königsrichterwürde in den sieben
Stühlen solle fortan nicht nach Erbrecht vom Vater auf
den Sohn übergehen, sondern der Würdigste dazu, jedoch
immer mit des Königs Beistimmung, gewählt werden. Gestützt hierauf gewannen die Sachsen der sieben Stühle schon
im folgenden Jahr in einem Rechtsstreit mit den Söhnen
des Georg Thabiasy von Häzeldorf vor König Matthias
die freie Wahl des Königsrichters im Schenker Stuhl, auf
welche Stelle jene erblichen Anspruch erhoben. Aufs neue
erkannte der König feierlich an, daß die Sachsen den Königsrichter nach dem Sinne seines eigenen und des Andreanischen
Freibriefs, den ihm die Abgeordneten der sieben Stühle der
Schäßburger Bürgermeister Michael Literatus und Benedict
Fleischer, Rathsgeschworner von Hermannstadt, in der Bestätigung der Königin Maria vorlegten, aus ihrer Mitte,
von ihren Volks- und Sprachgenossen wählen könnten.
Ebenso bestätigte der König die freie Wahl des Michael

von Marienthal zum Königsrichter des Schenker Stuhles
(1481). Es half nichts, daß dessen Sohn sich die erbliche Verleihung der Königsrichterwürde über den Schenker
Stuhl für sich und seine geeigneten Erben von König
Wladislaus 1503 erschlich. Denn ob Jemand zum Amte
geeignet sei, das werde nur durch freie Wahl klar, sprachen
die Sachsen.

Die Verleihung der Wahlfreiheit rücksichtlich des Hermannstädter Königsrichters erkannte Wladislaus an und
bestätigte 1490 den Laurentius Han, den Hermannstadt
zum Gaugrafen gewählt, wie dieses bereits früher Matthias
gethan. Ludwig II. dagegen erachtete sich durch Matthias
Freibrief nicht gebunden. Nach dem Tode des Grafen Johann Lulai (1521) bewarb sich Markus Pemfflinger, ein
Schwabe von Geburt und schon unter Wladislaus Unter-
Reichsschatzmeister, um die Stelle, kam nach Hermannstadt
und heirathete die Wittwe Lulais. Der königliche Kanzler
unterstützte sein Gesuch; aber die Sachsen waren nicht zu
bewegen, die hohe Würde dem neuen Ankömmling zu übertragen. Sie baten um Bestätigung der Wahlfreiheit. Der
König aber forderte, sie sollten ihm vorschlagen, wen sie zu
dem Amt fähig hielten und wünschten, er werde einen aus
ihnen bestimmen, der ihm vor allen und dann auch ihnen
genehm sei. Ob die Sachsen Pemfflingern unter jenen genannt, weiß man nicht, gewiß ist, daß er zu des Volkes
großem Heil von Ludwig (1521) zum Hermannstädter Königsrichter und damit zum Gaugrafen der sieben Stühle
ernannt worden.

Die freie Königsrichterwahl in den einzelnen Stühlen
erlitt, wiewol Wladislaus II. und Ludwig II. sich an König
Matthias' Verleihung des freien Wahlrechts an die Sachsen
nicht immer hielten, in der Folge immer seltenere Angriffe
und auch diese, wie die der Gerendi in Leschkirch, wurden

siegreich zurückgeschlagen. Die Königsrichter wurden von der Stuhlsversammlung auf ein, auf drei, bisweilen auf zehn Jahre gewählt, und von dem Hermannstädter Grafen, manchmal auch vom Könige bestätigt. Ihnen lag noch immer die alte Pflicht ob: Recht und Gerechtigkeit schirmen im Frieden, das Heer führen im Kriege.

Neben dem Königsrichter stand an der Spitze des Stuhles der Bürgermeister. Beide Würden sind gleich hoch und es hat sich getroffen, daß sie mehrmals Ein Mann nach einander, bisweilen auch zu gleicher Zeit bekleidet. Doch steht in den alten Briefen der Bürgermeister immer vor dem Königsrichter geschrieben. Auf sie folgt der Stuhlsrichter. In den zwei Stühlen wird der gemeinsame Königsrichter abwechselnd aus dem Mediascher und Schelker Stuhl genommen. Der Versuch Mediaschs, das 1498 Jahrmarktsrecht erhielt, den Sitz des Königsrichters bleibend in seine Mitte zu verlegen, scheiterte noch trotz der Begünstigung von Matthias und Wladislaus an dem zähen Widerstand der andern Gemeinden. In Städten und Dörfern stehen neben den Oberbeamten die Geschwornen, dort gewöhnlich zwölf an der Zahl, alle jährlich frei vom Volke gewählt. Doch traf es sich, daß auch die Gewählten bisweilen dem Vertrauen der Wähler nicht entsprachen und die Macht, die ihnen die Gemeinde übertragen, mißbrauchten. So mußte König Wladislaus 1494 den Hermannstädter Bürgermeister Johann Agnethler zu genauerer Rechnungslegung mahnen.

Den Nachtheilen vorzubeugen, die hieraus der gemeinen Freiheit und Wohlfahrt drohten, wählten die Stadtgemeinden, denen es schwer wurde sich auf jede Veranlassung zu versammeln, jährlich hundert ehrbare Männer aus ihrer Mitte, die da gute Ordnungen geben und sorgen sollten, daß die Beamten ihre Schuldigkeit thäten und sich nicht

Uebergriffe erlaubten. Bald machten es die Dörfer ebenso.
So entstand die Einrichtung der Hundertmannschaften, der
äußern Räthe oder der „Communitäten" im Sachsenlande
und König Wladislaus bestätigte sie im Jahr 1495. „Wir
haben," schreibt er, „vernommen, daß Ihr nach der Weise
anderer Städte unsers Reichs hundert auserlesene Männer
jährlich aus Eurer Mitte zu erwählen begonnen habt. Da
wir in dieser Einrichtung großes Heil für Euch und eine
Bürgschaft künftigen innern Friedens in Eurer Mitte er-
blicken, so bestätigen und bekräftigen wir dieselbe hiemit für
alle nachfolgenden Zeiten."

Doch wurde hiedurch das Volk von der Theilnahme
an den öffentlichen Angelegenheiten nicht ausgeschlossen. Zur
Berathung wichtigerer Gegenstände zog man die Angesehenern aus den Zünften zu und was noch tiefer ins
Leben eingriff, kam vor die Bürgergemeinde. So erließ
der Rath von Schäßburg die wichtige Innerordnung in dem
Jahre 1517 unter Mitwirkung der angesehenern Zunft-
glieder, der Hundertmänner und fast der gesammten Volksgemeinde.

Auf der Gauversammlung der sieben Stühle in Hermannstadt erscheinen zu dieser Zeit immer die Bürgermeister, Königsrichter, Stuhlsrichter, die Geschwornen und
übrigen Abgeordneten der sieben Stühle. Aehnlich wars
in den zwei Stühlen, im Burzenland und Rößnerland.
Rechtspflege und Ordnung allgemeiner Angelegenheiten blieb
fortwährend die Bestimmung jener Versammlungen. Die
öffentliche Sicherheit zu fördern ertheilte König Matthias
1466 dem Richter und den Geschwornen von Agnetheln
den Blutbann; seit drei Menschenaltern (1376) war die
Gemeinde bereits, wenngleich anfangs nicht ohne Anfechtung, im Besitze des Jahrmarktsrechts; beides sind auch
hier Zeichen des Kampfes um die Vorortschaft, um die sie

mit Groß-Schenk stätig rang; nun erwirkte dieses von Ludwig 1516 den Erlaß, daß der Sitz des Stuhlsgerichtes
und des Stuhlsrichters stets hier sein müsse. Bloßes Be-
bürfniß nach Rechtsschutz war es, um bessentwillen Labislaus V. den wackern Gemeinden Bulkesch und Seiden 1453
den Blutbann verlieh, nachdem sie schon 1448 von Johannes
Hunyadi Vollmacht und Auftrag erhalten hatten, auf die
Vögte der Kokelburg, wenn diese nicht aufhörten sie zu
schädigen, mit Hülfe der andern Sachsen zu fahnden, sie zu
fangen, zu rädern, zu pfählen oder an den Galgen zu
hängen. Im peinlichen und bürgerlichen Rechtsstreit sprach
man das Urtheil wesentlich nach dem alten Gewohnheitsrecht. In zweifelhaften Fällen sich Raths zu erholen, ließ
1481 Thomas Altenberger, Bürgermeister, Königsrichter
und Kammergraf in Hermannstadt das Nürnberger, Magdeburger und Iglauer Recht in einen Pergamentband zu-
sammenschreiben. Allgemein gültiges Gesetzbuch ist die Sammlung nicht gewesen und hat es nicht sein sollen. Wol aber
enthielt sie den Eid, den die Hermannstädter Rathsmänner
bei dem Eintritt in ihr Amt schworen. Auf der letzten
Seite des Buches, unter dem Bilde des gekreuzigten Heilandes, war er geschrieben und lautete: Ich schwöre Gott
und der Königin Maria und allen lieben Heiligen, daß ich
unserm allergnädigsten Herrn dem König und der heiligen
Krone in allen meinen Rathschlägen gehorsam und getreu
will sein, auch dieser löblichen Stadt Ehre, Nutzen und
Gerechtigkeit suchen will nach allem meinem Vermögen,
den Freunden sowol als Fremden, Armen, Reichen Gerechtigkeit nach meinem Verständniß thun will und dabei
nicht an will sehen Freundschaft, Gewinnst oder Gabe,
Wittwen und Waisen besonderlich mir befohlen will lassen
sein, sie nach meinem Vermögen in ihrer Gerechtigkeit zu
schützen, des ehrsamen Rathes Heimlichkeit nicht offenbaren

will anders als wenn es sich ziemt. Also wahr helfe mir
Gott und alle lieben Heiligen!

20.

Gewerbs- und Handelsthätigkeit der Sachsen. Der sächsischen Gaue Vereinigung zu Einem Nationskörper.

> Das ist die deutsche Treue,
> Das ist der deutsche Fleiß.
> Der sonder Wank und Reue
> Sein Werk zu treiben weiß.
> Schenkendorf.

In der sturmbewegten Zeit der drei letzten Könige, bei
fortwährenden innern Wirren und steter Feindesnoth, wo
die eine Hand den Pflug, die andere das Schwert führen
mußte, sank die Gewerbs- und Handelsthätigkeit der Sachsen
von jener Stufe, die sie in besserer Zeit erstiegen, mit nichten. Voll Verwunderung rühmt der Gesandte von Neapel,
daß sie die tüchtigsten Gewerbsleute seien im ganzen ungarischen Reiche. Auch in Siebenbürgen lag noch immer Gewerbe und Handel ganz in ihren Händen. Kaum daß
schwache, unbedeutende Anfänge sich unter Seklern und Walachen finden; daß die alte barbarische Verachtung jener
Beschäftigungen aus den Herzen der Magyaren nicht aus-
getilgt werden könne, klagt ihr eigenes Gesetzbuch. Dafür
mehrten sich unter den Sachsen die Gewerbe und die Orte,
wo sie betrieben wurden. In den Rechnungen der Städte,
in äußerst zahlreichen, auch für die Cultur- und Sitten-
geschichte so inhaltvollen Zunftordnungen, in vielen andern
Urkunden jener Zeit tritt uns eine Fülle frischen vielgestaltigen Lebens auf diesem Gebiete entgegen. Neben den Maurern
und Zimmerleuten, die, wenn auch nicht zünftig, von jeher

bestanden und thätig waren, neben den Goldschmieden, deren
Arbeiten schon früher erwähnt worden, finden wir darin
die neuen Gewerbe der Pfeilschnitzer, Sporer, Glockengießer,
Steinmetze, Glaser, Maler. Der Letztere mußte zu „seiner
Meisterschaft Beweisung" unter Anderm ein Marienbild
machen, einer Elle breit, mit Lazur und planirtem Gold.
In Heltau erstand eine Sichelschmiedzunft, zahlreich und
weithin genannt; in Hermannstadt, Kronstadt und den
andern Städten Pulver- und Büchsenmacher, hundert Jahre
früher als in England. Noch sind Helme, Panzer, Schwerter und Piken im Lande aus jener Zeit. Marktschelken
hatte eine Zinngießerzunft von mehr als hundert Meistern,
Marpod große Innungen der wohlhabendsten Schuster und
Schneider; mehr als eine Zunft bestand in Keisd, wo
1508 die „Schuhknechte", nachdem sie lange „gar unziemlich
gelebt, daß man viel Uebels von ihnen geredet" mit
„Gewalt und Macht der ehrbaren Meister des Handwerks"
und „mit Willen des würdigen Herrn des Pfarrers Meister
Peteren" eine Ordnung feststellten, die ihr Leben in geziemender Zucht halten sollte an Wochen- und Sonntagen
im Ernst der Arbeit, wie „wenn die Gesellen beisammen
sein zu dem guten frischen und kühlen Wein." Der Wohlstand, der im Gefolge solcher Gewerbsthätigkeit kam, durch
die Wirren jener Tage zwar erschüttert, aber weil auf dem
goldenen Boden der Arbeit ruhend nie ganz vernichtet werden konnte, war es, der der verhältnißmäßig geringen Zahl
der Sachsen von vielen Seiten schnöde Mißgunst und argen
Neid zuzog, worüber der Abt von Koloschmonostor Gabriel
Polner schon 1493 dem Hermannstädter Rath so schmerzlich
klagt, wenn er von Schäßburg (24. Juni) schreibt: „von
allen Seiten droht Gefahr den armen Sachsen, deren Zahl
so klein ist und die, Niemandem zu Leide sei es gesagt,
von Allen gehaßt sind, nicht weil sie böse sind, sondern weil

ihr durch Fleiß erworbener Wohlstand der Andern Neid
gegen sie erweckt.‟

Die Hauptsitze von Gewerbe und Handel waren, wie
früher, Hermannstadt, Kronstadt und Bistritz; unmittelbar
neben ihnen steht Klausenburg. Zwischen jenen Gauen
herrschte reger Wetteifer, der so weit ging, daß sie sich bisweilen den Kleinverkauf innerhalb ihrer Gränzen gegenseitig verboten. Und doch war andrerseits die Erkenntniß
von der Gemeinsamkeit der Interessen und der jene Zeit
erfüllende corporative Geist so stark, daß er selbst um die
in den verschiedenen Orten bestehenden Zünfte desselben Ge-
werbes ein neues Band der Einigung schlang. Sie treten
seit dem Ende des XV. Jahrh. in eine Gesammtverbindung,
die „Union“, zusammen, haben in der Regel gleichzeitig mit
der Universität in Hermannstadt ihre Tagfahrten, berathen
über ihre Angelegenheiten und setzen neue Ordnungen fest,
der nahen Versuchung, einseitig nur ihres Vortheils wahr-
zunehmen, nicht immer ausweichend. Doch erhält dadurch
das Gewerbwesen unzweifelhaft eine neue Stütze und wird
das Streben einheitlicher Entwicklung desselben gefördert.
Im ganzen Lande galten nach einem Befehle Königs Matthias vom Jahre 1489 im Verkehr nur die Längen- und
Gewichtsmaße, welche im Hermannstädter Gau, den zwei
Stühlen und im Burzenland uralt waren.

Der Zug des sächsischen Handels ging im wesentlichen
immer noch in der alten Richtung. Wenngleich die Türken-
herrschaft im untern Donauland ihn hier bereits zu be-
schränken begann, trugen doch die siebenbürgischen Zölle an
der Ost- und Südgränze einen jährlichen Pacht von 7000
Gulden. Und auf Handelsreisen nach Ungarn führte ein
einziger sächsischer Kaufmann manchmal Waaren im Werth
von 3000—4000 Gulden mit sich. Dahin gehörten Zwiebel,
Getreide, Flachs, Hanf, Hopfen, Kräuter, Heu, Wein, Honig,

Wachs, Talg, Speck, Ochsen, Kühe, Pferde, Schweine, Wid-
ber, Ziegen, Rinderhäute, Kalb-, Fuchs-, Marder- und andere
rohe Felle, Hausen und andere Fische, Eisen, Salz, Wolle,
Tücher, Bettdecken, Hüte, Bogen, Sättel, Kessel, Schwerter
und viele andere Roh- und Kunstproducte. Gold- und Silber-
arbeiten, die aus den sieben Stühlen in die Moldau geführt
wurden, waren nach den Zollbestimmungen des Woiwoden
Elias von 1433 zollfrei. Diesem sächsischen Handel ins
Ausland gegenüber fehlte es freilich auch an Einfuhr nicht.
Hieher gehören nicht nur die Gewürze des Südens Safran,
Pfeffer u. s. w. und fremde Weine, sondern namentlich auch
feinere Tücher. Aus den Zollordnungen des Woiwoden
Stiborius für den Rodnaer und Törzburger Paß von 1412,
sowie den Satzungen der Schneiderzunft von Hermannstadt in der zweiten Hälfte des fünfzehnten Jahrhunderts
sehen wir, daß Tuch aus Frankreich und Polen, von Ypern,
von Mecheln und Köln, daneben „pernisches" (von Verona
nach der Hermannstädter Rechnung von 1467, in der neun
Ellen desselben sechs Gulden kosten), Fülfurtisches, Nürnberger, Breslauer, Speierer „Gewand" und noch anderes
ins Land kommt und von Männern und Frauen getragen wird.

Solcher Verkehr warf an den Zollstätten reichen Ertrag ab, um so mehr, da einzelne Gegenstände mit überaus hohen Zollsätzen belastet erscheinen. Mußte man doch
nach der, den Kronstädtern von Stiborius 1412 hinaus-
gegebenen Zollordnung für ein Stück Yperischen Tuchs zwanzig „Ducaten", für ein Stück französisches vierundzwanzig
für Kölnisches zwölf, für polnisches sechs Ducaten entrichten, für ein Faß Honig zwölf Ducaten, für einen Zentner
Wachs ebensoviel, während auffällig nach desselben Stiborius
Zollbestimmungen für Rodna hier für ein Stück Yperischen
Tuchs nur zweiunddreißig Groschen, für ein Stück Kölnisches

ein halber Gulden, für ein Stück polnischen Tuchs elf Denare gezahlt werden. Und von diesen Zöllen waren thatsächlich auch die Hermannstädter Gaugenossen nicht immer frei, wiewol König Sigmund 1413 und Wladislaus 1441 die den Kaufleuten in dem Andreanischen Freibrief gewährleistete Zollfreiheit bestätigten. In der häufigen Rechtslosigkeit der Zeit mußte man oft selbst Ungebührliches ertragen und die grade hier immer wiederkehrenden Klagen der Sachsen beweisen, wie groß die Willkür auf allen Seiten war. Das Domcapitel in Wardein, das von König Emrich einundzwanzig Jahre vor dem Andreanischen Freibrief zwei Drittheile der dortigen Zölle geschenkt erhalten hatte, zeichnete sich hierin insbesondere aus und zwang die Sachsen, gegen die übermäßigen Forderungen desselben vor dem König Matthias bittere Beschwerde zu führen. Der wies die Entscheidung des Streites an seinen Palatin Michael Orsag de Guth und vor ihm vertheidigten 1478 das gute Recht der Sachsen mit Hinweisung auf das Andreanum Benedict Fleischer aus Hermannstadt, Johann Dobo aus Klausenburg und Bartholomäus Chonkabonka aus Kronstadt. Das Domcapitel eiferte heftig dagegen, aber der Palatin sprach die Sachsen von dem dritten Theil der Zölle frei, und setzte den Zollbetrag für die einzelnen Gegenstände fest, auf daß die frühere Willkür ein Ende habe.

In diesen Tagen geschah es, daß das alte Wort der Könige von der Einheit aller Sachsen in Siebenbürgen in Erfüllung zu gehen begann. Den Stürmen jener Zeiten mußte man die vereinte Kraft entgegensetzen und seit die bedeutendsten deutschen Gaue in den Besitz des Hermannstädter Freithums gekommen, mußte ihnen daran gelegen sein, zu nachdrücklicherer Wahrung ihrer Rechte auch nach Außen als ein Ganzes zu erscheinen. So wandten sich

schon 1446 die Sachsen der sieben und zwei Stühle vereinigt mit dem Burzenland und dem Rößnergau an den
Cardinal-Erzbischof Dionysius von Gran und begehrten ein
Weisthum über eine Anzahl von Fragen des kirchlichen und
bürgerlichen Rechtes, die zwischen Laien und Geistlichen
streitig waren. Eine Antwort auf eine Anfrage desselben
Inhalts schickte Papst Nicolaus V. im folgenden Jahr
gradezu an seine „geliebten Söhne, die Bürgermeister
Richter und Universität (Gesammtheit) der Sachsen in
den siebenbürgischen Theilen." So traten diese im Zollstreit gegen Wardein zusammen auf und vertheidigten sich
vereint gegen das Unrecht des Domcapitels. Auf Thomas
Altenbergers Bitten bestätigte König Matthias am 6. Februar
1486 den Andreanischen Freibrief für die „Gesammtheit der
Sachsen", weil es des Königs Pflicht sei, seine Getreuen
in den Freiheiten zu schirmen, die sie durch große Tugenden
und Verdienste von den alten Königen erhalten.

Aus dieser beginnenden engern Vereinigung schied allmälig das alte deutsche Klausenburg aus. Zwar gilt es
unter den letzten Königen vorzugsweise noch für eine sächsische Stadt. Ein Abgeordneter aus ihrer Mitte vertrat
das sächsische Recht in dem Zollstreit und berief sich mit den
andern auch für Klausenburg auf den Andreanischen Freibrief; noch 1481 ernennt Matthias Hermannstadt zum unmittelbaren Oberhof Klausenburgs; noch 1527 rühmt Johann Zapolya, daß Klausenburg unter den säch sischen
Städten allein ihm angehangen: aber das magyarische Wesen wird immer mächtiger in ihr. Und als sie im Thron-
streit nach dem Falle des Reichs nicht mit den Sachsen auf
Ferdinands Seite stand, als sie in der Folge aus der evangelischen Kirche A. C., in die sie zugleich mit den Sachsen
übergetreten, ausschied und mit den Magyaren zur reformirten, später zur unitarischen Kirche überging, da wurde

das Band zwischen beiden noch loser, das fremde Volksthum in Klausenburg noch stärker, bis das vereinzelte Deutsch-thum dem heftigen Gegner endlich ganz erlag.

Wie Klausenburgs, so hinderte der Zeiten Ungunst auch der stattlichen freien Volksgemeinde Sächsisch-Regen engern bürgerlichen Verband mit den Sachsen. Wie die-selbe im Lauf der Zeit an Rechten und Freiheiten zugenom-men, kann aus Mangel an Zeugnissen nicht angegeben werden. Die neu aufgefundene Jahreszahl in seiner 1848 verwüsteten Kirche (1330) und die Anjou'schen Lilien auf seinem alten Wappen deuten auf frühe Blüthe unter Karl und Ludwig. Matthias gab ihm Bistritz und Hermann-stadt zu Oberhöfen; aber die wirrvollen Zeiten nach des Königs Tod und die baldige Trennung Siebenbürgens von Ungarn hinderte seine gänzliche Vereinigung mit den Sach-sen, die sich die wackere Gemeinde durch hundertjährige Leiden und deutsche Treue mit namenlosen Opfern nicht hat erkaufen können.

Wie Klausenburg und Sächsisch-Regen, so blieben von der Vereinigung mit den Sachsen ausgeschlossen, weil auf Comitatsboden liegend, das Tekendorfer, Schogener und Zekescher Capitel, die meisten Orte des Bogeschdorfer, Bul-kescher und Laßler, dann einige Gemeinden des Schelker Capitels. Diese versanken von Jahr zu Jahr in schwerere Knechtschaft, aber die Spuren des alten freiern Zustandes konnten doch nicht ganz vertilgt werden. Das alte deutsche Recht, auf das sie angesiedelt worden, blieb in manchen Gemeinden kenntlich in dem Recht der Mühlen, der Schenke, des Waldbesitzes, der freien Pfarrer- und Richterwahl, so wie hie und da des Gerichtzuges vor freie sächsische Behör-den. So wahrten sie, mitten in dem vom Adel geknechteten Lande, sei es auch nur einige Trümmer schönerer Freiheit, und der Segen derselben war kenntlich in vollern Scheunen,

schmuckern Häusern und menschlicher Bildung. Wie zahlreich aber auf dem Comitatsboden die deutsche Bevölkerung
gewesen, geht schon aus den vielen, heute noch gebräuchlichen,
das alte Sachsenthum jetziger walachischer oder ungarischer
Dörfer beurkundenden Ortsbenennungen hervor. Vor vielen
Namen hörst du ein „Sächsisch" klingen (Szász-Csávás
u. s. w.) aber das Deutschthum dort ist längst erloschen.

Also kam es, daß bei weitem nicht alle sächsischen Orte
mit den größeren Gauen zu einem bürgerlichen Gemeinwesen vereinigt wurden, während auf dem Gebiet des kirchlichen Lebens alle in „Capitel" oder Dechanate zusammen-
geschlossene sächsische Gemeinden, auch die auf Comitatsboden
liegenden bereits seit dem Anfang des 15. Jahrhunderts als
eine für sich bestehende abgeschlossene sächsisch-kirchliche Einheit und Gesammtheit (Universität) erscheinen. Auch hier
hat neben dem Volksthum wesentlich das gemeinsame gleiche
Recht das Band der Einheit gewoben und die zahlreichen
bischöflichen Angriffe darauf haben dasselbe nicht wenig ge-
stärkt. Unter Dechanten stehend, welche von den Pfarrern
des Capitels frei gewählt wurden, sind diese im Besitz einer
viel umfassenden kirchlichen Gerichtsbarkeit; sie beaufsichtigen
die Kirche und ihr Vermögen, doch unter der Mitwirkung
der Gemeinde, und vollziehen die Einsetzung des Pfarrers,
den nie der Bischof ernennt, sondern die Gemeinde nach dem
Gemeinrecht frei wählt, wenn auch in einzelnen Fällen in
letzter Zeit im Nösnerland ein Patronatsrecht der Stadt
sich geltend machen will. Diese Capitel, wie sie angegriffen
gemeinschaftlich gegen den Bischof sich vertheidigen (schon
seit 1309), treten in ihren Dechanten und Abgeordneten zur
„geistlichen Universität" zusammen, wenn eine gemeinsame
Angelegenheit, sei es eine von der Krone geforderte Leistung,
sei es ein andrer Grund sie ruft (so schon 1420) und feste
Vertragsbestimmungen (die ältesten von 1423) regeln die

Forderungen, die in solchem Fall an die Capitel der Graner und an die der siebenbürgischen Diöcese zu stellen sind, daß nicht die Minderheit unbilligem Beschluß der Mehrheit preisgegeben sei. An der Spitze der Geistlichkeit der sächsischen Capitel erscheint im 15. Jahrh. der Mediascher Dechant, der seit dem Anfang des 16. Jahrh. den Namen Generaldechant führt.

Dasselbe Gesetz der Einigung vollzieht sich denn auf dem Feld des bürgerlichen Lebens, wenn auch nur an den Sachsen des Königsbodens, immer entschiedener seit König Ladislaus ihnen 1453 zugerufen: „ihr die ihr stets eins gewesen und auch fortan ungetheilt bleiben sollt." Die Könige selbst sehen in ihnen immer mehr eine politische Einheit und behandeln sie als solche. Schon 1454 werden die sieben und zwei Stühle gemeinsam zum Reichstag berufen. Seit dem Anfang der Regierung des Königs Matthias geschieht zunächst dieser sieben und zwei Stühle als einer politischen Einheit immer häufiger Erwähnung, obwol die alte Sonderstellung beider Gaue in innern Angelegenheiten nicht wesentlich verändert wurde. Hatten sich schon früher alle freien Sachsen zur Ordnung gemeinsamer Landesangelegenheiten mit den übrigen ständischen Völkern auf Landtagen vereinigt, so traten sie unter Matthias auch auf besondern Volkstagen zur Ordnung rein sächsischer Angelegenheiten zusammen. Im Jahr 1475 forderte König Matthias von allen Sachsen der sieben und zwei Stühle des Burzenlandes und Nösnerlandes eine gemeinschaftliche Steuer von 10,000 Gulden und über das Verhältniß der dießbezüglichen Leistungen des Nösnergaues zu den andern traf schon derselbe König Bestimmungen, die Wladislaus 1508 neuerdings einschärfte. Das Verlangen der stets geldbedürftigen Krone nach „Subsidien", nach außerordentlichen Unterstützungen ergeht fortan in der Regel an diese Gesammtheit,

ebenso wenn die in den alten Freibriefen festgesetzte Zahl
der Krieger gegen drohende Feindesgefahr zum Schutz des
Landes vermehrt werden muß. So treten 1485 die sieben
und zwei Stühle mit den Abgeordneten des Burzenlandes
und des Nösnergaues zusammen, um über die gemeinsame
Stellung von schwerem Geschütz zu berathen und beschließen
einstimmig ohne Jemandes Widerrede, den etwaigen Schaden
oder Verlust in dieser Sache gemeinsam zu tragen. So
fordert der Woiwode Stephan Zapolya 1497 die „Gesammtheit der Sachsen" zur Unterhaltung von Kundschaftern im
türkischen Reiche auf und auf den Reichstagen zur Zeit
Wladislaus und Ludwigs erscheint in der Regel nach den
königlichen Einberufungsschreiben die „Gesammtheit der Sachsen" des Hermannstädter, Mediascher, Burzenländer und
Nösner Gaues vertreten. Die weltliche „Universität der
Sachsen in Siebenbürgen" tritt eben an die Stelle der
alten einzelnen deutschen Gaue.

So umschlingt bereits unter den letzten Königen das
Band äußerer Einheit die Sachsen, und obwol der Hermannstädter Gaugraf erst unter den Fürsten als „Nations-
graf" erscheint und die alte Sonderung in einzelnem Un-
wesentlichen noch fortdauert, wie sie denn bis in die letzten
Zeiten nicht ganz verschwunden ist, so treten jene Gaue doch
unzweifelhaft in die Zeit der einheimischen Fürsten als ein
bürgerliches Gemeinwesen, als Eine „Nation" im Sinn des
siebenbürgischen Staatsrechts ein.

21.

Bildung und Sitten in jener Zeit.

In vester Mauern Mitte
Blüht eine frische Welt;
Da ward die milde Sitte
Zum Wächter hingestellt;
Die hat gar treu gehütet
Den anvertrauten Schatz;
Als rauher Sturm gewüthet
Stand sie an ihrem Platz.

Schenkendorf.

Bei den anhaltenden Kriegen und innern Wirren unter
den drei letzten Königen konnte im Ungarreiche die Bildung
im Ganzen schlecht gedeihen. Zwar rühmen viele den König
Matthias, und mit Recht, wie er die Wissenschaften gepflegt
und eine Hochschule und Büchersammlung gegründet, auch
wurden ausländische Hochschulen, namentlich Krakau und Wien
von Ungarn aus insbesondre von den Städten und Bischofs-
sitzen nicht wenig besucht, aber das war doch nicht von durch-
greifendem Einfluß. Denn Bildung und Sittenveredlung
ist bedingt von der Naturgemäßheit aller Verhältnisse und
Zustände und eine Einrichtung oder zwei machen es nicht aus.
So konnte es geschehen, daß kurz nach König Matthias
Tod der Sohn des Palatins seinen Namen nicht zu schreiben,
der Judex curiae Paul Kinischi weder zu lesen noch zu
schreiben vermochte; auch der siebenbürgische Woiwode Bathori war fern von aller wissenschaftlichen Bildung. Daß
ein Bischof Bücher las, war den Ungarn ein ungewöhn-
licher Anblick. Der Abschreiber der Geschichte des Bonfinius
wurde von Wladislaus II. geadelt; seine Geschicklichkeit muß
also eine seltene gewesen sein. Das geschah zu derselben
Zeit, als in Deutschland die Buchdruckerkunst bereits ein
halbes Jahrhundert blühte, siebzehn Universitäten und eine
große Zahl Städt- und Dorfschulen bestanden.

Die Bildung der Sachsen war des fernen Mutterlandes
nicht unwürdig. Immer reicher und vielseitiger tritt die Wirksamkeit der von Alters her in ihrer Mitte bestehenden Schulen
hervor, und diese selbst werden in den Zeugnissen seit dem
Anfang des 15. Jahrhunderts immer häufiger genannt. In
Volkszählungen, die uns von 1510 aus dem Burzenland, von
1516 aus dem Mediascher Stuhl erhalten sind, fehlt fast in
keiner Gemeinde „das Schulhaus" oder „der Schulmeister";
das kleine Bus mit seinen dreißig „Wirthen" und sechs „Wittwen" hat sie ebenso, wie das reiche Tartlau, das zweihundert-
dreißig Wirthe zählt und zwölf Hirten für seine Herden hält
Diese deutschen Schulen im entlegenen Karpatenhochland am
Südostrand Europas helfen in mehr als einer Richtung mit,
den Zusammenhang der vereinsamten Colonie mit dem fernen
Mutterland zu erhalten. Im Jahr 1430 ist Heinrich Halb-
gebachsen aus Regensburg Rector der Schule in Groß-
Schenk; dort schrieb und malte er das prächtige Meßbuch mit den
reich vergoldeten Anfangsbuchstaben, an dessen Schluß er
für den arbeitenden Kiel sich den Lohn des Himmelreichs
wünschte. Wenige Jahre später (1446) leitete Johannes
Arnoldi von Graudenz die Schule in Hermannstadt; er
ist der erste Rector hier, dessen Name uns erhalten ist, nicht
ein am Cibin geborner Mann, sondern fern aus der Stadt
an der Weichsel, wo der deutsche Ritterorden und das unter
ihm erstarkte deutsche Bürgerthum die Wacht gegen Rohheit
und Barbarei hielten, wie es dasselbe Bürgerthum that am
Alt und an der Kokel.

Diese Schulen — für die Kronstädter ist uns 1464
in Hieronymus Reuchin der erste bis jetzt bekannte Rector-
name erhalten — boten in den Städten ein Maß des
Wissens, das ihre Schüler zum Besuch der Hochschule befähigte. Es ist geradezu überraschend, wie zahlreich dieser
war. In Krakau haben in den hundertzwanzig Jahren

von 1402—1522 mindestens hundertsechszehn Siebenbürger
Sachsen in der artistischen Facultät akademische Grade er-
worben (das Baccalaureat und das Magisterium) darunter
sechszehn von Bistritz, achtzehn von Hermannstadt, vierund-
zwanzig von Kronstadt, andere von Schäßburg, Mediasch,
Mühlbach, Reps, Großau, Agnetheln, Birthälm, Häzeldorf,
Großkopisch, Schaas. Besuchter noch war die Hochschule in
Wien, deren Lehrer und Studenten sich in die österreichische,
rheinische, ungarische und sächsische Nation gliederten. Als
Procuratoren an der Spitze der ungarischen stehen wiederholt
Sachsen, so 1459 Magister Thomas Altenberger, der später
die Sammlung des Nürnberger, Iglauer und Magdeburger
Rechts nach Hermannstadt brachte, 1466 Michael von Schäßburg, 1491 Michael Altenberger von Hermannstadt, des
vorigen Sohn, 1508 Martin Huet von Hermannstadt; nicht
wenige blieben Jahre lang an der Universität, erwarben
sich den Magister- und Doctortitel und hielten eine Zeit
lang Vorlesungen dort. So las 1445 Magister Nicolaus
von Heltau über die Planeten; aus den bisher bei weitem
nicht ganz erschlossenen Quellen kennen wir außer ihm nicht
weniger als sechszehn Sachsen, die im 15. Jahrhundert an
jener Hochschule lehrend thätig gewesen, so 1414 Nicolaus
Philippi von Kronstadt, 1452 Caspar von Schäßburg, 1455
Jakob von Hermannstadt, 1456 Blasius von Marpod, 1457
Petrus von Kleinpold und ein Jahr früher Johannes Krull
von „Seligenstatt", der später Doctor der Heilkunde wurde.
Im Jahr 1473 war Petrus Suck von Kronstadt Rector.
Unter den (beiläufig) 265 Siebenbürgern, deren Namen in
den Jahren 1501—1526 in den bisher bekannt gewordenen
Matrikeln der Wiener Hochschule eingetragen sind, finden
sich 219 unzweifelhafte Sachsen; gewiß mehr als einer mag
außerdem noch unter der allgemeinen Bezeichnung „ein
Siebenbürger" sich bergen. Darunter sind sechsundvierzig

Hermannstädter (zwei Thonhäuser, zwei Altenberger, ein
Armbruster, ein Huet), siebenundzwanzig Kronstädter, zehn
Schäßburger, überraschend viele aus Markt- und Dorfgemeinden, aus Heltau, Großau, Stolzenburg, Wurmloch,
Birthälm, Hälvelagen, Schaas, Henndorf, Marienthal,
Agnetheln, Propstdorf, Dürrbach u. A. Bis an den Neckar
hinauf nach Heidelberg fand der junge Predigermönch Andreas aus „Siebenbürgen" 1502 den Weg; auf der Hochschule in Leipzig studirten von ihrer Gründung an bis zur
Reformation sechs Siebenbürger Sachsen. Der Kronstädter
Stadtpfarrer Johannes Reudel bezog 1454 mit des Erzbischofs von Gran Erlaubniß zum zweitenmal die Hochschule; er war bereits Meister der freien Künste, behielt
auch für diese Zeit die Einkünfte der Pfarre und kehrte als
Baccalaureus des Kirchenrechts zurück. Ueberhaupt sind die
akademischen Würden nicht nur bei Geistlichen, sondern auch
bei Weltlichen, den Bürgermeistern und Rathsmännern der
Städte zahlreich. Wenn die vielen Urkunden, die davon
Zeugniß geben, schwiegen, so würde schon das alte Buch
der Schneiderzunft in Hermannstadt die Kunde erhalten
haben. Unter den vielen Stücken, die der Gesell kennen
soll, wenn er „Meister werden und die Meisterschaft beweisen will nach Handwerksgewohnheit", muß er auch wissen,
„wie viel Ellen pernisch Gewand ein Magister soll haben
zu einer Gugel." Die Bezeichnung „schriftkundig" „Literat"
(wissenschaftlich gebildet) ist ein Ehrenwort und wird mit
Auszeichnung Zeugen beigelegt, die bei Rechtsgeschäften erscheinen. Und in immer weitere Kreise bringt das Licht der
Schulbildung. Die Zunftbücher aus dieser Zeit mit vielen
werthvollen Mittheilungen, die zunehmende Zahl der aus
der Schlußfassung der Zünfte hervorgegangenen und in ihrer
Mitte niedergeschriebenen Artikel bezeugen nicht nur die
Kenntniß des Lesens und Schreibens in diesem Stande,

sondern auch eine ganz achtungswerthe Beherrschung der
Sprache, der lateinischen sowohl als der deutschen. Jene
war in solcher Ehre, daß sie über das wahrscheinlich der
Schneiderzunft gehörige schöne Chorgestühl in Schäßburg
die Worte setzten: wer in bis gestyl wil stan und nit lateyn
reden kann, der solt bleyben daraus, das man ym nit mit
kolben laus — während der Gebrauch der deutschen Sprache
in den noch vorhandenen Urkunden doch schon im zweiten
Zehent des 15. Jahrhunderts beginnt und deutsche Zunft-
artikel im achten (die der Klausenburger Goldschmiede 1473)
anfangen. Selbst außer dem Kreis der Männer scheint
Achtung, Bedürfniß und Fähigkeit des Lesens vorhanden
gewesen zu sein. Darauf deutet es wenigstens hin, wenn
die Wittwe Frau Ursula Meister Paulin in Rösen 1505
in ihrem Testament festsetzt: „item die Bücher laß ich zur
Capellen, daß man sie soll anketten an die Stühle."

Zur Erhaltung der städtischen Schulen trug überall
das Gemeindevermögen bei. In Hermannstadt bezog der
Rector aus dem Stadtsäckel ein Jahresgehalt von zwanzig,
später fünfzig Gulden, ebensoviel in Kronstadt — Summen,
die nach damaligem Geldwerth angesehen ein sprechendes
Zeugniß sind, welche Bedeutung jenes Geschlecht seiner Schule
zuerkannt. Denn in der zweiten Hälfte des 15. Jahrhunderts kaufte man in Hermannstadt um drei Gulden einen
Ochsen; in zehn Wochen verdiente der beste Geselle der
Schneiderzunft nur einen Gulden. Als 1468 der Bürgermeister und Königsrichter von Hermannstadt dem König
Matthias die außerordentliche Steuer aus Stadt und Stuhl
von 15,000 Goldgulden nach Mediasch führten, galt es nicht
für zu gering, daß sie „unserm Herrn König" ein Geschenk
von Semmeln für einen Gulden und Aepfel und Birnen
auch für einen Gulden mitnahmen. Noch sechsundzwanzig
Jahre später erachtete König Wladislaus II. ein Geschenk

von vier Gulden, das den Ueberbringern der Hermannstädter
Ehrengaben gespendet wurde, nicht unter seiner Würde. Das
Pferd, das der Schäßburger Stuhl 1522 dem neuen Königs=
richter von Hermannstadt Marcus Pemfflinger zum Ge=
schenk brachte, kostete vier Gulden, oder doch wenig mehr.
So war das Kleid, das der Rath von Schäßburg 1522
um vier Gulden kaufte und dem Rector der Schule, einem
Baccalaureus, verehrte, „damit er sich Mühe gäbe mit den
Jünglingen", der Stadt, die es gab und dem Amt, das es
erhielt, nicht unangemessen.

Die Arbeit der Schule wurde schon damals durch
Büchersammlungen gefördert, die allmälig um die städtischen
Pfarrkirchen sich bildeten und gleichzeitig still in den Klöstern
wuchsen. Um den Anfang des 15. Jahrhunderts gehörten
zum Pfarrhof von Hermannstadt bereits einundzwanzig
Bücher, theils auf Pergament, theils auf Papier geschrieben,
darunter eine Bibel und kirchenrechtliche Werke. Im Jahr
1424 vermachte der Stadtpfarrer Nicolaus Sybelinber der
Pfarrkirche weitere vierzehn Bücher und als 1442 das be=
wegliche Eigenthum der Kirche dem neuerwählten Kirchen=
vater Lucas Trautenberger mittelst schriftlichen Verzeich=
nisses übergeben wurde, trugen sie hundertvierzig Bände
darin ein, von welchen dreiundsechszig in der Kirche, die
andern auf dem Pfarrhof aufbewahrt wurden. Es ist natür=
lich in der großen Mehrzahl Theologisches und Kirchen=
rechtliches, aber doch auch ein Virgil darunter, eine Tro=
janische Geschichte und die Moral von Aristoteles. Außer
jenen Büchern standen auf dem Pfarrhof noch neun Breviere,
darunter eins, das dem Bischof Goblinus, ein anderes, das
dem Bürgermeister Jacobus gehört. Ueberhaupt wurde der
Bücherschatz auch von Weltlichen benützt. Der Bürger=
meister Jacobus hatte 1442 eine kleine Bibel und eine Er=
klärung des Buchs der Weisheit herausgenommen, Magister

Johann Guldeners Sohn auch eine Bibel, ein Rechtsbuch
und drei andere Bücher, darunter wahrscheinlich eins über
den gestirnten Himmel.

Gewiß dieser Bücherschatz, von dem einige Trümmer
sich bis heute erhalten haben, war nicht von geringerm
Werthe, als die einundfünfzig Gold- und Silberkelche, die
dem pflichtgetreuen Kirchenvater gleichzeitig zur Besorgung
übergeben wurden.

Diesen so vielfach dem Licht und höherer Gesittung zu-
strebenden Keimen brachte in der zweiten Hälfte des 15. Jahrhunderts die leuchtende Sonne der größten Erfindung jener
Zeit, die Buchdruckerkunst, neues Leben. Bei der engen Verbindung, in der die Sachsen durch Gewerbe, Handel und
Studien mit Deutschland standen, muß die Kunde von derselben bald auch hieher gedrungen sein. Der Student, der
Kaufmann, der von der Donau, vom Rhein, von der Oder
zurückkehrte, erzählte wol dem aufhorchenden Schreiber der
Stadt und ihren Rathsmännern, oder dem ungläubig lächeln-
den Klosterbruder, wie sie draußen Bücher schüfen durch
eine neue Kunst ohne Dinte und Griffel; noch vor dem
Schluß des Jahrhunderts arbeiten sächsische Drucker in
italienischen Druckereien, so 1472 und 1481 Thomas von
Hermannstadt in Mantua, 1476 Andreas von Kronstadt in
Venedig, 1483 Andreas Corvus (Rabe) aus Zeiden im
Burzenland gleichfalls dort. Noch überraschender ist die
große Zahl gedruckter Bücher aus dem 15. Jahrhundert,
die ihren Weg hieher fanden. In fast allen sächsischen Gym-
nasien zeigen die Bibliotheken eine Anzahl jener seltenen
Werke, oft mit den Handschriften der damaligen Besitzer;
die zahlreichsten hat die alte Büchersammlung der Hermann-
städter Schule aufbewahrt. Die meisten sind Venetianer
Drucke, andere aus Basel, Mainz, Köln, Ulm, Nürnberg.
Eine frische Quelle tausendfach neuen geistigen Lebens

entsprang in den neuen Büchern jenem Geschlecht; man fühlt die Freude über den Erwerb, wenn man in dem 1474 in Ulm gedruckten Buch „vom Jammer der Kirche" liest „Dieses Buch habe ich Johannes Pfarrer von Meschen und Mediascher Dechant im Jahr des Herrn 1477 ohne Trug und Hinterlist gekauft für dreizehn Gulden von Paulus dem Grafen von Kronstadt." Neben den einen geschriebenen Virgil der Hermannstädter Kirchenbibliothek treten nun gleich zwei Drucke, die griechischen und römischen Klassiker allzumal hielten ihren Einzug in die ferne deutsche Stadt, alle bedeutendern Dichter, Geschichtschreiber, Philosophen sind in jener Büchersammlung vertreten, Aristoteles in acht Exemplaren, alle vor 1500 gedruckt; in vielen zeigen die handschriftlichen Randbemerkungen, mit welchem Eifer sie gelesen wurden. Vor Allem bedeutsam ist, daß die 1483 durch Antonius Koburger in Nürnberg gedruckte deutsche Bibel gleichfalls unter den fernen Volksgenossen Aufnahme fand. In der Hermannstädter Bibliothek stehen heute noch zwei Exemplare. Während die Eckbeschläge des Einbandes die alte gut kirchliche Inschrift führen: sei gegrüßt Maria voll der Gnaden, läßt das Bild zum zehnten Capitel des dritten Buchs Mosis Aarons Söhne, die durch Feuer vom Himmel verzehrt werden, die Bischofsmütze auf dem Haupte tragen. Welchen Eindruck wol das „Wort" in der Muttersprache auf jenes Geschlecht machte? Schmerzliche Stellen hat es gewiß oft berührt in jener Zeit des Verfalls aller staatlichen Ordnung. Oder wenn der Hermannstädter Rathsmann den Brief des Koloschmonostorer Abtes vom 24. Juni 1493 gelesen hatte, oder hören mußte, wie der oberste Reichsrichter 1504 an die Sachsen schrieb: Geschenke versöhnen die Götter und Menschen — und dann daheim in den Klageliedern Jeremiä in seiner neuen deutschen Bibel las „Juda ist gefangen im Elend und schweren Dienst, sie wohnet unter Heiden und findet keine Ruhe, alle Verfolger halten sie übel. Alle unsere Feinde sperren ihr Maul auf wider uns. Man treibt uns über Hals und wenn wir schon müde sind, läßt man uns doch keine Ruhe": was mochte dabei durch seine Seele gehen?

Es ist unmöglich, sich bei dem Anblick dieser bestaub-ten wurmzerfressenen Bände, deren manche bei ihrer Größe und Schwere eine volle Manneskraft zur Handhabung er-fordern, die in der Gestalt ihrer Buchstaben, in den Ab-kürzungen der Wörter, ja bisweilen in den Resten der Ket-ten, mit welchen sie an ihr Lesepult befestigt waren, so viele Erinnerungen an das Mittelalter an sich tragen — es ist unmöglich, sich bei diesem Anblick eines Gefühls freudiger Rührung zu erwehren. Denn so wie sie sind waren diese Bücher Boten eines neuen Tages; sie zogen neue Fäden des Zusammenhangs zwischen der fortschreitenden Bildung des Abendlandes und unserm Volke und nährten in diesem die stillwirkenden Kräfte, die in ihm den Aufgang einer neuen großen Zeit geistigen und sittlichen Fortschrittes vorbe-reiteten.

Zu dieser allmäligen Umwandlung des Volksgeistes trug der überaus zahlreiche Besuch der Wiener Hochschule aus Stadt und Land nicht wenig bei. Denn diese stand damals in erster Reihe unter den Vorkämpfern jener neuen Bildung, die freudig den wiedererstandenen Meistern der griechischen und römischen Welt sich zuwendend in offenem Kampfe brach mit Allem, was sich bisher als Wissenschaft ausgegeben und das scharfe Messer der Prüfung bald auch an die Lehren und Einrichtungen der Kirche legte. So fand die große Bewegung der Geister, die seit 1517 von Witten-berg ausging, dort vorbereiteten Boden; die Universität ver-weigerte 1520 die Veröffentlichung der päpstlichen Bann-bulle gegen Luther und der Rector verfaßte eine feierliche

Verwahrung dagegen. In den vier Jahren 1517—1520
allein sind aber sechsundfünfzig Sachsen an derselben neu
immatriculirt worden; Matthias Ramser, der später als
Stadtpfarrer in Hermannstadt hier wesentlich die Refor=
mation einführen half, studirte seit 1516 in Wien. In
jenem wissenschaftlichen Treiben voll Leben und Bewegung,
das im ersten Viertel des 16. Jahrhunderts den Charakter
jener damals jährlich von 7000 Studenten besuchten Hoch=
schule bildet, stehen Sachsen selbstthätig mitten inne. Kaum
einundzwanzig Jahre alt sang Adrian Wolfhard 1512 in
fließenden lateinischen Versen das Lob Kaiser Maximilians I.
und gab als Magister der freien Künste und Professor der
Philosophie 1522 Theile der Werke von Horaz heraus. Der
Rector der Wiener Universität, zugleich Arzt des Erzherzogs
Ferdinand, Johannes Salius, widmete 1510 sein Buch über
die Bewahrung vor der Pest dem Königsrichter Johann
Lulai sowie den Bürgermeistern und Rathsmännern aller
sieben Stühle; er schrieb die Zueignung im August jenes
Jahres in Hermannstadt selbst. Auch Jakob Piso von
Mediasch, der Erzieher König Ludwigs II., gehört diesem
Kreise an. Wie stark der Zug war, der die Geister in
dieses wissenschaftliche Leben nach Wien führte, beweist schon
der Hermannstädter Rector Thomas Wal. Sohn eines
wohlhabenden Hermannstädter Hauses, im Juni 1511 in
die artistische Facultät in Wien eingetreten, später in die
juridische übergehend, kehrte er als Magister der freien
Künste im Juli 1516 in die Heimat zurück, übernahm im
December 1517 das Rectorat der Schule, das er nach zwei
Jahren an Magister Clemens von Oppeln abgab, um wieder
nach Wien zu gehen, wo er sofort in die Prüfungscom=
mission der Baccalaureanden gewählt wurde und an der
Universität die Satiren von Horaz und die Tristia von
Ovid erklärte. Im Jahr 1521 war er Procurator der

ungarischen Nation; es ist wol derselbe, der 1527 Pfarrer in Schellenberg wurde. In Wien selbst stand eine Zeit lang ein sächsisches Haus mit an der Spitze des wissenschaftlichen und bürgerlichen Lebens, Siegmund Siebenburger, 1490 Stadtrichter von Wien, dem Kaiser Maximilian für seine treuen Dienste ein Haus am hohen Markt schenkte und sein Sohn Doctor Martin Siebenburger (oder Capinius) Professor der Philosophie und des Rechts an der Universität, seit 1505 dreimal Dekan seiner Facultät, wiederholt Stadtrichter und Bürgermeister von Wien. Zeitgenossen rühmen an ihm die Tiefe wissenschaftlicher Bildung; wie zu einem Orakel sei man zu seinem Hause gegangen; in den Unruhen des Jahres 1522, an welchen er sich gegen Ferdinand betheiligt hatte, fiel sein Haupt. Ihm hatte Adrian Wolfhard das Loblied auf Maximilian gewidmet.

Doch auch in andern Denkmalen der Cultur hat jene ruhmreiche Zeit der Väter sich nicht unbezeugt gelassen. Wie spricht sie heute noch so vernehmlich in den zahlreichen hochragenden Kirchen, die der fromme Sinn und nicht geringe Kunstverständigkeit jenes Geschlechtes erbaut! Seit dem zweiten Viertel des 14. Jahrhunderts durchweg dem gothischen oder Spitzbogenstil angehörig hat unsere kirchliche Baukunst allerdings weder die Erhabenheit noch jene höchste Schönheit der Formvollendung erreicht, die die Gegenwart in den ewigen Werken am Rhein und an der Donau bewundert. Stellte sich dem an vielen Orten schon der Mangel rechten Materials hindernd entgegen — an wie vielen Kirchen haben sie Tagereisen gebraucht, um den gehauenen Stein herbeizuführen —, so ließ das gesammte Leben, das dem deutschen Bürgervolke hier schon damals ein ununterbrochener Kampf ums Dasein war, jene freie und heitere Entfaltung und Sammlung der Kräfte nicht zu, die einer solchen Kunstentwicklung erste Bedingung sind. Trotz solcher Hemmnisse hat auch auf diesem Gebiete jene Zeit wahrhaft Großes und Schönes hervorgebracht und den Ernst und die Strenge seines Bürgerthums in den allgemeinen Formen der Baukunst jener Zeit zu edelm Ausdruck bringend, bei aller Noth des Tages in Bauwerken, die oft mehr als ein Menschenalter in Anspruch nahmen, Denkmale geschaffen von dauernder Bedeutung, die mit nicht wenigen Deutschlands auf gleicher Stufe stehen.

Hieher gehören die Pfarrkirche von Hermannstadt, in ihrer jetzigen Gestalt mit Ausnahme des alten Westportals von der Mitte des 14. bis zum Anfang des 16. Jahrhunderts in drei Bauperioden hergestellt, dann die von Kronstadt (1385—1425), von Klausenburg, beendigt 1414, das schöne Chor der Mühlbacher Kirche aus dem Schluß des 14. und dem Anfang des 15. Jahrhunderts (1414), die Bergkirche in Schäßburg (1429—1525), die Pfarrkirche in Mediasch aus der zweiten Hälfte des 15. Jahrhunderts, in Reichesdorf aus derselben Zeit, ebenso die in Meschen, in Großau, in Wermesch, in Dürrbach und manche andere. Von Baumeistern kennen wir nur den der Schäßburger, Jakobus Kendlinger von S. Wolfgang, also nicht ein einheimischer Mann, dann den der Meschner und Großauer Andreas Lapicida (der Steinmetz) aus Hermannstadt, der die Mauern der letztern einige Jahre vor 1498 höher geführt, inwendig und auswendig beworfen und die Kirche gewölbt um den Preis von 400 Gulden. Fast überall haben die Fenster edles Maßwerk; neben dem ernsten Kreuzgewölbe löst in mannigfaltigsten Formen bisweilen wie hingehaucht das Netz- und Sterngewölbe — wie über der Nordhalle in Hermannstadt — alle Masse auf; nicht selten sind die Portale reich gegliedert, an den Capitälen der Halbsäulen oder Rundstäbe mit zierlichstem Blätterschmuck, oder der Eingang von reichem schön verschlungenem Stabwerk umrankt, so die schönen Westportale in Klausenburg (während der Thürstock im nördlichen Seitenschiff mit der Jahrzahl 1528 den reizendsten Renaissancestil zeigt), dann in Bogeschdorf, Kirtsch, Durles, Birthälm, Häzeldorf, Kronstadt, Reichesdorf, Treppen, die Nord- und Südportale in Hermannstadt. Würdigen Schmuck der edeln Bauwerke bilden die alten Predigtstühle aus gehauenem Stein in Hermannstadt, Schäßburg, Wermesch; unter zahlreichen Sacramentshäuschen und Schränken steht das schönste Werk in der Schäßburger Bergkirche, auf schlankem Fuß aus dem Viereck in das Sechseck übergehend, aus dem die viereckige verjüngt aufstrebende Pyramide die offene Kreuzblume dem Himmel zuträgt „so schlank und zierlich, daß auch heute noch der Blick gern aufwärts eilt mit den mehr und mehr verschwebenden Formen, die selbst in ihrer Spitze der irdischen Sehnsucht keinen Abschluß gewähren, sondern bedeutungsvoll weiter zeigen nach oben." Zu dem Schönsten gehören die alten lindenen Chorgestühle dieser Kirche mit reichem Maß- und Schnitzwerk, vielleicht von der Hand desselben Meisters, des Schäßburger Tischlers Johannes Reychmut, dessen wenig spätere Arbeit (1533) in zierlichster Ausführung heute noch die Bogeschdorfer Kirche schmückt, dann die Chorgestühle in Wurmloch, Häzeldorf, Tartlau (im Burzenland) und Bistriz, alle aus dem Anfang des 16. Jahrhunderts. Durch ihr Schnitzwerk, doch mehr noch durch ihre Malerei werthvoll sind die alten Flügelaltäre in Mühlbach, Mediasch, Großkopisch, Reichesdorf, Breitau, Tobiasdorf, Sihmiegen, Reußdorf, Bogeschdorf, Großpropstdorf, Schäßburg, Meschendorf, Meeburg, Nadeln, Schweischer, Heldsdorf, Tartlau, Heltau, Agnetheln und Reste derselben in Schaas und Birthälm. In allen steht Zeichnung und Malerei weit über der Höhe bloß zünftigen Kunstbetriebs; das edelste Werk jener Kunst aber, die auch in andern Kirchen, so in Durles namentlich, noch thätig gewesen, ist das große Wandgemälde an der Nordseite des Hermannstädter Chors, das Johannes von Rosenau 1445 gemalt, die Kreuzigung Christi, nach der Zahl der Figuren, nach der Gruppirung des Ganzen, im Ausbruck des Einzelnen, in der Vertheilung von Licht und Schatten, in Zeichnung und Farbengebung Alles, was sonst derartiges im Lande aus jener Zeit erhalten ist, hoch überragend, werthvoll auch dadurch, daß in einzelnen Figuren unzweifelhaft ein Stück der damaligen Volkstracht dem Anschauenden lebendig entgegentritt. Vom Bilde sieht zwischen dem ungarischen Doppelkreuz und dem böhmischen Löwen der deutsche Reichsabler im goldenen Felde herab ins stille Chor.

Auch an andrer Stelle haben unsere alten Kirchen Zeugnisse erhebender Kunstthätigkeit bewahrt, tüchtige Werke des Erzgusses, hoch oben in den Thürmen dem Donner nachbarlich die Glocken, deren eherner Mund die Gemeinde damals nicht nur zu Werken des Friedens rief und unten auf der Gränze von Chor und Schiff die Taufkessel, diese wie jene mit vielfachem Schilderschmuck, mit Pflanzen- und Thiergebilden und oft lehrreicher Inschrift. Diese hat uns auf dem Hermannstädter Taufkessel (gegossen 1438) den Namen des Meisters Leonharbus erhalten, den in Schäßburg goß 1440 der Glockengießer Jakobus, den Kronstädter ließ 1475 der Stabtpfarrer Mag. Johannes Reubel machen. Der Klein-Scheter von 1477 hat neben der lateinischen zum Theil (gleich der des Hermannstädters) kabalistischen Inschrift auch die deutsche Bitte: Jesus Christus hilf uns. An den Anfang des Jahrhunderts (1404) gehört der einfach schöne Taufkessel von Alzen, wol in noch frühere Zeit, nach der Inschrift in Mönchsmajuskel zu schließen, der in Mediasch und Schaas. Der Meister des Hermannstädter, Leonharbus, ist auch als Glockengießer thätig gewesen; sieben

von seinen Glocken (auf zweien stehen die Jahrzahlen 1429 und
1430) begleiten heute noch von den Thürmen der stillen Dorf=
gemeinden des Lebens wechselvolles Spiel. Außer ihm nennen
von der großen Zahl, die aus jenen Jahrhunderten den Wan=
del der Zeiten überbauert haben, — es sind weit über hundert
— ihren Meister noch die Hermannstädter von 1411 Jo=
hannes von Wertheim, die Weißkircher Magister Johannes
van Schespurg — denselben, der 1430 die im Brande von
1857 zerstörte Bistritzer Glocke gegossen — die Mediascher
1501 Meister Wolfgang von Hermannstadt. Eine große
Zahl der Glocken hat die (lateinische) Inschrift: o König
der Ehren komm mit dem Frieden; dagegen bittet die in
Radesch von 1470 in deutscher Sprache „helf got maria
berot" und die in Sächsisch=Pien: „maria bit dein Kind
vor uns."

Zu den edelsten Denkmalen heimischen Kunstverständ=
nisses gehört endlich die reiche Zahl der Kelche und kirch=
lichen Geräthe, unter den letztern besonders Kreuz und
Ostensorium von Heltau, unübertroffene Meisterstücke des
15. Jahrhunderts — die unzweifelhaft das Werk sächsischer
Goldschmiede aus Krieg und Noth der Vergangenheit haben
gerettet werden können. Aus der einfachen Form des 14. Jahr=
hunderts, die in Michelsberg und Neppendorf in den An=
jouschen Lilien des runden Fußes an die große und glück=
liche Zeit des Sachsenlandes erinnert, zu immer kunstreicherer
Gestaltung hinansteigend, in lieblichsten Zierrathen in Laub=
werk, Thier= und Menschenfiguren namentlich als Hülle der
Kelchschale in gravirter, ciselirter, getriebener, nicht selten
auch Emailarbeit mit einer fast unübersehbaren Mannig=
faltigkeit im Einzelnen erfreuend, seit dem Ende des
15. Jahrhunderts oft mit gothischer Ornamentik in an=
muthigster Weise Renaissance verbindend, — so unter andern
Kelche in Schäßburg, Mediasch, Kronstadt — bilden die

17*

durch schöne Form, innern Werth und den Ernst der Ge=
danken, die sich daran knüpfen, gleich werthvollen Werke
einen doppelt kostbaren Schatz unserer Kirchen in Stadt
und Land. Bisweilen nennt die Inschrift auf denselben den
frommen Widmer, so in Petersdorf im Nösnergau Kuren
(Georg) Schusser und Michel Deutschländer; den Hamruduer
Kelch „hat lassen machen Hans Wewer und seine Sester",
den in Holzmengen Andris Topper mit seiner Ehefrau; an
andern sprechen Gebetsworte aus der grauen Vergangenheit
zur Gegenwart, so am Esepaner aus der Mitte des 15. Jahr=
hunderts: hilf got, maria berot; hilf got, maria hilf, hilf
got an dem, wol etwas ältern Sakabater; JHESVS
MARJA ERBARM DJCH VBER VNS am Leb=
linger.

Gewiß, wenn der kunstverständige Gesell aus Nürn=
berg, Stettin, Halberstadt und aus andern Städten Deutsch=
lands zur fernen Zunft in der siebenbürgisch=sächsischen Stadt
zugewandert kam und mit dem, noch in der Zunftlade vor=
liegenden Brief seines Rathes Aufnahme suchte, worin dieser
„Meister und Gesellen des Hanthwerks der Goldsmede"
deutschen Gruß entbot, da fanden sie nicht unebenbürtige
Meister.

Ihre Werke aber sahen in den Kirchen, welchen sie ge=
hörten, gar oft nicht die Stätte des Friedens. Seit die
Türken ins Land fielen und bei dem immer größern Verfall
der staatlichen Ordnung die Sicherung gegen äußere und
innere Feindesgefahr für jede Gemeinde die erste Bedingung
des Daseins war, da wurde, wo eine Gemeindeburg nicht
stand, ja selbst neben ihr, die immer stärkere Befestigung
der Kirchenburg die drängende Aufgabe jedes Geschlechts.
Schon zu König Sigmunds Zeit schrieb der Hermannstädter
Dechant an Papst Eugen IV. (1436), wie bei den Einfällen
der Türken der befestigte Kirchhof der Bedrängten Zuflucht

sei, wie die Thürme desselben und die Kirche selbst zum Bollwerk gegen ihren Ansturm werde. So wurde diese in den Kreis der Vertheidigungswerke hineingezogen und für den schwersten Nothfall der letzte feste Punkt derselben. Dadurch entstand an der Scheide des 15. und 16. Jahrhunderts in der sächsisch-kirchlichen Baukunst ein eigener Vertheidigungsstil. Die Mauern wurden dicker und durch zahlreiche gewaltige Strebepfeiler verstärkt, diese durch Rundbogen oben verbunden, auf ihnen die Mauer erhöht und mit Schießscharten versehen, während abwärts Pechscharten gegen den feindlichen Anlauf geöffnet blieben und das Gewölbe von Schiff und Chor zur Vertheidigung geordnet wurde. Bisweilen umfaßt diese Herstellung die gesammte Kirche wie in Keisd, bisweilen nur das Chor, wie in Trapold; dann geschieht es, daß dieses das Schiff überragt, oder gradezu als massenhafter Thurm hinausgebaut ist, wie in Baaßen und Bonesdorf, in Wurmloch und Großkopisch.

Es ist ein seltsam ansprechendes, immer malerisches Bild und dem tiefern Gemüth nie ohne bleibenden Eindruck, diese Vertheidigungskirchen so oft wiederkehrend in der ganzen Länge des südlichen Sachsenlandes, wenn aus den Bäumen des grünen Hügels, um den das stille Dorf gelagert ist, die graue Burgmauer heruntersieht und über ihr die Spitzbogenfenster des Gotteshauses in der Abendsonne funkeln, die die letzten leuchtenden Stralen durch die Schießscharten des Chorthurmes sendet, von dem die Glocke eben zur Ruhe läutet. Ihre verschwebenden Klänge deuten erst recht, was einst alles ihre alte Inschrift gewollt: o König der Ehren komm mit dem Frieden!

Auch von weltlichen Bauwerken hat die damalige Baukunst nichts Unwürdiges hinterlassen. Dahin gehört der Pfarrhof und Capitelshof in Bistritz, der letztere mit schönem steinernem Thürstock von 1480, der Pfarrhof in Hermann-

ſtabt gleichfalls mit kunſtreichem Thürſtock von 1502, vor
Allem aber des Königsrichters und Kammergrafen Johannes
Lulai ſtattliches Haus, das früher dem Bürgermeiſter und
Kammergrafen Nicolaus Proll gehörig an der Weſtſeite des
alten Mauerrings an der ſteilen Einfahrt in die Oberſtadt,
geſtützt auf den trotzigen ſteinernen Eckpfeiler ſich burg-
ähnlich erhebt und in den breiten lichtvollen Fenſtern, in
den ſteinernen Fenſter- und Thürſtöcken von Meiſterhand,
in der reichen Zahl der geräumigen Gemächer einſt den
blühenden Wohlſtand ſeines Herrn zur Schau ſtellte, dem
es aus dem hohen Erker die liebliche Fernſicht in die weite
Abendlandſchaft eröffnete, während vor den Spitzbogen-
arkaden des untern Geſchoſſes ſich das freundliche Still-
leben des Hausgärtchens ausbreitete. In ſeinen Räumen
befand ſich die Präge- und die Münzkammer, deren Sitz
Hermannſtadt ſeit Sigmund war und deſſen Bürgermeiſter,
ſpäter Königsrichter regelmäßig das Amt des Kammergrafen
führten.

So Erhebendes auf allen Gebieten menſchenwürdigen
Strebens vermochten die Sachſen jener Zeit nicht etwa durch
ihre große Menge. Denn dieſe war damals im Ganzen
unzweifelhaft geringer als in unſern Tagen. Seit die Türkeneinfälle von Geſchlecht zu Geſchlecht immer verderblicher
wiederkehrten, fing die Bevölkerung an dünner zu werden.
Es geſchah, daß zuſammengeſchmolzene Gemeinden die alte
Heimatſtätte eine Zeit lang aufgaben; dann überbrachten
ſie, wie die von Holzmengen 1479, den Kelch und die andern
kirchlichen Geräthe mit den geiſtlichen Gewändern dem Dechanten des Capitels, daß er ſie beſorge, bis wieder eine Gemeinde ſich dort anbaue und ein Pfarrer friedlich leben
könne. Andere gingen ganz zu Grunde. Dann theilten
die Nachbargemeinden die Feldmark — wie bei Furkeſchdorf
und Unterten —; es traf ſich wol, daß ſie „hinter die

Kirche" den Gränzstein setzten und der Säemann fortan
über die heilige Stätte schritt. So wechselten die Gemein=
den Eulenbach, Hochfeld und Ziegenthal im Leschkircher
Stuhl ihre Bevölkerung, die noch im Jahr 1402 deutsch
war; so kam es, daß nach den Steuerverzeichnissen selbst
Schäßburg im Jahr 1522 im günstigsten Falle 2650 Seelen
oder wenig darüber zählte. Die Hermannstädter Steuer=
rolle von 1458 enthält 896 Hauswirthe; die Steuerver=
zeichnisse Kronstadts von 1497 führen 1933 Namen auf;
nach einer Zählung von 1510 hat Rosenau 140, Zeiden
142 „Hauswirthe", nach einer Aufnahme von 1516 Markt=
Schelken 62, Klein=Schelken 129, Mediasch 223 Wirthe —
wie weit hinter der Gegenwart! Die großen Zeugnisse aus
unseres Volkes Vergangenheit sind eine Frucht des Geistes
unsrer Väter, nicht der Masse.

Mit höherer Bildung geht Rechtsachtung, gehen mildere
Sitten Hand in Hand. Mit jener sah es dazumal in Ungarn
oft schlecht aus. Sogar König Matthias klagte, das Reich
sei voll von Mördern, Dieben, Räubern, Mordbrennern,
nicht sei der Wanderer, nicht der Bruder vor dem Bruder,
der Gast vor dem Gastfreunde sicher. In Siebenbürgen
mußte König Wladislaus II. das Schloß auf dem Gemsen=
stein nächst Weißenburg 1512 zerstören lassen, damit es
nicht auch ferner eine Räuberhöhle und eine Schirmstätte
flüchtiger Verbrecher sei. Adelige lebten häufig aus dem
Stegreif. Von ihren Burgen und Thürmen fielen sie auf
die Heerstraßen herab und schädigten den Wanderer. So
überfielen 1460 die Adeligen von Földvar Hermannstädter
Kaufleute; die aber wehrten sich männlich und erschlugen
zwei Räuber. Der adelige Besitzer des Marktes Tekendorf
erklärte diesen während der Jahrmärkte zu einer Freistätte
für Verbrecher jeder Art. Am meisten hatte Klausenburg
von dem benachbarten Adel zu leiden. Die Edelleute aus

der Umgegend der Stadt machten Schulden bei den Bürgern; wurden sie um die Bezahlung angegangen, so hieß es: sie seien von Adel und wer etwas mit ihnen habe, solle sie vor ihrem eigenen Gerichtsstuhle im Comitat suchen. Da aber versäumten die Kläger aus Unkenntniß häufig die Tagfahrt, oder verloren aus Unbekanntschaft mit dem fremden Rechtsgang die Sache. Andere scheuten sich nicht, thätliche Angriffe auf Häuser, Güter und Personen von Klausenburger Bürgern zu machen, so daß König Wladislaus der Stadt nicht nur das alte Recht erneuerte, solche adelige Verbrecher sofort vor dem Woiwodalgericht zu belangen (1504), sondern auch das Wehrgeld eines Klausenburger Bürgers auf 200 Goldgulden erhöhte (1512).

Die Sachsen bewahrte vor so wilden Sitten ihre Verfassung und ihre gesammte Lebensweise. Leben und Eigenthum sicherten unter ihnen strenge Ordnungen. Die Hand verlor nach dem Weisthum der Stadt Schäßburg von 1517, wer auf der Burg im Streit das Schwert entblößte, Leib und Leben wer einen Andern bis aufs Blut verwundete. Auch an öffentlichen Einrichtungen zu Behagen und leiblicher Pflege fehlte es nicht. Auf dem Markt verkauften sie sogar an Sonn- und Festtagen Brodt, Birnen, Aepfel und andere Gartenfrüchte. Die Semmeln der Hermannstädter waren ein beliebtes Geschenk an Große; eine Anzahl derselben und „eine große Torte", zusammen im Preis von zwei Gulden, brachte mit „Lemonien" für zwei Gulden und anderen Gaben der Rath von Hermannstadt 1495 dem Bischof von Weißenburg dar, als er Abgeordnete zu schwerer Klage gegen die Gewalthaten seiner Hörigen dahin sandte. In allen Städten stand das Badhaus an lustiger Stelle des Wassers, das durch die Gassen floß; Spitäler, Armen- und Siechenhäuser, gern von milden Stiftungen begabt, hatte nicht nur jede Stadt, Kronstadt sogar drei, sondern

auch Mediasch, Keisb, Marienburg, Zeiden, Rosenau, Baier-
dorf. Schon 1494 besaß Hermannstadt seine Stadtapotheke
die unter ihrem Geräthe sich einer Marcipanpfanne erfreute
und unter vielen andern Arzneimitteln Fuchslunge, Hirsch-
horn, Arsenik, Rinde vom medischen Apfelbaum die als
Gegengift diente, Priestersalz und Pulver gegen Seiten-
stechen rühmte; der Apotheker Martinus — in Bistritz wird
1516 Velten Kugler als solcher genannt — bezieht ein Jahresgehalt von 10 Gulden. Gleichzeitig erscheint ein Arzt im
Dienste der Stadt; 1497 zahlten sie dem „Doctor Andreas"
sechs Gulden; der „Physicus" Doctor Johannes bezieht
1516 hundertfünfzig Gulden. Auch verkündet hier nicht
mehr allein das Geläute der Glocken oder die Trompete
des Thürmers dem arbeitenden Mann die Tageszeit; auf
dem Thurm der Pfarrkirche schlägt bereits die Uhr, für
deren Besorgung Meister Peter der Schlosser 1496 aus der
Stadt Säckel einen Gulden Gehalt bezog. Und wenn sie
zum Kirchgang des Festtags oder zu Tanz und Freude rief,
da entfalteten die reichen Geschlechter gern die farben-
stralende Pracht in Schmuck und Kleidung, die aus alten
Tagen und der Gegenwart daheim die eichenen Truhen
bargen. Da schimmerten die „Perlengoller" der Wäsche,
wallten die Schleier, glänzten die vergoldeten Gürtel und
„Hefteln", leuchteten weithin die Damasket- und Scharlach-
röcke, die „himmelfarben Seidel", die Korallen-Betschnüre
mit vergoldeten Steinen im Kreis der Frauen und der
Mädchen, deren „Buorten" sie gern mit Perlen zierten, in
Scherz und Ernst nachbarlich gesellt dem blauen „Haseck",
dem „rothen Schamlot", der schwarzen Zobel- und rothen
Damasketschaube der Männer, die über dem Harnisch wol
noch einen Taffetrock mit Flügeln trugen. Im Jahr 1471
fehlt selbst ein Tanzmeister in Hermannstadt nicht.

So wechselte Arbeit und Freude in dem Leben jenes

Geſchlechtes, ſo übten ſie in Städten und Dörfern die milden Künſte des Friedens, welche die Sitten ſänftigen und das
Leben verſchönern und was der Fleiß erwarb, ſchützten mehr
als irgend wo im Lande Wall und Graben, Burg und
Stadt vor fremder Raubgier. Größere Sorge für das
Leben iſt aber ſtets im Gefolge des Wohlſtandes; wer durch
höhere Bildung des Daſeins Werth erkannt hat, iſt nicht
ſo leicht bereit, es in unbedachtem Streit aufs Spiel zu
ſetzen und der ·edlere Sinn hat keine Luſt an wüſtem Weſen.
Daher kommt es, daß die Sachſen jener Zeit nicht ſo rauf-
ſüchtig und ſchlagfertig ſind, als ihre wilde Umgebung.
Deſſen ungeachtet riefen die Woiwoden bei Heerzug und
Feindesgefahr das ſächſiſche Aufgebot immer früher ins Feld,
als das des Adels und der Sekler, weßhalb der König
1508 auf die Klage aller Sachſen jenen die Beachtung der
gleichen Berechtigung und Verpflichtung aller Stände ein-
ſchärfte. Den Krieg ſelbſt betrachteten ſie, „die tapfern und
kampfgeübten Männer", wie Aeneas Sylvius ſie nennt, nur
als Sicherungsmittel vor Feinden und daher fiel es ihnen,
ſo muthig ſie auch zum Schutz des eigenen Herdes und
Vaterlandes das Schwert ergriffen, läſtig, in fernen, dem
Vaterland nutzloſen Kriegen Zeit und Leben zu vergeuden,
die ſie gewohnt waren, in Betreibung friedlicher Künſte nicht
ohne Erfolg zuzubringen. Zu ſolchen Heerfahrten ſtellten
ſie darum lieber Söldner, meiſt Sekler, die gerne ihre rauhen
Berge verließen und den ſächſiſchen Fahnen folgten, wenn
der Rathsmann mit dem vollen Säckel der Stadt zur Wer-
bung in ihre Mitte kam, oder kauften ſich mit Geld davon
frei, wie 1521, wo ſie dem König Ludwig zur Ablöſung
eines Kriegszugs nach Servien und Bosnien 12,000 Gulden erlegten. Die Könige ſelbſt billigten dieſes Verfahren
nicht nur, weil ſie in ſteten Geldnöthen waren, ſondern
auch weil ſie einſahen, daß, wer zu der Diebe Abwehr einen

Zaun um seinen Garten machen wolle, thöricht handle, wenn er die Fruchtbäume umhaue und dazu verwende.

Ueber die Sitten der sächsischen Geistlichen aus dieser Zeit wird mehr als einmal das Wort schwerer Klage laut. Obwol ihnen gestattet war, einmal (doch nur eine Jungfrau keine Wittwe) zu heirathen, die katholische Kirche also die Strenge einer ihrer härtesten Satzungen hier gemildert hatte, so gaben doch viele allen rechtschaffenen und verständigen Leuten großen Anstoß durch zuchtlosen Wandel. Schon 1447 wandte sich „die Universität der Sachsen" mit einer Anfrage nach Rom, weil verschiedene streitige Fragen zwischen dem geistlichen und weltlichen Stande bestanden, die wiederholt böses Aergerniß und Zwietracht erregt hätten. Eine derselben war, ob das Gesinde der Geistlichen, die Stallknechte, die Mägde, die Wirthschafterinnen und alle, die keine Weihe erhalten hätten, ob die Concubinen derselben, ihre Söhne und Töchter dem geistlichen oder weltlichen Gericht unterstünden. Papst Nicolaus V. antwortete: daß jeder Laie, der den Geistlichen um Lohn diene, dem weltlichen Gericht unterstehe, außer er sei der Kirche sonst zum Gehorsam verpflichtet, oder diese habe ein Privilegium, oder führe überhaupt die Verwaltung, so daß kraft dieser jene vor das geistliche Gericht gehörten, oder wenn es in Folge von Uebereinkunft geschehe bezüglich eines Besitzes, den der Laie von der Kirche habe; die Concubine aber unterstehe gleichfalls weltlichem Gericht und ihre Söhne seien Laien. In demselben Jahr brachten Richter und Rath von Kronstadt im Namen des Burzenlandes ähnliche Fragen auch für sich allein vor Thomas Armenus, den Propst von Gran, der vom Graner Erzbischof als Visitator dahin entsandt worden war. Der Streit zwischen Geistlichen und Weltlichen war unter anderm, ob verheirathete Geistliche vor das weltliche Gericht gehörten. Der Visitator entschied: der

verheirathete Geistliche, der nur einmal und zwar eine Jungfrau geheirathet habe, könne und solle sich des doppelten
Privilegiums, des Standes und des eigenen Gerichtes erfreuen. Jenes besage, daß wer am Geweihten Gewaltthat
übe, sofort durch die That in den Bann falle, dieses, daß
er in allen Sachen, in welchen das geistliche Gericht zu-
ständig sei, vor weltliches Gericht nicht gezogen werden
könne. Wenn aber der so verheirathete Geistliche die
Tonsur und geistliche Tracht nicht trage, könne er sich keines
geistlichen Privilegiums erfreuen, und der eine Wittwe oder
zum zweitenmal geheirathet habe, dürfe die Tonsur nicht
tragen und könne keines geistlichen Privilegiums theilhaftig
sein. Schon ein Jahr früher, als im Namen der sieben
und zwei Stühle, sowie des Burzenlandes und Nösnergaues
der Edling Johannes Sachs Königsrichter von Hermannstadt und Mühlbach vor dem Erzbischof von Gran ähnliche
Beschwerden vorbrachte, verhieß dieser dafür zu sorgen, daß
Pfarrer und Geistliche überall die gehörige Zahl Messen
läsen und ihres Amtes mit entsprechendem Fleiße warteten,
auch ihre Gemeinden, insbesondere die ihre Patronen seien,
in Ehren hielten, wie sich das zieme, und mit ihnen Umgang pflögen. Denn in der Unnatur der Verhältnisse, die
ihnen die volle und rechte Theilnahme am Volksleben nahezu
unmöglich machten, lag die schwere Versuchung, sich im
eigenen engen Stand diesem gegenüber völlig abzuschließen,
und zugleich in niedrigem Sinnengenuß für die Pflichten
des Amtes und edlern Strebungen verloren zu gehen. Die
Capitularstatuten aus jener Zeit haben eine Menge dahin
einschlagender Bestimmungen. Um Völlerei hintanzuhalten
setzen sie sogar die Zahl der Gerichte bei den Capitular-
versammlungen fest. Nach den Statuten des Mediascher
Capitels von 1397 dürfen nicht mehr als sechs aufgetragen
und soll der Mißbrauch nicht geduldet werden, daß die

Trinker sich zum gleichen Trunk verpflichten und der am
meisten gelobt wird, der die Meisten trunken macht und die
größere Zahl Becher austrinkt. Wer dawider fehlt, wird,
wenn er vom Dechanten ermahnt nicht Buße thut, des Amtes
entsetzt. Und damit Niemand sich mit Unkenntniß ent-
schuldigen könne, soll Jeder sich die in Versen beigesetzte
Schilderung der Trunkenheit merken, die die mannigfaltigen
Gestalten ausmalt, in welchen der Berauschte seinem bösen
Geiste Ausdruck gibt. Die Statuten des Burzenländer Capitels von 1444 gestatten für alle Capitelsmähler nur fünf
Gänge außer dem Nachtisch; wer dawider fehlt, zahlt einen
Gulden Strafe, doch, wie in zarter Weise hinzugefügt wird,
nicht im eigenen Hause, wo und wann er das Mahl gibt
und die Ordnung übertritt, sondern bei der nächsten Gelegenheit. Auch wer vom Dechanten in die Pfarre eingeführt werden soll, hat diesen mit einem Mählchen und
einem Trunke heimzusuchen und in dem Becher soll ein
Gulden liegen, über den nicht hinauszugehen, außer die
Würde der Person und die Größe des Zehntens empfehle
eine fettere Gabe, „was wir nicht mißbilligen.“ Von jedem
verstorbenen Pfarrer hatte der Dechant das beste Pferd mit
Sattel und Zaum, das Capitel ein Sechszehntel des großen
Zehntens „zum Schutz der Capitularrechte.“ Ja, es war
ein lebensfreudiges Geschlecht diese Pfarrherren des Burzenlandes, die in ihre Capitularstatuten hineinsetzten, daß der
neugewählte Pfarrer der wählenden Gemeinde doch nicht
mehr als ein Faß Wein geben möge, die wenn sie den
Amtsbruder bestattet hatten und von seinem Grabe kamen,
sich mit vier Gängen bei Tische auf dem nun verwaisten
Pfarrhof begnügten, und wenn der Verstorbene etwa nichts
hinterlassen, das Mahl aus der eigenen Tasche bezahlten.
Wie leuchteten oft die rothen Wagendächer derselben im
Sonnenschein der schönen Ebene! Fuhr der Pfarrer, so mußte

der reitende Knecht mindestens an einem Fuß den Sporn
haben und am Arm den Schild. Ritt der Herr aber und
der Knecht begleitete ihn zu Rosse, so mußte er Schild und
Schwert zu des Herrn Vertheidigung tragen und an jedem
Fuß gespornt sein. So stand in der Ordnung der Pfarrers-
knechte geschrieben, die das Capitel 1493 gemacht hatte.
Anderes darin sollte ihren. Uebermuth zähmen. In der
Capitularversammlung mußten sie mit drei Gerichten zufrieden sein, Vier erhielten sie zur Genüge und nach dem
dritten Gang je drei ein Maß Wein. Wenn der Gast-
freund, bei dem sie waren, einen Bekannten zwischen sie
setzte, so durften sie von diesem nichts erpressen. Nach Tisch
ehrte des Gastfreunds Knecht die Andern mit einem Maß
Wein, doch durften sie nicht trunken werden bei Strafe von
einem Asper und der an eines andern Wagen mit dem
hintern Rad hängen blieb, zahlte ein Maß Wein Strafe,
der mit dem vordern zwei.

Ein solches Standesleben mußte allmälig in immer
stärkern Gegensatz treten zu dem, was sonst den Geist des
Volkes bewegte und namentlich sein gesammtes Bürgerthum
trug und leitete. Umsonst drohte 1507 der Erzbischof von
Gran Allen mit dem Bann, den Richter von Kronstadt
nicht ausgenommen, wenn sie die Amtsgewalt des Burzenländer Dechanten antasteten; selbst der auf handhafter That
in Unzucht und Diebstahl ergriffene Geistliche solle vom
Gericht der Laien längstens innerhalb zwanzig Stunden
dem Dechanten ausgeliefert werden. Daß man über Solches
vor dem erzbischöflichen Stuhl verhandeln konnte oder mußte,
deutete schon das nahe Ende an. Dasselbe bezeichnet es,
wenn der Graner Erzbischof 1513 an das Hermannstädter
Capitel schreibt: „es gelangen viele Klagen über unehrbaren
und ausschweifenden Wandel der Pfarrer an uns," und
ebenso 1524 sein Nachfolger: „Man spricht häufig von

Euch, daß zwar nicht alle, aber viele aus Eurer Mitte ein
zügelloses Leben führen, wie es dem geistlichen Stand am
wenigsten ziemt, weßwegen Ihr auch der Weltlichen Gemüther so sehr gegen Euch aufgeregt habt." Nicht minder
klagt der Siebenbürger Bischof 1476 über die unter ihm
stehende sächsische Geistlichkeit, daß bittere Klagen über dieselbe zunähmen, daß böse Sitte, Laster und Sünde täglich
in ihrer Mitte sich mehre. Freilich enthielten sich die Bischöfe selbst ungeistlicher Thaten nicht. Der Erzbischof von
Gran machte Angriffe auf Rechte und Zehnttheile des Hermannstädter und Kronstädter Capitels; Abgeordnete beider
waren im Jahr 1512 in Ofen und legten Berufung ein
an den Papst. „Der Erzbischof," schrieben die Hermannstädter nach Hause, „will eine Zehntquarte haben und uns
das Recht der Dechantenwahl rauben; wie der wildeste
Löwe ist er in der Stadt. Sie sagen, wenn wir uns in
Demuth ihm unterwürfen und ihn Alles ordnen ließen nach
seinem Belieben, so würde er milder und besser mit uns
verfahren. Das aber können wir auf keine Weise thun.
Darum stehet auf und schaffet, daß die Bürger gleichfalls
hieher kommen und den König angehen; sie haben versprochen
uns beizustehen; es handelt sich um unser völliges Verderben." Auch die alten ähnlichen Versuche der Siebenbürger Bischöfe dauerten fort. Wiederholt mußte 1506 der
Schelker Stuhl zur Wahrung seiner kirchlichen Rechte Berufung einlegen nach Rom. Bischof Franz von Varba besonders war von unmäßiger Habsucht erfüllt. Um zehn
Gulden wurden Zahlungsunfähige in den Bann gethan.

Am schwersten aber bluteten die Wunden, die Rom
selbst schlug. Bei der steten Geldnoth der Päpste und der
Leichtfertigkeit des Sinnes, die dort ihren Thron aufschlug,
wurden die Kirchen und Capellen mit Ablaß völlig über-
schüttet, der für die äußerlichsten Dinge, für Geschenke an

die Kirche, für Kreuzschlagen und Knieebeugen zu haben
war. Verkäufer von allerlei päpstlichen Bullen zogen im
Lande umher, alle kirchliche und bürgerliche Ordnung durchbrechend, so daß Geistliche und Weltliche laute Klage dagegen
erhoben. Gegen des Reiches Freiheit, schrieb der Reichsverweser
Johannes Hunyadi 1448 an das Hermannstädter Capitel,
das sich um Abhülfe an ihn gewandt, gehe der Unfug und
trug ihm auf, Alle ohne Unterschied des Standes, welche
solche päpstliche Bullen ohne seine Erlaubniß herumtrügen,
gefangen zu nehmen und so lange in sicherm Gewahrsam zu
halten, bis er das Weitere anordne, damit diese durch Strafe
belehrt unzweifelhaft einsähen, wie sehr ihm solche Verletzung
der Reichsfreiheit mißfalle und sie weiterhin derartiges nicht
wagten.

Auch die Sitten der Klostergeistlichen stimmten häufig
mit den Anforderungen ihres Standes nicht überein. Mönche
von verschiedenen Orden zogen im Lande umher, wie sie
vorgaben mit päpstlicher Vollmacht, verwirrten damit die
einfachen Gemüther, führten die Rechtsunkundigen irre, erhoben Gelder von den Armen und trieben soviel Unfug und
schandbare Dinge, daß der Erzbischof von Gran 1445 dem
Burzenländer und Hermannstädter Dechanten auftragen
mußte, dem bösen Wesen Einhalt zu thun. Ebenso mußte
König Matthias den Abt von Kerz, Raimund Bärenfuß
1469 ernst tadeln, daß er seine geistlichen Pflichten versäume und die Abteigüter zwecklos verschleudere. Als die
Ermahnung nichts wirkte, sah sich der König 1477 genöthigt, die Abtei Kerz, da die Sachsen der sieben und zwei
Stühle durch der Aebte zügelloses Leben vielen Schaden
erlitten, die Klostergebäude verlassen, die Klostergüter dem
Untergang nahe und der Gottesdienst ganz vernachlässigt
sei, aufzuheben und mit der Pfarrkirche in Hermannstadt

zu vereinigen. Gleichzeitig überschwemmten die Domikaner-
mönche, die in Hermannstadt, Kronstadt, Schäßburg, Mühlbach, Winz, Weißenburg, Klausenburg, Bistriß und Udvar-
hely ihre Klöster hatten, mit ihren Bettelsäcken das Land
und wenn aus mehreren Klöstern die bettelnden Brüder in
einem Ort zusammentrafen, haderten sie mit einander, also
daß alles Volk murrte und der Ordensprovinzial 1497 sich
genöthigt sah, jedem einzelnen Kloster seinen Bettelkreis an-
zuweisen. Welcher Ernst der Lebensziele überhaupt dort
gewaltet, darauf wirft schon die Aufschrift über der Zelle
des Priors im Schäßburger Kloster grelles Licht. In den
Kranz von Rebenlaub und Trauben hatten sie das Wort
aus dem Prediger Salomo hingeschrieben: so gehe denn hin
mein Sohn und iß dein Brodt mit Freuden und trink deinen
Wein mit gutem Muth, denn dein Werk gefällt Gott. Und
in der Zelle daneben, an deren Wand sie die Ordnung des
Kalenders aufgezeichnet, hatten sie für die Verse, welche jene
Ordnung dem Gedächtniß einprägen sollten, keinen bessern
Inhalt gefunden, als die Zahl von Schweinen, Speckseiten,
Bratwürsten und Aehnliches, was in Küche und Stall gehörte.

Bei solchen geistlichen Hirten mußte die Achtung vor dem
katholischen Kirchenthum in den Herzen des Volkes um so mehr
dahinsinken, je zahlreicher gleichzeitig die Jünger der neuen
Wissenschaft und Bildung wurden, die dort an der freudig
besuchten Hochschule an der Donau ihren Sitz aufgeschlagen
hatte, je häufigern Zugang die Boten des neuen Tages, die
Werke aus Guttenbergs Kunst in die fernen Thäler fanden.
Wol setzten sie am Tag Petri und Pauli 1474 aufs neue
fest, daß der Stadtpfarrer von Hermannstadt nach alter
Ordnung sechsundzwanzig Kapläne und einen „Prediger"
halten solle und fügten seinen Bezügen hundert Gulden hinzu,
damit die altgestifteten Messen vor ihren Altären an den
bestimmten Tagen gelesen würden, wol sang der sächsische

Pfarrer sein rührendes Loblied auf „Mutter Maria, die reine Magd" und fürchtete sich nicht, denn „in Hoffnung und in Treuen dein, so steht der Glauben sein", wol wuchsen und mehrten sich aller Orten die kirchlichen Stiftungen und zeigten, daß das religiöse Leben nicht erkaltet sei, aber die alten Formen befriedigten es nicht mehr. Der Zweifel erhob sein bleiches Haupt auch in priesterlichen Kreisen; am neuen Chorgestühl der Schäßburger Bergkirche lesen wir seinen bangen Ausbruck, dem dort wol der Prediger Martinus Worte gab:

Drei Dinge scheinen so ernst mir, daß ich oft muß weinen:
Erst ist mir herbe zu wissen, daß ich einstens sterbe,
Mir bangt zum andern, weil ich nicht weiß, wann ich muß wandern,
Zum britten ist mir wehe, weil ich nicht weiß, wohin ich gehe.

Und als die Hermannstädter Geistlichkeit lehrte, Nichtfasten sei ein größeres Verbrechen als Mord, wie Viele mögen ungläubig das Haupt geschüttelt haben?

So fand die neue auf Bibelwort und Vernunft gegründete Lehre des frommen und kühnen Mönches Martin Luther in den Herzen der Sachsen freubigen Anklang, aus dem bald eine Umgestaltung ihres kirchlichen Lebens hervorging, wie der blutige Tag bei Mohatsch und seine Folgen ihre und des gesammten Landes staatliche Stellung änderte.

Viertes Buch.

22.

Der Thronstreit zwischen König Ferdinand und Zapolya. Markus Pemfflinger. Deutsche Treue.

1526—1538.

Wenn Alle untreu werden,
So bleiben wir doch treu!
Schenkendorf.

Der frühe Tod Ludwigs in der unglücklichen Schlacht bei Mohatsch hatte den ungarischen Thron in Erledigung gebracht. Dem Recht nach gebührte er Ferdinand, dem Erzherzoge von Oesterreich, Maximilians Sohn. Denn nun war in Erfüllung gegangen, worüber König Wladislaus und der Reichstag 1491 sich mit Maximilian vertragen; Wladislaus Mannsstamm war ausgestorben und die Krone kam demnach an Maximilians Haus. Aus diesem hatte den nächsten Anspruch darauf Ferdinand, da er Wladislaus Tochter, Ludwigs Schwester, Anna zur Gemahlin hatte. Aber ein großer Theil des magyarischen Adels wollte des Oesterreichers Recht nicht anerkennen, und um der Herrschaft des deutschen Fürsten zu entgehen, verbanden sie sich mit dem Türken.

An der Spitze dieser Partei stand Johann Zapolya

18*

der Woiwode von Siebenbürgen. Schon sein Vater Stephan war Erbgraf der Zips und gehörte zu den mächtigsten Großen. Johann war mit unter denen, die 1505 beschlossen hatten, nach des Königs erbenlosem Tode nur einen „Mann aus dem scythischen Volke" auf den Thron zu heben; unter Ludwig hatte sein Anhang Parteiung und Zügellosigkeit nicht wenig mehren helfen. Nach der Schlacht bei Mohatsch stand er an der Spitze von 40,000 Mann; was, dachte er da bei sich, kann mich hindern mir die Krone aufzusetzen! In Ofen warteten seine Anhänger dem Sultan auf und erbaten sich Zapolya zum König. Wie hier mit dem Erbfeind der Christenheit, so trat er (1528) mit dem Erbfeind Deutschlands, mit Frankreich in den Bund, dessen König Franz ihm monatlich 30,000 Kronen zum Krieg gegen Ferdinand verhieß. Gleichzeitig wandte er sich an die deutschen Stände und suchte in langjährigen Verhandlungen ein Bündniß mit dem Churfürsten von Sachsen, dem Landgrafen von Hessen und den Herzogen von Baiern; ja um der Krone von Ungarn willen wollte er selbst in den schwäbischen Bund eintreten, wiewol seine Partei zwei Jahre früher ungebärdig auf die Vertreibung aller Deutschen vom Hof gedrungen hatte: „es sei auch hievor dergleichen Begehren andern fremden Nationen abgeschlagen worden", mahnten die Baiernherzoge ab. Selbst Papst Clemens' VII. Bann schreckte Zapolya vom Krieg gegen Ferdinand, vom Bund mit dem Türken nicht zurück. Sein Haupt trägt die Schuld jammervoller Zeiten für das ungarische Reich; der Tod von Tausenden seiner Söhne auf dem Feld von Mohatsch ist ihm nicht so verderblich geworden, als das Leben dieses Einen.

Denn nach dem Abzug Solimans versammelte sich seine Partei zu Stuhlweißenburg und wählte ihn zum **König** (10. November 1526). Der Bischof von Neutra krönte ihn mit der heiligen Krone. Wenige Tage später trat der gesetz-

liche Reichstag in Preßburg zusammen und wählte den Erz-
herzog Ferdinand von Oesterreich. Der nahm die Wahl
an, schwor in die Hände des Bischofs von Wesprim den
Königseid und rückte mit Waffengewalt nach Ungarn gegen
den widerrechtlichen Gegner. Raab öffnete die Thore, Ofen
ergab sich; bei Tokai wurde Zapolya geschlagen. Ein
Reichstag in Ofen bestätigte die Wahl von Preßburg; Ferdinand wurde in Stuhlweißenburg (3. November 1527)
von demselben Bischof von Neutra mit derselben Krone gekrönt, die er vor einem Jahr auf Johanns Haupt gesetzt,
und war somit rechtmäßiger König von Ungarn. Wider
den Gegner aber mußte das Schwert entscheiden; eilf Jahre
noch dauerte der Krieg. Zapolya floh nach Siebenbürgen
und von Siebenbürgen nach Polen. Von da aus bat
Hieronymus Lasky den Sultan Soliman um Hülfe für
Zapolya, während der Mönch Martinuzzi dreimal über die
Karpaten nach Ungarn kam, zu Fuß ob der Armuth Zapolyas, den Adel heimlich gegen Ferdinand aufzuwiegeln.
Und als nun Soliman mit seinen Hunderttausenden 1529
in Ungarn einbrach, zog Zapolya dem Heere entgegen, dem
Sultan auf dem Mohatscher Felde die Hand zu küssen. Nach
der vergeblichen Belagerung Wiens ernannte dieser seinen
Diener Johann Zapolya zum König von Ungarn; 1532
kam er ihm aufs neue zu Hülfe, wie er gelobt hatte dieses
fortwährend zu thun und sollten alle seine Reiche darüber
zu Grunde gehen und sollte er allein bleiben oder nur mit
einem beschnittenen Muselmann oder mit dreien oder höchstens
mit vieren.

Während dieses in Ungarn vorging, blieb Siebenbürgen, blieben die Sachsen von den Leiden des Krieges
nicht verschont. In Siebenbürgen suchte Zapolya Zuflucht
nach seinen ersten Niederlagen; als er das Land verlassen,
drängte sein Woiwode Stephan Bathori; ein großer Theil

des Adels stand auf seiner Seite. Die eigentliche Kraft des Landes aber lag in den Sachsen; sie hatten die befestigten Städte, sie hatten Waffen und Geld. Für wen werden sie sich entscheiden?

Zapolya lud sie (3. März) „wie seine andern Getreuen" auf den Sonntag Reminiscere 1527 zum Reichstag nach Ofen, aber ihre und ihrer Abgeordneten Herzen waren nicht bei dem Beschluß der Mehrheit. Er forderte (15. Mai) bei Verlust des Hauptes und aller Güter Bogen und Pfeile von ihnen, die Ausrüstung von 1000 Reitern und die Zehntabgabe von allem Vermögen, welche sein Landtag ausgeschrieben; sie verweigerten jede Leistung. Da entbrannte Zapolyas Zorn über sie, und in heftigem Schreiben (24. August) warf er ihnen vor, wie sie längst verdächtig wären des Einverständnisses mit Ferdinand und der deutschen Partei; wenn sie davon nicht abließen, werde er seine Schaaren aussenden und Männer, Weiber und Kinder erschlagen lassen.

Also drohte der gewaltige Mann und — Ferdinand war fern. Es gedachten aber die Sachsen, wie sie den Brief unterschrieben hätten, der für den jetzt eingetretenen Fall die Krone an Oesterreich übertrug, und wie der rechtmäßige Reichstag Ferdinand zum König gewählt und was nun den Gliedern der heiligen Krone zieme, und ihre Entscheidung war gefaßt. Als Georg Reichestorffer, ein Hermannstädter, früher (noch 1526) Rathsschreiber in Hermannstadt, dann Schreiber der Königin Maria, seit dem 2. Juni 1527 Geheimschreiber Ferdinands, in seinem Auftrag im August dieses Jahres nach Kronstadt kam, da erkannte die Stadt und das ganze Burzenland freudig König Ferdinand an (8. September), ebenso kurze Zeit darauf Hermannstadt und das ganze Sachsenland. Als der Herbstwind die gelben Blätter von den Bäumen schüttelte, schrieben sie von dort an Zapolya, der in Klausenburg weilte, daß er von ihnen fortan weder Treue noch Gehorsam oder Hülfe verlangen wolle. Dafür nahmen sie „gegen unsere und des ganzen Reiches Feinde" zweitausend Büchsenschützen in Sold und forderten „die Universität der sächsischen Herrn Pfarrer" auf ihrerseits zweihundertvierundachtzig jenen zur Seite ins Feld zu stellen.

Das war der Anfang langjährigen Krieges auch in Siebenbürgen. Gegen die drohenden Feinde versprach zwar Ferdinand den Sachsen schon im October 1527 baldige Hülfe, forderte sie auf, in der Treue zu beharren und den Woiwoden gefangen zu nehmen; aber die Unterstützung blieb aus, sogar als Zapolyas letztes Heer im März 1528 bei Szina in Oberungarn geschlagen worden war und er selbst nach Polen floh. So mußten die Sachsen Ferdinands Commissär Kaspar Horvath schon im Frühjahr 5000 Gulden bewilligen „zur Verfolgung und Ausrottung Johanns, der sich König nenne" und als im April Nicolaus Tomori, Zapolyas Parteigänger, in Fogarasch belagert wurde, gab das Mediascher Capitel die Rosse zum Schwergeschütz, das der Sachsengraf mit vierzig Reitern am Ostersonnabend von Hermannstadt gegen die Mauern des Schlosses führte; auch die 300 Büchsenschützen des Woiwoden Peter Perenyi, die dort standen, wurden zum Theil mit sächsischem Gelde besoldet, bis Fogarasch Ende April fiel. Auf dem Landtag in Neumarkt im August übernahmen sie wieder 4000 Gulden und 1000 Büchsenschützen „gegen die Partei des Johann Zapolya"; im September führte Markus Pemfflinger das sächsische Aufgebot mit vier Geschützen gegen Emrich Zibak, der das Land vom untern Mieresch her bedrohte. Monate lang hielten sie nach dem gemeinsamen Beschluß der drei Nationen, den diese in der Mitte Octobers in S. Marton gefaßt, 300 Büchsenschützen in Klausenburg; auch jede der andern hatte dieselbe Zahl gestellt. Zu gleicher

Zeit lagen in Großau drei sächsische Fähnlein. So kam
es, daß Zapolyas Partei nirgends im Land das Haupt erheben konnte, wiewol ein Theil des Adels und der Sekler
zu ihm hinneigte und bald offen und trotzig die aufrührerische
Rede unter Vielen ging, sie wollten zu ihm übertreten.
Noch im Juli 1528 belagerte Bathori Schäßburg vergeblich; wol verbrannte er die Vorstädte sammt dem größten
Theil der Unterstadt, die starke kürzlich neu befestigte Burg
konnte er nicht einnehmen. Sie hielt noch Jahre lang treu
an Ferdinand, obwol sie und alle sächsischen Städte „große
Noth und viel Jammer dadurch erwarben." Denn ähnlicher Geist beseelte auch die andern. Als gegen Ende des
Jahres neue Schreckensgerüchte erschollen und Hermannstadt
die Zahl der Knechte in den Thürmen vermehrte, wiewol
die ordentliche Einnahmen zu ihrer Besoldung schon nicht
mehr reichten, holte Großschenk sich sofort zwei Bombarden
aus der vollen Rüstkammer Hermannstadts, ebenso Marpod, Seligstatt, Katzendorf, während die Gemeinden Neudorf und Holzmengen je eine noch zu den vorhandenen in
ihre Kirchenburgen führten. So warteten sie der Dinge,
die da kommen sollten.

Die Seele dieses Widerstandes gegen Zapolya, der
Hort der Ferdinandischen Partei war der Sachsengraf
Markus Pemsflinger, ein Mann klug im Rath und weis
in der Ausführung, voll hohen Geistes und nie zu erschüt-
ternden Muthes. Aus einem schwäbischen Geschlecht ent-
sprossen, am Hof Ludwigs II. in großem Ansehen, war er
vom königlichen Kanzler, dem Bischof von Waizen, dem
Rath warm empfohlen im Jahr 1521 nach Hermannstadt
gekommen, hatte sich mit der Wittwe des Sachsengrafen
Lulai Klara Tobiaschi vermählt und war bald sein Nachfolger in jenem Amt geworden. Wol mit der Hand der
Gattin kam er in den Besitz reichen Gutes; Bell im

Weißenburger Comitat gehörte ihm mit Besitzungen in Engenthal, Michelsdorf, Waſſid, Kaltwaſſer, Walach.-Eibesdorf, Saldorf, Salkö, Kövesd, Emberestetek, Alamor, Mukendorf. So vermochte er die Sache, in deren Dienst ihn seine Ueberzeugung geführt, nicht nur mit dem Einfluß seines Amtes und durch die Mittel seines Geistes, sondern auch mit Geldunterstützung wirksam zu fördern. Schon 1529 hatte er zur Besoldung der Ferdinandischen Truppen 12,000 Goldgulden ausgegeben; nach fünf weitern Jahren erreichten seine Vorschüsse für den König aufs neue die Höhe von 20,000 Gulden. Wol verpfändete ihm Ferdinand dafür 1529 die Burg Balvanosch und die Kronstädter Zwanzigsteinkünfte und verlieh ihm 1533 die Rodnaer Bergwerke, ja fügte ein Jahr später neue werthvolle königliche Gefälle dazu, aber der unglückliche Gang der Ereignisse ließ den Beschenkten nie in deren Besitz kommen. Kronstadt selbst verweigerte die Abtretung des Zwanzigsten und Pemfflinger hatte nichts davon als den bittern Zorn des Stadtrichters Lucas Hirscher. Doch wurde er nicht wankend in seiner Treue, nicht irre an der guten Sache; mit Recht rühmte Ferdinand von ihm, daß er in seinem Dienst „weder Habe noch Gut, weder Gesundheit noch selbst das Leben geschont habe." Denn in dem Krieg Zapolyas gegen Ferdinand sah er nicht nur die Erhebung des Unrechts gegen das Recht, sondern auch den Kampf türkischer Barbarei und Knechtschaft gegen Christenthum und Freiheit. Im tiefsten Herzen für „sein armes teutsches Volk" fühlend, hatte er sein Leben der guten Sache geweiht und es Gottes Willen anheimgestellt. Darum sammelte sich selbst der treue ungarische Adel um ihn; die Feinde aber haßten ihn bis in den Tod. „Wenn ich mich mit einem Land ablösen möchte," schrieb er (22. October 1529) an seinen Bruder, „so werden sie es nicht thun, sondern mich schändlich tödten."

Inzwischen wandte sich Johann Zapolya noch einmal mit freundlichen Worten an die Sachsen, ob er sie nicht gewinne. „Wir haben euch zu wissen gethan," schrieb er an sie (24. Februar 1529), „daß wir mit dem allgewaltigen Kaiser der Türken ewigen Frieden geschlossen. Mögen nun immerhin Einige von Euch treulos von uns abgefallen sein, so wollen wir das nicht Allen zurechnen, sintemal Einige durch Furcht, Andere durch böse Künste und Lügen zum Abfall verführt sind, dessen Grund wir nur in wenigen Häuptern zu suchen haben. Da nun aber der Kaiser der Türken alle unsere Feinde für die seinen erklärt und sie zu vertilgen beschlossen hat, so mahnen wir Euch, auf unsere Seite herüberzutreten. Oder könnt Ihr nicht mit Händen greifen, was Ferdinands leere Versprechungen bis jetzt dem Reich geholfen? Thut ihr nicht also, so verdankt Euch, was Euch und Euren Kindern geschehen wird."

Doch Zapolyas Worte fanden keinen Eingang in den Herzen der Sachsen, hier und dort griff man zum Schwert. Des Sultans, seines Schutzherrn wartend war Zapolya schon im October 1528 von Polen herüber nach Ungarn gekommen und lag in Lippa, hart an der Gränze Siebenbürgens. Hier gingen seine Boten eifrig aus und ein; die Hoffnung der „Johannisten" stieg, der Geist des Abfalls verbreitete sich immer ansteckender unter dem Abel und den Seklern. Da fiel im Januar 1529 der Woiwode der Moldau, Peter, ins Seklerland mit gräulicher Verwüstung, unter dem Vorwand Ferdinands Gegner zu züchtigen das eigene Raubgelüste befriedigend; Anfangs Februar brach der Heerbann der sieben Stühle mit vier Geschützen dem Seklerland zu Hülfe auf. Zugleich gingen Abgeordnete der drei Nationen an den Moldauer: warum er denn das Land verwüste; gute Worte und schwere Geldzahlungen, zu welchen die Sachsen 2000 Gulden gaben, bewogen ihn endlich zum Ab-

zug. Ueber ihren rauchenden Dörfern aber vergaßen die
Sekler noch rascher der Treue für Ferdinand. Ohnehin
hatte der Schatzmeister und Bischof von Siebenbürgen,
Nicolaus von Gerendi, eines der Häupter der königlichen
Regierung im Lande, wie er selbst im Januar an Ferdinand schreibt, schon seit dem Herbst das Volk nur mit
Lügen getröstet und es mit der Nachricht naher Hülfe getäuscht; jetzt höhnten sie, der Feldhauptmann Katzianer, der
von Nordungarn aus mit Truppen kommen sollte, reite wol
auf einem Krebs, oder sprachen sogar das bösere Wort,
Seine Majestät wolle, daß dieses Reich gänzlich zu Grunde
gehe mit dem ungarischen Volk und der ungarischen Sprache.
So wuchs Zapolyas Anhang; im Mai schrieb sein Secretär
aus Lippa: „der ganze Adel, sehr wenige ausgenommen
und alle Sekler sind zum Gehorsam zurückgekehrt; nur die
Sachsen sind Rebellen." Gegen sie richtete sich nun der
neue Sturm.

Er traf sie nicht unvorbereitet. Schon Dienstag nach
Judica (16. März) hatte die Universität beschlossen, 17,000
Gulden aufzuschlagen, dazu 1000 Büchsenschützen und 1000
Reiter ins Feld zu stellen, die dem Katzianer entgegenziehen
sollten; auf einer Versammlung in Mediasch, die Bischof
Gerendi auf den 2. Mai zusammenberufen, übernahmen sie
aufs neue die Stellung von 4000 Mann auf anderthalb
Monate oder im Nothfall auf länger und 18,000 Gulden,
damit der „edle Herr königliche Feldhauptmann Johann
Katzianer endlich hereingebracht werde." Doch der Feind
war schneller da, als er. Mühlbach fiel in „des Janusch-
Beg Gewalt", im Frühjahr 1529 standen seine Haufen um
Hermannstadt; die Gemeinden ringsum waren in ihren
Händen. Am 29. März mußte der bedrängte Rath an
Ferdinand schreiben — vor zwei Wochen erst war sein Bote
vom König aus Speier zurückgekommen —: „wir thun

Ew. kön. Majestät zu wissen, daß unser Sach gar übel steht. Wir sind mit trefflichem Volk und Geschütz belagert; die Walachen und Ibrahim-Pascha gewarten wir alle Tage. Darum so bitten wir Ew. Majestät demüthiglich, angesehen Gott und die Christenheit, auch unser groß Verderben und Getreuheit, geruhe uns in diesen letzten Nöthen zu Hülfe zu kommen mit einer trefflichen Stärk, sonst sind wir mit Hermannstadt gar verloren, dadurch Ew. Majestät mit sammt der ganzen Christenheit unaussprechlichen und unüberwindlichen Schaden und Verderben empfahen werden." In demselben Sinn voll schwerer Sorge schrieb Pemfflinger vier Wochen später (29. April) an den König: „daß wir jetzund in den größten und letzten Nöthen sein. Darum fleh ich, Ew. kön. Majestät um die Marter Gottes willen komm uns eilend zu Hülf, sonst sind wir mit dem Land verloren. Und so uns Ew. Maj. helfen will, so gescheh es bald. Gott sei geklagt, daß wir Ew. kön. Majestät mit unserm Leib und Gütern so treulich gedient haben und Ew. Majestät uns also verläßt und nu in das viert Jahr uns keine Hülf thut."

Um so stärker und entschlossener spannten sie die eigene Kraft an. An der Westgränze des Sachsenlandes in Broos hielten 100 Büchsenschützen die Wache; am 2. April brachte Martin Sydonius ihnen den ersten Monatssold von 300 Gulden aus Hermannstadt. Anfangs Mai trat die Universität in Mediasch zusammen; wol in Folge ihrer Beschlüsse gingen am 6. Mai 109 Büchsenschützen nach Schäßburg an die bedrohte Ostgränze, zwei Wochen später weitere 113 Mann, die der Hermannstädter Rathsmann Johann Enyeter befehligte. Dort in der mauerumgürteten Burg tagte in der Pfingstwoche, zum zweitenmal im Mai, die Universität; auch Pemfflinger war da. Im Anblick des blühenden Frühlings mag er wol der Sorge gedacht haben,

die er noch am 25. März dem fernen König ans Herz ge-
legt: wie sehnsüchtig Zapolya der warmen Jahreszeit warte,
die mit der bessern Witterung und dem Gras auf den
Feldern zum Futter der Rosse ihm den Türken zu Hülfe
bringen solle. Nun war Soliman Anfangs Mai in der
That mit seinen Hunderttausenden nach Ungarn aufgebrochen;
Wien war des Zuges Ziel. Diese Stadt und damit das
Einbruchsthor nach Deutschland zu halten, mußte Ferdinands
erste Sorge sein; ein Sieg über die Türken, erkannte daher
Pemfflinger richtig, werde die sicherste Hülfe auch für das
vereinsamte Vorwerk sein, zu dessen Behauptung die Sachsen in Siebenbürgen noch immer hoffnungsfreudig und
im Bewußtsein dessen was es gelte alle ihre Kraft aufboten.

Sie zu bezwingen, verband sich Zapolya mit Peter
dem Woiwoden der Moldau, dem er als Preis der Hülfe
die Schlösser Csicso und Balvanosch, die Kokelburg und
den Nösnergau mit dem Rodnaer Thal vergabe. Im Juni
brach jener ins Land; am 13. Juni erging von Hermannstadt das Aufgebot an die obern Stühle, Mann für Mann
aufzustehen, der Moldauer sei wieder da. Schon zwei Tage
später zog das Banner von Hermannstadt mit sechs Geschützen ins Burzenland, dorthin eilten die andern Fähnlein
der Sachsen, alle unter Pemfflinger vereinigt. Auch Valentin Török und Stephan Mailath standen dort, in ihren
Reihen was vom Adel und den Seklern noch Ferdinand
treu war oder schien. Am 22. Juni ging nachträglich noch
ein voller Pulverwagen von Hermannstadt ins Lager ab;
ehe er ankam, war die Sache entschieden. Denn an demselben
Tage geschah die Schlacht bei Marienburg. Sie ging verloren durch die Verrätherei der Sekler; die Führer selbst
kamen mit Mühe davon — Mailath suchte bis zur schützenden Nacht Zuflucht unter einer Brücke, Pemfflinger wurde
von Török herausgehauen — und eilten nach Hermannstadt,

da aufs neue zu berathen, was fürber in der Sache zu thun sei. Hieher kam die Kunde der Niederlage schon am 23. Juni; mitten in der Nacht sprengte der Bote mit der schweren Nachricht in die zwei Stühle, deren Bewohnern zu sichererm Schuhe Hermannstadt angetragen wurde. Unerschüttert vermehrte hier der Rath die Pulvervorräthe und Büchsenschützen, stärkte Thürme und Mauern und gab dem Thürmer auf dem Thurm der Pfarrkirche noch zwei Genossen, auf daß die „nach dem Moldner Schlage von allen Seiten von Feinden umgebene Stadt desto sorgsamer bewacht würde." Der rothe Thurm wurde verproviantirt und Alles zu einem neuen Feldzug vorbereitet. Das sächsische Aufgebot, das bisher noch immer in Klausenburg gestanden, wurde zurückgerufen und nach Mühlbach verlegt, die wieder in der Sachsen Hände gefallene Stadt „gegen die Johanniſten" zu halten. Vor Hermannstadt wurde ein Lager errichtet und mit Geschüß versehen, auch Bischof Gerendi, Mailath und andere ungarische Führer bezogen es; eine Anzahl Büchsenschützen wurde nach Schäßburg geschickt, wo eine Zeit lang auch Valentin Török und der Vicewoiwode lagen. Die Universität trat in Hermannstadt zusammen; Jakob Steiler der Hann von Mediasch, Michael Hegyesch der Königsrichter von Schäßburg, Kaspar Roth Königsrichter von Schenk und Andere waren barin, als sie jenen ungarischen Herren zur Besoldung von 510 Reitern auf einen Monat am Tag Magdalena (22. Juli) 1530 Gulden lieh, eine Zahlung, die sich am 8. August wiederholte. Inzwischen sammelten Stephan Bathori, Gotthard Kun, Michael Farna, Emrich Balassa und andere Adelige um Klausenburg ihre Heerhaufen und rückten auf Weißenburg. Um den Laurentiustag (10. August) brachen sie aus dem Lager von Hermannstadt gegen den Feind auf; vier schwere Geschütze zogen aus der Stadt mit, deren Banner nach altem

Heerrecht ein Meister der Fleischerzunft trug, zu dessen Beschützung die Kaufmannsgilde diesmal siebzehn Reiter aus-
gerüstet hatte. Die Sachsen befehligte Pemfflinger; unter
seinen Feldhauptleuten war Petrus Haller. Am 14. August
standen sie in Mühlbach; der Mieresch schied die feindlichen
Heere. Doch kam es nicht zum Treffen; Bathori scheute
das Geschütz des Gegners und schloß einen Waffenstillstand,
wornach Weißenburg von ihm besetzt blieb; in Hermannstadt sangen sie eine Messe für den Frieden und Sieg über
den Feind.

Ueber so heftigen Widerstand ergrimmte Zapolya aufs
neue. Den hohen Muth Pemfflingers zu brechen zog er
dessen Güter ein und schenkte sie seinen Anhängern Matthias Frathai, Wolfgang Bethlen und Gregor Sarvari.
„Ich habe nun nichts mehr als das Leben, das Andere
Geld und Gut ist Alles dahin", schrieb Pemfflinger (29. October 1529) an seinen Bruder. Schon früher hatte er an
Ferdinand berichtet: „Ich habe bisher mit Leib und Gut,
mit Tod und Blutvergießen vieler meiner Diener Euer
Majestät gedient williglich; nun gibt es die Zeit, daß ich
mein Leben auch muß dahingeben. Wie es Gott haben
will! Eure Majestät vergesse aber meiner treuen Dienste
nicht und hab mein Sohn und meine Brüder gnädiglich
befohlen!"

Auch den Hermannstädter Gau ließ Zapolya seinen
Zorn fühlen. Er riß Winz und Burgberg von ihm los
und schenkte sie seinem Getreuen Nicolaus Kotscharbi. Den
Fogarascher District vergabte er an Johann Bornemissa.
Den Thalmescher Stuhl verpfändete er für 2000 Gulden
an Stephan Mailath, der dreimal in diesem Kriege die
Parteien wechselte. Die Münzkammer verlegte er beim Aus-
bruch des Kampfes von Hermannstadt nach Klausenburg,
weil dieses ihm unter allen sächsischen Städten allein treu

geblieben, Hermannstadt aber zunächst nach Kronstadt zur
deutschen Partei übergetreten sei, Ferdinandische Sendboten
aufgenommen und die Waffen gegen ihn ergriffen habe.
Ebenso sollte Kronstadt die Macht und den Zorn des Gegners empfinden. Zapolya schenkte die zu Törzburg gehörigen
Orte Csernatfalu, Türkösch, Hossufalu und Apaça an die
vier Brüder Forro de Haporton, wogegen der Rath von
Kronstadt durch seine Törzburger Vögte die gesetzliche Einrede erhob.

Das Alles änderte den Sinn der Sachsen nicht; sie
fuhren fort zu rüsten und nahmen immer aufs neue Reisige
und Fußknechte in Sold, oft mit erborgtem Geld. Zum
Zuge gegen Bathori schoß Herr Johannes Hecht, Rathsmann in Hermannstadt, fünfzig Gulden vor. Die 1350
Gulden, die die Universität am 22. Juli an Bischof Gerendi,
Mailath und die andern Ferdinandischen Führer zahlte,
streckten ihr Kaufleute aus der Walachei vor, welchen sie
hiefür auf nicht volle acht Wochen zehn Procent Interessen
entrichtete. Als der Hermannstädter Bürgermeister Matthias
Armbruster für das kriegsschwere Jahr 1529 die Rechnung
der sieben Stühle legte, hatte er nicht weniger als 27,500
Gulden, meist zu Rüstung und Heerzug für Ferdinand ausgegeben und dazu bei dem Mangel an vorräthigen Mitteln
9424 Gulden aus Eigenem vorschießen müssen.

Noch während des Zuges gegen Bathori war die
Kunde nach Hermannstadt gekommen, dem Sachsenland
drohe auch von der Walachei Gefahr. Der Rath schickte
Bogen und Pfeile in die walachischen Gebirgsgemeinden,
daß sie die Fußsteige bewachten, dazu Boten in die Walachei, vom Zuge abzumahnen. Aber der Bojare Dragan
brach durch das eiserne Thor herein, bis nach Großau drang
er vor. Wieder flog von Hermannstadt der Ruf zu den
Waffen durch das Sachsenland; aufs höchste schien die

Gefahr gestiegen, zum Zeichen dafür trug Petrus Haller (20. August) das blutige Schwert durch die obern Stühle. Zwischen Hermannstadt und Großau standen die sächsischen Heerhaufen: Lanzenträger, Büchsenschützen, Reiter und schweres Geschütz; Johannes Omlescher befehligte sie. Die Walachen aber, welchen es um Beute zu thun war, ließen es nicht aufs Schwert ankommen; schwere Silberkannen an Dragan und seine Genossen und noch schwerere Geldzahlungen machten, daß sie den Abzug versprachen. Am 6. September tranken sie den Friedensbecher aus dem Faß Wein, das ihnen der Rath zugleich mit Semmeln, Brodt und sechs Schlachtochsen nach Großau hinausgeschickt hatte.

Das geschah am Samstag vor Mariä Geburt; Sonntag darauf brachten die Boten die Nachricht, Peter der Woiwode der Moldau sei wieder ins Burzenland hereingebrochen. Von Rabnoth aus am 9. September schrieb Stephan Bathori an den Hermannstädter Gau und das Burzenland: „wir glauben es werde Euch nicht verborgen sein, daß der erlauchte Herr Peter, der Moldauer Woiwode unseres Königs Johann Getreuer, nach dem Willen Sr. Majestät und dem Befehle des allgewaltigen türkischen Kaisers in diese Provinz mit großer Macht gegen Euch aufgebrochen, die Ihr noch immer gegen Se. Majestät ungetreu, ungehorsam und rebellisch seid. In wenigen Tagen wird er kommen, Euch zu bekriegen. Kehrt darum zu unserm König zurück und haltet nicht länger die Verräther Sr. Majestät in Eurer Mitte. Thut Ihr nicht also, so wollen wir zusammt den beiden andern Nationen, dem Adel und den Seklern, gegen Euch zu Felde ziehen, vereint mit dem Moldauer Woiwoden Euch heimsuchen und unter Gottes Beistand mit aller Grausamkeit zum Gehorsam bringen." Nun erfüllte sich wieder, was der Rath von Kronstadt und die Geschwornen des Burzenlandes in ihrem drängenden Gesuch um Hülfe

Teutsch, Siebenbürger Sachsen.   `19

schon im Februar Ferdinanden geklagt, wie sie mitten im
Elend säßen, auf der einen Seite das Feuer, auf der andern
das Wasser. Denn wie der Moldauer die Burg in Tartlau genommen und verbrannt, zog er vor Kronstadt und
berannte die Stadt durch drei Wochen mit großer Gewalt.
Als sie mannhaft widerstand, warf er in die hölzernen Vertheidigungswerke auf den Schloßberg Feuer, also daß die
wenigen Männer, welche nicht in Rauch und Flammen
umkamen, am Tag Simonis und Judä (28. October) sich
ergaben. Sie wurden durch schweres Lösegeld wieder frei.
Die Stadt aber blieb unbezwungen, und Peter zog nach
Allerheiligen ab, die Bistritzer seine Rache fühlen zu lassen.
Denn weil auch sie zu Ferdinand standen und von ihm
nichts wissen wollten, sollten sie seine Hand fühlen. Schon
hatte er einige Haufen vorangeschickt, daß sie die Weingärten
aushieben und das Nösnerland schreckten. Jetzt komme er
selber, schrieb er, sie und ihre Söhne zu tödten und Alles
in kleine Stücke zu hauen. Aber die Bistritzer überfielen
ihn unversehens im Feld, schlugen ihn in die Flucht und
jagten ihn aus dem Lande.

So schlug das Unheil in immer entsetzlichern Wogen
über dem Sachsenland zusammen. „Ich weiß nicht, wie
es um euch steht," schrieb Pemsslinger im October an seinen
Bruder in Ofen, „aber wir sind in dem letzten Verderben."
Doch sein Mannesmuth und die Kraft der starken Seele
erscheinen nie größer als jetzt. Seine und des Hermannstädter Rathes Thätigkeit in den letzten Monaten des Jahres
1529 übersteigt alles Maß. Wie der Moldauer wieder
ins Land gefallen, wird sofort die Verhandlung mit Bathori
um Fortdauer des Waffenstillstandes in Klausenburg an-
geknüpft. Am 18. September wendet sich der Rath an die
Sekler, sie von fernerer Feindseligkeit abzubringen; am
2. October geht Michael Horvath im Namen der Univer-

sität zu ihrer und des Adels Tagfahrt nach Thorenburg, um mit ihnen zu verhandeln, daß sie die Sachsen nicht weiter schädigen, sondern im Frieden bleiben. Wenige Tage früher ist Valentin Török nach Temeschvar abgezogen, die Veste zu halten, die noch im März vom Sachsenland aus und durch sächsisches Geld mit Korn und Hafer verproviantirt worden war; beim Abzug erhält der Temescher Graf vom Hermannstädter Bürgermeister als Sold für 500 Mann 1814 Gulden und 50 Denare. Und wie Noth hätten sie hier gethan! Denn in denselben Tagen brach der Bojare Dragan treubrüchig den Frieden und Simon Deak bedrohte Broos. Am 25. September zog Pemfflinger gegen ihn, um am 2. October dem von Gotthard Kun schwer bedrängten Mediasch zu Hülfe zu eilen — zu spät, da der Feind schon in der Stadt stand. Es war, als wenn dieser aus der Erde wüchse. Seit Anfang October lag Deak vor Mühlbach; am 27. September hatte Pemfflinger von hier nach Hermannstadt an Gerendi um 100 Büchsenschützen, eine Hakenbüchse und Schießpulver geschrieben; ohne diese könne die Stadt, die doch eine Vormauer für das hinter ihr liegende Sachsenland sei, sich nicht halten. Nun war sie eingeschlossen; auf allerlei Schleichwegen wurde sie von Hermannstadt aus mit Pulver versehen und hielt sich mannhaft unter dem Hauptmann Balthasar, den der Rath noch zur rechten Zeit hingeschickt, bis Pemfflinger am Martinstag (11. November) mit vier Geschützen, mit sächsischer und bischöflicher Mannschaft gegen Deak zog und sie entsetzte. Inzwischen mußte auch die Heltauer Burg und die Stolzenburg gegen feindlichen Anlauf in bessern Stand gesetzt werden; hieher und dorthin wurden anfangs October Büchsenschützen aus der Stadt gelegt, in deren Mauern ihre Güter zu bergen der Rath die umliegenden Gemeinden aufforderte. Denn alle, zehn ausgenommen, lagen in Asche. Gleichzeitig

19*

wurden vor den Thoren Schanzen aufgeworfen; Wochen
lang standen Bürger der Stadt in den Vorwerken oder in
den Stückbetten. Da geschah es, daß unversehens ein feind-
licher Hause die Stolzenburg überfiel und einnahm; das
Dorf ging in Flammen auf, die Gefangenen wurden rings
auf den Mauern in Pfähle gezogen. Doch schon in der
nächsten Nacht verlor der Feind die Burg wieder; bei
Fackelschein zogen sie von Hermannstadt hinüber, verstärkten
die Befestigungen und legten (7. November) unter dem
Hauptmann Johann Lang wieder zwanzig Büchsenschützen
hinein. Noch am Schlusse des Jahres in der Kälte des
Winters flog Pemsflinger in raschen Streifzügen mit Fußvolk und Reitern durch das Land, jede Schwäche der „Jo-
hanniten" erspähend. In der dritten Adventwoche stand
er in der Gegend von Mediasch, bald darauf den Feind
verfolgend bei Schäßburg, wo Büchsenschützen im Dienst
der Universität der Bürgerschaft in der Abwehr des Feindes
halfen; Donnerstag vor Weihnachten schickten sie aus Hermannstadt Boten an ihn „Neumarkt zu"; am Thomastag
riefen sie ihn nach Hause zur Neuwahl des Rathes.

Mitten in die aufregende Sorge dieser Tage kam
(15. October) die Siegesbotschaft nach Hermannstadt, der
türkische Sultan, der seit dem 26. September vor Wien
lag, sei geschlagen. Eilboten in das Sachsenland verkündeten die damit neu erwachte Hoffnung, die in Hermannstadt
in lodernden Freudenfeuern unter dem Jubel der Bürger
die Nacht erleuchtete.

Doch sie sollte nicht in Erfüllung gehen. Moses der
Woiwode der Walachei wollte die Wirren im Nachbarland
mit List benützen und schickte plötzlich, während der Mol-
dauer vor Kronstadt lag, einen starken Haufen über die
Gränze. Sie umschlossen Törzburg; aber der Kronstädter
Rathsmann Johannes Hoch vertheidigte die Veste standhaft,

also daß jene abziehen mußten. Wie nun jener Woiwode
bald darauf von einigen Gegnern vertrieben wurde und
Mailath mit Ferdinandischen Haufen ihn wieder einsetzen
wollte, fiel der türkische Pascha mit vielem Volk ins Land
und berannte Kronstadt. Hier wüthete, während draußen
das Schwert war, drinnen die Pest. Schon im vorigen
Jahr hatte die Stadt Abgeordnete geschickt an König Ferdinand, ihn zu schleuniger Hülfe zu mahnen und guten
Bescheid erhalten; wie die aber noch immer nicht kam und
weit und breit keine Rettung war, mußten sie sich ergeben
und des Königs Hansen Banner aufstecken (October 1530).
Auch Schäßburg belagerten die Hans Königischen in diesem
Jahr, aber sie mußten mit Schanden abziehen.

Wie Stephan Bathori solche Treue der Sachsen sah,
erstaunte er. „Es ist doch Niemanden besser als Euch bewußt," schrieb er den 19. Juni 1530 an die Sachsen, „von
welchen Niederlagen, von wie viel Raub, Mord, Erpressungen und großen Uebeln jeglicher Art ihr heimgesucht
worden, seitdem ihr von König Johann abgefallen. Und
das Alles ist geschehen, weil ihr jenem Fremden anhänget,
der wie ein Wolf in eines Andern Schafstall eingebrochen.
Wahrlich es ist ein Wunder, daß ihr allein für jenen so viel
leidet, von dem ihr doch keine einzige Wohlthat empfangen.
Darum kehret zurück zu unserm König und lasset Eure Ehr-
lichkeit nicht länger täuschen von Menschen, die nur das
Ihre suchen und nicht was zu Eurem Heile dient. Wir
geloben Euch in seinem Namen, daß er Eure Rechte und
Freiheiten schützen wird." Also schrieb Bathori an die
Sachsen, und sie werden dabei wol mit Kummer an die
Entfernung Ferdinands gedacht haben und mit noch größerem
daran, daß er selbst vor Kurzem, ihrer Treue und der Hin-
weisung auf ihr Eigenthumsrecht ungeachtet, den Fogarascher
District — gerade wie Zapolya zur Belohnung seiner

Freunde gethan — an den Erlauer Bischof und seine
Schwestern geschenkt hatte (1528); ja sie mußten es erleben,
daß Ferdinand 1535 dem Woiwoden der Moldau, dem
Barbaren, um ihn von Zapolya ab und auf seine Seite
zu ziehen, mit der Kokelburg und Balvanosch auch Bistritz
vergabte.

Doch wo die Stimme der Pflicht gesprochen, da bleibt
für den Mann keine Wahl mehr übrig. „Der Moldauer
und Walachische Woiwode, die Türken an der Seite, die
Edelleute und Sekler im Land, sind alle wider uns," schrieb
Pemfflinger (30. Mai 1530) an seinen Bruder. „Ist es
denn der Wille Gottes, daß ich mein Leben für meine Treue
geben soll, so geschehe es also. Aber daß die armen Teut=
schen also in Grund verderben und verloren gehen, das
frißt mir mein Herz." Also sandte man aufs neue Boten
an Ferdinand; sie hatten keinen andern Trost davon als
Briefe und Versprechen, da der König zu schwach war Hülfe
zu schicken. So mußte sich Schäßburg im Spätjahr 1530
ergeben; auch Mühlbach, trotz des Waffenstillstandes vom
Feind belagert und beschossen, kam wieder in die Gewalt
desselben (Januar 1531). Als das der Schenker, Repser
und Leschkircher Stuhl sah, traten die Abgeordneten der=
selben zusammen und sprachen bekümmerten Herzens: „Wer
mag uns retten?" Sie schwuren König Hansen. Der
Aufforderung des Bischofs Gerendi und des Hermann=
städter Rathes zu weiterm Widerstand setzten sie die Un=
möglichkeit entgegen. Zu Anfang des Jahres 1531 war
alles Sachsenland in der Gewalt Zapolyas; nur Hermann=
stadt hielt sich noch. Türken, Walachen und Tartaren und
Andere von Zapolyas Partei belagerten sie im Herbst
1530; „aber ich hab ihnen Antwort gethan und ihnen Pillen
und Munera geschickt", schreibt Pemfflinger am 6. November
an Martin Sydonius, der mit dem Kronstädter Rathsmann

Hans Fuchs am königlichen Hoflager weilte. Wer mag aber die Dörfer zählen, die die wilden Feinde in Asche gelegt, wer das Volk, das sie niedergehauen, oder den Raub ermessen, den sie fortgeführt?

Da zeigte der Waffenstillstand, den Ferdinand mit Zapolya zu Anfang des Jahres 1531 schloß — er sollte vom 22. Januar bis 21. April dauern — den Bedrängten einen neuen Hoffnungsstral. Er leuchtete nicht lange. Auf einem Tag in Mediasch traf Zapolya eifrig Vorkehrungen zu weiterm Kampf gegen Hermannstadt; die Sekler stellten 1500 Mann und halfen mit Geld. Als die Hermannstädter, wol von Mühlbachs Schicksal gewarnt, anfragten, ob er sie in den Waffenstillstand einzuschließen gedenke, antwortete er zornig und drohend. So rüsteten sie weiter, die Anstalten leitete Martin von Frunsperg, der deutsche Feldhauptmann, der im Heer Kaiser Karls V. in Italien gedient, dort zu den Franzosen übergegangen und von Franz I. an Zapolya geschickt worden war, diesen aber verlassen hatte und, um des Kaisers Gnade wieder zu erlangen, nach Hermannstadt gekommen war. Nach seiner Weisung wurden die Werke verstärkt, die die neue Belagerung Zapolyas bald erprobte. Am 22. Mai war die ganze Umgebung wieder in seiner Gewalt und die Stadt eingeschlossen, in ihr Noth und Jammer aller Art, da zum Schwert des Feindes da draußen drinnen sich Pest und Hunger gesellten. Doch verlor das Häuflein der Getreuen den Muth nicht, wenn auch der Mauerring von Hermannstadt sie alle umschloß, die noch an Ferdinand hielten.

Am Tag Philippi und Jacobi (1. Mai) 1531 schworen hier der Bischof Gerendi, der königliche Kämmerer Kaspar Horvath, Alexander Bethlen der Vicewoiwode, Nicolaus Apafi und Stephan Mailath dem Bürgermeister, den Richtern, Geschwornen, Hundertmännern, Zunftmeistern und der ganzen

Gemeinde von Hermannstadt zur Erhaltung des christlichen Glaubens und des heimgesuchten Vaterlandes in der Vertheidigung der Stadt mit ihnen treu auszuharren, wie es ihre Pflicht gegen Ferdinand erheische, und Glück und Unglück mit ihnen zu theilen. Kurze Zeit darauf vergaß Mailath seines Schwures, ging zu Zapolya über und bedrängte selber Hermannstadt aufs heftigste.

Dort stieg die Noth von Tag zu Tag, mit ihr aber, die ganze Schaaren aus der Stadt trieb und edle Frauen und Kinder zwang, das Holz auf dem Rücken zum Herde zu bringen, zugleich der Entschluß, so lang als möglich nicht zu weichen. Im Jahr 1532 gingen Abgesandte zum Reichstag nach Regensburg, um dort „mit höchstem Fleiß um Hülf und Entschüttung" zu bitten. Wieder wurde die Aussicht heller. Nicht ohne Sorge schrieb Ritter Kaspar Winzerer, Zapolyas Vertreter bei den Herzogen von Baiern, wie kaiserliche Majestät selbst in Bedenkung, daß ihr Bruder König Ferdinand gar mittellos, bewilligt, Geld zur Rüstung zu geben; sofort seien acht Hauptleute verordnet worden, daß ein jeder von ihnen ein Fähnlein Knechte aufnehme, die alsbald nach Siebenbürgen ziehen sollten und Kaspar Ritschain solle sie als Obrister führen; auch würden 10,000 italienische Knechte nächstens zum Katzianer stoßen. Aber „das Geschrei" wurde nicht zur That, obwol Pemfflinger selbst, den die Sorge um sein Volk eisgrau gemacht hatte, schon im Sommer 1531 nach Wien gegangen war, schnellere Hülfe zu bringen. Wol wiederholte sich in Ungarn im Sommer 1532 und 1533 das Gerücht, Katzianer werde endlich nach Siebenbürgen aufbrechen, Pemfflinger selbst war eine Zeit lang in Kaschau an des Führers Seite; wol brachte Ferdinands Abgeordneter Jakob von Een Hülfsgelder der nahe dem Hungertode stehenden Stadt, die Mailaths Truppen immer enger umschlossen und deren

Mauer 1533 ein unerhörtes Hochwasser des Cibin 104 Schritte lang niederriß; wol raffte sich diese auf neue Verheißungen Ferdinands im Februar 1535 noch einmal auf und kündigte den Vertrag, den sie am 2. November 1534 mit Zapolya geschlossen: binnen vierzehn Wochen sollen Abgeordnete der Stadt zu Ferdinand gehen, diesem anzukündigen, daß sie zum Lande getreten und mit diesem und den drei Nationen König Johann zum Fürsten haben wolle — als aber Katzianer im Frühjahr 1535 nach Hermannstadt schrieb und begehrte, daß man ihm zuvor Geld und zwei oder drei verständige und geschickte Männer sende, die ihm den Weg nach Siebenbürgen zeigten und aller Wege, Wasser und Wälder kundig wären, da ergriff die Gemüther Vieler Entsetzen. „Jetzt sehen wir," klagten sie, „daß wir verloren sind und nur mit Worten aufgehalten werden. Gott erbarm es, daß wir erst den Weg nach Siebenbürgen zeigen sollen, die da ganz versperret sind. Haben denn die Andern nicht Wegweiser genug, die die Straße ebenso gut kennen wie das Vater unser? Oder sind sie blind, daß sie Siebenbürgen nicht zu finden wissen in acht Jahren, es sei denn, daß belagerte Hermannstädter ihnen den Weg zeigen?"

Ohne Mittel Hülfe mit den Waffen zu bringen, schloß Ferdinand endlich Waffenstillstand mit Zapolya, den er am 24. Mai 1535 Hermannstadt bekannt gab und der später bis 1. Februar 1536 verlängert wurde. Den Bürgern sollte gestattet sein, während dieser Zeit frei zu verkehren und die Stadt zu befestigen. „Nichts ist unter dem Himmel," schrieb Ferdinand an seine Stadt, „das wir nicht um euch und eurer leuchtenden Treue thun wollen." Aber Mailath hielt sich nicht an den Vertrag. Am 19. Juni versuchte er einen Ueberfall und — ward geschlagen; „viel Volk und treffliche Hauptleute" fielen ihm. Um so erbitterter bedrängte er die verhaßte Stadt, die entvölkerte, in der endlich innere Zwietracht das finstere Haupt erhob. Ein Theil begann die Uebergabe dem Hungertode vorzuziehen; immer ängstlicher wurden die Sendschreiben an Ferdinand: „durch Gottes Willen die Armen eilend, eilend zu erlösen." Am 8. October bewog Een und der Stuhlsrichter Hans Roth die zum Aufstand geneigte Bürgerschaft noch einen Monat auszuharren. Auf diese Nachrichten schickte Ferdinand Kaspar Horvath mit frischem Geld nach Hermann= stadt und setzte einen Preis auf Mailaths Gefangennahme oder Tödtung. Dieser aber, wie er bisher Sendboten der Bürger hatte aufhängen und ausrufen lassen, daß man jeden Hermannstädter, wo man ihn immer finde, spieße, ließ, des Waffenstillstands nicht achtend, die Stadt im No= vember besetzen und verpflichtete sie, wenn bis Ende Februar 1536 keine Hülfe komme, Zapolya anzuerkennen. Der Februar verging, es erschien keine Hülfe. Da stiegen die Hermannstädter von den Mauern und Thürmen, die sie in deutscher Treue unerschütterten Muthes bis ins siebente Jahr für König Ferdinand gehalten — es waren nicht tausend wehrhafte Männer darin — und legten die Waffen nieder. Mit Hermannstadt war ganz Siebenbürgen in Zapolyas Händen.

Pemfflinger überlebte den Kummer nicht lange. Zu Anfang des Jahres 1536 war er am Hof Ferdinands in Wien; stets von dem Gedanken an die Rettung seines „teutschen Volkes" erfüllt, wollte er zum Woiwoden der Moldau gehen, der gerade damals wieder Treue für Fer= dinand heuchelte. Als die Reise nicht zu Stande kam, begab er sich, wol im Zusammenhang mit Katzianers be= vorstehendem Zug nach Siebenbürgen, nach Oberungarn; von Kaschau schrieb er am 25. Februar an seinen Bruder: „mag Se. Majestät doch einmal, sei es durch Krieg, sei es durch Frieden ein Ende machen. Ich fürchte der Eimer wird endlich in Stücke gehen, da Ihr nichts als Worte habt; rafft Euch doch einmal zu Thaten auf, es wird Euch sonst gereuen." Später finden wir ihn in Leutschau an der Spitze eines Fähnleins von 125 Mann, zu deren Besoldung ihm bald die Mittel fehlen: „Ich bin wie ein Vogel," schreibt er an Ferdinand, „und habe nicht, wo ich mein altersmüdes Haupt zur Ruhe legen könnte." Die letzte Kunde von ihm ist aus dem Februar 1537, eine letzte Bitte an Ferdinand, voll Entsagung: „ich erwarte nichts mehr und wenn etwas kömmt, wird es zu spät sein, denn inzwischen kann der Tod es vollenden." In der That hat der ihn bald darauf erlöst; im September schreiben sie von ihm, wie von einem nicht mehr lebenden Manne. Niemand weiß, wo er gestorben, wo sein Gebein ruht. In der Pfarrkirche in Hermannstadt aber, die sein Geist und seine Thatkraft mit dem neu aufgehenden Licht des Evangeliums geöffnet hatte, trug bis zur Gegenwart herab ein Pfeiler eine Gedenktafel, an deren Inschrift das Volk die Erinnerung an ihn knüpfte:

Schirmer des Rechts war er, des Bösen eifrigster Gegner,
Theuer den Besten stets, nie niedrigem Geize ergeben.

Von seinem reichen Gut ließ er nur eine Last von Schulden zurück, die er für Ferdinands Sache gemacht. Sein Sohn konnte nichts aus dem Schiffbruch retten; es war noch eine ehrenvolle Wendung, als 1545 die Stadt Pemfflingers Haus um 1922 Gulden und 64 Denare kaufte und fortan als Rathhaus gebrauchte.

Zapolya aber verkannte nicht, wie sehr er seine Herrschaft kräftigen werde, wenn er die Sachsen in Wahrheit für sich gewinne. Darum hatte er 1531 des Burzenlandes alte Freibriefe von Ludwig I. und Wladislaus II. bestätigt und in demselben Jahr den Schenker Stuhl von aller

Einquartierung freigesprochen. Darum hatte er 1532 die Satzungen Schäßburgs von 1517 bekräftigt, worin geschrieben stand, daß kein Anderer als ein Sachse oder Deutscher Haus und Bürgerrecht in Schäßburg besitzen dürfe. Auch den Hermannstädtern erwies er sich freundlich. Also schenkte er der Stadt die Zwanzigstabgabe auf zehn Jahre ohne Entgelt, woher 13181 Gulden in den Stadtsäckel flossen. Ebenso schützte er die Sachsen bei dem alten Rechte, daß die der Gesammtheit oder irgend einer Kirche gehörigen Besitzungen, auch wenn sie auf Comitatsboden lägen, zur Steuer der Sachsen beitrügen. Solche Achtung zollte Zapolya seinen langjährigen Gegnern. Ferdinand aber hatte bereits 1527 an die Sachsen geschrieben: „daß Ihr einmüthigen Beschlusses dem treulosen Johann Zapolya, der in des Reiches Acht liegt, nicht nur auf das Tapferste Widerstand geleistet, sondern ihn mit seinem ganzen Anhang aus jenen Landen vertrieben habt, darin erkennen wir Eure ausgezeichnete Anhänglichkeit an uns und die heilige Krone, darin Eure vorzügliche Treue. Diese rühmlichen von Euch vollführten Thaten werden Euch und Euren Kindern und Nachkommen selbst bei unsern Erben zur Ehre und zum größten Lob gereichen." Und im November 1535 fügte er aus der Burg in Wien hinzu: „Da die Reinheit Eurer Treue gegen uns der Art ist, daß wir Euch mit besondrer Neigung zugethan sind, wird Euer Ruhm und Eurer Thaten Gedächtniß mit Recht bei uns fort und fort würdig gefeiert und vor andern erhoben werden."

So sprach Ferdinand von Oesterreich zu seinen getreuen Sachsen. Und er sammt seinen Nachfolgern haben noch oft und oft Worte desselben Inhalts an die Väter gerichtet. Selbst dem Gegner ging ihre Treue und ihr Elend zu Herzen. An die Herzoge von Baiern berichtete ihr Abgeordneter an König Johanns Hof im Februar 1536 aus

Ofen: „Dieselb Stadt (Hermannstadt) ist nun bis in das
neunt Jahr sehr erarmt, denn die Inwohner kein Handel
geführt, sondern dieweil man ihnen nichts hat lassen zuegen
(zugehen), alle ihr Hab und Gut verzehrt, die Häuser zerrissen und verprennt, und große Armuth von des König
Ferdinanden (wegen) erlitten." Wie viel tiefer mußte Bischof Gerendi das fühlen, als er im Januar desselben
Jahres an Ferdinand schrieb: „der Hermannstädter Geschichte kann ich nicht vergessen" — „wie ehrlich und ge-
treulich die frum· Stadt und Ein Ehrsamer Rath und Ge-
mein sich gehalten hat" nach Jakobs von Een Worten an
Katzianer — „und wenn ich in den Bitten für sie das
Maß überschreite, wolle Ew. Maj. mir das verzeihen und
zu guten Treuen schreiben."

Am Tage Johannis des Täufers traten die nun unter
einem Haupte stehenden drei Nationen Siebenbürgens auf
einem Landtag zusammen und setzten eine Kriegsordnung
fest gegen drohende Feindesgefahr. Wenn das blutige
Schwert durchs Land getragen werde, sollten Alle, die das
Aufgebot beträfe, bei Leibes- und Lebensstrafe ins Feld
ziehen, die Begüterten aus dem Adel, den Seklern und den
Sachsen auf guten Streitrossen im Panzer oder Harnisch
mit Helm, Schild, Schwert und Speer; die Minderwohl-
habenden aus den beiden andern Nationen zu Roß oder
zu Fuß mit Helm, Schild, Speer, Schwert, Streitaxt und
Streitkolben, mit Pfeil und Bogen, oder doch mindestens
mit Art und Sense. Die Sachsen aber, wenn sie ein Vermögen von zwölf Gulden hätten, sollten in der Rüstung
ausziehen mit Schild und ·Schwert und Streitaxt, mit
Büchse, Pulver und Blei; Schild und Bogen führte nur,
wer nicht mehr als sechs Gulden besaß. Die Krieger, die
zu Felde zogen, sollten für ein gewöhnliches Schlachtvieh
dreißig Denare zahlen, Haut und Unschlitt aber zurück-

stellen; ein Zugochse und eine Milchkuh kosteten sechs Gulden, das Fleisch von einem Schafe zwölf Denare, eine Henne einen, eine Gans zwei, eine Speckseite achtzig Denare, ein Kübel Hafer fünf, Heu zum Futter für ein Pferd auf Tag und Nacht einen Denar.

Drüben in Ungarn begann nach Ablauf des Waffenstillstandes Krieg und Verrath aufs neue. Dort hielten die Städte Leutschau, Bartfeld, Eperies und andere mit derselben Treue an Ferdinand wie in Siebenbürgen die Sachsen. Nach vielem Wechsel des Glückes wurden endlich die Könige des Streites müde und neigten sich zum Frieden. Im Februar 1538 schlossen sie ihn zu Großwardein. Zapolya erhielt in demselben ganz Siebenbürgen und von Ungarn was er inne hatte, dazu den Königstitel — Alles aber nur auf Lebenszeit. Nach seinem Tode solle das ganze Königreich Ungarn an Ferdinand oder dessen rechtmäßige Erben fallen, auch bei Zapolyas Leben für beide Theile Ungarns nur ein Palatin gewählt werden.

So wurde der verderbliche brudermörderische Krieg geendet.

23.

Von Zapolyas abermaliger Treulofigkeit, Siebenbürgens entfchiedener Trennung von Ungarn und dem neuen Bund, den die drei Völker fchließen.

1538—42.

Wo öffnet fich dem Frieden,
Wo der Freiheit fich ein Zufluchtsort?
Schiller.

Johann Zapolya genoß der widerrechtlich erlangten Herrfchaft nicht lange. Er lebte in fteter Furcht vor dem Sultan, deffen Zorn über den Großwardeiner Frieden er mit fchwerem Golde ftillte und ftarb geängftet vom Auf= ftand einiger magyarifchen Großen den 21. Juli 1540 in Mühlbach. Nun follte nach dem befchwornen Vertrag Alles, was er befeffen, unter Ferdinand kommen. Aber auf dem Sterbebette hatte Zapolya eibbrüchig den Mönch Georg Utiffenitz Martinuzzi, feinen getreuen Rathgeber, aufgefordert und alle Großen mit ihm, feinen wenige Wochen alten Sohn krönen zu laffen, nie aus dem Haus Oefterreich einen Fürften anzunehmen und alles Heil nur von dem Türken Soliman zu hoffen. Alfo gefchah es denn. Wäh= rend Ferdinand fern in Deutfchland weilte und feinem Bruder, dem Kaifer Karl V. die Reformation bedrängen half, verfammelte Zapolyas Gemahlin Ifabella ihren Anhang und ließ das Kind krönen, das fortan den Titel „erwählter König von Ungarn" führte. Während feiner Unmündigkeit follte Ifabella die Reichsverwaltung leiten in Gemeinfchaft mit Petrovitfch, Török und Martinuzzi, von welchem Fer= binand fagte, er beneide feine Gegner nur um diefen Einen Mann in der Mönchskutte, der mehr werth fei als 10,000 Geharnifchte.

Da begann aufs neue große Verwirrung im Vaterland. Stephan Mailath mochte gern selbst Fürst werden.
Weil aber ein großer Theil des Landes für Ferdinand war,
gab er sich den Anschein, als stehe er auch auf dieser Seite
und bewirkte dadurch, daß man ihn zum Landeshauptmann
wählte. Bei dem Sultan sprengte er aus, Zapolya sei
ohne Erben gestorben; da ließ dieser dem Landtag in Birthälm erklären (1540), er habe Siebenbürgen, das ihm leib-
eigen sei, seinem getreuen Stephan Mailath vergabt. Auf
der andern Seite drohte Isabella und ihre Partei; seit
Zapolyas Tod hielten sie Mühlbach besetzt als Bürgschaft
für die Treue der Sachsen. Auch Ferdinand endlich schickte
Briefe und Boten, warnte vor der Wahl eines Königs,
denn er sei der rechtmäßige Herrscher und werde schleunig
Hülfe schicken.

Nach Zapolyas Tod hatten ihn nämlich die Hermannstädter von der Lage des Landes unterrichtet und wie zu
befürchten stehe, daß man sie abermals von der heiligen
Krone des Reiches trenne. Als die frohe Kunde kam, er
sei zur Hülfe bereit, traten die drei Völker anfangs Januar
1541 zusammen und erklärten sich für Ferdinand. Martin
von Gherend wurde an den Hof gesandt; der König bestätigte alle Rechte und Freiheiten des Landes und gelobte
abermals für Schutz und Frieden desselben zu sorgen. Die
drei Nationen wollten sein Kriegsvolk in eigenen Kosten
erhalten, nur solle es schleunigst kommen. Aber es kam
nicht. Soliman nämlich, als er erfahren, daß Mailath ihn
getäuscht, sandte einen Pascha nach Siebenbürgen und ließ
ihn gefangen nehmen. Er selbst zog nach Ungarn und nahm
im August 1541 Ofen ein; die Hauptkirche wurde zur
Moschee eingeweiht. Nach langer Berathung überließ er
Johann Sigmund, Zapolyas Sohn, unter seinem Schutz
und der Königin Vormundschaft Siebenbürgen und einen

Theil des angränzenden Ungarns. Des Reiches Erhaltung aber fordere, daß er bis zu ihres Sohnes Mündigkeit Ofen in Besitz nehme; anderthalb Jahrhunderte hat von da an auf den Zinnen der alten ungarischen Königsstadt der Roßschweif geweht. Der größte Theil von Ungarn wurde türkische Provinz; Ferdinand behielt nach langem Krieg nur die westlichen Comitate.

Inzwischen schwankten die Gemüther in Siebenbürgen zwischen Furcht und Hoffnung. Viele im Lande, die Sachsen insbesondere, hingen im Herzen an Ferdinand; aber von allen Seiten drohten die Türken. „Wir zweifeln nicht," schrieb Georg Martinuzzi 1541 an die Hermannstädter, „seine Herren und verehrten Freunde", „wir zweifeln nicht, Ihr werdet noch die Mühsal, den Schaden, den unendlichen Geldverlust, die Plagen, die Verheerungen gut im Sinne haben, die Euer armes Volk jüngst erlitten. Höret daher nicht auf diejenigen, die durch Schmeichelworte und glänzende Versprechungen Euch aufs neue ins Elend bringen wollen. Ja wenn irgendwie Hoffnung wäre, daß ein christlicher Fürst uns schütze, was gäbe es Besseres? Aber der türkische Kaiser hat geschworen, daß er Johann Zapolyas Sohn zum König einsetzen wolle. Bricht nun ein Krieg aus, wen trifft er ärger als Euer Volk?"

Dieses aber trug schon schwer genug an den innern Wirren des Landes. Denn bei der Auflösung aller Bande der Ordnung schaltete Jeder wie ihn gelüstete und der ungarische Adel achtete sächsisches Gut und Recht mit nichten. Als die drei Nationen am Tag Pauli Bekehrung 1542 zu einem Landtag zusammenkamen, führten die Sachsen bittere Klage: „unerträglich sei der Zustand des Landes. Ungarische Beamte übten Willkür auf Sachsenboden; Adlige hätten Dörfer im Rößnerland an sich gerissen; Mühlbach)

sei noch immer nicht in der Sachsen Hand. Das Kriegsvolk betrachte Alles als sein Eigenthum, mißhandle die
Bewohner und richte ganze Landstriche auf so gotteslästerliche Weise zu Grunde, daß man es nicht einmal mit Namen
nennen könne, ohne Sünde zu begehen. Wenn das nicht
aufhöre, so müßten sie gegen jene Dränger zum Schwerte
greifen, sintemal schon das natürliche Recht gebiete, Gewalt
mit Gewalt zu vertreiben." So klagten die Sachsen, und
man ward von Tag zu Tag mehr inne, wie nothwendig
ein Herrscher im Lande sei, der Recht und Gerechtigkeit
handhabe. Der Adel selbst mußte in jedem Comitat eigene
Gerichtshöfe aufstellen zur Bestrafung der Räuber, Diebe,
Mörder, Mordbrenner, Falschmünzer; der Adelige, der mit
seinen Knechten auf Raub ausgehe, solle am Galgen sterben;
ebenso wer von zwei Adeligen des Diebstals beschuldigt sich
nicht durch sechs untadeliger Adeligen Zeugniß reinigen könne.

Da begab es sich, daß Isabella mit ihrem gekrönten
Knaben nach Siebenbürgen kam, die Regierung des Landes
aus der Türken Gnaden anzutreten. Als aber die drei
Völker schwierig waren, schickte sie Georg Martinuzzi dieselben zu gewinnen. Es gelang ihm. Donnerstag nach
Judica 1542 wurde sie auf dem Landtag in Thorenburg
anerkannt. Die Zerrüttung des Landes, das Bedürfniß
nach Ruhe und Frieden, die Furcht vor den Türken vermochten sie dazu. Auf derselben Tagfahrt wurde der Zwist
der Völker, der nun sechszehn Jahre lang das Reich ver-
heeret, geendet; sie erneuerten den alten Bund der Väter,
reichten sich die Hand der Versöhnung und stellten das
Staatsgrundgesetz fest, nach dem die Angelegenheiten des
Vaterlandes hinfort sollten geordnet werden. „Durch Gottes
Gnade," schrieben sie in den Landtagsschluß, „sind alle drei
Nationen übereingekommen, gegenseitig Frieden zu halten,
der Regierung der Königin gehorsam zu sein und alle An-

gelegenheiten des Reichs nach dem Rath und der Einwilligung Aller zu ordnen, woran jede Nation gleichmäßig
Antheil nimmt." Also ernannten sie sofort einen Reichsrath, jede Nation wählte sieben Männer aus ihrer Mitte,
die Sachsen den Hermannstädter Königsrichter, Johann
Fuchs aus Kronstadt, Michael Hegyesch aus Schäßburg
und Andere. Zwei Jahre später erklärte der Landtag in
Thorenburg in wahrhaft hochherzigem Sinne: Da Alle nur
ein Vaterland hätten und dasselbe von Allen die gleiche
Liebe verlange, sei es nothwendig, daß jeder mit gleichem
Eifer und gleicher Treue an demselben hange und sich Niemand einer Pflicht entziehe, sei es nun Vertheidigung, sei
es Geldbeitrag, die von des Vaterlandes Heil gefordert
würde. Daher hätten sie beschlossen, daß alle drei Nationen
dergleichen Lasten nach des Reiches alter Gewohnheit und
Verfassung gleichmäßig trügen, da der Nutzen, den des
Vaterlandes guter Zustand gewähre, sich gleichmäßig auf
Alle erstrecke.

Das ist die erste Union, die die drei ständischen
Völker Siebenbürgens, der magyarische Adel, die Seckler
und die Sachsen zur Zeit der einheimischen Fürsten geschlossen
haben. Da die Völker als solche den Vertrag eingingen,
so verstand es sich von selber, daß man auf den Landtagen
die Beschlüsse nicht nach Abstimmung der Einzelnen machte,
sondern daß jedes Volk nur eine Stimme hatte. Auch
waren meist nur die Verhältnisse des ganzen Landes, Vertheidigung, Höhe der Steuer u. s. w., das öffentliche Recht,
wie sie es heißen, Gegenstände des Landtages; mit den
Angelegenheiten der einzelnen Völker, ihrem Sonderrecht,
hatte derselbe nichts zu thun; was sich hierüber findet, geht
nur den Adel und die Seckler an oder ist Uebergriff. Denn
wie Bildungsstand, Rechtslage und Bedürfnisse der einzelnen Nationen so weit von einander abstanden, erschien

es dem gesunden Sinn der damaligen Zeit unzulässig, die Obergespäne der Comitate oder die Königsrichter der Sekler sollten befugt sein festzusetzen, wie man auf Sachsenboden erbe, oder die Zunft einrichte, oder das Eigenthum schützen solle; wie hinwiederum nach demselben Grundsatz die Sachsen ohne Einfluß auf die Ordnung der Innerverhältnisse der beiden Schwesternationen waren. So besaßen jene das Recht der umfassendsten Selbstgesetzgebung und haben es nicht zu des Landes, noch zu eigenem Schaden ungekränkt ausgeübt Jahrhunderte lang.

In diesen Zeiten der Wirren wurde jenes Band, das die deutschen Gaue Siebenbürgens zu einer Gesammtheit, zu einem staatsbürgerlichen Ganzen vereinigte, immer enger. Um den Hermannstädter Grafen Pemfflinger schaarte sich, wer an Ferdinand hielt; auf gemeinschaftlichen Tagen berieth man, was zum Schutz seines guten Rechtes zu thun sei. Und wie von allem Anfang an der Hermannstädter Gau seiner Ausdehnung und seiner Rechtslage nach der bedeutendste gewesen, so wurden allmälig seine Tagfahrten Versammlungen des ganzen Volkes; schon Zapolya nennt Hermannstadt die Hauptstadt desselben. In den Kämpfen, in den Verträgen jener Zeit, in Ferdinands Briefen, in der Union von 1542 kommen die Sachsen überall als ein Volk, als die dritte ständische „Nation" vor.

Auch nach der Unterwerfung unter Isabella verlor diese die Hoffnung, mit den unter Ferdinand stehenden Theilen vereinigt zu werden, nicht sogleich. Es flossen noch lange Zeit Unterhandlungen zwischen dem König und der Königin. Die Sachsen suchten durch Briefe und Boten das Werk zu fördern. Petrus Haller von Hermannstadt war noch im Oktober 1542 in Wien. Ergriffen von solcher Anhänglichkeit schrieb Ferdinand im August 1542 an die Sachsen und gelobte, ihre Rechte und Freiheiten zu bestätigen

und für ihre Wohlfahrt und ihre Beschützung immer vor-
züglicher Sorge zu tragen, „damit sie nie mehr von dem
Adel und den Seklern erdulden müßten, was sie bisher
erduldet." Der Stadt Schäßburg bestätigte er den Bezug
des Freisalzes aus dem Seklerland, den Kronstädtern die
alten Rechte. „Hermannstadts aber," sprach er, „wollen wir
in Gnaden eingedenk sein und ob der zahllosen Verluste,
die sie wegen unserer Majestät erlitten, Fürsorge treffen
für sie zu unserem Gedächtniß für ewige Zeiten. Denn
unvergeßlich sind uns ihre treuen Dienste und was sie gelitten haben für uns, weshalb sie mit Recht von unserer
Gnade die Ueberzeugung haben sollen, daß wenn der Herr
Herr uns den ruhigen Besitz jenes Reiches gewährt, wir
ihnen ein so gnädiger und dankbarer Fürst sein wollen,
daß sie Ursache haben werden, zu allen Zeiten für uns
und unsere Nachkommen zu beten."

24.
Der Anfang der Reformation oder Kirchenverbesserung im Sachsenland.
1519—1529.

*Ein veste Burg ist unser Gott,
Eine gute Wehr und Waffen.*
Luther.

Mitten in den Stürmen, die nach der Schlacht von
Mohatsch das Vaterland verheerten, während das ungarische
Reich in Trümmer fiel, erhob sich die Reformation nach
Deutschlands Vorgang auch unter den Sachsen in Sieben-
bürgen. Ja gerade jenen Stürmen verdankt sie es hier,

daß der Fürst dieser Welt nichts an ihr haben konnte. So ordnet der Herr Herr, der über der Menschheit waltet, die Geschicke der Erde.

Es ist bekannt, wie schon wenige Jahrhunderte nach ihrer Stiftung die christliche Kirche angefangen hatte, ihre ursprüngliche Reinheit zu verlieren und Mißbräuche ein= rissen über Mißbräuche. Umsonst war es, daß gelehrte und fromme Männer aufstanden, daß selbst Kirchenversamm= lungen wiederholt eine „Reformation der Kirche an Haupt und Gliedern" forderten, bis endlich Doctor Martin Luther im Jahre 1517 sich voll Entrüstung dagegen erhob, daß man Ablaß der Sünden für Geld verkaufe. Wie ihn da der Papst zum Widerruf zwingen wollte, ging er immer tiefer auf die Schäden der Kirche ein und vertheidigte mit Berufung auf Vernunft und Bibel glaubensmuthig und siegreich seine Lehre. Die Anhänger derselben nannten sich die Evangelischen, oder weil sie auf einem Reichs= tag in Speier 1529 gegen die Beschränkung in Glaubens= sachen protestirt hatten, die Protestanten, auch die An= hänger des Augsburgischen Bekenntnisses, weil sie dem Reichstag in Augsburg 1530 ihr Glaubensbekenntniß übergaben.

Auch in Siebenbürgen und namentlich unter den Sach= sen fand die Lehre Luthers bald den größten Beifall. Un= zweifelhaft hatte hier die freie Verfassung und Selbstregie= rung in Stadt und Land, im kirchlichen und bürgerlichen Leben der Reformation seit lange schon wirksam die Wege bereitet. Der Zug der Unzufriedenheit im sächsischen Volk, sein Gegensatz gegen die, alle geistige und bürgerliche Ent= wicklung hemmenden Fesseln des römischen Kirchenwesens ist uralt; mehr als einmal im fünfzehnten Jahrhundert hat der ernste Kampf dagegen seine Vertreter nach Gran und Rom geführt. Nie hatte hier das von den Päpsten aus=

gegangene neue Kirchenrecht das alte Recht der Gemeinde
ganz verdrängen können; noch immer war die freie Pfarrerswahl ein Theil ihres Freithums und dadurch das geistliche
Amt der Gemeinde näher gerückt; ja es geschah, wie bei
dem Spital und seiner Kirche in Schäßburg, daß selbst wo
der Geistliche ein Ordensbruder war, die Gemeinde einen
Laien dazu wählen durfte, und der Obere des Ordens (hier
der vom h. Antonius) mußte ihn, wenn er nur sonst geeignet und wohlverdient, nicht mißgestaltet oder ein gezeich-
neter Mann war, in den Orden aufnehmen und nach
Jahresfrist weihen. Auch auf die Verwaltung des Kirchen-
vermögens hatte die Gemeinde von jeher weitreichenden
Einfluß. Um so eifriger wehrte sie sich gegen die Eingriffe
der geistlichen Gerichtsbarkeit in das bürgerliche Recht —
noch 1507 mußte der Erzbischof von Gran zwischen dem
Burzenländer Capitel und dem Rath von Kronstadt eine
Entscheidung über die Gränzen derselben treffen, noch 1525
der siebenbürgische Bischof den Mediascher Dechanten wegen
solcher Ausschreitungen zurechtweisen — um so schwerer er-
trug sie es, wenn die widernatürliche Stellung, in die Rom
den geistlichen Stand gezwungen hatte, in schweren sittlichen
Vergehen seiner Glieder, wie solche wiederholt in den nächsten
Jahren vor der Reformation vorkommen, zu Tage trat,
oder wenn der Pfarrer Paulus von Schirkanyen 1530 Ge-
schriebenes nicht lesen konnte. Dazu kam bei den führenden
Klassen nicht nur die reiche, von Vorurtheilen befreiende
Weltkenntniß, welche ein ausgebreiteter Handel und Verkehr vermittelt, sondern auch, namentlich durch den Besuch
der Wiener Hochschule die volle Theilnahme an der aufstrebenden Bildung jenes Jahrhunderts, die seit dem Wieder-
erwachen der Wissenschaften die Geister hob, und in dieser
des Gegensatzes gegen Roms Lehre sich um so tiefer bewußt
wurde. Wenn dann Griechen und Bulgaren auf ihren

Handelsreisen die sächsischen Städte besuchten und der kirchlichen Bräuche spotteten, was konnte man ihnen erwidern?
Selbst die Bessern des geistlichen Standes, meist in
der Luft der Wiener Hochschule und der neuen Wissenschaft,
die ihrer viele mit dem Doctortitel geschmückt, zu Männern
erwachsen, fühlten ohne Zweifel den unheilbaren Gegensatz
der Kirchenlehre gegen das Wort der Schrift; es ist eine
bedeutsame Erscheinung, daß von allem Anfang an sächsische
Geistliche eifrige Anhänger und Verbreiter der Reformation
waren und ein ernsterer Kampf gegen dieselbe fast nur von
Seiten des Hermannstädter Capitels geführt wurde. Gewiß
trugen auch die, gerade in der letzten Zeit wieder heftigern
Angriffe der Bischöfe von Weißenburg und Gran auf Zehnten und Rechte der sächsischen Geistlichkeit dazu bei, das
Band, das sie an jene knüpfte, zu lockern; noch im Juni
1516 legten Abgeordnete der Sachsen aus allen Gauen,
darunter Johannes Benkner aus Kronstadt und Wolfgang
Flaschner, Pfarrer von Heltau, vor des Königs Majestät,
vor den Prälaten und Baronen des Reichs feierliche Verwahrung ein wider die versuchte ungebührliche Ausdehnung
der erzbischöflichen Macht von Gran, die das alte Sachsenrecht schädigen wolle; ein Jahr früher hatten die unter dem
siebenbürgischen Bischof stehenden sächsischen Capitel Vertreter ernennen müssen (die Pfarrer Andreas von Reichesdorf, Doctor des kanonischen Rechts, Andreas Thomel von
Senndorf, Erasmus von Winz, Johannes Foyt von S. Regen
und Thomas von Schweischer) zu neuem Prozesse gegen
Franz von Varba, der das alte Recht der sächsischen Pfarrer
letztwillig über ihre Habe zu verfügen selbst gegen des
Königs Matthias Schutzbrief von 1472 gewaltthätig be-
schränken wollte. Und es ist nicht unwesentlich, daß solche
Angriffe auf das alte sächsische Kirchenrecht von den Gemeinden zugleich als Verletzung des eigenen Rechtsstandes

empfunden und bekämpft wurden. Als der Rath von Kronstadt im Herbst 1515 die „weisen Herrn Bürgermeister,
Richter und alle andern geschworenen Aeltesten der sieben
und zweier deutschen Stühl", seine „lieben Ehrsamen Herren
und Freunde" anging, gemeinsam mit ihm den Uebergriffen
des Graner Erzbischofs entgegenzutreten, sprach er es offen
aus: „denn wenn seiner hochwürdigkeit all' das nach-
gelassen würd, so verstehen wir das so, daß nicht allein den
Pfarrern unsers Capitels an ihrem Zehent, sondern viel
mehr unser weltlich Freiheit uns selbst genommen und von
uns geraubt würde."

Bei dieser Lage der Dinge und solcher Stimmung der
Geister geschah es um das Jahr 1519, daß Hermannstädter
Kaufleute einige Schriften Luthers von der Leipziger Messe
nach Hause brachten. Sie wurden eifrig gelesen und fanden
Anklang in Aller Herzen. Als bald darauf nach Johann
Lulais Tod 1521 Markus Pemfflinger Graf der Sachsen
wurde, fand die neue Lehre durch seine Gunst noch raschere
Verbreitung. Vergebens eiferte die Hermannstädter Geistlichkeit, an ihrer Spitze der Dechant und Pfarrer von Großscheuern, Petrus Thonheuser, dagegen. In Hermannstadt
selbst erhoben sich als Lehrer derselben die Prediger Ambrosius (der) Schlesier und Konrad Weich; in heimlichen
Zusammenkünften der Kaufleute lasen und erklärten sie die
lutherischen Schriften. Da klagte das Hermannstädter Capitel vor dem erzbischöflichen Stuhle in Gran; die beiden
Prediger wurden vorgeladen, der Tod harrte ihrer. Pemfflinger aber, der zu derselben Zeit auf dem Reichstag in
Ofen war, benützte des Erzbischofs Abwesenheit in Rom
und bewog den König Ludwig, daß er befahl, man solle
das Urtheil bis zur Rückkehr des Erzbischofs verschieben.
So entkamen die beiden Prediger. Der Reichstag aber,
der um Georgi 1523 zusammentrat, beschloß von der

übermächtigen Geistlichkeit geleitet, daß alle Anhänger der
lutherischen Lehre als öffentliche Ketzer und Feinde der hei=
ligsten Jungfrau Maria mit Tod und Güterverlust bestraft
werden sollten.

Wenige Tage später (2. Mai 1523) sandte König
Ludwig ein drohendes Schreiben an den Rath von Her=
mannstadt. Er habe mit großem Mißfallen erfahren, daß
die gotteslästerliche Lehre eines gewissen Martin Luther ihren
Sinn so verfinstert habe, daß seine Bücher von Allen ge=
lesen und deren Inhalt befolgt würde. Das verbietet der
König ernstlich und trägt dem Rath auf schleunigst in Dorf
und Stadt Haussuchung vorzunehmen, die aufgefundenen
lutherischen Schriften zu verbrennen und öffentlich bekannt
zu machen, daß fortan Niemand dergleichen kaufen, ver=
kaufen oder lesen dürfe bei Strafe des Güterverlustes. Mit
demselben sandte der Erzbischof von Gran einen Abgeord=
neten nach Hermannstadt. In dieser Lage der Dinge konnte
der Rath den Worten des Königs den Gehorsam nicht ver=
sagen. Er mußte, wenn auch gegen seine Ueberzeugung es
gestatten, daß einige aufgefundene Schriften Luthers in Her=
mannstadt öffentlich auf dem großen Ring durch Henkers=
hand verbrannt wurden. Auf die Gemüther des Volkes
aber hatte die That nicht die gehoffte Wirkung. Die Flam=
men des Scheiterhaufens bestärkten es in dem Widerwillen
gegen eine Lehre, die sich solcher Mittel zu ihrer Erhaltung
bediente, und mehrte die Zahl derjenigen, die an dem Glau=
ben der Väter und an der Lehre der Geistlichen zu zweifeln
begannen. Und hatte des Volkes Unwillen die Verbren=
nung jener Bücher nicht hindern können, so erfand es we=
nigstens ein Wunder zur Bestrafung der Thäter. Andert=
halbhundert Jahre später erzählte man noch in Hermannstadt,
wie sich mitten aus der Lohe vom Winde getragen ein
deutsches Psalmbüchlein Luthers erhoben und brennend durch

die Luft dem erzbischöflichen Abgeordneten, der auf dem
Kirchhof mit großem Jubel und vielen Wachskerzen feierlichen Umzug gehalten, auf den geschorenen Kopf geflogen
sei, wie seine Geistlichen sich vergebens bemüht, dasselbe
herunterzureißen, und es so lange und heftig gebrannt, daß
jener den dritten Tag elendiglich habe sterben müssen. Gewiß ist es, die Macht der Wahrheit und der Fortschritt der
Zeit kann durch Scheiterhaufen, durch Strafen und Drohungen, durch Menschengewalt nicht aufgehalten werden.
Dazu kam, daß der ungarische König Ludwig II. wenig
Kraft besaß, der siebenbürgische Woiwode Johann Zapolya,
schon damals in Gedanken die Krone begehrend, sich um
die Kirche wenig kümmerte, der Erzbischof von Gran aber,
unter dem das Hermannstädter Capitel stand, zu weit entfernt war und von der Noth des Reichs vielfach in Anspruch genommen wurde.

Also wuchs die Zahl derer, die sich öffentlich als Anhänger Luthers bekannten, von Tag zu Tag, und die Unruhen, Verwirrungen und Feindseligkeiten stiegen immer
mehr. Je heftiger aber das Hermannstädter Capitel gegen
jede Neuerung eiferte, um so mehr griff die evangelische
Lehre um sich und sanken die Vertheidiger der römisch-
katholischen Kirche in der Achtung des Volks. Schon wurden Priester und Mönche mit Spottschriften verfolgt. Als
der Stadtpfarrer Martin Huet die Verfasser vor den
Richterstuhl des Capitels forderte, erschien Niemand. Da
belegte er sie mit dem Bann und schlug ihn öffentlich an
alle Kirchthüren an (Januar 1524); auch das half nichts.
Vielmehr mußte er bald Schmählieder hören auf Papst
und Geistlichkeit, sehen, wie seine Kirchenkinder an Fast-
tagen Fleisch aßen, dulden, daß sie allgemein die Beichte
verachteten. Und wenn er oder seine Amtsgenossen gegen
solche den Kirchenfluch aussprechen wollten, kam ihr Leben

in Gefahr. Dem geistlichen Gericht stellte sich bald Niemand mehr. Also mußte Simon, Pfarrer aus Rothberg, es ertragen, daß ihn Franz Stresner öffentlich einen Räuber und alten Satan nannte, der werth sei des Scheiterhaufens.

Zu derselben Zeit traten einige Hermannstädter Geistliche offen aus der alten Kirche aus; eine große Zahl Laien folgte ihrer Lehre und ihrem Beispiel. Selbst der Rector der Hermannstädter Schule Johannes Mildt schien sich der neuen Lehre zuzuneigen. Aufs neue klagte das Hermannstädter Capitel bei dem Erzbischof von Gran. Der sagte zwar seine Hülfe zu, forderte aber die Klagenden auf, auch ihrerseits ihre Pflicht zu erfüllen. „Ich fürchte," sprach er, „ihr selber veranlaßt die Abtrünnigkeit durch eigenen Abfall, oder weil ihr lieber üppigen Wohllebens als göttlicher Dinge beflissen seid. Darum bessert euer Leben; wie die Vorgesetzten, so sind die Untergebenen."

Zugleich trug der Erzbischof dem Capitel auf (15. August 1524), die lutherischen Schriften aufzusuchen und zu verbrennen, jeden Sonntag in allen Kirchen und Kapellen vor der Ketzerei zu warnen, über die Ungehorsamen und Abtrünnigen den Kirchenfluch auszusprechen. Um das Capitel in der Vertilgung der „verabscheuungswürdigsten lutherischen Ketzerei" zu unterstützen, kamen Abgeordnete vom Erzbischof und König nach Hermannstadt. Sie verbrannten wieder einige Bücher Luthers und zwangen den Pfarrer von Burgberg Simon von Trapold, der freien Künste Meister, zum Widerruf, sahen aber mit Schrecken, wie die neue Lehre bereits die Gränzen Hermannstadts überschritten und überall feste Wurzeln geschlagen hatte. Der Sachsengraf Markus Pemfflinger schützte offen die Lutheraner, der Rath stand ebenfalls auf ihrer Seite, sogar ein Theil der Geistlichen neigte sich der neuen Lehre zu, viele Anhänger der alten

waren durch ihre Sittenlosigkeit verhaßt, wenige Recht-
schaffene nur stritten aus Ueberzeugung für den frühern
Glauben. Was half es da, daß alle Sonn- und Feiertage
einige Abgefallene in den Kirchen unter Glockengeläute und
Auslöschung der Kerzen in den Bann gethan und mit der
Rotte Korah, Datham und Abiram der ewigen Verdamm-
niß übergeben wurden? Als sie so in Hermannstadt eines
Sonntags einen Kaufmann gebannt hatten, ließ dieser den
nach Großscheuern heimkehrenden Dechanten bei dem alten
Berge von Reitern umringen, bedrohen und durch schwere
Schmähreden mißhandeln.

Da schien den Wünschen und Bestrebungen der alt-
kirchlichen Partei ein neuer Hoffnungsstral aufzugehen. Der
ungarische Reichstag erneuerte und verschärfte 1525 die
Strafen gegen die Lutheraner. Sie sollten, wo sie immer
im Reich angetroffen würden, gefangen und verbrannt werden. Doch war bei dem Verfalle des Reiches Niemand da,
der das harte Gesetz vollzogen hätte; auch lenkten die
Rüstungen der Türken die Sorge bald auf andere Seiten.
So wurde das Gebot des Reichstags auch in Siebenbürgen
nicht befolgt; ja es konnte zu derselben Zeit die evangelische
Lehre in Hermannstadt durch Gründung einer evangelischen
Schule noch tiefere Wurzeln schlagen.

Im Jahr 1525 kam nämlich, geschickt vom entflohenen
Prediger Ambrosius, ein früherer Dominikanermönch Geor-
gius nach Hermannstadt. Der Rathsherr Johannes Hecht
nahm ihn gastfreundlich auf und ließ ihn in seinem Haus
eine Schule errichten, wo nach Luthers Schriften gelehrt
und in deutscher Sprache Gottesdienst gehalten wurde. Die
angesehensten Rathsherren und Bürger: Matthias Armbruster, Johann Rappolt, Martin Hahn, Georg Hutter,
Peter Wolf, Andreas Seidner unterstützten mit ihren Verwandten und Freunden die gute Sache. Wetteifernd luden

sie und viele Andere den neuen Lehrer zu sich ein. Da
bei dem Mahl, inmitten vieler Gäste lehrte er, wie das
Licht des Evangeliums 400 Jahre und mehr noch verdunkelt
gewesen und die Priester keine Wahrheit geprebigt hätten;
die Christen seien aber durch die evangelische Freiheit aller
Menschenerfindungen und Menschensatzungen entbunden. In
derselben Weise predigte er ohne Erlaubniß des Stabt-
pfarrers vor vielen Zuhörern in den kleinern Kirchen Her-
mannstabts und belehrte sie über die Nutzlosigkeit des
Fastens und anderer altkirchlicher Einrichtungen. Bald mußte
sogar der Stadtpfarrer Huet der Forderung des Raths nachgeben und selbst in der Pfarrkirche die Predigten der evangelischen Lehrer gestatten; „ich fürchte," schrieb er klagend,
„ich werde entweder den Glauben oder die Heimat lassen
müssen." Da fiel nicht nur die nächste Umgebung von
Hermannstadt offen von der römisch-katholischen Kirche ab,
sondern von allen Seiten strömten die Anhänger der neuen
Lehre dahin, wo sie von Rath und Bürgerschaft freundlich
aufgenommen wurden. Schon mußten die Priester beim
feierlichen Umgang am Frohnleichnamsfest viele arge Reden
hören. Einige sagten: „unsere Pfaffen müssen glauben,
Gott sei blödsichtig geworden, daß sie ihm so viele Lichter
anzünden", Andere „oder halten sie Gott für ein Kind,
welches auf den Armen alter Weiber in der Stadt herum-
getragen sein will?" Ja als der Stadtpfarrer einen Raths-
befehl erwirkte, daß der neue Prediger Georg Johann Hechts
Haus verlassen solle, floh er in Pemfflingers Wohnung, der
damals auf dem Reichstag in Ofen war, und blieb da unangefochten. So sehr, klagte das Capitel, habe in Hermannstadt die „Pest der lutherischen Lehre" um sich gegriffen,
daß es nach dem Zeugniß Kundiger in Luthers Wohnort
selbst nicht ärger der Fall sei.

Als es so weit gekommen, entschloß sich der Dechant

Petrus Thonheuſer zum äußerſten Mittel. Es war ihm gelungen eines Predigers, Johannes Klementis, habhaft zu werden, der, ein Mediaſcher von Geburt, die lutheriſche Lehre in Hermannſtadt, Schellenberg, Gierelsau verbreitet hatte. Er war auch wirklicher Verbrechen angeklagt und hatte ſich der Ladung des geiſtlichen Gerichtes geſtellt. Durch einen Spruch des Capitels wurde er zum Feuertod ver- urtheilt. Aber der Bürgermeiſter Johann Rappolt und andere Rathsmänner erhoben ſich dagegen und das Ca- pitel mußte den Gefangenen auf die ſchriftliche Erklärung ſeiner Reue und das Verſprechen öffentlichen Widerrufs freilaſſen.

Das geſchah im November 1525. Im Katharinal- conflur deſſelben Jahres beſchloß die Univerſität in Her- mannſtadt, daß fortan Niemand mehr Grund und Boden zum Heil ſeiner Seele an Kirchen oder Klöſter oder über- haupt zu kirchlichen Zwecken durch letztwillige Verfügung für immer vergaben könne, ſondern die betreffenden Erben ſollten alle derartigen Vermächtniſſe auslöſen und an ſich bringen; wo aber Erben fehlten, ſolle es die Gemeinde thun. Das Hermannſtädter Capitel hatte dagegen nur ver- gebliche Klagen.

Zwar verſuchte der Biſchof von Weißenburg Johannes Goſton im Mai 1526 in einem alle Seiten der Rührung anklingenden Schreiben den Rath von Hermannſtadt zu bewegen, daß er der Verkündigung der „neuen Lehre“ Ein- halt thue; falſche Propheten ſtünden dort auf, die den Geiſt ihrer Weiſſagung nicht aus der Quelle des Lichtes, ſondern vom Fürſten der Finſterniß nähmen: aber die wortreiche Rede hatte keinen Erfolg, wiewol ſie den Zorn des Papſtes und die beleidigte Majeſtät aller Fürſten in dunkle Ausſicht ſtellte. Zwar befahl König Ludwig II. in dem- ſelben Jahr in zwei Drohbriefen, zuletzt am 21. Juli 1526 dem Comes Pemfflinger mit großem Unwillen, bei Verlust seiner Güter und Würden dahin zu wirken, daß der katholische Glaube wieder hergestellt und durch Bestrafung der Abtrünnigen die Ruhe der Kirche erhalten werde: aber Kraft und Zeit zur Vollziehung des Befehls fehlten jetzt noch mehr als früher, da Pemfflinger, von der Wahrheit der neuen Lehre überzeugt, dem Gebot des Königs nicht nachkam. Als Soliman nämlich in Ungarn einfiel, beschlossen die Stände in Enyed, daß auch die Geistlichen zu Felde ziehen sollten. In je zwei Dörfern solle nur ein Pfarrer zurückbleiben, alle übrigen Geistlichen sollten die Waffen ergreifen. In Folge hievon befahl der Woiwode im April und wiederholt im Juni 1526 dem Dechanten Petrus Thonheuser und seinen Capitularen, sich jeden Augenblick fertig zu halten und zum Heere zu stoßen, wenn es die Noth erfordere. Doch ehe noch das allgemeine Aufgebot hätte ins Feld rücken können, erfolgte die Schlacht von Mohatsch und des Königs Tod.

Sofort entbrannte der Bürgerkrieg. Um sich die Katholiken und namentlich ihre Geistlichen geneigt zu machen, erließ Zapolya im Januar 1527 den strengsten Befehl, die Lutheraner überall mit Feuer und Schwert zu verfolgen. Aber die Sachsen standen gegen ihn und das Kriegsglück war ihm lange Zeit nicht hold. Auch Ferdinand war zwar eifriger Anhänger der katholischen Kirche, aber er begriff wol, daß man den Umständen nachgeben müsse, und wollte sich nicht der Gefahr aussetzen, durch Glaubensverfolgungen die Treue der Sachsen wankend zu machen. Also befestigte sich Luthers Lehre ungehindert in Hermannstadt. Als Zapolyas Heer 1529 mit Belagerung drohte, da wollten sie nicht vor und in den Mauern den Feind haben. Darum, so heißt es, erging den 18. Februar das Gebot an alle Mönche und Anhänger der alten Kirche, bei Todesstrafe

innerhalb acht Tagen die Stadt oder ihren Glauben zu
verlassen; nach drei Tagen schon, fügt die Sage hinzu, sei
kein Katholik mehr in Hermannstadt gewesen. Aber die
Sache verhält sich nicht so. Der Befehl, wenn überhaupt
je erlassen, kann nur gegen die magyarische, wol größtentheils mit den Gegnern der evangelischen Lehre zusammen-
fallende Partei gerichtet gewesen sein; gewiß ist nur, daß
der Dominikanerprior mit noch einem Ordensbruder im
Jahr 1529 eine Zeit lang verhaftet war, und ein Befehl
des Bürgermeisters Matthias Armbruster dem Convent die
Stadt zu räumen gebot. Doch hat die katholische Kirche
noch lange Anhänger in Hermannstadt gehabt. Selbst nach
des Stadtpfarrers Huet Tod (1530) wurde ein eifriger För-
derer des katholischen Glaubens, Petrus Woll von Reichesdorf, zum Pfarrer gewählt. Erst dessen Nachfolger (von
1536 an) Matthias Ramser, früher Pfarrer in Broos,
führte die Reformation in Hermannstadt durch, wesentlich
unterstützt von den Ereignissen im Burzenland.

25.

Der weitere Fortgang der Reformation im Sachsenland. Johannes Honterus der Apostel des Herrn.

1529—53.

> Das Wort sie sollen lassen stahn,
> Und kein Dank dazu haben.
> Luther.

Auf demselben Weg wie nach Hermannstadt waren
auch nach Kronstadt fast gleichzeitig Luthers Schriften gekommen. Sie fanden auch hier empfängliche Herzen, nicht

nur weil sie die Wahrheit lehrten, sondern weil auch die Gemeinden des Burzenlandes mit ihren Geistlichen über die Gränzen der geistlichen Gerichtsbarkeit, über angemaßte Vorrechte des Capitels, über den Mißbrauch des Bannes in arger Spannung lebten. Als der Rath von Kronstadt 1483 um unbekannter Ursache willen einen Honigberger Knecht, den das geistliche Gericht freigesprochen hatte, in Haft setzen ließ, gebot der Dechant Martinus, Pfarrer von Tartlau, seine Loslassung und drohte mit dem Kirchenfluch. Gegen Recht und Brauch hielten Pfarrer und Caplane des Burzenlandes in ihren Wohnungen Weinschenken, ohne den Gemeinden dafür eine Gebühr zu entrichten, wie doch die andern Bürger thaten, also daß der König 1502 ihnen den Unfug strenge verweisen mußte, da sie doch auch ohne jene Wirthschaft ehrliches Auskommen genössen.

Solche und andere Willkür des Capitels erregte den Unwillen der freien Männer in Stadt und Land, wo ohnehin mitten in dem Zusammenfluß des Handels und des Wohlstandes der Zweifel über die Lehrsatzungen der Kirche so leicht Wurzel schlagen mochte. Also fanden Luthers Ansichten lauten Beifall. Schon 1524 mußte der Erzbischof von Gran dem Dechanten befehlen, alle Sonntage in allen Kirchen bei Strafe des Bannes vor Luthers Ketzerei und seinen verführerischen Schriften warnen zu lassen, während der Rath von Kronstadt vom König den Auftrag erhielt, jene Bücher aufzusuchen, zu zerreißen und zu verbrennen und mit weltlicher Macht den Bann in Vollzug zu setzen. Die Befehle fruchteten so wenig, daß man sich im Jahr 1529 bereits aus vielen Theilen des Sachsenlandes um Lehrer der neuen Lehre nach Kronstadt wandte.

Da trat im Januar 1533 der Mann auf, der der Grund- und Eckstein des neuen Bundes wurde, der Streiter Gottes, durch den der Herr hier seine Kirche gründete,

ein Quell, aus dem neues sittliches und religiöses Leben
strömte für viele Geschlechter — Johannes Honterus.
Er war geboren 1498, der Sohn des Kronstädter Lederers
und Bürgers Georg Graß. Diesen Namen änderte er, wie
die Sage geht, zum Dank dafür, daß er sich einst in
Wassersgefahr, als er in einem Fluß ertrinken sollte, durch
Anklammern an einen Hollunderstrauch rettete, der sächsisch
Hontert heißt. Ueber die Jugend des bald so großen
Mannes fehlen leider gleichzeitige und sichere Mittheilungen.
Erst viel spätere Nachrichten rühmen, wie die treffliche
Mutter schon in das Herz des Knaben Gottesfurcht und
den Sinn für alles Edle gepflanzt habe, wie der Jüngling
auf den Schulen der Vaterstadt gut vorbereitet die Hochschulen in Krakau, in Wittenberg und in Basel besucht und
hier zugleich die Buchdruckerkunst gelernt habe, schon damals mit seinen Gedanken auf Großes gerichtet. Von ihm
selbst wissen wir nur, daß er lange fern von der Heimat
auf vielen Reisen die Welt hat kennen lernen, immer eingedenk seines „theuren Siebenbürgens“, das er bei dem
Wüthen so großer Zwietracht nicht betreten könne. So
schreibt er in der Zueignung eines Buches über Erd- und
Himmelskunde an seine Freunde in der Heimat; es scheint
um das Jahr 1530 gewesen zu sein. Von Krakau, wo
1532 eine vielgerühmte von ihm verfaßte Grammatik der
lateinischen Sprache gedruckt worden, kehrte er über Kaschau
im Juli 1533 mit einem reichen Bücherschatze voll heiligen
Eifers in seine Vaterstadt zurück, „ein Mann von einziger
Gelehrsamkeit und Frömmigkeit, von großem Muth, der
berühmteste Dichter, Redner, Philosoph und Mathematiker
seiner Zeit, sehr erfahren in der Zeichenkunst“, namentlich
auch der Holzschneidekunst Meister. Mit sich brachte er
Werkzeuge und Gehülfen zur Errichtung einer Buch-
druckerei.

21 *

Da erwachte neues Leben in dem stillen Hause der verwittweten Mutter. Bald erschienen freudig begrüßt von allem Volke lutherische Schriften und die Augsburgische Confession, neben den Lehren der alten griechischen Weisen neue Schulbücher, Boten des Lichtes nach langer Finsterniß. In kurzer Zeit sammelte sich ein Kreis wißbegieriger Schü= ler um den begeisterten Lehrer und lernte an seiner Hand kennen die Geheimnisse der Schrift, die Weisheit des griechi= schen und römischen Alterthums und die Wunder des Herrn, die Himmel und Erde erzählen. Bald strömte Groß und Klein, Vornehm und Gering zu dem hohen ernsten Manne, der wie ein Prophet des alten Bundes dastand und mit dem siegesfreubigen Blick zum Himmel dem Volke zurief: wachet und betet! Dann hub er an zu predigen gewaltig und lehrte, wie die Religion des Heilandes in Irrthum verstrickt worden und Menschensatzungen das Wort Gottes gefangen genommen so lange Zeit. Nun aber seien ge= lehrte Männer aufgestanden und hätten Zeugniß gegeben, und in viel tausend Schriften sei es dem Erbkreis verkündet, auf daß Niemand mit Unwissenheit sich ausreden könne, es sei denn, wer seine Ohren verhärte, daß er nicht höre, und seine Augen verschliese, daß er nicht sehe. Damit aber der Widersacher dem Werke Gottes nichts anhabe, schrieb Hon= terus ein Reformationsbüchlein, eine „Kirchenordnung“, lateinisch und deutsch, zuerst nur für das Burzenland 1542, dann erweitert und umgearbeitet 1547 für alle sächsischen Kirchen in Siebenbürgen, und zeigte darin eindringlich und klärlich die Hauptstücke der neuen Kirche, die da eigentlich nur sei die wahrhaftige alte; wie man darin berufen solle zu Pfarrherren und Predigern, die da seien unsträflichen Wandels und kundig der Lehre, nicht aber Diener des Bauches und unbewandert in Wissenschaft; wie diese einfältiglich und in der Muttersprache zu lehren hätten das unverfälschte

Evangelium und den Glauben an Christus, der Früchte
zeuge der Gerechtigkeit; worin nach des Herrn Wort die
Taufe bestehe und das Abendmahl; wie nach der Schrift
die Ehesachen zu ordnen, was man von der Messe, von der
Ohrenbeichte und von dem Bann zu halten habe; wie der
Gottesdienst einzurichten sei; wie man die Schulen wiederherstellen, für Kranke, Arme und Waisen sorgen und Ge-
brechen des bürgerlichen Lebens heilen solle. Und er wies
in dem Büchlein nach, daß die gezwungene Ehelosigkeit der
Geistlichen streite mit dem Wort des Apostels und daß die
vielen Festtage ein Mißbrauch seien, den man abschaffen
müsse, wie denn darin die Würde eines Christenmenschen
bestehe, daß er sich nicht beuge in das Joch der Menschensatzungen, die da verschließen das Himmelreich, sondern fest
bleibe in der Freiheit, mit welcher Christus uns befreit hat.
„Nun aber," rief er aus, „ist die Zeit gekommen, in welcher
der Herr sich ein neues Volk erweckt; darum wer Ohren hat
zu hören der höre!"

Wie das Volk, das täglich in dichtern Schaaren Honterus Wohnung umstand, solche Rede vernahm, entsetzte es
sich und in seinem Herzen entzündete sich immer größere
Liebe zur evangelischen Kirche. Als Luther das Reformationsbüchlein Honteri las, rief er aus: „Das ist wahrlich
ein Apostel, den der Herr dem Ungerland erweckt hat."
In diesem selbst richteten sich auch außer dem Sachsenland
die Augen der Besten auf den Mann, der durch seine
„Wissenschaft, seinen Fleiß und seinen Geist" bisher Unerhörtes leistete. Am Königshof in Ofen freute sich Zapolya
und sein ganzer Rath über den Auszug aus dem römischen
Recht, den Honterus hatte drucken lassen (1540). In Venedig
sprächen sie ehrenvoll von seinen Werken, im Ausland sei
Siebenbürgen durch ihn bekannter und Kronstadt berühmter
geworden, war die herzliche Freude des Weißenburger Dom-

propstes, spätern Fünfkirchner Bischofs, dann Erzbischofs von Gran, Anton Verantius, Neffen des siebenbürgischen Bischofs Statilius. Er selbst stand mit Honterus in Freundschaft, in brieflichem und wissenschaftlichem Verkehr; die kirchliche Trennung trennte die Männer nicht; „sobald das Ende des Winters vorüber sein wird, der Himmel wieder milde scheint und die Wege gangbar werden," schreibt Verantius an ihn im März 1540 aus Weißenburg, „komme ich, so Gott will, nach Kronstadt, nicht um Kronstadt, nicht um den Alt, nicht um das Burzenland zu sehen, sondern Dich zu umarmen." Der Kronstädter Stadtpfarrer Paul Benkner aber legte seine Stelle nieder voll Unwillens über die böse Zeit (1535), Lucas Plecker nach ihm starb schon im folgenden Jahr, sein Nachfolger Jeremias Jekel machte Gebrauch von der christlichen Freiheit und trat in die Ehe, wie ein Jahr früher der Brenndorfer Pfarrer Petrus; den fünften Sonntag nach Ostern 1542 feierte er das Hochzeitsfest, wobei sein Capitel ihm einen Teppich für sieben Gulden zur „Gabe" brachte.

Für das neue Werk der Reformation standen die besten Männer des Burzenlandes; wetteifernd haben dafür gewirkt die drei großen Stadtrichter Lukas Hirscher, Johannes Fuchs und Hans Benkner. Neben Honterus lehrten Valentin Wagner, ein Schüler Wittenbergs, Doctor der Weltweisheit und Meister der freien Künste, ihm gleich an Wissenschaft und Gottesfurcht und vor Allem bewandert in der griechischen Sprache, Matthias Glatz, ein Mann ohne Menschenfurcht, den der Bischof Statilius wol aus Reps vertreiben, nicht in seiner Ueberzeugung wankend machen konnte. Im October 1542, als Johannes Fuchs zum andern Mal Richter war, wurde „Gott und seinem heiligen Namen zu Ehren" die Messe abgeschafft und das Abendmahl in der Kronstädter Kirche unter beiden Gestalten ausgetheilt. Eine Kirchenvisitation untersuchte den Zustand der einzelnen Gemeinden; die untüchtigen Diener des Wortes wurden entfernt, auf daß hinfort nicht mehr durch ihre Unwissenheit oder Trägheit das Volk versäumt werde.

Diese große Umwandlung in den Seelen und Kirchen jenes Geschlechtes vollzog sich um so ungestörter, als nirgendsher eine äußere Gewalt auf den Gang der Dinge Einfluß nehmen, oder die Freiheit der Gewissen beengen konnte. Der langdauernde Kampf zwischen Zapolya und Ferdinand mit seinen wechselvollen Befürchtungen und Hoffnungen hinderte diese, zu der Sorge, die die Waffen des Gegners und die eigne Finanznoth brachte, auch den Kampf in der Kirche aufzunehmen, oder gar gegen die Reformation im Sachsenland einzutreten, da beide so wesentlich auf die Sachsen angewiesen waren. Als der Friede von Großwardein geschlossen war und Johann Zapolya auf den Tisch gestützt zu seinem Landherrn sprechen konnte: Gott sei Dank, meine Feinde sind so sehr zusammengebrochen, daß ich nun von Niemandem etwas fürchte, war sogar er entweder wirklich überzeugt, wie sie ihm später in den Mund legten, „daß das Papstthum eine Teufelserfindung sei", oder hielt es doch nicht für gerathen, den Forderungen der katholischen Eiferer willfährig zu sein. Denn als diese durch das Religionsgespräch in Schäßburg im März 1538 den Lehrer der Reformation in Ungarn Stephan Santai nicht widerlegen konnten, ihn aber um so lieber auf dem Scheiterhaufen gesehen hätten, ließ ihn Zapolya, den Zorn seiner Anhänger fürchtend, wenn er sich offen für ihn erkläre, heimlich entweichen. Ja Ferdinand verlieh sogar die Burgen, Güter und Besitzungen des siebenbürgischen Bisthums im October 1542 an seinen Feldhauptmann Caspar Seredy; das werde eine Gelegenheit sein, hatte Georg Werner noch im Mai an den König geschrieben, sichere Grundlagen seiner Herrschaft

in Siebenbürgen zu legen. Erst als Isabella an der Spitze der
Regierung stand, gedachte Martinuzzi mit mehr Glück einen
Schlag gegen die gehaßte Neuerung zu führen. Die Königin
schrieb 1543 einen Landtag nach Weißenburg aus und lud
die Kronstädter vor, daß sie mit sich brächten Honterus und
das Reformationsbüchlein und Rede und Antwort gäben
über ihren Abfall von der Kirche. Wie aber Johannes
Fuchs die Gefahr sah, die Honterus drohte, traute er dem
Geleitsbrief der Königin nicht, sondern nahm mit sich zwei
Herren vom Rath und an Honterus Statt Matthias Glatz,
die Pfarrer von Kronstadt, Rosenau und Helbsdorf und
zog nach Weißenburg. Da forderte Martinuzzi, man solle
die Ketzer mit Feuer verbrennen, aber die andern Räthe der
Königin, Petrovich, Urban Batthyani, Michael Tschaki
wiesen die Schmach solches Verraths von sich. Das Religionsgespräch, das darauf Martinuzzi veranstaltete, war
fruchtlos; ebenso fruchtlos waren die heimlichen Drohungen
und Versprechungen des Bischofs, dessen erneuerten Antrag
auf Gewalt die Räthe wiederholt mit Abscheu verwarfen.
So bestand Johannes Fuchs mit den Seinen durch Gottes
Hülfe wol „gegen die papistischen Gesellen" und kehrte
glücklich heim; das Evangelium aber ward je mehr im
Lande ausgebreitet. Als Kronstadt zu Weihnachten 1543
die Wahl seiner Amtleute vornahm, gelobten Rath und
Hundertmänner im Namen der gesammten Gemeinde aufs
neue für alle Zeiten, sich nach Honterus Reformationsbüchlein zu halten. Kurze Zeit darauf legte Jeremias Jekel
freiwillig sein Amt nieder und zog als Pfarrer nach Tartlau; den 22. April 1544 wurde in seine Stelle einmüthig
Johannes Honterus gewählt. Zugleich wurden auf Anordnung der Obrigkeit alle Bilder und Altäre bis auf den
einen Hauptaltar aus den Kirchen entfernt, die Klöster
aufgehoben und aus ihren Gütern den 1. December 1544

die neue Schule eröffnet, die nach Honterus' Grundsätzen und Anordnungen eingerichtet, eine Leuchte wurde und ein Herd geistigen Lebens für viele Geschlechter. Valentin Wagner war der erste Rector.

Denselben glücklichen und schnellen Fortgang nahm die Reformation in den andern Theilen des Sachsenlandes. Ueberall erhoben sich Lehrer und Prediger, gewöhnlich gingen Pfarrer und Gemeinden insgesammt zur evangelischen Lehre über. In Hermannstadt förderten sie eifrig die großen Bürgermeister Matthias Armbruster und Peter Haller. Schon 1535 mußte die Schneiderzunft Meister Niklas Weiß büßen, weil er am Frohnleichnam am „Himmel" nicht wollte tragen helfen, sondern sich „dessen schämte." Im Jahr 1541 zog der Stadtpfarrer Matthias Ramser nach Kronstadt, dort mit den Reformatoren des Burzenlandes Zwiesprache zu pflegen; bis dahin hatte man das Abendmahl in Hermannstadt noch immer in katholischer Weise gefeiert. Bald darauf überschickte er an Luther Honterus' Reformationsbüchlein: „Alles was Du mich fragst," antwortete dieser am 1. September 1543, „findest Du in jenem Buche besser, als ich es schreiben kann. Wie sehr gefällt es mir, das mit so großer Gelehrsamkeit, Reinheit und Treue verfaßt ist! Dieses Büchlein lies und gehe zu Rath mit den Lehrern der Kronstädter Gemeinde; sie werden Dir die nützlichsten Mithelfer sein zur Verbesserung Deiner Kirche." Auch Melanchthon und Bugenhagen, an die Ramser sich gewendet hatte, antworteten aufmunternd und belehrend; „sorget vor Allem," schrieb der erstere, „daß die Heilslehre unverfälscht dem Volk mitgetheilt werde und die Jugend den Katechismus lerne." Nun ging Melanchthons fromme Hoffnung in Erfüllung: in Hermannstadts Kirchen „leuchtete das Licht des Evangeliums auf"; seit 1543 wurde die Reformation in Lehre, Gottesdienst und Leben durchgeführt; eine

Anweisung dazu von Honterus Hand aus jenem Jahre hat
sich im Archiv der Stadt bis heute erhalten. An der Seite
des Stadtpfarrers arbeitete am Werk der Kirchenverbesserung
insbesondere der gelehrte Rector Martin Hentzius. Da
öffneten die Klöster ihre langverschlossenen Pforten; schon
im Frühjahr 1543 traten einzelne „Brüder" ins Leben
zurück und wol auch in den Stand der Ehe über, vom Rath
gern mit nicht armen Geschenken unterstützt; eine Gabe von
zwölf Gulden half dem Mönch Matthias seinen Hausstand
gründen, als er im Mai jenes Jahres sich verehlichte. Die
Klostergüter wurden eingezogen oder verkauft. Dafür errichteten sie (1545) an der Südseite der nun evangelischen
Kirche ein neues Schulhaus und gaben (1556) dem Rector
einen „Lector" an die Seite mit einem Gehalt von achtzig
Gulden.

In Schäßburg verbreitete schon am Anfang der zwan-
ziger Jahre Simon von Trapold, Meister der freien Künste,
Luthers Ansichten; bereits 1529 führt der dortige Dominikanerprior Petrus von Reps wehmüthige Klage, daß fast
alle der Irrlehre Martin Luthers anhingen, die Gebote der
Kirche verachteten, Fleisch äßen am Freitag und in der
Fastenzeit, die „Milchspeisen und Bannsprüche" geringschätz-
ten und die Priester verfolgten; als, wie die Sage geht,
die Dominikaner ein geschändetes Frauenzimmer auf dem
Mönchhof ermordet hatten, erhoben sich die Bürger, vertrieben die Mörder, schafften die katholischen Gebräuche ab
und führten „das Wort Gottes und den rechten Gebrauch
der heiligen Sakramente" in ihren Kirchen ein. Es soll
im Jahre 1544 gewesen sein; Lukas Roth oder Crocäus
war Stadtpfarrer. Die zwei Nonnenklöster wurden aufgehoben, ihre Güter eingezogen und die Schwestern, die
nicht mehr in das fremde Leben zurück wollten, aus der
Stadt Beutel verpflegt mit einer Freigebigkeit, die es ihnen

selbst an Wein nicht fehlen ließ. Das Dominikanerkloster
wurde in der Folge zum Theil als Rathhaus gebraucht
und „der Mönch Kochhaus auf dem Klosterhof" 1555 an
den ehrbaren Mann Petrus Bernardt um 140 Gulden verkauft. In Keisd reformirte der Pfarrer Aegidius; in
Mühlbach der Pfarrer Jakobus; in Mediasch Bartholomäus
Altenberger; in Birthälm Franz Weidner; die Reichesdorfer
beriefen Matthias Glatz aus Kronstadt und verjagten die
Mönche. In Bistritz schritt die Kirchenverbesserung unter
dem Stadtpfarrer Michael Fleischer (seit 1541) vom Rath
einsichtsvoll befördert, gedeihlich vorwärts; zu Anfang des
Jahres 1543 waren bereits die Bilder aus den Kirchen
entfernt, ein Jahr später trat der Heidendorfer Pfarrer
Adam Pomarius in den Stand der Ehe. Zu derselben
Zeit (1544) beschloß die Universität in Hermannstadt, daß
die Städte, die nun fast alle das Wort Gottes angenommen hätten, sich gleicher kirchlicher Gebräuche bedienen sollten. Die aber das Wort Gottes noch nicht angenommen,
wolle man ermahnen, daß sie einmüthiglich mit den andern
Gottes Gnade anriefen, auf daß auch sie in gleicher Weise
es annähmen und glaubeten.

So traten am Sonntag nach Christi Himmelfahrt den
17. Mai 1545 die Dechanten und Abgeordneten der sächsischen Capitel auf der Synode in Mediasch zusammen und
erkannten sich als Glieder einer Religion und eines
Körpers an. Sie und ihre Gemeinden standen bereits in
der Mehrheit der That nach auf dem Grund des Augsburgischen Bekenntnisses. Und da sie bis dahin nicht unter
einem Bischof gewesen, so setzten sie jetzt das Verhältniß
fest, in dem sie fortan als ein Körper zu den öffentlichen
Lasten beizutragen hätten. Mit unablässigem, erhebendem
Eifer war zugleich die weltliche Universität für Befestigung
und Durchführung der Kirchenverbesserung thätig. Sie

ermahnte 1546 „alle Glieder des Volks" sich gleicher kirchlicher Gebräuche zu bedienen, auf daß kein Anstoß entstehe
und berief 1547 gelehrte Männer zusammen, auf Grundlage der heiligen Schrift eine gemeinsame Kirchenordnung
festzusetzen. Sie drang 1548 auf fleißigen Besuch des
Gottesdienstes, „damit unser frommes Leben Auswärtigen
ein gutes Beispiel gebe", und gab endlich der Reformation
des Sachsenlandes die Rechtskraft des weltlichen Gesetzes,
indem sie im Frühjahrsconflur des Jahres 1550. beschloß
und verordnete, „daß in allen Städten, Märkten und Dörfern die Kirchen nach dem Reformationsbüchlein Honteri ver-
bessert werden und alle Pfarrer nach seinem Inhalt sich
halten sollten." Das ist, zugleich in lateinischer und deutscher Sprache veröffentlicht, die „Kirchenordnung aller
Deutschen in Siebenbürgen", ein Werk voll tiefsten
sittlich-religiösen Geistes, mit dem offen ausgesprochenen
Willen, durch die Macht des gereinigten Glaubens auch das
bürgerliche Leben zu reinigen, eine evangelische Umgestaltung,
eine christliche Verbesserung auch der „weltlichen Sachen"
zu bewirken.

So wurde die neue Ordnung aller Orts eingeführt,
auch in den sächsischen Capiteln außerhalb des „Königsbodens"; 1552 schafften die Bruderschaften der Zünfte in
S. Regen alle katholischen Eingrußworte, Ausrufungen, Sitten und Gebräuche ab und behielten, wie es in ihren „Artikeln"
heißt, nur solche bei, die „mit der geläuterten Lehre des
Evangeliums" übereinstimmten. Und da die Gegner die
Evangelischen arg schmähten, daß sie ohne Ordnung und
ohne Regiment wären, da mehr noch das natürliche Bedürfniß zu festerer kirchlicher Einheit in einem kirchlichen
Oberhaupt drängte, wählte, nach vorausgegangenen Verhandlungen mit der weltlichen Universität und mit ihrer
Beistimmung, die geistliche Synode den 6. Februar 1553

den Stadtpfarrer von Hermannstadt Paul Wiener zum Superintendenten oder Bischof, daß er ihr sichtbares Haupt sei und die Versammlungen berufe und die Ordnung erhalte und Pfarrer und Prediger durch Segen und Handauflegen weihe. Paul Wiener war Prediger in Laibach gewesen und von den Feinden des Evangeliums vertrieben flüchtig nach Hermannstadt gekommen. Hier hatte ihn der Rath um so lieber aufgenommen, als durch der Zeiten Schuld gelehrte und fromme Männer nicht in Ueberfluß waren. Vier Jahre vor Wieners Wahl zum Bischof, den 23. Januar 1549 war Honterus gestorben, der Mann Gottes, der wie die Zeitgenossen rühmten, „den rechten Gottesdienst angericht und des heiligen Evangelii halben viel erlitten, fromm, demüthig, lehrhaftig, Niemand verschmähend" für das Sachsenland Luther und Melanchthon zugleich. Hermannstadt hatte sich und ihn kurze Zeit früher mit der Wahl zum Stadtpfarrer geehrt; er war seinen Kronstädtern treu geblieben. Valentin Wagner wurde sein Nachfolger. Als Paul Wiener im August 1554 gestorben, wurde Matthias Hebler, aus Karpfen in Ungarn, gleichfalls ein Schüler der Wittenberger Hochschule, seit 1551 Lehrer, dann Rector, endlich Prediger in Hermannstadt, hier Stadtpfarrer; 1556 wählte ihn die Synode auch zum Superintendenten. Als ihn 1571 „wie einen streitenden Kämpfer der sein Werk gethan" der Tod abgerufen, wählte die Synode 1572 den Birthälmer Pfarrer M. Lucas Ungleich zum Superintendenten, wodurch Birthälm der Sitz desselben wurde.

Also wurde die evangelische Kirche im Sachsenlande gegründet; überall gingen Obrigkeit und Gemeinde Hand in Hand, nirgends in dem freien Bürgervolk roher Pöbelauflauf oder Bilderstürmerei; oft standen die Pfarrer selbst an der Spitze der Bewegung. Und wie von allem Anfang

an die Häupter derselben den Grundsatz ausgesprochen hat=
ten, daß man die Kirchenverbesserung beginnen müsse nicht
mit Umsturz, sondern mit Lehre und Unterricht, auf daß
die Gemeinde den Grund der Aenderung zuvor einsehe, so
ließen sie anfangs Manches von den alten Bräuchen be=
stehen, auf daß die Gewissen der Schwachen nicht beunruhigt
würden. So gestattete die Synode 1565 noch den Ge=
brauch der Meßgewänder bei der Austheilung des Abend=
mahls, doch möge der weißlinnene Chorkittel darüber an=
gezogen werden, während Petrus Bogner, der in Paris,
Orleans, Padua, Bologna und auf andern Universitäten
Weltweisheit und Arzneikunde studirt, Italien, Frankreich,
England durchreist hatte und Doctor beider Rechte war,
aus dem Lehramt des Kronstädter Gymnasiums 1572 zum
Stadtpfarrer berufen, das geistliche Amt sechs Jahre ohne
geistliche Kleidung verwalten durfte. Neben den neuen
deutschen Kirchenliedern ließen sie auch die beliebtern latei=
nischen in Uebung, weil der heilige Geist in verschiedenen
Zungen geredet habe. Erst 1578 ging die Synode daran,
die Feier der Aposteltage theils abzuschaffen, theils zu be=
schränken; als der fromme Greis Joachim Teutsch von
Bistritz dagegen sprach, fuhr ihn Georg Melas von Rosenau
so hart an, daß er aus Gram darüber bald starb. Wie
aber in demselben Jahre starker Hagelschlag die Felder ver=
wüstete, zürnte das Volk und sprach: das sei die Folge,
daß die Pfarrer die Tage Petri und Pauli und Jakobi
nicht gefeiert und auch die Feste der andern Apostel nach
der Weise der ungarischen Calvinisten aufheben wollten;
an manchen Orten erhoben sich die Gemeinden wider die
Geistlichen; die Feier der Aposteltage wurde wieder ein=
geführt. Um so leichter beruhigten sich die einzelnen Pfarrer,
die im Herzen der katholischen Kirche zugethan, nur ungern
dem Drängen der Gemeinde folgend, zur evangelischen über=

gegangen waren. Denn auch solche gab es; noch 1570 vermacht der Denndorfer Pfarrer Antonius Schwarz den Minoriten in der Tschik ein Sechszehntel seines jährlichen Zehenteinkommens, damit sie ihm zum Heil seiner Seele Erfequien halten und Messe lesen möchten und bedenkt alle katholischen Priester sammt den Nonnen der Tschik, die gewesenen Nonnen in Schäßburg sammt den Nonnen in Neumarkt und S. Regen, falls noch welche dort wären, im Testamente mit Geld, Wein, Früchten oder Hausthieren.

Die immer festere Begründung der evangelischen Kirche im Sachsenlande konnte denn fortan nichts, am allerwenigsten Isabellas Abneigung hindern. Denn die Königin herrschte unter dem Schutze der Türken, die des kirchlichen Streites unbekümmert, beide Theile in ihrem Bestande schützten, ja bisweilen selbst die Evangelischen bevorzugten. Auch durfte Isabella es nicht mit den Sachsen verderben, die so mächtig waren im Lande und, wie sie wußte, im Herzen noch immer an Ferdinand hingen, auch stets zu rechter Zeit ihrem leeren Schatz zu Hülfe kamen. Oder, wenn sie Gewalt hätte brauchen wollen, war sie nicht stark genug dazu; denn eine so große Fürstenmacht, wie in andern Ländern die evangelische Kirche unterdrückt hat, gab es in Siebenbürgen nicht. Dazu nahm der ungarische Adel gleichfalls die evangelische Lehre an, selbst in die rauhen Seklerberge drang sie ein, freudig begrüßt; nur unter den Walachen fand sie keinen Eingang, obwol 1559 der Kronstädter Rath Luthers Katechismus und Hans Benkner 1560 die Evangelien in ihre Sprache übersetzen ließ, „damit die walachischen Pfaffen sie läsen und verstünden, weil es besser sei in der Gemeinde zu reden fünf Worte, die man verstehe, als zehntausend in fremder Sprache, die man nicht verstehe." Auf den Synoden von 1545 an sind durch neunzehn Jahre wiederholt die Geistlichen der Sachsen, Sekler und Ungarn vereint gewesen

und haben einmüthig das Evangelium nach der Augsburgischen Confession bekannt. Die römisch-katholische Kirche
zählte fast keine Anhänger mehr. Und als Paul Bornemissa, von König Ferdinand zum siebenbürgischen Bischof
ernannt, nach Statilius Tod im Besitz der bischöflichen
Güter eifrig auf Ferdinands Seite stand, entbot ihm der
Landtag in Mühlbach (1556) auf den Antrag Petrovichs,
der an der Spitze des ungarisch-evangelischen Adels war,
wenn er nicht sofort übertrete zu Isabellas Partei, werde
man die bischöflichen Güter einziehen. Als Bornemissa
nicht abfiel von Ferdinand, vollzog der Landtag in Klausenburg in demselben Jahre jene Drohung; so kamen die
bischöflichen Besitzungen und Einkünfte in die Hände des
Fürsten, damit auch alle jene Steuern und Zehnten, die der
Bischof im Lauf der Jahrhunderte von sächsischen Pfarrern
erpreßt hatte. Bornemissa floh nach Ungarn; anderthalb
Jahrhunderte lang hatte Siebenbürgen keinen katholischen
Bischof; der sächsischen Geistlichkeit aber bestätigte Isabella
und Johann Sigmund den 10. Juni 1559 feierlich den
Fortbezug des bisherigen Zehntens und der übrigen Ein-
künfte, sowie der uralten geistlichen Gerichtsbarkeit.

Hand in Hand mit der Kirchenverbesserung ging im
Sachsenland die Wiederherstellung der Schulen. Wie
man in Gärten junge Bäumchen pflanzt, auf daß man,
wenn die alten abgehen, andere an ihrer Stelle habe, so
hatten nach Honterus' schönem Worte die Väter zu gemeinem
Nutzen überall Schulen errichtet; aber in den vergangenen
„langen ungnädigen Zeiten“ waren sie sie durch die „Nachlässigkeit der Feinde der Frömmigkeit“ beinahe ganz verfallen. Damit dieses Uebel nicht weiter zunehme, wurden
die Schulen im ganzen Sachsenlande wieder hergestellt, mit
Gebäuden und Besoldungen aus dem Gemeinsäckel „in eine
rechte Form gebracht“, daß kein Knabe seiner Armuth halber

von der Schule ausgeschlossen bleibe, und überall in Städten
und auf Dörfern „fleißige Schulmeister" verordnet, „damit
nicht einmal dieß Vaterland, mitten unter den Feinden von
Gott so herrlich begnadet, durch Unfleiß der Obrigkeit, welche
darauf zu sorgen geschworen, zu einem heidnischen Wesen
gerathe." Wo die Schulen in den Städten zu klein seien,
solle man die Klöster dazu verwenden, verordnete das Re=
formationsbüchlein. Was, getragen von diesem Geiste der
Bildung Kronstadt ruhmwürdig vorangehend und Her=
mannstadt that, — das in einem Jahr (1557) für hun=
dert Gulden Bücher für die Schulbibliothek aus Deutsch=
land kaufen ließ, ist früher erwähnt; auch in den andern
Städten geschah Aehnliches; selbst in Dorfschulen lernten
die Knaben nicht nur lesen, schreiben, rechnen und singen,
sondern sogar lateinisch und griechisch. Im Burzenland be=
schlossen sie 1578 zur Unterstützung armer Kinder im Schul=
besuch jährlich etwas zu Anschaffung von Kleidungsstücken
aus dem Kircheneinkommen zu verwenden; in Hermannstadt
gründeten sie 1555 einen Studienfond, in den reiche Gaben
und Vermächtnisse flossen, um daraus Studirende auf
deutschen Hochschulen zu unterstützen. Unter diesen war na=
mentlich Wittenberg besucht, wo auch nach Luthers Tod
Melanchthons mildes Licht gleich segensreich für die Kirche
wie für die Schule leuchtete. Selbst im fernen Sachsen=
land, in Hermannstadt und Kronstadt kamen neue Ausgaben
seiner Schriften heraus; es war der Zoll der Verehrung
und Dankbarkeit, als die Universität der Sachsen dem großen
Lehrer 1557 mit dem Hermannstädter Rathsmann Thomas
Bomelius Ehrengeschenke, darunter ein Zehn=Ducatenstück,
nach Wittenberg sandte.

Zu derselben Zeit geschah es, daß unter den Ungarn
und Seklern die Lehre Zwinglis und Calvins Eingang

fand. Auch manche sächsische Geistliche neigten sich derselben zu und auf mehr als einer Synode haben sie über die Lutherische und Calvinische Auffassung des Abendmahls harten Streit geführt. Im Ganzen behauptete sich bei den Sachsen jene, bei den Ungarn diese Ansicht; auf der Synode von Enyed 1564 trennten sich die Kirchen und Nationen, und die Reformirten wählten sich Dionysius Alesius, den Hofprediger des Fürsten, zum Bischof. Als bald darau der fürstliche Leibarzt Blandrata und der Klausenburger Pfarrer Franz Davidis die Ansicht in Glaubenssachen verbreitete, die Lälius und Faustus Socinus aufgestellt hatten, welche die Kirchenlehre von der Dreieinigkeit nicht anerkannten, und als nicht nur Klausenburg, sondern auch der Fürst selbst und eine große Anzahl ungarischer Herren und Gemeinden jener Lehre beitrat, da wurde auch diese auf dem Landtage in Neumarkt 1571 als gleichberechtigt anerkannt; man nannte ihre Anhänger die Unitarier oder Socinianer. Der „in Christo geeinigten Kirche des gesammten sächsischen Volkes" aber bestätigte der katholische Fürst Stephan Bathori 1572 aufs neue die volle und ungehinderte Ausübung „der wahren hochheiligen und mit dem reinen Worte Gottes übereinstimmenden Augsburgischen Confession", nachdem die geistliche und weltliche Universität wiederholt ihre Uebereinstimmung mit derselben erklärt hatte.

So erstanden die verschiedenen Kirchen im Vaterlande, so die evangelisch=sächsische Nationalkirche. Und während sonst in Europa die alte und neue Kirche in schwerem Kampf gegen einander lagen, ging die Entwicklung in Siebenbürgen ohne Religionskrieg vor sich. Zwar verbot der Landtag 1544 jede Neuerung in Religionssachen und befahl 1548 den Ausgang des Tridentiner Concils zu erwarten; aber schon 1554 sprachen die drei Völker auf dem

Landtag in Mediasch das schöne Wort, daß der Glaube der Christen nur einer sei, wenn auch verschiedene kirchliche Bräuche herrschten. Der Landtag in Thorenburg setzte 1557 fest, daß ein Jeglicher des Glaubens leben könne, des er wolle; ebenso 1563; 1564 sprachen die drei Nationen auf dem Landtag in Schäßburg aufs neue das Gesetz aus daß ein Jeder sich zu der Religion bekennen dürfe, die er vorziehe, daß keine Kirche der andern zum Schaden oder Hinderniß dienen oder Unrecht zufügen dürfe, und wiederholten 1568 auf dem Landtag in Thorenburg, daß das Evangelium allerorts gepredigt, doch Niemand mit Gewalt dazu gezwungen werden dürfe, wenn seine Seele sich dabei nicht beruhige. Darum solle Niemand wegen der Religion verspottet oder verfolgt werden; denn der Glaube sei Gottes Geschenk. Aus diesen und ähnlichen Landtagsbeschlüssen ist das Gesetz entstanden, das in dem siebenbürgischen Gesetzbuch der Approbaten sich findet: „die vier, landtäglich gesetzlich anerkannten Religionen sollen für alle Zeiten als solche anerkannt werden nach dem ruhmwürdigen Beispiel unserer Vorfahren, wie denn in der That die Wohlfahrt des Landes, der Beschluß der Stände und die mehr als einmal eingegangene Union dasselbe bringend erheischt. Die freie Ausübung dieser vier recipirten Religionen, nämlich der evangelisch-reformirten oder calvinischen, der lutherischen oder der des Augsburgischen Bekenntnisses, der römisch-katholischen, der unitarischen oder antitrinitarischen, wird in allen nach den Landtagsbeschlüssen gewöhnlichen Orten für alle Zukunft gewährleistet.“ Und weiter: „die Kirchen der vier recipirten Religionen, nämlich der reformirt-evangelischen, der lutherischen oder augsburgischen, der unitarischen oder antitrinitarischen sollen Bischöfe eigenen Glaubens haben, die Katholiken oder Papistischen aber Vicare, die über den ihrer Religion und Aufsicht untergebenen geistlichen Stand (bezüglich die kirchlichen Ordnungen) wachen sollen." Ebenso sicherte ein Gesetz den Besuch fremder Länder zur Erwerbung von Kenntnissen, wer es breche, solle verdammt sein vor Gott im zukünftigen Leben und in dieser Welt aller Ehre bar.

Unter dem Schutze solcher, unter ihrer eigenen Mitwirkung entstandenen Gesetze, welches stets von den Ständen und Fürsten beschworen wurden bis auf unsere Tage, hat die sächsisch-evangelische Kirche sich entwickelt und mit den Schwesterkirchen im Lande das schöne Bild christlicher Eintracht gegeben, die von ihr nie und überhaupt nie gestört worden ist, wenn nicht fremde ungesetzliche Einflüsse die heilige Grundlage der Gleichberechtigung der vier recipirten Kirchen anzugreifen gewagt haben.

Die kirchliche Gerichtsbarkeit, vor welche namentlich der Eheprozeß gehörte, übte die evangelische Kirche aus durch die Capitel, die nach der frühern Abgrenzung fortbestanden und worin alle Pfarrer, nach dem alten Recht von den Gemeinden frei gewählt, zusammentraten. In allgemeinen Angelegenheiten der kirchlichen Ordnung, namentlich den geistlichen Stand betreffend, sprach die Synode, die aus den Dechanten und Abgeordneten der Capitel bestand; wenn die Gegenstände zugleich ins bürgerliche Leben hinübergriffen, traten Synode und Conflur „geistliche und weltliche Universität" zusammen oder einigten sich durch Botschaften. Aller Orts machten endlich Pfarrer und Amtleute nützliche Ordnungen nach jeder Gemeinde Bedürfniß für die mannigfachen Fälle der häuslichen, bürgerlichen und kirchlichen Verhältnisse, auf daß der christliche Geist nicht nur im Tempel wohne, sondern auch draußen im Leben. Und damit das Gute immer kräftiger werde, waren jährliche Visitationen festgesetzt, worin geistliche und weltliche Obrigkeit Lehre und Wandel untersuchten und durch Gottes Wort und Strafe immer mehr zu reinigen sich mühten. Die erste allgemeine Kirchenvisitation, — besondere in einzelnen Capiteln waren schon lange früher, so im Mediascher 1557 vorausgegangen — fand 1577 statt.

Also wuchs und gedieh die evangelische Kirche im Sachsenlande.

———